Radka Denemarková

EIN BEITRAG ZUR GESCHICHTE DER

FREUDE

Roman

Aus dem Tschechischen
von Eva Profousová

HOFFMANN UND CAMPE

Die Originalausgabe erschien unter dem Titel *Příspěvek k dějinám radosti* 2014 im Verlag Host, Brno.

Das Wittgenstein-Zitat auf S. 7 stammt aus:
Ludwig Wittgenstein, *Vermischte Bemerkungen*,
Suhrkamp Verlag, Frankfurt am Main 1994, S. 92.

Die Veröffentlichung wurde vom Tschechischen Kultusministerium gefördert. Der Verlag dankt für die freundliche Unterstützung.

MINISTRY OF CULTURE
CZECH REPUBLIC

HOFFMANN
UND CAMPE

Ein Unternehmen der
GANSKE VERLAGSGRUPPE

FÜR ESTER. FÜR HONZA.
UND DIE SCHWALBEN VON AMRUM.

Schwalbenpiepmatze
im Nest wenden die Augen nicht ab
vom dunkel werdenden Himmel.

ISSA KOBAYASHI

Ein Notschrei kann nicht größer sein,
als der *eines* Menschen.
Oder auch *keine* Not kann größer sein,
als die, in der ein einzelner Mensch sein kann. […]
Der ganze Erdball kann nicht in größerer Not sein
als *eine* Seele.

LUDWIG WITTGENSTEIN

Es gibt kein Gesetz, das alten Frauen verbietet,
auf Bäume zu klettern.

ASTRID LINDGREN

Einen Menschen erkennst du nicht am Gefieder.
Mein Körper ist vom Wind zerstochen.

PROLOG

Mit dem Kopf gegen die Wand. Mit dem Körper unter die Pferdehufe. Was sich doch alles hinter Routine und Ritual verbirgt. Schon oft saßen sie zusammen im Café. Spazierten am trüben Fluss entlang. Verschlangen sich auf einer Parkbank mit den Augen. Sie waren essen. Im Konzert. Hielten sich an den Händen. Er legte ihr schüchtern den Arm um die Schulter. Beherzt um die Taille. Sie küssten sich. Kosteten den Geschmack des anderen. Waren zum ersten Mal zusammen im Kino. Haben den britischen Filmklassiker *Begegnung* gesehen. Jetzt sitzen sie im Teehaus und tun so, als sprächen sie über einen alten Film. Sie reden über sich selbst, versteckt hinter den Filmfiguren. Das Männliche und das Weibliche vermischen sich; Frühling, der keinem Jahreszeitenwechsel unterliegt. Der heilige Teekessel blubbert gedämpft. Ihre Herzen füllen sich. Sie berühren den tiefsten Punkt ihrer Seelen. Vergessen die Zeit, und die Zeit vergisst sie. Der letzte Bus fährt ab.

Es ist Nacht. Keine Rikscha weit und breit. Ein halbleerer Bus hält an. Bereitwillig. Randvolle Herzen steigen ein. Dankbar zahlen sie beim Fahrer, er lächelt. Sie bemerken die dunkel getönten Fensterscheiben nicht. Die Zukunft liegt im Dämmerlicht. Sie laufen durch den Gang nach hinten. Der Bus rollt vom Randstreifen weg. Der Fahrer tritt aufs Gas.

Sie halten sich an den Händen und reden über den Film. Ein stilles Gespräch mit Pausen zwischen den Wörtern und mit Pausen innerhalb der Wörter. Auf dem Sitz hinter dem Fahrer richtet sich ein junger Mann auf. Mit einer Eisenstange in der Hand. Er geht auf sie zu. Die beiden, die das erste Mal zusammen im Kino waren und sich fest an den Händen halten, ahnen nicht, dass ihre Körper sich nie berühren werden, dass sie sich weder mit den Augen berühren noch mit Worten verbinden werden. Im Bus richten sich zwei weitere junge und feste Männerkörper auf. Sie versperren den Gang. Alle lächeln. Was für ein süßes und heißes Lächeln. Der Fadenwurm. Lass uns seinem Ton lauschen.

Von oben gesehen ist alles brutal einfach. Die Erinnerung der Körper täuscht nicht. Seit Jahrhunderten fliegen Schwalben hin und her und erzählen einander von den menschlichen Körpern da unten. Ihr Vertrauen schwindet mehr und mehr. Nur im Flug blüht das »Ich« wie eine gelbe Tulpe auf, im Blütenkelch geht es seinen Spuren nach wie im Spiegellabyrinth. Brauchen Schwalben Mut? Sie leben auf ihre Weise, anders können sie es nicht.

Gegabelte Vogelschwänze kreisen über einem Berg. Man nennt ihn Petřín. Sanft gewölbt und mit Liebespaaren übersät, erhebt er sich im Zentrum einer alten Stadt. Ein romantischer Ort. Was sich doch alles hinter Routine und Ritual verbirgt, Liebling.

Beim Abstieg müssen die Verliebten an einem orangefarbenen Haus mit weißen Fenstern und roten Dachziegeln vorbei. Es duckt sich am Fuß des Petřín, aus dem Schornstein steigt kein Rauch. Ein Nichtraucher. Die Stirn in den Berg gepresst, demütig kniend im Gebet. Nachts leuchtet eine schlanke Straßenlaterne vor dem Haus. Sie wächst durchs Haus, streckt lustvoll den Kopf hinaus. Das Haus sieht wie eine zweite Laterne aus, von einem trotzigen Glühwürmchen vom Himmel heruntergeschleudert.

In Wohnungen mit Blick ins Grüne hören Menschen bei offenem Fenster Musik. Liebespaare verlangsamen ihre Schritte und spitzen die Ohren.

Keine Gardinen verhängen die blankgeputzten Fenster. Auf dem Katzenkopfpflaster bleibt ein ausgemergelter, schwarzer, geiler Streunerhund stehen; ein ausgemergelter Hund ist die Schande seines Herrchens. Die Puppenmädchen und der Puppenjunge zwischen den Hausmauern sehen einander ähnlich und bewegen sich gleich, sie wurden ja auch abgepaust: zwei Augen haben sie und zwei Ohren, zwei Beine, zwei Arme, einen Mund, einen Kopf und einen Torso, sie laufen auf den Hinterbeinen. Das verwirrt den Hund.

Zum Glück sind die verschrammten Gesichter der vier Puppenmädchen gelb angemalt und das Gesicht des Puppenjungen blau.

Die Farbe bröckelt von den Gesichtern ab.

Die Morgendämmerung quietscht am Gartentor. Der Hund setzt sich.

Die orangefarbenen Wände treten auseinander. Die Komödie fängt an. Der Hund guckt Marionettentheater. Er sieht das kleine Haus der vier gelben Puppen und den Schatten eines blauen Puppenjungen. Der Hund lässt die Zunge hängen. Schluckt herunterfallendes Laub. Er wartet, welches der Fenster ihm einen angeknabberten Knochen zuwerfen wird. Er bellt nicht, er beißt nicht. Die Zeit auch nicht, hmm.

Die Schwalben fliegen und zwitschern. Sie erzählen sich Witze über Männer und Frauen. Sex ist Freude. Die Witze wiederholen sich über die Jahrhunderte, die Schwalben sammeln Beiträge für die Geschichte der Freude. Dabei sind sie auf ein Schlachtfeld gestoßen, das keine Friedenszeiten kennt. Ein stilles Abkommen, ein Gebiet, das nicht frei ist und es nie sein wird, das von jedermann erobert werden darf, wo bis heute jedem alles erlaubt ist. Durchpflügtes Feld. Ein Feld mit schwarzem, fruchtbarem Boden. Es trägt den Namen der Körper der Schwächeren. Gegen den Sieger Anzeige zu erstatten, bringt nichts.

Schwalben fliegen, ihre Weisheit nährt sich nur aus ihren Zweifeln, und solange sie leben, bleiben sie sich treu.

ZERBRECHLICHER HERBST UND DIE UNRUHE DER KOLIBRIS

Der Mann sitzt mit dem Rücken an einen wuchtigen, heilen Holzbalken gelehnt. Der gesenkte Kopf studiert den Bauch, dem Bauch ist das Geschehen drum herum egal. Der Körper steckt in einem engen schwarzen Unterhemd und modischen Boxershorts. Das karierte Seidenjäckchen steht offen. Es wurde in Schottland gekauft, auf der Brust ist ein Clanzeichen. Der Kilt fehlt. Rinke, ranke Rosen, alles ohne Hosen, auch der Mann. Wie eine Marionette streckt er die Beine aus. Seine Zehen sind rund und weich. Berührte man die zerfurchte rosa Fußsohle mit einer Vogelfeder, bögen die Zehen sich zurück, bis die Gelenke knackten. Der Mann geniert sich; so unvollständig bekleidet. Er blickt zu Boden.

Der Raum, in dem er sich ausgestreckt hat, ist blankgescheuert, überschaubar und halbleer. Der Dachboden, den man hier Loft nennt, gehört zu einem neugebauten Einfamilienhaus; die Metalltreppe eine lange Zunge, über die das Unglück steigt, in den Regalen fläzen sich reihenweise teure Koffer, Reisetaschen und Skistiefel. In schmalen weißen Fächern recken sich Skier und Skistöcke in die Höhe. Gefolgt von Golfschlägern, Sporttaschen und entsprechendem Schuhwerk. Metallene, im Boden verankerte Wäscheständer strecken ihre zackigen Arme vor. Auf ihnen trocknet keine Wäsche; die Familie schaltet im Keller den Trockner an. Der Kopf des Mannes ist grau, mit dichtem Haar. Ein akkurater Bürstenschnitt. Seine Marionettenbeine sind muskulös, die Bizepse gestählt, ein breiter und männlicher Rücken.

Der gepflegte Körper betrügt sich selbst.

Der Mann *ist* nicht mehr jung. Obwohl er jedes Wochenende schwimmen geht, um die Sünden der Arbeitswoche abzuwaschen. Schwungvoll die Arme ausholen, einatmen, untertauchen. Er spült den Stress ab, löst die zudringlichen Jahre auf. Er muss nicht arbeiten, aber er arbeitet. Er arbeitet gern, weil er nicht muss.

Auf dem Dachboden herrscht reges Treiben. Ein Polizeiermittler hockt sich neben den Mann, als wollte er die nackten Fußsohlen mit einer Vogelfeder oder einem Grashalm kitzeln. Oder dem Körper leise die Leviten lesen.

Der Mann reagiert nicht. Er schweigt, sagt keinen Ton. Durch den einsamen Herbstabend fliegt eine Schwalbe, mit regengetrübten Augen verirrt sie sich auf den Dachboden. Die Männer freuen sich über die Zerstreuung; ihr dunkles Gelächter erschreckt die Schwalbe. Sie stößt mit dem Kopf gegen die Wände, kreist panisch unter der Decke, bis sie es durch die Dachluke endlich in die Freiheit nach draußen schafft. Im Schnabel eine blassviolette Kirschblüte. Doch zu dieser Jahreszeit macht eine Schwalbe garantiert noch keinen Frühling, und der Fadenwurm hat seinen Platz nur in den Kirschblüten.

Der Ermittler watschelt im Entengang zur linken Schläfe des Mannes. Dabei beult sich die Hose an seinen Knien aus. Der Sitzende hat die Augen niedergeschlagen, beobachtet die eigene Brust, der Ermittler konzentriert sich dagegen auf den Hals des Mannes. Gespannt sieht er einem jungen Gerichtsmediziner bei der Arbeit zu. Der Gerichtsmediziner legt den Körper in Boxershorts und Seidenjäckchen vorsichtig auf den Boden und tastet ihn erneut ab. Der Mann lässt es zu. Um seinen Hals liegt eine weiße Schlinge. Jemand hat seinen Körper abgesetzt und mit weißem Strick festgebunden, damit er nicht wegrennt. Wie einen Hund an seine Hütte. Neben dem Balken streckt ein umgestürzter Teakholzstuhl mit gebogenem Ziergitter alle viere von sich. Stellt die provokativ gespreizten Beine zur Schau. Drei weitere Stühle mit hoher, vergitterter Lehne halten Wache an der Wand. In Erwartung von Zuschauern und ihren Hintern, die sich auf sie plumpsen lassen, um das Marionettentheater anzuschauen. Acht haargenau gleiche Teakstühle werfen sich im Erdgeschoss am ausziehbaren Küchentisch in die Brust. Keiner der Stühle hegt den geringsten Zweifel, dass es Selbstmord war.

Es war Selbstmord.

Die Männer packen ihr Zeug zusammen.

Im Vergleich zu dem Körper auf dem Boden ist der Ermittler jung; siebenunddreißig Jahre alt. Seine Arbeit macht ihm Spaß, obwohl er arbeiten muss. Er ist eifrig und hat einen wachen Verstand; obwohl er gerne wüsste, wo dessen Grenzen sind. Sein Körper schwankt, der Ermittler watschelt um die Leiche, umrundet den Kopf. Zögerlich, wie ein Blinder, tastet er das Gesicht ab, prägt sich die Haut ein, die Falten. Unentschlossenheit frisst Zeit; die zwei Kerben am Hals des Mannes verwirren ihn, das Gedächtnis gräbt nach Details aus dem Fachseminar über Selbstmord und Mord durch Strangulation. Eine Rille verläuft schräg. Die ist in Ordnung. Daneben aber, kaum sichtbar, noch eine andere. Und die verläuft gerade. Er zeigt sie dem Gerichtsmediziner. Der winkt ab, ganz sicher Selbstmord, Mann, was soll der Unsinn, hör schon auf.

Der Ermittler steht auf. In seinen Knien knackt es. Er wirbelt Staub auf und eine Schwalbenfeder. Sie legt sich auf die vollen Lippen des Toten. Der Ermittler blickt durch das offene Dachfenster in den Regen. Auf den Telegraphendrähten hinter dem Garten rotten sich Noten zusammen, Schwalbenkörper. Mehr als einen Steinwurf entfernt. Aber ist jetzt die Zeit, Steine zu werfen?

Ja.

Der Ermittler steigt die Metalltreppe in den ersten Stock hinunter. Eine breite, verglaste Terrasse mit Blick über die Stadt. Auf einem flauschigen Teppich mit Spielzeugmotiven sitzt ein Dreikäsehoch. Fährt mit seiner kleinen Lok die in den Teppich eingewebten Gleise nach. Die junge Frau auf dem schwarzen Ledersofa mit Metallarmlehnen hat aufgehört zu weinen. Die Wand ihr gegenüber ein Kunstwerk aus Hunderten von ovalen Tränen, sie wirft tausendfach ihr Spiegelbild zurück, das goldene, hochgesteckte Haar, die niedliche gerümpfte Nase. Leise antwortet sie auf die Fragen der erfahrenen Polizistin, die mit einer Hand die Worte der Frau notiert, mit der anderen am schmalen Handgelenk den rasenden Puls fühlt. Den tränendurchweichten Körper und den am Balken festgezurrten trennen mehr als dreißig Jahre Altersunterschied. Sie sei gerade vom herbstlichen Meer zurückgekehrt. Ja, heute, am Samstagnachmittag. Sie habe die leeren Koffer auf den Boden gebracht, ihrem Mann sei Ordnung wichtig. Routine und Ritual, Liebling, sage er immer … habe er immer gesagt, das sei die Losung des Tages, sonst zerbröckele das Leben, werde leer.

Er sollte gar nicht hier sein, krächzt die verweinte Stimme. Am Freitagabend habe er in die Berge fahren wollen, er klettere zwar nicht mehr so leidenschaftlich wie früher, aber er fahre immer noch Ski und gehe im Sommer und im Herbst mit Freunden wandern. Nein, krank war er nicht … er habe eine ausgezeichnete Kondition … gehabt, trotz seiner fast siebzig Jahre. Der Witwe schießen neue Tränen in die Augen.

Der Ermittler unterbricht die beiden Frauen. Reicht der weinenden ein Taschentuch. Der Witwe sind die Papiertaschentücher ausgegangen. Das Taschentuch des Ermittlers ist aus Stoff mit einem altmodisch gestickten Monogramm. Die Polizistin geht weg. Der Ermittler feuert eine neue Fragensalve ab. Über das Antlitz der Witwe huscht beleidigte Verwunderung. Das habe sie doch bereits erklärt, sie habe die leeren Koffer auf den Dachboden gebracht. Nein, sie wisse nicht, warum er es gemacht habe. Nein, gestritten hätten sie sich nicht. Es sei ihm sogar besonders gut gegangen, nachdem alle Anklagepunkte gegen ihn fallengelassen wurden.

Die Witwe packt den Ermittler an der Hand. Wie eine ungeduldige Kurtisane zieht sie ihn hinter sich her ins Schlafzimmer. Auf dem Nachttisch liegt ein Blatt Papier. Der Ermittler sammelt die hingekritzelten Worte mit den Augen ein: *Kontaktlinsen, Sonnenbrille, Sonnencreme, Lippenpflege, elastische Bandage, Notizen Kap. 88, Medikamente.* Die Witwe wippt triumphierend auf den Fußballen vor und zurück. Der Ermittler nimmt das Wippen wahr. Die Umrisse des Busens, die erahnte Erhebung der Brustwarzen, die schmale Taille, die runden Hüften. Ein großzügiges Doppelbett mit weißen, pausbackigen Satinkissen zwinkert ihm zu. Der lange, pfirsichfarben lackierte Fingernagel der Frau tippt aufs Papier, hackt nach Wörtern, pickt sie auf. Er habe immer Listen gemacht, bevor er wegfuhr, wenn er sich auf etwas freute. Wenn ihm etwas wichtig gewesen sei und er es eilig hatte, habe er mit der Hand geschrieben, das sei nicht häufig vorgekommen. Warum hätte er eine Liste für die Letzte Reise machen sollen, wozu wäre die denn gut gewesen? Ich kann nicht wissen, wo der Verstorbene hinwollte und warum, und ich weiß auch nicht, welche Listen für die Letzte Reise geschrieben werden und wozu die gut sind, erwidert der Ermittler kühl. Die Frau gibt nicht nach. Warum habe er dann nicht wenigstens ein paar Zeilen *für sie* geschrieben? Die jungen Witwenaugen füllen sich mit Glanz. Das Wasser läuft über. Zu ihren Füßen ein dreijähriger Knirps mit Dampflok in der Hand. Er weint nicht, sondern starrt nur vor sich hin. Nein, Feinde habe er keine gehabt. Vor einiger Zeit habe ihn diese Lappalie mit den ehemaligen Sekretärinnen verstört. Aber das sei doch alles nur Unsinn gewesen. Sie hätten ihn angeschwärzt, weil er sie angeblich in der Firma belästigt habe, eine habe ihn sogar wegen Vergewaltigung angezeigt.

Der Ermittler fühlt sich im Schlafzimmer nicht wohl. Er geht in den Nebenraum, ins Arbeitszimmer des Mannes. Die Witwe und der Junge trippeln brav hinterher. Auch im Arbeitszimmer eine Glaswand. Regentropfen laufen daran hinunter. Ein Leben im Aquarium, denkt der Ermittler. Auf den Telegraphendrähten gruppieren sich

Schwalbenkörper um, im Rhythmus der Regentropfen entsteht ein neues Musikstück.

In der Ecke der dunkelbraunen Schreibtischplatte aus Massivholz schimmert eine schlanke Wasserkaraffe mit einem Kristall auf dem Boden. Ein ähnlicher Kristall, klein und zu einer Raute geschliffen, funkelt im Fenster. Die zurechtgestutzte Träne blitzt blau in der doppelten Fensterscheibe auf. Gespiegelt werden zwei Tränen. Die restlichen Wände sind mit eingerahmten Fotos behängt, dicht nebeneinander; eine schwarzweiße Tapete. Die Wand gegenüber dem Fenster ist von Metallschienen umrahmt, ihre Farbe ist auf die der Bilderrahmen abgestimmt. Der Ermittler legt seinen Zeigefinger auf den runden Knopf neben der Wasserkaraffe, blickt die Frau an. Sie zieht den Rotz hoch, die Nasenflügel weiten sich: ein Zeichen von Sicherheit und Vertrauen. Zustimmendes Kopfnicken. Der Zeigefinger presst den Knopf.

Die Fotos rasseln die Wand herunter, sie rollen und rollen. Der Ermittler drückt wieder auf den Knopf. Die beweglichen Bilder zucken zusammen, bleiben stehen und weichen schwungvoll zur Seite, als hätte sie einer angehaucht. Der Ermittler betrachtet prüfend die Fotos. Er dreht sich um und streckt erneut den Finger nach dem Knopf. Die Frauenstimme hinter ihm erklärt geduldig, es handele sich um ein Patent ihres Mannes. So habe er die Fotos seiner Besucher austauschen können, ohne lange suchen zu müssen. Auf den Bildern steht der Mann Seite an Seite mit Präsidenten. Alle Männer verbindet ihre graue Mähne. Im Anzug lachen sie im Theaterparkett. In Sportkleidung sitzen sie bei einem Tennisspiel, die Augen folgen dem Ball, sie starren in dieselbe Richtung. Hocken über einem Schachbrett. Stehen in schwere Pelzmäntel gehüllt am Nordpol. Spielen mit Filmstars Golf. Sind Juroren beim Schönheitswettbewerb. Trinken Becherovka an einem Tisch inmitten der Menge. Alle Fotos sind nach 1989 entstanden.

Der Ermittler bedeutet dem Jungen, auch er solle auf den Knopf drücken, den missratenen Käfer zerdrücken, na mach schon. Der Junge versteckt sich hinter Mamas Rücken. Sein Papa hat es ihm strengstens verboten, sagt die Witwe verlegen. Und wo sind die Bilder von ihr? Der Ermittler sieht sich um. Das Gesicht der Witwe spiegelt sich schweigend in den Fensterscheiben. Der Ermittler stellt Fragen, klebt den Fall mit Speichel zusammen wie ein Schwalbennest. Die unausgesprochene Antwort verdickt die Luft, beide denken dasselbe. Die unausgesprochene Antwort klebt sie zusammen.

Und sonst?

Sonst nichts Besonderes, seine Firma habe er schon vor Jahren dem ältesten Sohn aus zweiter Ehe überschrieben und sich hier zu Hause ein Arbeitszimmer eingerichtet; ab und an besuche er die Firma, um die wichtigeren Bauprojekte selbst im Auge zu behalten. Der Ermittler stöbert in den Schubladen des massiven Tischs, klappt den Terminkalender auf. Er fragt nach den übrigen Kindern, den aus den Ehen davor. Die Witwe seufzt, verstanden habe er sich nur mit dem ältesten Sohn, und, wenn sie ehrlich sein solle, der Sohn habe ihn selbst nach Jahren aufgesucht, mit den anderen Kinder und Exfrauen habe er nicht verkehrt, mit ihr habe er nicht darüber sprechen wollen, das seien alles abgeschlossene Projekte, habe er gesagt.

Abgeschlossene Projekte?

Abgeschlossene Projekte.

Der Ermittler blättert im Terminkalender. Zwei lose Blätter fallen heraus. Und ein ausgeschnittener, zusammengefalteter Zeitungsartikel. Der Ermittler breitet die Blätter nebeneinander aus. Sie haben gesagt, erkundigt er sich, Ihr Mann hat kaum mit der Hand geschrieben? Die Witwe stellt sich neben ihn, Körper an Körper. Unwillkürlich schließt der Ermittler die Augen und zieht den Bauch ein, sein Atem beschleunigt sich, tiefer Atem und geweitete Nasenflügel, ein Signal von Sicherheit und Vertrauen, sein Körper hat reagiert, er mag den Geruch der Frau. Ja, er habe wirklich ungern mit der Hand geschrieben, das seien nur Notizen für sein Buch, mit Bleistift skizziert, seltsam, warum manche Wörter mit violetter Tinte unterstrichen seien. Ein Buch? Ja, er habe an seiner Autobiographie geschrieben, anfangs ganz allein, ohne großen Erfolg allerdings, bis ihm jemand einen Kurs für kreatives Schreiben empfohlen habe, bei Birgit Stadtherrová, dieser seltsamen Schriftstellerin, die nach England emigriert sei, dann in Amerika oder sonst wo gelebt habe, bis sie wieder zurück nach Prag gekommen sei und auf Englisch Bücher über Männer schreibe, also über Könige und Staatsmänner; gerade solle sie an einem Buch über den Präsidenten Beneš schreiben. Im Frühling habe Frau Stadtherrová einen Schreibkurs gegeben, einen limitierten Kurs nur für exotische Persönlichkeiten, für die Elite sozusagen, sonst wäre ihr Gatte, so die Witwe, auch gar nicht hingegangen, einen sehr teuren Kurs, der Ermittler solle lieber nicht nach dem Preis fragen, er könne sich das aber vielleicht selbst ausrechnen, eine Amerikanerin und noch dazu tschechischer Abstammung; darüber hinaus habe sie ihm noch einen Entspannungskurs bei einer gewissen Diana Adler aufgeschwatzt, der sei noch teurer gewesen. Aber ihr Mann habe gesagt, fährt die Witwe fort, ohne den Kurs werde er sein Projekt nie zu Ende bringen, vor jeder Sitzung müsse er sich aber zwingen, weiter zu machen. Die Frau habe einen großen Einfluss auf ihn gehabt. Beide Frauen hätten einen großen Einfluss gehabt. Der ausgeschnittene Zeitungsartikel sei von ihr, den solle der Ermittler ruhig mitnehmen. Ihr Mann habe außerdem einen Roman über gepeinigte Männer schreiben wollen. Es habe ihn aufgeregt, was heutzutage alles so vor sich gehe. Was geht denn heutzutage vor sich?, fragt der Ermittler, während er den scharfzüngigen Artikel überfliegt. Die Sätze stechen ihn in die Leisten. Eigentlich wisse sie gar nicht, was er damit gemeint habe, sagt die Frau, zieht sich zurück und lächelt. Das Lächeln ihres eigenen braungebrannten Gesichts lässt sie zusammenzucken.

Der Ermittler bedauert, dass sich ihr Körper von seinem entfernt hat. Er sehnt sich nach Berührung, würde gerne am Haar der Frau riechen. Die Augen der Frau bleiben an seinem Ringfinger hängen, am Verlobungsring. Von seinem Großvater geerbt, beeilt sich seine Stimme den Mandelaugen zu sagen. Dürfe er zu lesen bekommen, was ihr Mann geschrieben habe? Ja, natürlich, aber … Das feine Gesicht der Frau wird blass. Was aber? Na … sie möchte ihn bitten, falls sie überhaupt in dieser Situation ein Recht darauf habe, falls also überhaupt möglich … Der Ermittler räuspert sich, muntert sie auf. Sie meine … ob er es vielleicht direkt hier, im Haus, in seinem Arbeitszimmer lesen könne? Sie möchte den Computer nicht verlieren, in ihm befinde sich ihr ganzes gemeinsames Leben, auch Verträge und Geschäftsabschlüsse und die ersten und letzten Mails, die sie und ihr Mann ausgetauscht haben, Familienfotos, Kontoführung und Ähnliches. Natürlich nur wenn man den Computer und sonstige Dinge nicht als Beweismittel mitnehmen müsse, wenn auch … das sei doch alles lächerlich. Sie meine es gar nicht gegen ihn persönlich oder gegen die Polizei, keinesfalls, Gott behüte, also wenn es ihm nichts ausmache, hierher zu kommen, wäre sie beruhigt und würde sich auch in diesem großen Haus nicht so fürchten, allein … vielleicht … wahrscheinlich.

Der Atem des Ermittlers wird tiefer, beschleunigter Puls gesellt sich dazu, auch Prickeln in den Leisten eilt herbei. Der Ermittler stimmt zu, obwohl er damit gegen die Vorschriften verstößt. Die technische Ausstattung des Arbeitszimmers wirft den beiden einen spöttischen Blick zu, der Drucker würde willig und schnell die beschriebenen Blätter ausspucken, der Ermittler könnte sofort alles mitnehmen, ob ausgedruckt unterm Arm oder archiviert in der Tasche. Der Körper des Ermittlers und der Körper der Witwe ignorieren jegliche Technik. Innere Standhaftigkeit; eine lobenswerte Haltung.

Die Frau bringt den Ermittlerkörper zum Auto. Als sie zurück ins Haus geht, schüttelt sie Wassertropfen vom schwarzen Regenschirm. Blickt sich nicht um.

*

Birgit Stadtherrová und ihre zwei Freundinnen flogen mit eisiger Freude aus Prag ab. Es reichten ein paar Tage, und schon hatten sie sich in England eingenistet. Der Vorwand war auf den ersten Blick schlicht. Diana leitet einen Meisterkurs in Yoga. Birgit schreibt ein

Buch über Beneš und unterrichtet kreatives Schreiben, allerdings nur wenn sich eins der Mädchen anmeldet, das sie *dringend* brauchen. Die Texte werden mit violetter Tinte kommentiert, Stellen mit violettem Kreuz radieren Sie bitte weg, die sind tot, abgestorbenes Gewebe, psst. Erika läuft durch die Welt, beobachtet, pickt Informationen auf.

Sie unterhalten sich über den Film *Begegnung*. Bleiben vor einer Schule stehen. Backsteinzwillinge; mit einem Durchgang verbundene Gebäude einer Grund- und einer Mittelschule. Sie vergleichen die Adresse mit dem Kapillarenknäuel auf der Karte. Schließen sich der anschließenden Schlagader an. Tasten sie mit Schildkrötenschritten auf beiden Seiten ab. Plaudern mit Straßenverkäufern. Kaufen Trödel und Ramsch. Eine lebendige Straße, ausgeleuchtet von überraschend starken Sonnenstrahlen. Ein chinesischer Imbiss, ein vietnamesisches Lebensmittelgeschäft, ein indisches, ein thailändisches Restaurant – und auch ein italienisches, japanisches und pakistanisches, libanesisches und tschechisches und arabisches, spanisches, polnisches, afghanisches, russisches, nigerianisches und amerikanisches undundundundundund.

Sie entscheiden sich für das uxor-hiomische Restaurant.

Durch einen orangeroten Perlenvorhang tauchen ihre Körper ins Dämmerlicht. Hinter einer gemauerten Theke leuchten glänzende Augen auf, blenden grinsende Zähne. Sie setzen sich in eine Ecke, von wo aus sie das Haus gegenüber im Blick behalten können. Vier Uhr nachmittags. Der Besitzer ist zuvorkommend. Reicht ihnen die Karte mit günstigen, arg zusammengestrichenen Mittagsmenüs. Er trägt ein enganliegendes T-Shirt mit V-Ausschnitt. Birgit stöhnt auf. Traut ihren Augen nicht. Zur Sicherheit setzt sie ihre Brille auf. Es ist wahr. So ein schöner Mensch und trägt den graphischen Abdruck des Körpers von Arnold Schwarzenegger auf dem Shirt, nun ja, ein Quacksalber verkauft nicht zwingend gute Medikamente. Einst war sie tief beeindruckt, richtig fasziniert, als ihr Exmann an jenem Abend, wo sie sich ihre bis dahin gelebten Leben erzählten, fallen ließ, er habe seine Abiturarbeit über

Albert Schweitzer geschrieben, den deutschen Philosophen, Arzt und Humanisten, der im afrikanisches Lambarene ein Krankenhaus gründete. Die Reife des einstigen Abiturienten rührte sie zu Tränen.

Als der erste ihrer drei Söhne zur Welt kam, erzählte sie bei einem Abendessen Erika davon. Und auch Erika strahlte, Schweitzer sei doch auch Musikwissenschaftler und Organist und Theologe gewesen. Birgits Gatte starrte beide ungläubig an.

»Ich habe doch gar nicht über diesen ... wie heißt er ... geschrieben.«

»Du hast über Albert Schweitzer geschrieben.«

»Nein.«

»Nein?«

»Nein. Über Arnold Schwarzenegger.«

Den Namen Albert Schweitzer hatte er noch nie gehört. Sie den Namen Arnold Schwarzenegger leider schon. Ihr wurde klar, dass in ihrem Fall die Liebe nicht nur blind gewesen war, sondern auch taub.

Erika erhebt sich vom Tisch. Keiner achtet auf sie. Birgit am allerwenigsten, sie starrt auf das T-Shirt des Restaurantbesitzers, der sie bedient. Sie wird von Arnold bedient.

Zu dieser Tageszeit hängen hier ein paar Schwarzköpfe herum, die entweder auf den Fernseher oder auf ihr Handy glotzen. Es läuft uxor-hiomische Musik, köstliche Gerüche ziehen durch das Lokal, ältere Männer rauchen. Erika sieht sich auf der Toilette um. Unter der Schüssel schlängelt sich nasses, rosafarbenes Toilettenpapier. Im Körper der Ziegelwand ein mit Heftzwecken befestigtes Plakat. Werbung für Wonderbras. Erika sieht sich um. Ein Schnappschuss nach dem anderen, ein Ausschnitt nach dem anderen, mit jedem Blinzeln schneidet sie das Gesehene in Scheiben. Fischt aus der Hosentasche Papiertaschentücher.

Zu Birgit kommt sie mit blankgescheuerten Händen zurück. Birgit versucht, das Lied zu verstehen, das gespielt wird. Eine Sprache zu verstehen, die sie nicht kennt. Erika setzt sich hin. Streckt unter dem Tisch das schmerzende Bein aus.

»Lebte ich bei denen, würden sie mir nicht einmal einen Schluck Wasser reichen.«

Erika sieht die Männer mit einem Blick, der meilenweit von jeglicher Gerechtigkeit entfernt ist. Sie sieht alle Männer an, als wären sie ein einziger. Mit ihrer rechten Hand ertastet sie das goldene, rubinbesetzte Kreuz an ihrem Hals. Zupft daran. Die Kette schneidet in die schrumpelige Haut.

Birgit schweigt; Groll steigt in ihr auf wie Bierschaum im frisch gezapften Glas. Warum muss sie immer das Geschlecht mit reinziehen, diese Rassistin? Warum immer auf dem Geschlecht herumreiten? Woher will die Heilige Erika denn wissen, dass eine Frau ihr einen Schluck Wasser reichen würde? Ihr Jesus oder Buddha oder Mohammed oder an wen sie gerade glaubt, waren doch auch alles Männer, oder? Man hat die Männer der Menschheit gleichgestellt. Wie abartig. All die erstarrten Männlichkeits- und Weiblichkeitskodizes, der weibliche Körper als Körper zweiter Klasse. Nein, eine sexuelle Revolution hat noch nicht stattgefunden. Religionen brauchen eine sexuelle Revolution. Warum ist der Papst keine Schwalbe?

Mit der Gabel machen sie sich über die dampfende scharfe Mischung her. Das Essen bringt das Blut in Wallung; die Bissen übervoll mit Chilipaprika und Currygewürzen. Der Restaurantbesitzer stellt Kaffee auf den Tisch, bestreut ihn mit Kardamompulver.

»Hoffentlich kein Arsen«, sagt Erika ruhig.

Scham leckt an Birgits Rücken. Mit Freude würde sie eigenhändig Arsen in Erikas Kaffee schütten. Sie schiebt sich die nächste scharfe Ladung in den Mund, schluckt. Vielleicht ist unser Leben zu intensiv gewesen. Liebhaber, Sex, diese hübsche Variante von Yoga, und Quartalsorgasmen. Das Wort Untreue versteht sie nicht. Mit derselben Leichtigkeit, mit der sie sich einst für einen irrwitzigen Moment von Diana und Erika abgekoppelt hatte, hat sie sich von ihrem Gatten getrennt, als sie den Eindruck gewann, dass Erika wieder auf den Beinen war, dass sie nicht mehr kopflos vom Buddhismus zum Protestantismus und vom Zen zur Orthodoxie wechselte; sie nährte die Leere in sich, anstelle von Augen eine Kamera. Auch Erika hat

Männer gewechselt, es ist eine große Portion starker Wille nötig, um einem Herrn zu dienen. Der Prophet mochte die Drei der Christen nicht, die *Vier* ist eine göttliche Zahl, und der Islam erlaubt vier Frauen, und will man die Echtheit von etwas bestätigen, müssen vier Beweise vorgelegt werden. Diana hat ihr Leben mit nur einem Mann gelebt. Ohne ihn wäre sie verloren gewesen, und er wäre verloren gewesen ohne sie. Am Ende waren sie miteinander verwachsen, obwohl jeder im eigenen Zimmer schlief.

Birgits Gereiztheit steigt, verfestigt sich, wird durch die Mehlschwitze der Verstimmung immer dickflüssiger. Beklemmung peitscht sie an wie einen wildgewordenen Kreisel. Sie sollte zu Hause hocken und schreiben. Schreiben muss wie ein Schnitt mit dem Messer sein. Eine in die Hand gestochene Schere. Ein Glas, das man mit der Hand zerdrückt; die Splitter sollen sich andere aus dem Fleisch ziehen. Der Körper geschunden, der Speichel giftig. Diana hat sich den Trick mit den Kursen ausgedacht, Birgit war dagegen; Kurse mit wohlhabenden und angeödeten Schreiberlingen, die in Krisensituationen als erste wegfallen, die denken, es reiche, einen Satz zu fabrizieren, und fertig ist die Laube, all die vollgeschriebenen Seiten, die sie ihr persönlich zugeschickt haben wie Salatköpfe aus ihrem Garten, ein ganzer Koffer voll, alles Müll, taubes Gestein, Berge von Schmuddelseiten, geschändete Sprache, hungrig – nicht auf Denken und Schreiben, sondern nur auf ein veröffentlichtes Produkt, sie füllen Muster aus und töten Literatur, das tut Birgit in der Seele weh. Ins Leben eingemummelt Worte wie rohes Ei aus der Schale schlürfen.

Birgit nippt an ihrem Getränk und schluckt eine Chilischote herunter. An solchen Tagen kann sie nicht schreiben. Sie ist von Viren verseucht. Vom Schreiben Anderer kontaminiert. Sollen sie sich im Verlag doch jemand suchen, der ihre handgeschriebenen Texte abtippt. Der soll dann referieren, zerschnitten von Birgits Worten, um die sie niemanden gebeten hatte. Soll der eine verwirrte Interpretation liefern von dem, was ihr Körper verfasst hatte. Birgit ist unfassbar. Das Leben ist unfassbar. Du drehst durch, das geht ganz schnell. Ich drehe durch, das geht ganz schnell, Birgit streut noch mehr Chilipulver über ihre scharfe Mischung. So viele Themen, die ihr begegnen, und so viele Möglichkeiten, sie zu bearbeiten und zu verändern, sie abzuschmatzen und zu umwerben, zu vergewaltigen, umzuschmelzen und zur Strecke zu bringen, sie zu spalten und in ihnen herumzuwühlen wie mit dem Zeigefinger in einer Wunde. Leben in die Wunde hineinbröseln, Leben, das stockt und herumschleimt und den Schmerz für sich deklariert. Salzen, pfeffern, würzen. Den eigenen Körper in magere rosa Fleischscheiben schneiden und zwischen die Seiten kleben, was kann ich dafür, dass ich zu schnell und zu intensiv bin, dass ich so viele abstoßende und anziehende Formen besitze, von denen alle echt und wahr sind, was kann ich denn dafür, dass ich klug geboren wurde, »Ich bin klug geboren«, soll Marie Olympe de Gouges gerufen haben, als man sie 1793 zur Guillotine schleifte; sie wurde hingerichtet, weil sie gefährlich war, Bürger zweiter Klasse sollten die Klappe halten, statt zu schreiben, sie hatte die Schreckensherrschaft der Jakobiner kritisiert, ihr habt mir den Krieg erklärt und den könnt ihr haben; dieser Krieg ist nicht zu Ende, und der Teil von ihm, der zu Ende gebracht wurde, ist zum größten Teil verloren. Nachzugeben ist nicht gut. Das Leben ist bunt und wild, ausgelassen und unlesbar, die Literatur unfertig und uneindeutig.

Birgit mag Wörter wie Wurm und Faden. Das Wunder von Wörtern, die sich entpuppen. Sie stolpert über fremde Wörter und über Erika, die intuitiv handelt, zart ist und verletzlich, und die so gerne eines Tages als Erwachsene aufwachen möchte, so gerne. Sie stolpert über fremde Wörter. Sie wäscht sie ab. Sie stolpert über den eigenen Körper und über die Körper der beiden anderen. Siamesische Drillinge. Sie hätte allein bleiben, sich abkoppeln müssen; sie hätte nicht zurückkehren dürfen.

Für die Rückkehr zu Quartalsorgasmen ist es jetzt auch schon zu spät. Ihr Fleisch ist vertrocknet und geräuchert wie ein Stockfisch.

Die Stimmung an der Theke ändert sich. Die Sonne tritt einen Schritt zurück, macht Platz für einen Körper, der soeben den Raum betritt. Der Perlenvorhang wogt. Seine Fransen fingern am Körper herum, herzen ihn. Alles an diesem Körper ist lang. Die bunten Schlangenschnüre saugen sich mit Klauen und Zähnen an den Rundungen fest. Die Hüften stecken in engen Jeansröhren mit Ritzen an den Knien. Die Wunden im Denimstoff verlaufen geradlinig, die fadenförmigen Narben sind weiß zerfranst. Feste runde Brüste lugen aus dem weißen Ausschnitt hervor. Ein Spitzen-BH wirft Falten. Die offene Lederjacke ist schwarz.

»Wonderbra«, sagt Erika ruhig.

»Du bist nicht komisch.«

»Doch.«

»Bist nie komisch gewesen. Kannst dein Kreuz ruhig öffentlich streicheln.«

Erikas Hand zuckt. Die Hand hat eine Ohrfeige bekommen.

Birgit ist gereizt. Erikas gute Laune frisst die Reste ihrer guten Laune auf. Die Stimmung hat sich geändert. Verlangen und träge Spannung hängen in der Luft. Die männlichen Körper werden mit der Körperlichkeit der jungen Frau abgefüllt. Sie weiß schon, worum es geht, jetzt schon. Jedes Mädchen, das sich am Ufer des wilden Flusses zwischen Kindheit und Frausein einfindet, wird von der eigenen Körperlichkeit überrascht. Die heftig ist und heiß, verletzlich und mächtig. Verlegen blickt der Verstand auf den eigenen Körper herunter, erkennt ihn nicht wieder. Schickt die Augen auf Erkundung, gibt die Marschrichtung vor: Spiegel.

Birgits Blick springt vom Körper der jungen Frau zur molligen Erika. Als wären wir ausgemustert aus dem weiblichen Geschlecht, denkt sie. Erotik ist empfänglich für Schönheit und Frische. Liebe, die ist anders, für Liebe gilt das nicht.

Diana, die Dompteuse, wäre sicher anderer Meinung. Diana spricht nur über die Seele. Dabei hat sie ihr ganzes Leben lang ihren Körper gepflegt. Wäre Diana hier, würde sie alles vereinfachen und die Aufmerksamkeit auf die Svadhisthana, die Sakralchakra lenken, die nach ihrer Auffassung die Leidenschaft und Sexualität bestimmt, sie würde sagen, dass junge Frauen orangefarbenes Licht schluckten und es gleichzeitig ausstrahlten, entweder leuchteten sie orange oder ihre Chakra sei blockiert. Birgits Gereiztheit steigt, sie hat genug von Dianas und Erikas ganzem Unsinn und Quatsch. Und sie hat genug von den Reihen unreifer Individuen, die sich für gebildete Erwachsene halten; statt sich fünf Minuten Zeit zu nehmen, in sich zu gehen und an sich selbst zu arbeiten, was *in der Tat* ein harter Job wäre, erträumen sie sich einfache Verordnungen und Gebrauchsanweisungen, laufen abwechselnd zu Coachs, Göttinnen und Göttern, schwanken zwischen Sünden, Strafen und Ablässen, Fernsehquizsendungen, exotischen Ländern und teuren Sitzungen bei Beichtvätern, Hexen, Astrologen und Hellseherinnen, bis sie in Kursen wie *Instantglück* und *Unter Aufsicht der Engel meine Wünsche zum Ausdruck bringen* enden. Sobald sie ihre höllisch teuren Seminare absolviert haben, quälen sie ihre Partner, Kinder, Mitarbeiter. Wohin führt bloß der einfache, gradlinige und bedingungslose Weg der Menschenliebe, Heilige Erika? Birgit würde den Menschen Worte vom Tisch des Herrn auf die Zunge legen, Worte, die kränkeln. Und die Menschen müssten sie herunterschlucken. Worte wie Freundlichkeit, Gutherzigkeit, Respekt vor den anderen, Empathie. Zum Beispiel. Worte, die niemand haben will, die niemandem schmecken und die nichts kosten.

Die junge Frau ist wunderschön. Wie eine Statue, wie eine Puppe; wie ein Kind, ein herrliches, frühreifes Kind, sieht sie sich im Grenzgebiet um, wo mit dem aufziehenden Mittag die morgendliche Frische schwindet, schon häufen sich die Spinnweben der Weiblichkeit, es ist bereits eine Minute vor zwölf.

Honigfarbene Haut.

Aber ihre Schönheit wird von unterschwellig Primitivem geschmälert. Sie weiß viel zu gut, wie schön sie ist. Ohne dieses Wissen wäre sie eine unbezwingbare Waffe, ein ungelenktes Geschoss, unzerstörbar, weil naiv. Es ist nicht einmal ihre Unschuld, die nach Schändung ruft. Es ist ihr Wissen darum. Und ihr Kalkül. Glänzende

Männeraugen im Raum starren sie an, die Körper angespannt, die Gedanken gefesselt, in ihrem Kopf eignen sie sich die Frau bereits an. Denn dieses Wesen setzt ihnen keinen Widerstand entgegen und wird sie trotzdem beherrschen.

Die junge Frau steuert auf den Restaurantbesitzer zu. Huscht an der gemauerten Theke vorbei. Beachtet die anderen Männer nicht. Aber sie weiß um ihre Blicke. Ihr Körper weiß darum. Sie tuschelt mit dem Besitzer. Zum Abschied küsst er ihr galant die Hand. Ihr Verschwinden katapultiert den Raum in graue Verzweiflung über verwirkte Lebensentwürfe und unbezahlte Rechnungen. Die zu Hause im Briefkasten lauern.

Nein, sie kommt zurück.

Der Raum atmet erleichtert aus. Der Honigkörper rauscht federnd auf die Toilette. Ihr Blick streift zwei alte Tanten am runden Tisch in der Ecke. Unverhohlen und mit Genuss starrt die eine sie durch ihre Gleitsichtbrille an. Die andere nippt am Kaffee und hält sich am Anhänger ihrer Halskette fest; die Kette schneidet ihr ins Fleisch, versinkt in der Teigmasse des Doppelkinns. Die großen Augen der jungen Frau behalten die beiden älteren Frauen kurz im Blick, um sie gleich wieder loszulassen, wie ein Geiger, wenn er pizzicato spielt, eine Sekunde lang, nicht länger. Eine Sekunde Staunen. Eine Sekunde Ewigkeit. Ein Bild nach dem anderen, eine Scheibe Fleisch nach der anderen, Blinzeln für Blinzeln. Staunen lässt ihren Blick stolpern. Zwischen ihren Mundwinkeln nistet sich eine Prise Spott ein, unbewusste Verachtung darüber, dass die zwei nicht geschafft haben, was sie bombensicher schaffen würde, sie wird ihren Körper mit seiner ganzen Schönheit, Jugend und Strahlkraft behalten. Sie schiebt sich die Strähnen ihrer langen, durch einen Mittelscheitel geteilten Haare hinter die Ohren; ein Theatervorhang hebt sich. In ihren Ohrläppchen blinzeln Ringe auf.

Ein Aufleuchten, dem Birgit in derselben Sekunde folgt. Winzige, aus bunten Gläsern zusammengesteckte Stiere, ein Mosaik von

Gaudí. Ein Stück Spanien im Ohr einer Jugendlichen, eines Mädchens, einer Frau.

Warum sagst du nicht im Ohr eines *Menschen*. Darum, antwortet Birgit barsch Dianas unhörbarer Stimme. Darum, Mutter.

Das blonde Trugbild lässt sich nicht einmal durch den verzückten Starrsinn des Perlenvorhangs aufhalten, der sich um ihre Schultern windet; er folgt ihr auf die Straße, fällt erschrocken rasselnd zurück. Im Raum wird es laut wie in einem Bienenstock. Auch die bis dato Schweigsamen wenden sich an den Besitzer, vibrieren, plappern in ihrer Muttersprache, feilschen wie auf dem Markt, drücken ihm Banknoten in die Hand. Das Blut wallt. Der Besitzer sammelt Geld ein. Er ist entschlossen, ein sympathischer Mann, der weiß, was er will. Nur Birgit und Erika bedient er jetzt lau. Nicht einmal das fette Trinkgeld entlockt ihm ein Lächeln. Er ist mit den Gedanken woanders.

»Das Essen war ausgezeichnet.«

Erika will sich mit Birgit versöhnen. Die schweigt. Erika steht auf. Humpelnden Schrittes will sie beim Besitzer das Rezept erfragen. Birgit tritt rasch durch den Perlenvorhang auf die Straße. Die roten und orangefarbenen Fransen werfen sich ihr gehässig um den Hals. Sie lassen sie durch, an *ihrem* Körper sind sie nicht interessiert.

Birgit beobachtet die Straße. Durch die Reihen von anderen Körpern schiebt sich gutgelaunt eine hochgewachsene, schlanke Blondine. Sie elektrisiert die Umgebung. Schönheit, denkt Birgit. Honigfarbene Schönheit. Jetzt in diesem Moment. Sie weiß das. Sie weiß, worauf die Welt anspringt. Was nicht in der Schule unterrichtet wird, worüber man in der Schule nichts erfährt. Sie hat einen Liebhaber, sie hat schon Liebhaber. Wenn Schönheit erhalten bleiben soll, muss sie täglich zertrümmert werden, kaputt gemacht und gleichzeitig durch die Zerstörung genährt werden. Damit sie lebendig bleibt. Schön.

Birgits Eingeweide verklumpen sich. Als hätte jemand in sie reingespuckt. Hinter ihr setzen sich Perlen in Bewegung.

»Das Haus gegenüber ist es, es gehört ihm, die unteren Wohnungen vermietet er, das obere Stockwerk hat er für sich allein. Nicht schlecht ausgedacht, das Ganze.«

»Ich dachte, du wolltest nach dem Rezept fragen.«

»Habe ich auch. Ich wollte nach hinten ins Büro.«

Erika reicht Birgit das hingeschmierte Rezept. Darunter hält sie in ihren krummen Fingern den Reisepass des Restaurantbesitzers.

»Diana wird sich freuen.«

Birgit schiebt das Dokument in ihre Handtasche. Zu dem weißen Brillenetui aus Leder. Bevor sie die Handtasche verschließt, öffnet sie den Pass, labt sich am Foto. Ein hübscher Mann. In den besten Jahren. Der Mann, der sie bedient hat.

»Ein Mann in den besten Jahren«, sagt Birgit.

»Für das Mädchen sind es sicher nicht die besten.«

Wer weiß, schießt es Birgit durch den Kopf. Mit dem Zeigefinger tippt sie auf den Namen des Mannes. Yusuf. Ein ansehnliches Gesicht mit festem Kinn. Die Augen eines Habichts, zwitschernde Wachtelstimmen. Sie alle führen ihr eigenes, unabhängiges Leben. Vielleicht kommt es davon, dass er weiß, dass dies die besten Jahre seines Lebens sind. Aber er hat sich das Leben anders vorgestellt.

Birgit klappt die Handtasche zu und reibt sich vergnügt die Hände.

»Die Bachstelze ist im Sack.«

»Und nun?«

»Erst Diana fragen. Sie müsste schon zu Hause sein.«

*

Hinter dem Rücken eines älteren Professors tritt der Ermittler von einem Bein aufs andere. Der Arzt mit dem Falkenblick beschäftigt sich sein Leben lang mit Erhängten, die er liebevoll *meine Hängepuppen* nennt. Der Arztrücken beugt sich über die Fotos des sympathischen, athletischen Mannes. Mit gewandten Fingern mischt er die Karten, schiebt die Ganzkörperaufnahmen zur Seite. In Reichweite der Augen, der Lupe und des Mikroskops behält er lediglich die Vergrößerung der zwei Rillen am Hals. Die eine ähnelt einem Gartenschlauch, die zweite ist auch in Nahaufnahme und unter der Lupe kaum zu sehen. Eine dünne Geigensaite. Der Rücken sagt, die pfeilgerade Furche sei in der Tat ungewöhnlich, sie könne ein Hinweis darauf sein, dass der Mann noch vor der Erhängung erdrosselt wurde. Mit Sicherheit lasse sich das aber nicht sagen. Jedenfalls liege keine Brutalität darin, sondern eine Art dekadente Sanftheit, und wäre es kein Widerspruch, könnte man sagen, der Mann sei mit extravaganter Liebe umgebracht worden. Erneut mischen die Finger den Kartenstapel durch. Der Rücken fragt, mit welchen Beweisen der Ermittler seine Hypothese stützen könne, dass dem Körper bei der Erhängung jemand behilflich gewesen sei.

Der Ermittler sagt die Wahrheit. Beweise habe er keine. Nur Intuition. Die halte ihn bei dem Fall. Es liege nichts Genaues vor, nur ein Ziehen im Unterleib, das reiche natürlich nicht. Am Körper des Mannes habe man keine Anzeichen von Gewalt gefunden, er sei nicht angegriffen worden, er habe nicht kämpfen müssen. Und seine hübsche Frau sei …

Der Rücken zügelt das eifrige Mundwerk. Keine Details über den Toten. Diesen Fehler habe er am Anfang seiner Karriere gemacht, sagt er, als er die Leichen fachmännisch untersuchte und danach überflüssige Einzelheiten einsaugte. Manchmal tat ihm der Körper leid, manchmal ergötzte er sich daran, dass dem Körper ein gerechter Tod zuteil geworden war. Mit derartigem Emotionsmüll wolle er sich nicht mehr belasten. Er interessiere sich für den Wald, nicht für das Holz und die Späne.

Der Ermittler lenkt das Gespräch vom Toten auf sich. Sein Vorgesetzter möchte den Fall ad acta legen, aber er habe Bedenken, der Kollege kenne ja sicher den unter den Polizisten so beliebten Spruch: Wenn man für jeden unentdeckt gebliebenen Mord nur eine einzige kleine Friedhofskerze anzündete, entflammten binnen einer Sekunde alle Gottesäcker der Welt wie eine einzige riesige Feuerwerkrakete. Er brauche Zeit. Und die könne er nur dann gewinnen, wenn der Kollege ihm helfe, eine Erlaubnis für die detaillierte Untersuchung des Tatorts und eine weitere Obduktion zu beantragen …

Der Ermittler spricht die ganze Zeit zum über die Fotos gebeugten Rücken. Die Vorbeuge wird tiefer, die Hand tastet nach der Lupe. Die Augen wenden sich einem dünnen Haar zu, das sich auf Höhe des Adamsapfels um den Hals schlängelt.

Er wisse, sagt der Ermittler, dass seine Annahmen auf tönernen Füßen stehen, es sei mehr eine Ahnung als Gewissheit, vielleicht sei es Selbstmord, vielleicht aber auch eben nicht … Der gekrümmte Rücken antwortet nicht. Die Hand greift nach einem Formular, in glatten blassen Fingern quietscht ein Stift, füllt sorgfältig schwarze Spalten aus, fügt eine unleserliche Unterschrift mit Spinnenfüßen hinzu.

Der Ermittler unterdrückt den Wunsch, die Arme um den Falkenrücken zu schlingen.

Pilger, Nacht für Nacht. Der Ermittler tritt in die Nacht wie Humphrey Bogart in den Film noir. An der Haltestelle klingelt eine Straßenbahn. Aus der offenen Tür purzelt ein Körper auf das Kopfsteinpflaster, zwei Securitymänner mit Armbinden verpassen ihm einen Fußtritt, sprühen ein grünes Kreuz auf seinen Rücken. Erneutes Klingeln. Flott springen die Sicherheitsleute in das startbereite Gefährt und reden fröhlich auf das lächelnde Gesicht der Tramfahrerin ein. Die Straßenbahn zuckelt los. Den grünbekreuzten Körper räumt die Arbeitskolonne eines vorbeifahrenden Lastwagens weg. Von der Ladefläche fährt eine riesige Schaufel aus.

Der Ermittler läuft der Straßenbahn und dem Lastwagen davon. Die Stadt hat verfügt, dass Obdachlose in keiner Straßenbahn, keinem Bus oder Zug, keinem Taxi, keinem Krankenwagen und keinem Polizeiauto sitzen dürfen, damit sie die Fahrgäste nicht mit ihrem höllischen Gestank belästigen. Die Stadt hat verfügt, dass Zugereiste und Asylbewerber sich so lange nicht frei bewegen dürfen, bis sie die Namen aller Bewohner der Republik seit ihrer Gründung 1918 auswendig gelernt haben. Der Ermittler hat einen Brief geschrieben, ehrgeizige Anzugträger, mit teuren Cremes beschmiert und mit Billigparfüms begossen, stänken ebenfalls, auch ihnen müsse daher der Zutritt verboten werden. Und Schwarzen und Juden auch, das habe sich doch schon mal prima bewährt.

Der Brief blieb unbeantwortet. Der Ermittler wurde von seinem Vorgesetzten vorgeladen, im Gespräch ging es so vorsichtig zu, als schnitte man Honig. Der Ermittler wurde versetzt.

Der Ermittler legt einen Schritt zu. Er trabt, den Geruch der Stute in den Nüstern, ihre helle Mähne vor den Augen. Der Körper freut sich über das brodelnde Blut, pumpt es in die Wangen. In Gedanken an die erahnte Lauren Bacall am Stadtrand. Er läuft an Nachtvögeln, Stadtstreichern, seltsamen Käuzen vorbei. Keine gute Adresse. Die Stadt ist klein, sie hat weder gute noch schlechte Adressen. Metallener Himmel und industrielle Schönheit. Er lehnt sich an die Wand des Mietshauses, in dem er wohnt. Steckt sich eine Zigarette an. Aus dem Schatten der Mülltonnen schält sich ein humpelnder Obdachloser heraus. Der Ermittler gibt ihm Feuer. Und schenkt ihm seine Jacke. Der Obdachlose zieht sich um, stopft den Mantel mit dem grünen Kreuz auf dem Rücken in die Tonne, verneigt sich und kriecht in seinen Unterschlupf zurück.

Zuhause legt der Ermittler Bob Dylan auf. Die kratzige Stimme seiner späteren Jahre erinnert ihn an Tom Waits. Den mag er. Die Wohnung passt nicht zum Ermittler. Sie passt nicht zu dem Wort Ermittler. Sie passt zu Wörtern wie *wilder Junge* oder *geradliniger Mann* oder *Mensch, der nicht aus dem Staunen über die Welt herauskommt*. Mit welchen Wörtern stimmen wir eigentlich überein? Welche Wörter kleben wir uns selbst an und welche schmiegen sich im Laufe des Lebens ganz von alleine an uns, obwohl wir sie hassen, sie wegscheuchen, mit ihnen Blindekuh spielen und sie von unserer Haut pulen? Mit spöttischem Gelächter holen sie uns ein. Der Ermittler putzt sich im Badezimmer die Zähne. Im Spiegel huscht ein durch Hunderte ovaler Tränen vervielfachtes Bild vorbei, Abglanz goldener, zu einem Dutt hochgesteckter Haare und einer kleinen, sich rümpfenden Nase. Im Waschbecken seift er den Ringfinger an seiner linken Hand ein, streift den Verlobungsring seines Großvaters samt Seifenblasen ab, spült ihn mit warmem Wasser sauber und deponiert ihn im Schränkchen über dem Waschbecken.

Er kann nicht schlafen.

Er schenkt sich ein Gläschen eisgekühlten Wodka ein. Zwei Gläschen. Drei. Breitet seine Notizen auf dem Tisch aus. Und einen Artikel, unterschrieben mit den kratzigen Silben Bir-git Stadt-herrová.

*

Yusufs Reisepass wandert von einer Hand zur anderen. Seine schwarzen, gütigen Augen gefallen ihnen. Das jugendliche Antlitz. Die vollen Lippen und das rabenschwarze, kurzgeschorene Haar.

In groben Zügen legen sie das Mosaik des Tages zusammen. Soweit es ihre Zungen erlauben. Die Zunge hindert einen daran, die Wahrheit auszusprechen, obwohl sie nicht lügt. Worte taugen nur bis zu einem bestimmten Punkt, Worte dienen dem Intellekt. Wie übersetzt man eine gelebte Sekunde? Für Gefühle, Spiegelungen des Unterbewussten, Intuition und Körpersprache sind Wörter nicht gemacht. Dem Aufleuchten in den Augen, wenn sich Erfahrungen voriger Jahrhunderte mit just diesem Moment verbinden, dem kommen sie nicht bei; das kann nur eine Schwalbe.

Brustkörbe und Bäuche weiten sich. Schultern recken sich. Die Luft rasselt, durch einen Tunnel zwischen Schultern und Nabel rast eine Flutwelle. Das Zwerchfell arbeitet.

Diana hat ihnen das Alphabet der Situationen beigebracht, die ihnen das Leben in den Weg legt. Diana hat kein Vertrauen zur Sprache, sie lenke die Aufmerksamkeit von der Sprache des Körpers ab, der *nicht* lügen kann. Für die Lüge ist die Zunge nur ein Mittel.

»Was, wenn herauskommt, dass das Mädchen, diese Julie, lügt? Das hier ist anders. Die gehen freiwillig hin.«

»Ich glaube ihr. Ihre Worte lügen nicht.«

»Aber Zeitungen lügen. Und du weißt sehr gut, wer den Daumen auf die Medien hält.«

»Man hat *ihre* Aussage zitiert.«

»Sie gehört einer anderen Generation an, die ich nicht beschützen kann. Das muss sie selber tun. Die jungen Leute werden von aggressiven Körpern aus Filmen attackiert. Die aus dem Internet schwappen, auf sie zurollen, jeder kann dort hin, jeder hat Zugang zu Pornos und zu der Vorstellung, aggressiver Sex oder Erniedrigung seien eine adäquate Form des Liebemachens. Vielleicht finden sie es schön. Vielleicht sind sie nur neugierig. Und finden es reizvoll. Das ist kein Fall für uns. Lasst uns aufhören.«

»Nein.«

»Wir lassen uns nieder. Am Meer. Im Norden. Auf einer Insel.«

»Nein.«

»Ich will kein Yoga mehr mit anderen machen. Mein Körper braucht mich.«

»Nein.«

»Erika, warum hast du dich so versteift auf diese Honigfarbene, auf Honey?«

Erika antwortet nicht. Sie legt Musik auf, die mit Regentropfen verschmilzt. *Svalernes flugt*, Flug der Schwalben, der norwegischen Komponistin Agathe Backer-Grøndahl, ein Werk aus nur zwanzig Takten, auch diese Schwalbe macht noch keinen Frühling. Diana spießt Erika mit dem Blick auf, brät sie im verbrannten Öl der zusammengekniffenen Augen kross. Erika zuckt zusammen. Rasch wählt sie eine andere Musik aus, *Les Hirondelles*, die Schwalben, von Benjamin Godard, charmante Schwalben, lebenstüchtig, heißblütig, oj oj. Auf der Fensterscheibe hüpfen Wassertropfen. Die Töne lassen sich auf ihrem Rücken nieder. Sie waschen einander rein.

Diana blickt in den Himmel.

In der Nacht deckt sie die zwei schlafenden Körper zu. Beobachtet ihre Gesichter. Die Vergangenheit kommt vor Tagesanbruch zu Besuch. Kickt die Tür auf, schleudert den schweren Mantel zur Seite.

Darunter ist sie nackt. Den Morgen können sie überlisten, indem sie aufstehen, noch bevor es tagt.

Körper zerbrechlicher als Vogelkörper. Zerbrechlicher als der Herbst. Staub im Gesicht.

Es wird nie aufhören.

Denn Birgit ist keine Schwalbe mehr. Birgit ist ein Eisvogel, *alcedo atthis*, allein und leise hockt sie im Wind über dem Wasser; wenn sie Vertretern ihrer Gattung begegnet, fühlt sie sich bedroht, will den anderen verscheuchen, in den Rücken picken, bis der Verletzte endlich wegfliegt, aber auch dann folgt sie ihm eine Weile, bevor sie zu ihrem Platz zurückkehrt.

Diana streichelt Birgits Wange. Über Erikas Stirn malt sie ein Kreuz in die Luft, einen Kreis und eine Raute.

*

Der Ermittler streitet sich mit seinem Vorgesetzten. Normalerweise kann man sich auf den Vorgesetzten verlassen. Aber sobald es brenzlig wird, macht er einen Rückzieher. Wenn alles gut ausgeht, schreibt er sich den Verdienst zu. Er wedelt dem Ermittler mit einem Stoß Papier unter der Nase herum, signiert von der ärztlichen Falkenautorität. Persönlichkeit. Solche erpresserischen Manieren halte er für eine Verschwendung von Kräften der gesamten Abteilung und für einen Verstoß gegen die Stabskultur und Disziplin. Gut, der Ermittler brauche nicht mit der Straßenbahn zu fahren, aber das hier sei das letzte Mal. Der Fall hätte jetzt schon, verdammt noch mal, ad acta gelegt werden können. Nun komme man am Dienstweg nicht mehr vorbei. Jetzt hieße es nämlich nicht mehr »wir schließen den Selbstmordfall«, Schätzchen, sondern »wir schließen einen Selbstmord aus«, daher dalli dalli. So ein ehrenhafter Idiot, entfährt dem Vorgesetzten, als der Ermittler aus der Tür schießt. Aber wie wird man so jemand los, wie scheucht man den fort?

*

Surya Namaskar, Sonnengrüße, ein Auf und Ab von Wirbelsäulen. Erika frühstückt ein Gebet.

Der Sommer neigt sich sichtbar dem Ende zu.

Diana verlässt den Übungsraum.

Im verwaisten Flur warten drei Männer. Sie sind nicht zum Yoga gekommen. Haben Kunststoffmappen mit gezackter Flügelwelle am Rand mitgebracht und ein paar Zahlen. Einer der Männer reicht Diana einen bearbeiteten Taschenspiegel. Dreht ihn um und erklärt etwas. Diana nickt. Die Männer verabschieden sich. Diana steckt den zur Kamera umfunktionierten Spiegel in die Tasche.

Sie rollt eine knallgrüne Matte zusammen, eine weiße Schnur. Eine Stunde Pause. Sie geht durch das verglaste Gebäude. Hinter den Türen erklingen Gesang, Musikinstrumente, Lachen, Stampfen, unverständliche Wörter.

In der Kantine im Erdgeschoss trinkt sie einen frisch gepressten Orangensaft. Wühlt lustlos in mit Öl und Basilikum besprenkelten Tomaten- und Mozzarellascheiben herum.

Und da kommen sie auch schon.

*

Der Ermittler springt zusammen mit anderen Männerkörpern aus dem Auto und dringt in das weitläufige gläserne Nest am Stadtrand von Prag ein. Der Regen hat aufgehört. Nicht einmal am Ende des Sommers ist der Garten fertig. Schwere Stiefel versinken im Schlamm, kleine Tümpel bleiben zurück, die sich mit trübem Wasser füllen, eine Schicht schmieriges Etwas klebt an den Schuhsohlen. In der Eingangshalle verdrecken die Männer den Boden, verlegen ziehen sie die Schuhe aus. Vorsichtig setzen sie die graubesockten Füße auf. Der Ermittler ist überrascht, wie sehr sich sein Körper freut, wieder am Tatort anzukommen. Mehr als sonst. Seine Leute purzeln durch die Räume, stoßen gegen Wände und Möbelstücke. Am längsten halten sie sich auf dem Dachboden auf, den man in diesem Haus Loft nennt. Erneut nehmen sie Fingerabdrücke, fegen unsichtbare Fäden zusammen, schaben Musterproben ab. Genauso wie sie die Leiche des Mannes abgestaubt, ihm Fäden unter den Fingernägeln weggepult haben. An der Eingangstür und an der Tür des Arbeitszimmers taucht die Kontur einer Muschel auf, derselben Muschel. Der Umriss eines menschlichen Ohrs, das sich lange an die Tür gepresst hat. Zweimal wurde dasselbe Ohr als Stethoskop an die Lunge des gläsernen Hauses gedrückt.

Vor dem Haus hält ein silbernes Auto. Die junge Witwe beobachtet muskulöse Bergsteiger, die sich vom Dach abseilen und Zentimeter für Zentimeter von außen die gläserne Fläche bestauben. Unter ihren Händen schälen sich inmitten eingetrockneter Regentropfen Einrisse hervor, zarte Konturen, blühende Blumenköpfe. Männerkörper hängen in der Luft und suchen nach Spuren, als unterstellten sie dem Haus etwas Unlauteres. Aus dem Vogelschwarm auf den Telegraphendrähten hinter dem Haus löst sich eine Schwalbe, fliegt im großen Bogen über die Ermittlerköpfe und kehrt zu ihren Freundinnen zurück, sie zwitschert, gibt den anderen eine Nachricht durch. Pfeilschnell suchen sich die kleinen schwarzen Körper auf den Notenlinien einen neuen Platz.

Die Frau steigt aus dem silbernen Auto. Sie ist ganz in Schwarz gekleidet. Nach dem gestrigen Platzregen ist der Himmel über ihr blank.

Der Ermittler entschuldigt sich. Mehrmals hintereinander. Er bittet um Entschuldigung für die Entschuldigung. Sie klingt nett und entgegenkommend, sie habe ihn doch selbst eingeladen. In enger schwarzer Hose und schwarzem Pulli mit V-Ausschnitt steht sie breitbeinig auf hohen schwarzen Absätzen da. Die Augen des Ermittlers verirren sich zu den erotisch hohen Pumps. Und zum rubinroten Lack der langen Fingernägel. Rubine fliegen durch die Luft. Blutspritzer. Sie sei nur seinetwegen hergekommen und habe Verständnis, dass das Haus versiegelt worden ist, sie sei bei einem Freund untergekommen, also bei einem Kumpel, gerät sie ins Stocken. Ein guter Bekannter von ihr sei das, schwul, eigentlich kenne

sie ihn nur oberflächlich vom Yoga, alle gehen zum Yoga und fahren nach Indien, viel bringe das zwar nicht, obwohl für einen Moment schon, ja, womöglich sei das nicht einmal Yoga, aber besser
als nichts, jedenfalls habe ihr dieser Kumpel angeboten, bei ihm zu
bleiben, das heißt sich in seiner Höhle zu verkriechen, zu Verwandten habe sie nicht gehen wollen, sie reden über nichts anderes als
über das Unglück, weinen und dramatisieren alles, und dazu noch
die Journalisten und die Freunde ihres Mannes und all die Exfrauen
und Kinder und Kindeskinder, alle wollen wissen, wie es mit der
Beerdigung und mit der Erbschaft aussehe, aber darum müsse sich
ihr Anwalt kümmern, was könne sie denn dafür, dass sie Alleinerbin sei, dafür könne sie nun wirklich nichts, sie sei ganz durch den
Wind.

Sie fürchtet sich und war erleichtert, mich zu sehen, denkt der
Ermittler. Ich bin schwer zu greifen und außerdem nicht eifersüchtig,
sagt er zu ihr, als litte er an einer ansteckenden Krankheit. Etwas
Eifersucht gehört bei Liebe dazu, erwidert sie und fängt noch mitten
im Lächeln an zu weinen.

Der Ermittler verhört Verwandte und Freunde des Mannes, rekon-
struiert die letzten Tage eines fremden Lebens. Der Erhängte hielt
die Zügel seines Lebens fest in der Hand, saß selbstbewusst im Sattel.
Bis auf den kleinen Fleck auf der Weste, den die Polizei ja wegge-
schrubbt hat. Ein paar ehemalige Sekretärinnen zeigten ihn an. Eine
von ihnen hatte sich bereits vor Jahren an die Polizei gewandt, aber
damals verlief alles im Nichts, die Sache wurde vertuscht, der Mann
verfügte über unerschütterliche Kontakte, jagte der Frau Angst ein.
Erst als alle Betroffenen eine Sammelklage einreichten, kam der Fall
vors Gericht.

Das Drehbuch war immer gleich. In der Firma fasste er die
Frauen an. Protestierten sie, griff er zu Gewalt. Er behandelte sie wie
Dinge. Auf Dienstreisen erwartete er Beischlaf. Lehnten sie ab, be-
drohte er sie oder verpasste ihnen gleich ein paar leidenschaftliche
Ohrfeigen. Seine Mäuse fing er mit Speck, danach begann die Diät.

Eine vergewaltigte er direkt im Büro. Aber von der weißen Weste ist der Fleck weg, das Strafregister ist rein.

Der Ermittler will nichts übergehen, nichts ausschließen. Er lässt die Frauen vorladen. Aus der langen Jungfernprozession wird er nicht schlau. Die Frauen sind schön und schweigen eisern. Sie seien jung und dumm gewesen, sagt eine nach der anderen. Manche tragen Trauer. Manche weinen verzweifelt, fühlen sich mitverantwortlich für den Selbstmord. Manche behaupten, den Mann geliebt zu haben. Manche hätten nie wieder so guten Sex erlebt. »Sex ist Freude«, habe er gesagt, und so stellte jede von ihnen einen Beitrag zu *seiner* Freude dar. Ein Hengst sei er gewesen, galant und immer bereit, sagt eine dem Ermittler, solche Männer werden nicht mehr geboren.

Aus der Jungfernprozession wird er nicht schlau, denn die ärztliche Dokumentation enthält Fotos von blaugeschlagenen Gesichtern und gebrochenen Flügeln.

Der Ermittler weiß nicht, wo er die Luft rauslassen soll.

Er sucht Zuflucht bei dem weisen Arztrücken. Der alte Falke steckt sich eine Pfeife an, lacht über die Sätze des Ermittlers und verkündet von dem hohen Ross seines Alters, es wundere ihn gar nicht, dass die Frauen den Ermittler so verwirren. Auch ihn verwirren sie, und das werde mit zunehmendem Alter oder Erfahrung nicht besser. Er verstehe, warum sich der Ermittler die Ehe vom Leibe hält. Er selbst habe auch nie geheiratet. Langjährige Beziehungen habe er allerdings gehabt, das schon. Und er habe für diese Frauen getan, was in seiner Macht stand. Aber das sage wohl jeder Partner und Ehegatte. Also, und hier lächelt der Arzt ironisch, jeder betrügerische Partner oder Gatte. Jedoch, da beugt sich der Falkenrücken zum Ermittlerohr, als vertraute er ihm ein ärztliches Geheimnis mit niederschmetternder Diagnose an, auf der anderen Seite gebe es in der Geschichte der Freude nicht nur die getreue Gattin und die käufliche Nutte. Zwischen den zwei Polen des Ehehimmels der Tugendschwestern und der Hölle der sexuellen Verdammnis breite sich ein nie dagewesenes und bis heute nicht ausreichend untersuchtes Reich aus, ein prächtig gegliedertes sexuelles Reich, von dem nur ein winzig kleiner Teil registriert wurde, den man *demi-monde*, die Halbwelt, nennt. Da solle sich der Ermittler bitte schön die einschlägigen Fachbücher besorgen. Aber vor allem, vor allem solle er Romane lesen. Zum Beispiel Alexandre Dumas den Jüngeren, bei ihm sei das Ganze auf den Punkt gebracht, mehr brauche man nicht.

»Eine Halbweltdame«, der Ermittler kippt den nächsten selbstgebrannten Sliwowitz hinunter, den mal ein anderer ratloser Polizist dem Falkenrücken mitgebracht hat.

»Ja, eine Halbweltdame. Eine Frau, die nicht zum Schwarm der Kurtisanen gehört. Moralisch gesehen steht sie über den Prostituierten. Auf der anderen Seite ist sie aber auch keine anständige Ehefrau. Sie sinkt und fällt sukzessiv. Eine Art wohlüberlegte Abfahrt in die Unterwelt. Sie kommt wieder nach oben. Wenn sie den richtigen Mann findet. Oder sie bleibt ihr ganzes Leben lang in der Halbwelt. Früher stand zwischen einer Halbweltdame und einer anständigen Frau ein öffentlicher Skandal, von einer Kurtisane trennten sie wiederum die finanziellen Mittel.«

Auch aus den Worten des Arztes wird der Ermittler nicht schlau. Ihm kommt es vor, als plustere sich der Falke in der Höhe auf, als wolle er ihn belehren.

»Heute ist die Gesellschaft doch nicht mehr so verlogen, Doppelleben sind nicht mehr nötig, alle Körper der Welt haben dieselben Rechte, alle Körper treffen ihre Entscheidungen freiwillig. Dumas' Jahrhundert schnauft im Mülleimer der Geschichte.«

»Nichts schnauft im Mülleimer der Geschichte«, die Arztpfeife qualmt gereizt. »Ich habe nur deswegen nicht geheiratet, um mich nicht scheiden lassen zu müssen. Die eine von meinen beiden großen Lieben war Amerikanerin. In Europa ist es, wirtschaftlich gesehen, selten günstig, sich scheiden zu lassen. Aber Amerika ist ein Land der unbegrenzten Möglichkeiten. In Amerika sind die gesetzlich festgelegten Alimente so hoch, dass sich eine geschiedene Frau ein finanziell unabhängiges Leben leisten kann; eine Scheidung ist dort für Frauen nicht so bedrohlich wie in Europa. Sie ist eine Einkommensquelle. Eine Frau heiratet einen reichen Mann nur, um sich bald von ihm scheiden zu lassen.«

»Ich dachte, eine schöne Ehefrau gilt heute nicht mehr als Zeichen besonderen männlichen Talents.«

»Talent hin, Talent her – heutzutage nennt man so etwas Karriere. Da gibt es talentierte Expertinnen. Ihre Kunst kann man mit dem Schleifen von Filigranglas vergleichen. Hohe Schule der Diplomatie und Tiefenpsychologie. Und der Geschwindigkeit; sie müssen schneller sein als der erste Zahn der Zeit, der an ihrem Körper nagt. Sie haben die Ehe in sexuelle Goldgräberei verwandelt. Sie sind Profis, *gold diggers*. Goldgräberinnen, Platingräberinnen. Im neunzehnten Jahrhundert führten die Halbweltdamen ebenfalls langjährige Beziehungen mit reichen Männern, aber heute erreicht die Goldgräberin auch eine *soziale* Stellung. Sie ordnet sich in die gute Gesellschaft ein. Und diese Stellung behält sie auch nach der Scheidung. Entspricht also eher der reichen Witwe von früher. Und Sie wissen ja selbst, *Witwen* können auch jung sein.«

Der Arzt schüttet die Pfeife energisch auf der Fensterbank aus und stopft sich nonchalant eine neue. Den größten Teil seines Lebens hat er unter Toten verbracht, trotzdem strotzt er vor Kraft und Vitalität. Auf den *Rundungen* der zweiten Pfeife glänzen Fettschlieren, alte Ablagerungen. »Ja, ja, mein Freund. Witwen können jung sein.«

»Sie haben gesagt, an Details wären Sie nicht interessiert«, der Ermittler greift den Angreifer an. Verschüttet Sliwowitz.

»Natürlich, Details interessieren mich nicht. Mich faszinieren soziologische Einheiten. Und auch die Erkundung des Gehirns finde ich spannend. Denn wie wir uns als Ganzes verhalten, das wird vom Gehirn bestimmt. Nehmen Sie zum Beispiel die Sprache. Einzig und allein die Menschen verfügen über linguistische Kompetenz. Diese nimmt einen *riesigen* Teil des Neocortex ein.«

»Ich weiß nicht, was ein Neo…cortex ist«, sagt der Ermittler beleidigt. Vor seinen Augen steigt inmitten von Nebelschwaden aus

Wut ein Körper in schwarzer enger Hose und ebenso schwarzem Pullover mit V-Ausschnitt auf, breitbeinig und auf hohen schwarzen Absätzen.

»Das ist entwicklungstechnisch gesehen der jüngste Teil des Gehirns, junger Mann. Geoffrey Miller nimmt an, dass die Herausbildung des Neocortex durch kognitive Anforderungen bei der Brautwerbung unterstützt wurde. Verstehen Sie? Brautwerbung.«

»Das verstehe ich nicht, und diesen Miller kenne ich auch nicht.«

»Ist doch egal. Der Neocortex ist nur durch unser Bedürfnis herausgebildet worden, uns unterhaltsam, lustig, witzig, schlagfertig, raffiniert, lieb und scharfsinnig zu zeigen. Das heißt also auch durch unser Bedürfnis zu blenden und Blendung bei anderen zu erkennen. Es geht ums Überleben. Hören Sie gut zu, mein Freund, nehmen Sie meine Warnung ernst. Vergessen Sie die Goldgräberinnen. Vielleicht ist für Frauen der Neocortex nicht wichtig, vielleicht spielt bei ihnen die Intuition eine größere Rolle. Die junge Witwe von unserem sorgfältig und liebevoll Gehängten ist bestimmt eine kluge, aufgeweckte und harte Nuss. An solchen kann sich ein Nussknacker ganz schnell die Zähne ausbrechen. Ist ein gutgemeinter Rat.«

Der Arzt zwinkert dem Ermittler schelmisch zu und schenkt Selbstgebrannten nach. Der Ermittler betrachtet sein Gesicht, unterdrückt die Regung, ihm die Pfeife aus der Fresse zu hauen und in den breiten Expertenarsch zu treten. Aber um selbst ein Falke zu werden, dafür ist das Jüngelchen noch zu grün hinter den Ohren, der Neocortex entwickelt sich ständig weiter; er braucht nur Tausende von Jahren dazu.

Auf dem Tisch und Computer des Ermittlers türmen und verästeln sich Untersuchungen von Abdrücken und Spuren, von Sätzen, Gerüchen, Silben und Schleimhäuten, von Buchstaben und unterschiedlichen Leben. Abdrücke der Bewohner des gläsernen Hauses. Weit und breit nichts Besonderes oder Verdächtiges, bis auf den Umriss einer fremden Ohrmuschel. Sie gehört weder dem Opfer noch der Gattin, noch dem Jungen. Die heilige Nuklearfamilie. Nirgendwo etwas Besonderes oder Verdächtiges, weder auf dem Körper noch auf der weißen Schnur, dem umgekippten Teakstuhl oder dem transparenten Glas.

Nur am frischen Laborbericht hängt eine Rolle von zusätzlichen Fotografien. Mikroskopaufnahmen.

Der Ermittler reibt sich die Augen, die beleidigt Tränen absondern. Die Fotos sehen aus wie Ultraschallbilder eines menschlichen Embryos. Oder, aus einer bestimmten Perspektive, wie die meteorologische Vorhersage eines Orkans auf der nordfriesischen Insel Amrum unweit von Dänemark. Wie eine Traube eroberungslustiger, beschwänzter Spermien. Wie ein Foto des Universums, das man nur beobachten kann, dessen Form man nicht kennt und bei dem man weder weiß, ob es endlich ist, noch wo sich die dunkle Energie ausbreitet und wo die schwarzen Löcher. Der Ermittler möchte den Laborchef vorladen. Die Frau, die diese aufwühlenden Aufnahmen gemacht hat. Und den Mann, der das Gesehene sorgfältig beschriftet hat. Er entscheidet sich anders.

Er rennt selbst zu ihnen.

Am Mikroskop und dem Ultraschall des Zentrallabors zieht eine wahre Prozession vorbei. Jede Menge Chemiker und Biologen, jede Menge Experten für physikalische Prozesse, jede Menge erfahrener Praktiker und junger Theoretiker. Die Berichte und das Gesehene, vom Ausgesprochenen ganz zu schweigen, verwirren den Ermittler nur noch mehr. Die Menschenmenge um ihn herum ist pikiert, es stellt sich heraus, dass die Sprache der Wissenschaft manche Erscheinungen nicht erfassen und schon gar nicht beschreiben kann.

In den Naturwissenschaften sei es gang und gäbe, dass man es anfangs mit großen intuitiven Gedanken zu tun habe, mit Hypothesen, sagt der Laborchef schulterzuckend, Beweise folgen erst später. Das geht dem Ermittler an die Nieren. Was soll das Gelaber? Ramponierte Nerven, Kater und quengelnde Wut schleudern seine Faust gegen die Türzarge.

Er erzähle keinen Quatsch, verteidigt der Laborchef sich und seine Leute, der Ermittler sehe es doch selbst. Egal von wo aus man es betrachte, man komme jedes Mal zum selben Schluss. Unter den Fingernägeln des Mannes fanden sich mikroskopische Teilchen, die nur aus Buchstaben bestehen. Ob es sich dabei um eine Chiffre oder um Symbole handele und aus welchem Sprachsystem sie stammen, das wisse man leider nicht, die Schrift sei jedenfalls lateinisch. Als hätte der Tote vor seinem Ableben verkalkte, sinnfreie Wörter abgekratzt.

Der Ermittler bekommt einen hysterischen Lachanfall. Die Kohorte weiser Männer und Frauen verzieht sich leise und beleidigt in ihre Labors zurück.

In der Hand hält der Ermittler eine Landkarte, die grob Auskunft über die letzten Tage im Leben des Verstorbenen gibt, das sich in Leere und Ödnis verfing und immer bleicher wurde; nur noch die Schlüsseldaten vom Freitag eintragen und beschreiben, denkt er, dann werde ich mich bei der Witwe aus dem gläsernen Haus anmelden. Fürs Wochenende. Ja, fürs Wochenende, warum nicht.

*

Julie hockt auf der Rückenlehne einer arg mitgenommenen Parkbank am griesgrämig dreinschauenden Spielplatz. Sie schreibt eine SMS. Der wuchernde Park erobert den Sandkasten.

Julie schnellt hoch. Übergibt sich auf den Rasen, das Telefon in den Fingern ihrer linken Hand. Drei alte Damen gehen vorbei. Die eine am Stock reicht ihr ein Taschentuch.

Julie spuckt aus. Tupft mit dem Papiertuch die tränenden Augen ab. Dann die Lippen. Ihr Billigmascara zerfließt. Brennt in den Augen. Das Taschentuch wirft sie in das welke Gras. Auf dem sich Bierflaschen tummeln, Eisverpackungen, Kondomtütchen. Julie wirft einen Blick aufs Telefon. Richtet sich auf.

Drei Seeschwalben sehen ihrem Körper zu. Sie haben ein langes Leben hinter sich, in ihren ledrigen Augen liegt Weisheit. Vor Julies Haus gehen sie auseinander.

Diana setzt sich auf eine Bank beim kaputten Karussell. Birgit Stadtherrová geht zu ihrem Abendkurs für kreatives Schreiben. Erika folgt dem Honigtrugbild ins uxor-hiomische Restaurant. Sonst ist hier keiner unterwegs. Bis auf den Herbstabend. Der schon das Rollo herunterzieht und ins vergilbte Gras rotzt.

Diana steht auf und setzt ihre Brille auf. Liest die Namensschilder auf den runden Klingelknöpfen. Drückt einen davon. Der Summer funktioniert nicht. Diana wartet. Sie hört Schritte. Laut poltern sie die Treppe herunter. Julie öffnet die Tür einen Spalt weit. Ein Eichel-häherauge blinzelt. Von Angesicht zu Angesicht stehen sie sich gegenüber. Julie hat Ringe unter den Augen. Um ihre Lippen verlaufen rote Striemen, sie wirken so breiter. Sie hat sich mit heißem Wachs den Oberlippenflaum entfernt. Oder man hat ihr den Mund mit Klebeband zugeklebt und es vor kurzem abgezogen. Auch Diana hat Tränensäcke unter den Augen.

»Was wollen Sie.«

»Guten Tag.«

»Tag.«

»Nichts.«

»Nichts.«

»Mit dir reden.«

»Sind Sie vom Amt.«

»Nein.«

»Zeugen Jehovas oder so'n Zeug.«

»Nein.«

»Mutter hat das Gas wieder nicht rechtzeitig bezahlt. Da müssen Sie mit ihr reden.«

»Nein.«

»Mutter kriegt 'nen Anfall, wenn ich zu lange mit Fremden rede.«

»Sie ist nicht zu Hause.«

»Woher wollen Sie das wissen.«

»Willst du eine Runde drehen?«

Das Täubchen Julie, das gezwungen wurde, sich in einen Eichelhäher zu verwandeln, will dem fremden Auge die Haustür mit der abgeblätterten Farbe vor dem Schnabel zuknallen. Diana hindert sie daran. Sie schiebt ihren Fuß in die Tür. Julie ist überrascht von der physischen Kraft des zierlichen rotgefiederten Körpers. Dieser Körper fliegt, er kann nicht anders. Als Diana nach ihrem Ellbogen fasst und ihn mit Daumen und Zeigefinger streichelt, weiß Julie nicht, wie ihr geschieht. Fühlt sich wie gelähmt.

Diana drückt ihr ein Stück Papier mit einer hingekritzelten Telefonnummer und ein paar Wörtern in die Hand. Zeigt dezent auf Julies Bauch.

»Es geht nicht um die Vergewaltigung.«

»Worum denn?«

»Um Erniedrigung und Schuldgefühl.«

Das Mädchen versteht, wovon die Rede ist. Wird panisch. Kaut an ihrem Fingernagel mit blauem, abgesplittertem Nagellack.

»Verschwinden Sie.«

Sie knallt die Tür zu.

Das Telefon klingelt. Julie geht nicht ran. Eine Nachricht kommt. Julie liest sie nicht. Durch die Gardine beobachtet sie die elegante Alte vor ihrem Haus und heult.

Die Alte umrundet das Haus, kommt zurück und setzt sich neben das schiefe Karussell, das sich mit dem Ellbogen auf der zertrampelten Erde abstützt.

Das Telefon auf dem Tisch vibriert schon wieder. Es dreht sich wie ein wundes Tier. Was ist das für eine Hexe; auf dem Zettel steht der Name Diana Adler. Hinter dem Namen »Therapie durch Bewegung« und eine Zahlenreihe. Julie ist in der Falle ihres eigenen Zimmers gefangen. In der Falle ihres Körpers, der nicht tut, was er möchte. In der Falle dieser Stadt. In der Falle der Gene. Sie hat Angst vor der Angst, die sich ihr jederzeit in den Nacken verbeißen kann. Sie ist sauer auf die Alte dort unten, nicht einmal zu Hause hat sie ihre Ruhe. Wer ist sie bloß. Woher weiß sie Bescheid. Sie steckt mit denen unter einer Decke.

Wütend liest Julie die Nachricht. Sie rennt durch den Flur auf die andere Seite der Wohnung und blickt aus dem Fenster. Honey geht mit ihrem Telefon in der Hand auf das Haus zu. Hinter ihr her schleppt sich eine Rentnerin, setzt sich auf eine Bank, Vögel flattern um sie herum. Sie wirft ihnen Krümel zu. Dabei bewegt sich ihr Mund, als spräche sie mit ihnen.

Julie reißt ihre warme Kapuzenjacke vom Kleiderständer. In der Rumpelkammer tritt sie gegen den Eimer mit dem dreckigen Putzlappen, fischt mit der Hand im Staubsaugerkarton herum. Im Spielautomaten erklingt der Gewinnerton, eine vertraute Melodie. Julie zieht eine von Mutters Flaschen hervor. Nimmt einen mächtigen Schluck.

Diana sieht sich um. Mütter, die auf dem Spielplatz schwatzen und rauchen, interessieren sie nicht. Kindern im Sandkasten reicht sie Spielzeug. Putzt ihnen die Nase. Als sie vergeblich immer wieder das umgestürzte Karussell in Bewegung zu setzen versuchen, nimmt sie sie sanft an der Hand und führt sie auf den Rasen, bildet mit ihnen einen Kreis, *Ringel Ringel Reihe, sind der Kinder dreie*, Diana singt in verschiedenen Sprachen und denkt sich neue Wörter aus und wirbelt die Kinder durch die Luft, als flögen sie gleich los, die kleinen Füße stolpern und bleiben auf der Erde, dann wälzen sich alle fröhlich im gequälten Gras. Das kaputte Karussell ist vergessen.

Diana sieht, wie sich die Tür öffnet. Julies Körper schält sich hinaus. Das Täubchen kommt näher. Etwas in ihrer Haltung deutet an, dass sie das Schlimmste im Leben schon hinter sich hat. Das weiß das Mädchen aber nicht. Sie setzt ihre Kapuze auf, steckt sich eine Zigarette an. Flößt dem Körper Mut ein, sie ist in Fahrt. Diana steht auf, klopft sich Gras von den Knien.

»Ich rufe die Bullen.«

Die Mütter brechen ihre Gespräche ab. Werden aufmerksam. Rufen ihre Kinder zu sich. Liebe und süße Worte fallen, du Stinker du.

»In Ordnung.«

»Auch wegen Ihrer verrückten Verwandten.«

»Ich habe keine.«

»Die hinter dem Haus die Tauben füttert, bin doch nicht doof.«

»Ach so.«

»Was haben Sie vor. Wer schickt Sie. Er. Die Bullen. Wollen Sie mich erpressen. Da haben Sie keine Chance, hier gibt es keinen, den das hier überrascht hätte, den es stören würde.«

Julie hüpft um Diana herum wie ein Eichhörnchen. Sie zeigt mit den Daumen auf ihren Bauch.

»Das ist meine Sache. Ich werde damit schon fertig.«

»Dann lieferst du deiner Mutter endlich einen Vorwand, dich rauszuschmeißen.«

»Sie kommen sich richtig klug vor, was?«

»Lass uns eine Runde drehen.«

»Ich geh nirgendwo hin.«

Honey schnüffelt schon vor dem Haus. Sieht sich um. Julie dreht ihr trotzig den Rücken zu. Hakt sich unerwartet bei Diana unter.

»Na gut. Aber schnell.«

Honey wartet. Überrascht, Julie mit einer Unbekannten zu sehen. Sie ruft ihr etwas zu. Julie dreht sich nicht um. Sie ruft nochmals. Nichts.

Honey dreht um. Von der Parkbank im zerzausten Park erhebt sich die taubenfütternde Gestalt. Der Körper stützt sich auf einen Stock.

Ein humpelnder Schatten folgt Honey, Flügelrauschen. Die Tauben sind wild geworden.

Diana führt Julie zum Fluss. Wie erschreckend unbedacht das Mädchen einem fremden Menschen folgt. Nur weil dieser Mensch freundlich zu ihr ist. Wie gierig und blind ihr Körper Vertrauen einfordert, Heilung der Risse. Zeit, dass das Täubchen den Eichelhäher und den schwarzen Schwan in seinem Inneren tötet, um herauszufinden, dass ihrem *Ich* das Beste noch bevorsteht.

Diana möchte in der Nähe des Flusses bleiben. Am Wasser plappert sich's besser, die Bedeutung der Wörter wird von der Wasseroberfläche getragen, sie werden vom blubbernden Strom weggerissen, Wortblasen, einmal ausgesprochen, verschwinden, tun nicht weh, nimm einen tiefen Schluck von den letzten Sonnenstrahlen, Diana meidet penibel Wörter wie Schule, Freundinnen, erste Liebe, es ist eine Binsenweisheit, dass die Sonne im Westen untergeht; sie redet vom Fluss, vom Herbst, von dieser Stadt, über Yogakurse für Fortgeschrittene, Kurse für glückliche Eltern mit glücklichen Kindern und Yogakurse für beschädigte Kinder. Wo durch eine durchdachte Bewegung das Nervensystem angeregt und ins Gleichgewicht gebracht werden müsse, denn nur so bleibe der Mensch bei sich, könne in sich ruhen. Nur so könne er seine Gefühle verstehen und sie unter Kontrolle halten. Und sich neuen Erfahrungen öffnen. Wie das Mädchen von hier, das seine Puppe immer wieder gegen die Wand schleuderte. Oder die drei Mädchen aus dem besudelten Tertiär, die Diana aus Europa mitgenommen hatte. Und die intuitiv erst dann nach neuen Erfahrungen suchten, nachdem sie sich bei körperlichen Aktivitäten verausgabt hatten. Und wie traurig Diana ihre leeren Herzen gefunden hatte.

»Sie reden aber komisch«, sagt Julie. »Und Sie haben einen komischen Namen.«

»Alles ist sehr einfach. Ich muss die Körper mit durchdachten Bewegungen im Gleichgewicht halten, sonst wiederholen sie Erfahrungen, an die sich ihr Bewusstsein nicht erinnert. Sie würden Gewalt hervorrufen, die sie einst erlebt haben. Sie nehmen immer wieder das gleiche Unglück auf sich, rufen die gleiche Tragödie herbei. Aber was wirklich wichtig ist, liebe Julie, hör mir bitte zu, was wichtig ist: Der Körper nimmt die Erfahrungen nicht nur gleichgültig auf. Der Körper ist auch der Vermittler der Veränderung. Das gilt für Kinder. Das gilt für Erwachsene. Das gilt für dich.«

»Ich bin in Ordnung«, sagt Julie. »Und ich finde es total lächerlich, auf dem Kopf zu stehen. Oder auf Nägeln zu liegen.«

»Der Körper darf nicht sitzen. Er darf nicht nur auf dem Stuhl beim Psychotherapeuten hocken oder auf der Couch eines Psychoanalytikers liegen. Und nur reden. Der Neocortex ist, was seine Entwicklung angeht, der jüngste Teil des Gehirns. Sprechen an sich bringt nichts, Julie. Die Sache hat nämlich einen großen Haken. Von wegen groß, ein Riesenhaken ist das, an dem der Körper im Raum hängt. Es gibt Gefühle, die im Körper eingemauert sind. Wie du vielleicht weißt, ist der Körper ein Organismus, und ein Organismus lässt sich beeinflussen und verändern. Aber nur dann, wenn wir die alten, eingerosteten, einbetonierten Gefühle aus dem Körper kehren. Mit einem Besen. Und das Auskehren geht nur da, wo wir uns geborgen fühlen, wo wir ein Gefühl von Geborgenheit und Vertrauen haben. Ich weise die Körper in eine neue Richtung. Verstehst du, wenigstens ein bisschen?«

»Haben Sie ein Kaugummi für mich.«

Sie gehen an einem weißen Baum vorbei. Solange Diana keinen Hasen im Feld sieht, lässt sie den Adler nicht raus. Julie reißt ein Birkenblatt ab. Sie schweigt. Kaut.

Diana behält für sich, dass ihre Theorie bei den drei erwähnten Mädchen versagt hat. Ingrid ist tot. Bei den beiden anderen hat es ebenfalls nicht geklappt; bis heute wartet sie auf den Moment, wo Birgit und Erika ihre Last abwerfen und sich die Binde von den Augen herunterreißen. Sie wollen aber ihre Last nicht abwerfen und halten trotzig und verbissen an ihrer Augenbinde fest. Birgit hat Söhne, und zum Glück interessiert sie sich für sie und fragt nach ihnen. Als sie klein waren, hat sie bei ihnen Schutz gesucht. Geboten hat sie ihnen keinen.

Diana wiederholt für Julie, was sie schon so oft geschrieben und erzählt hat, sie kann nicht alle Schwangeren der Welt bitten, ihr zuzuhören, obwohl sich unter den Schwalben ihr Wissen längst herumgesprochen hat, obwohl es sich geradezu um Banalitäten handelt. Diana erzählt also, dass in unserer seelischen Entwicklung die Kindheit die größte Rolle spielt, dass die Kindheit bestimmt, wie wir uns als Erwachsene in unserer Haut fühlen. Ob wir uns unter modrige Decken verkriechen, unter muffeligen Federbetten vergraben. Oder mit aufrechtem Gang durchs Leben marschieren. Unsere Kindheit entscheidet darüber, wie wir unsere Beziehungen bewältigen. Am wichtigsten sei die Bindung zweier Körper. Diana läuft es kalt den Rücken hinunter, als sie wiederholt, wie wichtig die Bindung an die nächststehende Person sei, an die Mutter. Die Aufgabe der Mutter sei es, dem Kind Sicherheit zu geben und Stress von ihm fernzuhalten. Denn auf die unbekannte, fremde Welt reagiere ein Kind mit Stress. Man könne ein Kind vom Stress befreien. Das könne die blaue Kuppe an Dianas linkem Zeigefinger bezeugen. Sie sagt nicht laut, dass es Berührungen gibt, die mächtiger sind als jedes Schwert. Du musst mit dem Zeigefinger Druck ausüben, im Bewusstsein, dass du deinen Gegner tötest.

Dianas schleppendes Gerede über die Bedeutung von Yoga in ihrem Leben und über ihre kindlichen Ballettstunden macht Julie müde. Erst als sie erzählt, wie sie als Model gearbeitet und selbst andere Menschen fotografiert habe, horcht sie auf, sie hört zu, als Diana sagt, wie vorsichtig man bei der Auswahl seiner Freunde sein solle und wie sehr sie der Anblick von Julie auf der Parkbank gefesselt habe, ja, Julie sei interessant, eine Schwalbe würde erkennen, was mit dem Körper einer anderen Schwalbe los sei, ja, Julie habe Probleme, aber sie habe auch eine besondere Anmut, sie könnte sich dem Yoga verschreiben, dem Ballett, sie könnte …

»Echt? Mir egal. Für so was haben wir sowieso kein Geld.«

Julie reißt das nächste Birkenblatt ab und wirft es dem Fluss hin. Der schnappt mit ausgestreckter Zunge nach ihm; verschwindet sofort mit der Beute. Julie spuckt ihren Birkenkaugummi aus. Er bleibt an der Wasseroberfläche kleben.

Julies Körper ist nicht mehr verkrampft. Der Körper des Mädchens betrachtet Diana. Steckt sich die nächste Zigarette an. Zieht die Jacke eng um sich. Es ist kalt, die Kälte ist zudringlich, sie kriecht unter die blau lackierten Fingernägel. Diana führt Julie in den botanischen Garten, in den Tropenpavillon. Dort ist Julies Körper noch nie gewesen. Julie findet die Zierhölzer der japanischen Nelkenkirsche mit ihren blassvioletten Blüten langweilig. Dann nimmt

Diana sie mit in einen verglasten Wolkenkratzer. In Julies Alter würde Yoga helfen. In Julies Alter findet Julie das uninteressant.

Im selben Moment in einem anderen Stockwerk tritt Birgit in einen Halbkreis sitzender Gesichter. Bleibt in der angebissenen Brotscheibe stehen.

Birgit ist bestens aufgelegt, ihre Wut hat sie bei Erika abgeladen. Sie steppt und jongliert mit Wörtern, hüpft zwischen den Repliken herum, verschenkt sich mit vollen Händen. Nimmt Texte auseinander, bessert sie aus, und wenn sie ihnen in die Eingeweide schaut, steigt Erregung in ihr auf. Mit einem Stethoskop in der Hand hält sie über jedem Absatz den Atem an, horcht, wie der Text atmet. Sanft navigiert sie seine Stimme auf das zittrige Ziel hin. Respekt, wem Respekt gebührt, jeder besitzt eine Seele. Heute schleicht sie vorsichtig um die Teilnehmer herum, als stünden sie alle auf dünnem Eis. Habe man einmal alles durchdacht, sei es ganz einfach, Unentschlossenheit sei das Schlimmste; vor sich sieht sie Gesichter mit einzigartigen Geschichten, die vom Alltag geschrieben wurden, von den Erfahrungen der Teilnehmer, von ihren Herzen. Ihre Erfahrung entspricht der Wahrheit. Birgit freut sich über die kleinsten Fortschritte. Sie haben Talent, ja, sie sind talentiert, und Birgit hat sie alle lieb. Sie schenkt sich ihnen. Birgit ist in Form. Untrainierte Worte reichen nicht aus. Denn mitten im Kreis der Gesichter, gefangen in Birgits Wortreuse, sitzt sie, ja, sie. Die vierzehnjährige Schülerin Love.

Julie und Diana lassen den Fahrstuhl stehen. Sie steigen die Treppe hinauf, laufen durch lange Flure. Wenn sie an den vielen Türen vorbeilaufen, hinter denen Unterricht stattfindet, senken sie jedes Mal die Stimme.

An eine der Türen klopft Diana vorsichtig. Begrüßt eine lachende Frau in roter Samthose und weißer Bluse und mit einem violetten Turban auf dem Kopf, die auf hohen Absätzen vor einem Halbkreis schweigsamer, fassungsloser und verwirrter Gesichter steppt und stampft.

Die rotweiße Frau wirft einen fröhlichen Blick auf die ausgemergelte Julie. Winkt ihr aufmunternd zu. Julie lugt hinter Dianas Rücken in die Klasse hinein. Ihr Blick fällt auf Loves Gesicht. Beide erstarren, ihre Augen weiten sich. Love senkt den Blick. Sie tun beide, als kennten sie einander nicht. Weder Diana noch Birgit fällt es auf. Aber vielleicht tun sie nur so. Ich weiß es nicht. Warum sollte ich alles wissen, nur weil ich diejenige bin, die alles aufschreibt, sie lassen mir kaum noch Luft zum Atmen, die beiden.

Die Wanderung ist zu Ende. Diana zeigt Julie, dem Täubchen, einen kahlen Raum. In der hinteren Ecke steht ein Trampolin, dahinter aalt sich eine Reihe von grünen Matten, dünn wie Blätterteig.

Diana führt ihr eine Reihe von Übungen vor. Julie vergisst ihren Körper. Das Kind in ihr lacht blubbernd, als Diana ihr das richtige Atmen zeigt, über seine Bedeutung spricht und meint, viele Menschen seien sich nicht einmal ihrer falschen Atmung bewusst. Sie erklärt Julie Hatha Yoga und die Asanas, erzählt, wie viele unzählige Yogarichtungen es gebe und dass es im Leben nur darauf ankomme, die innere Ruhe zu halten, dass es nicht darum gehe, Yoga zum Mittelpunkt des Lebens zu machen, und dass das Yoga ihr, der lieben Julie, selbst ein Zeichen geben werde, wann sie sich ihm widmen solle und wann sich das Yoga wiederum ihr widme.

Diana steht auf dem Kopf. Ihr Mund spricht.

»Wenn du depressiv bist oder eifersüchtig oder …«

»Hab doch gar keinen Freund.«

»Oder wenn du unter Fressattacken leidest oder auf die zahlreichen Verlockungen reinfällst, die uns auf der Welt auflauern, um uns zu verwirren und zu verunsichern, wenn du dir die Lungen mit Nikotin vollpumpst und den Magen mit Alkohol, dann fällt es dir schwer, regelmäßig, tief und ruhig zu atmen, wie es das Yoga verlangt.«

»Unten am Fluss haben Sie gesagt, Yoga würde nichts verlangen.«

Julie geht in die Hocke, beugt sich zu Dianas Kopf vor. Rotes Rosshaar liegt auf einer grünen Matte ausgebreitet, lädt sich mit Elektrizität auf.

»Und das hier hilft Ihnen.«

»Ja. Ich reinige mich jedes Mal und kann von neuem anfangen. Jedes Mal schüttele ich die Anspannung ab.«

Dianas nackte Füße landen auf dem Boden. Täubchen Julie klatscht ihr die Haare an den Schädel, damit sie nicht im Raum stehen.

Diana winkelt das linke Bein an, legt die linke Fußsohle auf den rechten Oberschenkel, die Ferse zeigt nach oben. Dann winkelt sie das rechte Bein an, legt die rechte Fußsohle mit der nach oben zeigenden Ferse auf ihrem linken Oberschenkel ab.

»Wow.«

»Probier's.«

»Keine Lust.«

»Das ist die Lotusblüte. Ihre Wurzeln stecken im Schlamm. Sie reckt den Hals durchs Wasser. Und blüht wunderschön auf. Die Blüten blicken in den Himmel. Wo Vogelschwärme fliegen und wo die Männchen den Weibchen signalisieren, dass ihr Revier zum Nisten bereit ist, und gleichzeitig andere Männchen ihrer Art warnen, dieses Territorium zu betreten.«

»Aber sie sind im Schlamm gefangen.«

»Sie blicken in den Himmel.«

»Hm.«

»Yoga kann mehr. Es gibt Griffe, die sind mächtiger als ein Schwert. Entschlossenheit ist mächtiger als jedes Schwert.«

Diana entwirrt die Beine, die Blütenblätter fallen ab.

»Hilf mir.«

Sie ziehen das Trampolin in die Mitte des Raums. Diana springt hinauf. Wiegt sich leicht in den Hüften. Lockt Julie zu sich.

»Mir wird höchstens schlecht davon.«

Diana reicht dem Täubchen Julie die Hand. Ohne Selbstbewusstsein lebt es sich schlecht. Sie zieht sie zu sich hinauf. Julie streift die Kapuzenjacke ab. Wirft sie nach hinten. Die Jacke segelt durch die Luft. Fällt auf den Parkettboden und bleibt dort liegen wie ein schlafendes Tier. Sie fassen sich an den Händen.

»Ist das peinlich.«

Sie wiegen sich, hüpfen. Gemäßigt und gemeinsam. Vertrauen. Geborgenheit. Die Sprünge werden höher. Sie fliegen.

»Deswegen schüttet unser Körper Adrenalin aus, deswegen können wir die Muskeln anspannen, deswegen können wir unseren Puls beschleunigen, tief Atem holen und den Appetit verlieren.«

Gegen Worte ist Julies Körper immun. Aber Diana weiß, wie und wann die Muskeln entspannen. Sie weiß, wann eine Tanztherapie begonnen und wann bei der Entspannung nachgeholfen werden muss. Aber trotz Vollmond scheint etwas zu fehlen; am schwierigsten ist es, das Herzchakra zu stimulieren.

Julie lächelt nicht, ihr Gesicht verliert die Farbe. Diana kehrt zurück zur Sprache, als könnten Worte Übelkeit vertreiben. Sie spricht darüber, wie wichtig es sei, sich richtige Freunde zu suchen.

»Stimmt schon.«

Julies Magen dreht sich um.

»Das kommt von dem Billigtabak«, sagt sie und springt vom Trampolin. »Wo sind hier die Klos?«

Julie übergibt sich in eine Toilettenschüssel. Sie zittert. Ihr Atem geht schnell und flach, und sie weiß es nicht einmal. Gerne würde sie das Zittern stoppen, die Unruhe. Unterdrückt den Zwang, sich die Fingernägel ins Handgelenk zu rammen und die Unruhe zu überschreien, sie zum Schweigen zu bringen, zu erwürgen. Sich die Nägel ins Handgelenk rammen und der Haut die Botschaft senden: Schluss jetzt, Schluss, bitte. Julie schießen Tränen in die Augen. Sie kniet auf weißen Kacheln. Die Stirn an weiße Kälte gelehnt. Sie trinkt aus dem Wasserhahn. Schlabbert wie ein Hund. Spritzt auf die Kacheln. Wischt das Gesicht mit einem Papiertuch ab. Knüllt es zusammen, wirft das Knäuel auf den Boden. Betritt den verlassenen Flur. Sieht sich um und geht die Treppe ein Stockwerk hinab. Bleibt an der Tür stehen, hinter der wie ein Spatz eine dürre und ulkig bekleidete rotweiße Frau hüpft und wo sich dieses Mädchen hinter seinen Tisch duckt, Love, diese beschissene Streberin, die sich ständig bei Honey einschleimt.

Täubchen Julie presst das Ohr an die Tür. Lachen erklingt. Julie zieht erschrocken das Ohr zurück. Es ist ihr unheimlich, sich im selben Gebäude wie dieses Mädchen zu befinden, sie kennt die Alte oben gar nicht, wie kommt es, dass die Alte sie kennt? Traue keinem über zwanzig, die Alte gehört längst unter die Erde, genauso wie Julies Mutter, und die ist zweiunddreißig. Julie würde am liebsten wegrennen. Aber sie hat ihre Jacke nicht und wenn sie ohne sie nach Hause kommt, bringt ihre Mutter sie um.

Zurück im Übungsraum sieht sie Diana. Die sich nicht rührt. Nur mit den Händen am Boden gestützt, reckt sie den Wespenhintern in die Höhe, berührt mit den Knien die Ellbogen der gespreizten Arme, reglos und mit geschlossenen Augen schwebt sie in der Luft. Das Täubchen wechselt das Gefieder, ohne Diana aus den Augen zu lassen, grapscht sie unauffällig in den kleinen schwarzen Rucksack, der mit dem Mantel an der Garderobe neben der Tür hängt. Auf Zehenspitzen nähert sie sich der hingeworfenen Kapuzenjacke, diesem plattgefahrenen Frosch, als fürchtete sie, die Jacke aufzuwecken. Diana rutscht lautlos auf den Boden.

»Das war die Krähe.«

»Was?«

Julie schnappt sich die Jacke und stülpt sie sich über den Kopf. Die wirre Alte hat wirklich einen Sprung in der Schüssel. Vor der hat Julie keine Angst. In ihrer Nähe wird ihr Körper schlaff.

»Kakasana. Die Krähe. Eine Übung zur Besserung des physischen und geistigen Gleichgewichts.«

Diana streift Julie die Jacke ab. Rollt eine zweite grüne Turnmatte aus. Legt Julies Körper darauf. Unter den dünnen Nacken stopft sie die Jacke.

Schweigend liegen sie nebeneinander. Atmen. Julies Körper schafft es nicht, voll auszuatmen. Diana legt die Kuppe ihres Zeigefingers auf Julies Stirn. Es gibt Berührungen, die sind mächtiger als jedes Schwert.

»Wenn du hingehst, melden sie es dem Sozialamt.«

»Ich habe ein falsches Geburtsdatum angegeben. Kenn mich aus. Keine Sorge.«

»Ich zeige dir, wie ich mich am besten entspannen kann.«

Diana setzt sich in den Schneidersitz. Flicht die Beine ineinander, als würde sie eine Schleife binden. Stützt sich mit den Handflächen auf die Matte. Streckt die Arme durch. Ein Gabelstapler, die durchflochtenen Beine werden gehoben, fahren ein Stück mit dem Lift, ragen in die Luft; wer krank ist, der zeichne eine Linie auf den Boden, und diese wird zum Fluss.

Diana fährt langsam die Arme herunter, die Ellbogen beugen sich. Die geflochtenen Beine berühren den Boden.

»Krass.«

Täubchen Julie hat sich wieder vergessen. Fasziniert von der Elastizität des faltigen, schönen Körpers. Sie will es probieren. Es klappt nicht. Sie legt sich neben Diana. Es klappt nicht. Diana ist erfreut. Das Mädchen ist mutig, innerlich noch lange nicht tot. Durch die Wasseroberfläche schießt eine Lotusblüte zum Himmel.

»Was willst du machen?«

»Was denn wohl. Abtreiben.«

»Ich meine im Leben.«

»Keine Ahnung. Ich möchte einen reichen Mann, Haus und Kinder und viel Geld. Aber für ein Model bin ich nicht schön genug.«

»Du bist schön.«

»Quatsch.«

»Willst du nicht reisen?«

»Muss nicht sein.«

»Studieren willst du nicht?«

»Dafür bin ich nicht clever genug, sagt meine Mutter.«

»Jeder ist für irgendwas clever genug.«

»Hmmm.«

»In dieser Haltung kann ich bleiben, solange ich möchte. Das Gewicht der Beine ist in der Luft. Am besten geht es in der Natur. Auf dem Rasen. Unter freiem Himmel. Ich schließe die Augen. Bin ein Vogel. Fliege allen Sorgen weg. Eine Schwalbe vor blauem Himmel.«

Diana schließt die Augen. Sie bringt Julie das Fliegen bei. Ein Vogeljunges wurde aus dem Nest geworfen, ohne dass man ihm die Welt da unten gezeigt und erklärt hätte, ohne dass man abgewartet hätte, bis es flügge wird. Nur Menschen schmeißen ihre Jungen aus dem Nest aufs Pflaster und zertreten sie. Nur Menschen werfen ihre einzige Hoffnung in den Müll. Sich mit guten und aufrechten Menschen zu umgeben, ist schwer, unverbogene Bäume wachsen in den Bergen; Diana sieht aufrechte Bäume, sie sieht Birgit, Erika, Ingrid, auf das Betteln der Jungen antworten die Vogeleltern mit Futter. *Die anderen* sind weg, die Leute von damals gibt es nicht mehr. Das ganze Leben lang raunt Diana das ihnen in die Baumkronen. Behaltet nur im Kopf, was ihr behalten wollt. Es geht nicht um Vergewaltigung. Es geht um Erniedrigung. Ein erniedrigter Körper richtet sich nie auf. Erniedrigt ihn nicht weiter. Sie wiederholt es bis zum Abwinken. Seit einem Jahrhundert erzählt sie ihnen das, hält sie an der Hand und hüpft mit ihnen auf dem Trampolin. Erika hat sie ins Ohr geflüstert, duck dich nicht, sei kein Mäuschen, richte dich auf zum *Himmel*, streck die Handflächen zum Himmel. Wir tun, was wir können, Erika, wenn sich Menschen gegenseitig töten, passt das dem Himmel nicht. Woher kommt es aber, dass der Himmel Menschen tötet? Erika, frag mich nicht, ich weiß es nicht, ich weiß nur, dass das zwanzigste Jahrhundert meinem Körper das Brandzeichen der Erkenntnis eingebrannt hat, von der Illusion, der Mensch werde durch Unglück menschlicher, musste ich mich definitiv verabschieden. Das Problem des zwanzigsten Jahrhunderts ist das Problem der Opfer.

Diana holt Luft. Hätte sie noch viele Jahre vor sich, würde sie sich nur und ausschließlich männlichen Körpern widmen. Würde sich einem anderen Schwarm anschließen. Weibliche Opfer und männliche Opfer reagieren anders, und Opfer zu sein, heißt nicht automatisch, an Menschlichkeit zu gewinnen. Weibliche Opfer sind gelähmt, sie schleppen die Erniedrigung wie ein Brandmal durchs Leben, ziehen neue Gewalttäter an. Männliche Opfer, so haben die Schwalben beobachtet, können zu Killern werden. Der Körper will die Erniedrigung und den Schmerz vergessen; der männliche Körper vergisst aber *anders*. Er empfindet es sogar als Erniedrigung, wenn er etwas mit fremder Hilfe erreicht hat; eine im männlichen Körper auf die Erde gefallene Schwalbe ertrüge die Tatsache nicht, sich nur mit Hilfe der anderen wieder aufschwingen zu können. Das würde sie den anderen Schwalben nie verzeihen. Sie würde den Schwarm vernichten. Ein Opfer flieht und entkommt nur, wenn es ein noch schwächeres Wesen tötet oder erniedrigt, es überwältigt. Ein Kind kann immer überwältigt werden, in den meisten Fällen auch eine Frau.

Diana öffnet die Augen und seufzt. Birgit sollte das Beneš-Buch ohne Rücksicht auf den Körper schreiben. Sie würde sich vielleicht wundern, was alles ausschlaggebend für den Lauf der Geschichte ist. Ein Glas, ein Teller, ein Bett. Was der Staatsmann vor der Verhandlung gegessen und getrunken hat. Ob sich sein Magen drehte, ob ihm etwas schwer im Magen lag. Hatte er etwa Sodbrennen? Wie waren seine Gallenwerte? Werden Entscheidungen nicht von Drüsen und Hormonen getroffen? Schwebte er vielleicht verliebt auf Wolke sieben, sah er die Welt durch die rosarote Brille? Ein Verliebter kann sich von einem Affenschwanz begeistern lassen, wer nicht verliebt ist, wendet dagegen die Augen sogar vom gelben Kelch einer Tulpe ab. Wurde er vielleicht von seiner Geliebten verlassen? War er mit Hass vollgepumpt? Konnte er nicht schlafen? Hatte er Kopfschmerzen? War er gut gelaunt? Wurde er an seiner Eitelkeit gepackt? War er davon abhängig, was andere über ihn sagten? Ließ er sich vom ersten Eindruck leiten? Im Kontext der Körper entscheidet nicht die Zugehörigkeit zu einer politischen Partei; körperliche Sympathie und Antipathie folgten verdammt noch mal ganz anderen Gesetzmäßigkeiten.

Diana hat keine Zeit, sich nur mit männlichen Körpern zu beschäftigen.

Sie braucht ein neues Leben. Sie hat keine Angst, dass ihr Körper alt wird. Sie fürchtet sich vorm Älterwerden der Seele.

Vor dem Fenster zerreißen die Schatten von vier erschrockenen Schwalben den wie Seide zarten Erinnerungsnebel; wenn nicht einmal der Adler Diana geradeheraus sprechen kann, wie soll dann überhaupt irgendjemand mit den anderen klarkommen? Schwalben kennen kein Selbstmitleid. Selbstmitleid ist tödlich.

»Du kannst das Kind zur Adoption freigeben.«

»Ich will nicht, dass jemand es mitkriegt. Ich will nicht mit 'nem dicken Bauch durch die Stadt laufen.«

»Es ist nicht deine Schuld. Du kannst abtreiben, wenn du meinst. Ich kenne ein Kind, das unter solchen Bedingungen zur Welt gekommen ist.«

»Mädchen oder Junge?«

»Mädchen.«

»Und wie ist es mit ihr ausgegangen?«

»Schwer zu sagen. Sie weiß bis heute nicht, dass sie aus einer Vergewaltigung entstanden ist. Aber ihr Körper weiß das und macht manchmal Dummheiten.«

Diana zwingt das Täubchen nicht zu Übungen. Sie rollt die beiden grünen Matten zusammen und lässt nebenbei fallen, Julie könne, wann immer sie möchte, eine Yoga-Probestunde besuchen. Umsonst. Oder eine Etage tiefer den Kurs in kreativem Schreiben, den ihre Bekannte gibt, eine gute Schriftstellerin, ein bisschen eigenartig, aber okay, dort könnte Julie ihren Schnabel reinstecken und die ganze Geschichte diskret durch Schreiben ventilieren.

»Haben Sie schon mal jemand dahin geschickt?«

»Nein.«

»Echt nicht?«

»Nein. Das muss jeder für sich entscheiden. Ich sage dir nur, dass es die Möglichkeit gibt.«

»Worum geht es Ihnen also?«

»Um dich.«

»Warum machen Sie das?«

»Ich will dir helfen. Mein Leben lang kümmere ich mich um Mädchen wie dich.«

»Ich brauche keine Hilfe. Ich kann mir selbst helfen. Nur einmal, ein einziges Mal habe ich um Hilfe gebeten, und wie ist das ausgegangen.«

»Wie denn?«

»Na wie wohl.«

»Willst du darüber reden?«

»Auf keinen Fall.«

»Wann gehst du hin?«

»So schnell wie möglich. In vier Tagen.«

»Ich bin da.«

»Brauchen Sie nicht.«

»Ich bringe dich nach Hause.«

Julie zieht die Kapuze über den Kopf.

»Nein.«

Sie rennt die Treppe hinunter in den Herbstwind hinein. Die Wolken der Dämmerung haben sich gelichtet.

»Mach vorher den Lack von deinen Fingernägeln ab«, ruft Dianas samtig braune Stimme der zitternden Kapuze hinterher.

*

Der Ermittler sitzt im Neubau, den eine Weißbuchenhecke umschließt. Wippt im weichen schwarzen Ledersessel. Er hat sich ins Arbeitszimmer des Toten zurückgezogen, sich hinter den halbrunden Massivholztisch geklemmt. Auf der dunkelbraunen Tischplatte schimmert heute keine schlanke Wasserkaraffe. Der schräg geschliffene Kristall im Fenster leuchtet. In der Doppelscheibe glänzt blau die behauene Träne. Die Spiegelung ergibt zwei Tränen. Die Augen des Ermittlers registrieren eine Schwalbe. Während der Körper den Kristall passiert, werden *vier* identische Schwalben aus ihm. Aber nur *eine* Schwalbe fliegt aus dem Kristall heraus.

Die Augen kehren zurück zu den Zeilen auf dem Monitor, während im Nebenraum der Junge zwitschert und in der Tür immer wieder die junge Witwe auftaucht. Die Frau ist felsenfest davon überzeugt, ihr Mann habe Selbstmord verübt. Nolens volens behandelt sie den Ermittler distanziert. Er macht aus ihrer Tragödie einen verworrenen Fall, in dem er herumwühlt, mit bloßem Fuß eine Klapperschlange reizt, während sie das Unglück hinter sich lassen möchte. Sie hat Ringe unter den Augen.

Auf einem Tablett serviert sie schwarzen Kaffee. Schnittchen mit Krabbenaufstrich. Apfelkuchen. Wasser mit Ingwerstückchen. Ein weißes Tellerchen mit knallgelben Zitronenscheiben. Honig. Die rubinroten Fingernägel werfen eine Zitronenscheibe in das Mineralwasser für den Ermittler. Die Witwe leckt dezent ihre sauren Finger ab. Der Ermittler sieht den Fingern zu; er würde sie selbst gerne ablecken.

Die Witwe bleibt hinter seinem Rücken stehen. Blickt auf den Monitor; unwillkürlich berührt sie dabei die Schulter des Ermittlers, das irritiert ihn. Das Zittern im Unterbauch wird zum Vibrieren, und diesmal geht es nicht um Intuition im Bezug auf Mord oder Selbstmord.

Der Ermittler scrollt herunter, er wird aus dem Text nicht schlau, der Tote hat einen Roman skizziert, dessen Hauptheld, ein außergewöhnlich intelligenter und von seinem Umfeld unterschätzter Unternehmer, sich zwischen der Sorge um stumpfsinnige Untergebene und einer unersättlichen Familie, seinen egoistischen Eltern und schlecht erzogenen Kindern und wilden Liebhaberinnen aufreibt, geschlaucht, leergesogen und kaputtgemacht von den ungeheuerlichen Anforderungen seiner Gattin: Haus, Autos, Urlaub und Yacht, dessen Hauptheld also, ein einsamer und außerordentlich, aber wirklich außerordentlich wacher, heller und witziger, von seinem Umfeld unverstandener Geächteter bei Gurus Hilfe sucht, ihnen nach Indien folgt, dort jeden Ratschlag reichlich entlohnt und jedes Mal nach seiner Rückkehr die nervigen Kinder verprügelt. Die Augen des Ermittlers tun weh. Der Text ist ein aufgebauschtes Nest, Woche für Woche unter unbarmherzigem Verschleiß von Schwalbenkörpern zusammengeklebt. Der Ermittler macht große Augen, sie stolpern über ungelenke Wörter. Das, was gelöscht wurde, das würde ihn interessieren.

Die Witwe beugt sich vor. Ihr weiches, warmes Gesicht und der Pfirsichflaum ihrer Ohrläppchen sind zum Greifen nah, die Brüste purzeln aus dem Ausschnitt. Der Ermittler beißt die Zähne zusammen, umschlingt mit den Fingern die Maus. Rubinrote Fingernägel der rechten Hand auf dem Rücken der Ermittlerhand. Die feine Hand macht es sich auf seiner knochigen bequem. Körperwärme wird ausgetauscht. Um zu überleben, müsse man vergessen, sagt die Frau. Sie schließt die Datei. Die zwischen zwei Handflächen gefangene Maus, in die Enge getrieben, macht sich über einen anderen Text her.

Private Aufzeichnungen des Toten. Was er wann und wo getrunken hat, wann und wo er was gegessen hat, in welcher Menge und mit welchem Energiewert, mit wem er wo und wie oft geschlafen hat, aber auch Sprüche von Gurus beiderlei Geschlechts, Zitate von Politikern, Staatsmännern und Päpsten, vorwiegend dem Werk Stadtherrovás entnommen. Die Witwe, die hohle Hand über die Ermittlerfinger gestülpt, führt gezielt den locker gewordenen männlichen Arm; die Stimme des Ermittlers stottert in die Stille hinein. Das sehe er genauso, ganz genauso … wenn wir uns jede Niederlage, jede Enttäuschung, jedes Leid merkten, fänden wir nur schwer die Kraft, weiter zu machen … womöglich überwögen dann solche Erlebnisse … die Fähigkeit zu vergessen ermögliche Hoffnung und Neuanfang … es liege aber auch etwas Utopisches darin … Der Ermittler verhaspelt sich, während die Maus über die Seiten wandert, als hätte sie keine Lust, sich durch all das durchzubeißen, was vom leistungsstarken Gatten übriggeblieben ist. Sie hält bei einem Satz inne, der die deutliche Botschaft enthält, der Ermittler möge bitte den Fall abschließen, denn diese Worte ließen sich als eine Nachricht des Ehegattenkörpers verstehen, der, unbelehrt, dem Druck des Alters nicht standhielt. *Wenn das das Leben ist, das ich zu leben habe, dann gebe ich auf.*

Der Ermittler begreift und übernimmt die Führung. Jetzt bewegt er die Maus. Die Witwe zieht die Hand nicht zurück. Sie lässt sich führen. Schäkernd kurven die Hände über den Tisch. Der Ermittler bleibt an sentimentalen Romansätzen hängen, aus denen saurer Honig tropft. *Mein Leben steht an einer Kreuzung. Es zeigt sich, dass von dieser Kreuzung mehrere Wege führen. Den will ich nehmen, der zur Liebe führt.* Der Ermittler spürt die Wärme der Frau. Ihre Hand übernimmt. Sie klickt sich durch private Verabredungen. Wenn die Aufzeichnungen stimmen, hatte er am frühen Freitagabend eine Manuskriptbesprechung. Die nicht einmal im Terminkalender stand. Dort quetschen sich nur Arbeitstreffen. Persönliche Besprechung mit Birgit Stadtherrová, den Termin stolz als individuelle Konsultation notiert. Computernotizen müssten doch echt sein, oder? Wer würde sie löschen oder fälschen wollen, das Passwort kenne doch nur sie, flüstern fassungslose Witwenaugen, und rubinrote Fingernägel drücken sich schmerzhaft in die knochige Hand. Dem Ermittler zerfließen die Buchstaben vor den Augen. In Deckung, Deckung. Die Witwe lässt die Finger des Ermittlers frei, hebt die Hand, streicht sich lüstern über den Nacken. Bleiben Sie doch zum Mittag, Sie arbeiten zu viel.

Nein. Ich weiß nicht. Das nächste Mal vielleicht.

*

Eine aufgelöste Julie stapft auf und ab vor der Klinik, zweifachen Dampf vor dem Mund. Warmluftschwaden der Selbstgedrehten bemerken Diana. Das Täubchen drückt den Joint aus.

Julie hat den blauen Nagellack entfernt. Diana sieht sie an, und ihr wird Julies Haltlosigkeit bewusst; wer in einer stabilen Familie aufgewachsen ist, eine glückliche Kindheit genießen durfte, ist imstande, subtile emotionale Signale wahrzunehmen, mit denen der Körper Neues bewertet. Aber auch bei einem unglücklichen Start ins Leben nimmt das Bewusstsein die Körpersignale zur Kenntnis. Dann aber muss die Warnung energisch und überzeugend erfolgen;

die Schwalbenfeder kitzelt nur dann im Bauch, wenn sie vor einer finsteren Gasse warnt.

Julie nimmt subtile Signale nicht wahr. Sonst hätte sie nicht so überstürzt eine Fremde in ihr Leben gelassen.

»Sie sind echt gekommen. Haben Sie die Knete.«

»Selbstverständlich.«

»Ich will nicht allein hin, und außer Ihnen soll niemand davon wissen.«

Diana öffnet die Arme, will das Mädchen umarmen. Julies Körper zuckt verschreckt zurück. Diana gibt nicht nach. Sie küsst das Mädchen auf beide Wangen. Fasst sie am Ellbogen. Dianas Körper strahlt Ruhe aus, die wie eine behexte Schlange zu Julie herübergleitet.

Das Wartezimmer birst vor Müttern, schreienden Babys, herumlaufenden Rotznasen und gereizten schwangeren Frischvermählten. Julie schmiegt sich an Diana.

»Ich will das nicht.«

»Ich weiß.«

»Wo soll das hin.«

»Rede mit deiner Mutter.«

»Nie. Die würde mich rausschmeißen.«

»Würde sie nicht.«

»Mir alle Knochen brechen.«

»Vielleicht würde sie sich freuen. Ich kann mit ihr reden.«

»Sie würde mich umbringen. Ich will das nicht.«

»Gut.«

»So richtig überreden wollen Sie mich auch nicht.«

»Du wärest keine gute Mutter. Nicht jetzt.«

»Also helfen Sie mir.«

»Wenn du mir hilfst.«

»Hätte mir denken können, dass es nichts umsonst gibt. Also doch eine Erpressung.«

»Nein. Mir reicht, wenn du mir vom Vater des Kindes erzählst.«

»Nein.«

»Du brauchst ihn nicht zu decken.«

»Ich weiß nicht, wer das ist.«

»Du weißt es.«

»Aber Sie sagen es keinem.«

»Ich sage es keinem, meine Süße.«

»Ich bin nicht süß.«

»Entschuldige. Wenn ich es jemandem erzähle, würdest du sowieso alles leugnen.«

»Sie sind ganz schön klug.«

»Du schämst dich.«

»Woher wollen Sie das wissen.«

»Ich kenn dich.«

»Das stimmt nicht.«

»Ich kenn dich schon lange.«

Julie ist starrköpfig und Julie ist eigen und Julie ist unfassbar und Julie ist entschlossen. Diana drückt ihr einen Stapel Banknoten in die Hand.

»Das ist für dich. Im Krankenhaus habe ich schon alles geregelt.«

Sie klopft an eine Tür und bespricht etwas. Julie wird hereingerufen. Der Körper muss Blut abgeben. Julie wird gescholten. Ihr Morgenurin fehlt. Sie bekommt einen schmählichen Kelch in die Hand gedrückt, den Siegespokal. Mit einem Victoryzeichen flüchtet sie vor neugierigen Augen auf die Toilette. Diana wartet auf sie. Lächelt Kindern zu, die verdrossen von langer Warterei zu kleinen Monstern geworden sind und von niemandem beachtet werden, die bei ihren Knien stehen bleiben, zu ihr hingelaufen kommen. Sie spielt mit ihren winzigen Fingerchen. Streichelt ihre Haare. Schaukelt sie auf den Knien. Sie hüpfen um diese Großmutter aus einem nie vorgelesenen Märchen, glucksen um die sorgfältig gekleidete, mit Schmuck behängte Madame herum, werden ruhig.

Diana begleitet Julies untersuchten Körper in eine Abteilung im letzten Stock. Reicht Julie an eine Krankenschwester weiter, unterschreibt Formulare. Die Schwester maßregelt sie mit abschätzigem

Blick. Als trüge die verantwortungslose Diana Schuld am Schicksal des Täubchens.

Diana reicht Julie eine Tasche mit Badelatschen und einem von Erika besorgten Morgenmantel. Verspricht, am nächsten Tag um drei wiederzukommen. Weitere Worte würden Julie nur verwirren. Sie spricht nicht aus, woran sie denkt; wie verbissen eine Schwalbe namens Ingrid nach dem Ende des Zweiten Weltkriegs dafür kämpfte, dass Vergewaltigung als Kriegsverbrechen ersten Grades anerkannt werde, und wie heftig sie dafür ausgelacht wurde. Diana erzählt nicht, wie verbissen sie selbst nach Ingrids Tod dafür kämpfte, dass vergewaltigte Frauen und Mädchen in allen Kriegskonflikten dieselbe Diagnose bekämen. Denn unterziehen sich ihre Körper keiner Therapie, kann es zu unbewusster Kindesablehnung kommen. Zu Depressionen, Übergewicht, Abhängigkeiten, Herzkrankheiten, Krebs und Diabetes. Ein durch eine Vergewaltigung traumatisierter Körper lebt bis zu zwanzig Jahre kürzer als ein Körper, der kein solches Trauma, sondern eine glückliche Kindheit erfahren hat. Das alles behält Diana für sich. Sie reicht Julie die Tasche. Und kanzelt die Krankenschwester mit einem strahlenden Lächeln ab.

*

Der Ermittler bittet einen Kollegen, Dozentin Stadtherrová zu verhören. Er habe panische Angst vor alten, hysterischen Intellektuellen. Greise, intellektuelle Frauen fürchte er am allermeisten. Ein Treffen mit Frau Stadtherrová käme ihm wie reiner Masochismus vor, pssst. Als Ausrede schiebt er die vielen ehemaligen Ehefrauen des Gehängten vor, die er noch abklappern müsse.

Von der ersten erfährt er nichts. Sie hätten während des Studiums geheiratet, und sie habe seine Diplomarbeit geschrieben; er verdanke ihr seinen Erfolg, und seinem Erfolg verdanke er seine zweite Ehefrau, sagt sie. Die zweite kommt dem Ermittler bekannt vor. Eine selbstbewusste, energische Unternehmerin. Inhaberin einer Fleischwarenfirma. Importiert Fleisch aus Argentinien, zu ihren Kunden zählen Hoteliers und Nobelrestaurants, sie verkaufe aber auch in dem einen oder anderen Supermarkt. Über dem Preisschild der überteuerten fremdländischen Fleischhappen lächelt ihr Foto. Daher kennt der Ermittler sie. Ein solches Erzeugnis würde er nie kaufen. Er käme sich wie ein Menschenfresser vor; das Foto suggeriert ihm die Vorstellung, ein Stück vom Leib der Unternehmerin zu erwerben.

Ja, ein Motiv hätte sie schon, sie hasse ihn von ganzem Herzen. Er sei nur wegen der Kinder bei ihr geblieben. So sei es mit all seinen Ehefrauen gelaufen. Das sei seiner kleinstädtischen Erziehung zu verdanken. Zwei Menschen bleiben wegen der Kinder zusammen. Nur wegen der Kinder, mehr sei nicht nötig, falls der Ermittler verstehe. Der Mann gehe fremd, um seine Anspannung loszuwerden, die nach der Geburt der Kinder immer größer werde. Er müsse den Druck der Verantwortung für die Familie ablassen, die ihn ermattet. Also dürfe er jede beschlafen. Sogar nach Jahren auch eine Romanze mit seiner Exfrau genießen, fügt das argentinische Steak mit schiefem Grinsen hinzu. Der Ermittler fragt, warum sie ihn denn geheiratet habe. Und ist froh, dass der Frau die Taktlosigkeit seiner Frage nicht auffällt; diese Vernehmung bringt ihn in der Tat nicht weiter. Na, erwidert die Frau, er sei einfach anders gewesen. Sie habe sich mit ihm nie gelangweilt, er habe starke Meinungen vertreten, und, das sei am wichtigsten, er habe keine Handtasche an seiner Seite ertragen. Der Ermittler versteht nicht. Na, er wollte interessante Frauen haben, zu Hause wollte er immer nur interessante und kluge Frauen haben. Zum Schluss stellte sich aber jedes Mal heraus, dass sie nur bis zu einem gewissen Grad interessant sein sollten. Er tat, als wollte er sie in ihrer Selbstverwirklichung unterstützen, dabei gefiel ihm eigentlich nicht, dass sie arbeiteten. Er war der Meinung, sagt sie, schon die Tatsache, dass er eine Frau zu seiner Lebensgefährtin auserkoren habe, komme der von ihr so ersehnten Anerkennung gleich. Und die Frau habe sich unmittelbar darauf für immer und ewig in die Hausarbeit zu stürzen, voller Dankbarkeit, ihn an ihrer Seite zu wissen. Aber das sei noch kein Grund, ihn umzubringen, oder? Ob er sie jemals geschlagen habe, fragt der Ermittler. Wie die Frauen, die ihm den Famulus machten, diese Sekretärinnen? Niemals, nein, sie sei Fleischhauerin, sie hätte zurückgeschlagen. Er habe schon einen großen Unterschied gemacht zwischen seinen Gattinnen und sonstigen Frauen. Für den eigenen Besitz habe er vorbildlich gesorgt. Den Besitz von anderen habe er geplündert. Er sei … sei expansiv gewesen.

Der jetzigen habe er gleich am Anfang einen Denkzettel verpasst. Sie wollte ihn verlassen, habe ihm wohl Hörner aufgesetzt. Und das habe er auf den Tod nicht ausstehen können. Am liebsten hätte er sie sicher in ein Kloster eingesperrt oder ihr einen Keuschheitsgürtel machen lassen. Er habe Angst gehabt, fremde Bälger ernähren zu müssen. Wenn schon, dann sei er immer derjenige gewesen, der ging. Aber deswegen hätte sie ihn doch sicher nicht umgebracht, oder? Oder etwa doch? Der Fleischwarenbetrieb lächelt süß.

Der Ermittler kehrt in sein Büro zurück. Vor ihm setzt sich ein Bild eines erfolgreichen, sympathischen und von anderen Männern gern gesehenen Zeitgenossen zusammen. Der, sobald er in die Nähe von Frauen gerät, ganz unterschiedliche Gesichter annimmt. Was für ein spannendes Leben er gehabt hat. Aber statt sein eigenes Leben zu beschreiben, dachte er sich für seinen Roman lauter Blödsinn aus.

Er müsste noch einmal die Witwe sehen, aber nicht heute. Er würde einen Kollegen zu ihr schicken, den, der sich nicht vor Greifvögeln fürchtet. Der sich auch an die altersschwache Schriftstellerin herangetraut hat.

Der Kollege hat ihm seinen Bericht mündlich vorgetragen. Sie hätten mehrmals an der Tür des Hauses, wo Dozentin Stadtherrová vorübergehend gemeldet sei, geklingelt. Aufgemacht habe niemand. In den umliegenden Häusern zu fragen, wäre sinnlos gewesen. Es ist ein allein stehendes orangefarbenes Häuschen unterm Petřín, nur von drei Seiten zugänglich. Das habe mit unserem Gehängten aber nichts zu tun. Obwohl, das orangefarbene Haus sei an sich schon prima; lauter Ausländer wohnen da drin. Er, der forsche Kollege, habe festgestellt, dass sich dort seit der Wende die Besitzer die Klinke in die Hand gegeben haben, meistens gewiefte, mit allen Wassern gewaschene Spekulanten. An ihren Namen würde man sich die Zunge ausbrechen. Zum Schluss habe der Amerikaner Max Adler das Haus gekauft, der eine Zeitlang beim Nachrichtendienst gearbeitet habe. Nach seinem Tod sei das Haus an seine Gattin Diana Adler, geborene Bussard, übergegangen. Eine betuchte Britin und heiratet in Amerika einen noch reicheren hübschen Mann. Eine Koryphäe auf dem Gebiet des Körpergedächtnisses, was auch immer das sei. Sie habe Adlers gesamten Besitz geerbt, auch Immobilien; Kinder hätten sie keine gehabt und Geschwister auch nicht. Die Wohnungen vermiete sie. Eine freundliche und beliebte Frau, ständig unterwegs, werde von Menschen aus der ganzen Welt besucht, im Haus gebe es eine ganze Wohnung eigens für Gäste. Seit einem halben Jahr wohne dort neben der Frau Dozentin auch die Dokumentarfilmerin Erika Eis, eine Deutsche. Außerdem residiere dort die Zweigstelle für Mittel- und Osteuropa der amerikanischen Filmgesellschaft QUAIL. So ist es doch, Prag, das Herz von Europa. Mann, was sei er froh, sagt der Kollege, dass er die seltsamen Namen nicht mehr aussprechen müsse, die wollten ihm partout nicht über die Zunge, warum können solche Leute auch nicht normal heißen, ein hübsches Chaos, Mann, bevor das Herz vom Infarkt getroffen wird wie ein Hirsch vom Jäger im verhexten Wald im Honeymoon.

Nichts, woran sich der Ermittler halten könnte; er muss allein weiter, sein Name sei Pilger. Allmählich wird er panisch, dass er einen Fehler gemacht hat. Dass es Selbstmord *war*. Auch wenn der Mann ein gesunder Hengst war und vor Lebenskraft nur so strotzte. Aber wer weiß, was einem scheu gewordenen Hengst in dem Alter durch den Kopf schießen kann. Was einem Menschen in diesem Alter überhaupt durch den Kopf schießt. Wenn er das Leben möglichst effektiv melken wollte, sein Melkeimer aber leer blieb. Der Ermittler fragt sich, ob er sich auf die Analyse und den Bericht des forensischen Psychologen verlassen kann. Der Tote war ein Narziss. Eine der häufigsten Störungen der heutigen Zeit. Ähnlich wie Hysterie im letzten Jahrhundert. Der blinde Fleck, seine angebliche Aggressivität den Sekretärinnen gegenüber, verweist allerdings auf andere Probleme.

Aber auf welche, verdammt nochmal, auf welche?

Die Laborergebnisse helfen ihm auch nicht weiter. Sobald der Laborchef die Schritte des Ermittlers hört, wird seine Stimme laut.

»Was willst du von mir, ja, die Teilchen, auf denen die zerfetzten Buchstaben hingen, können auch Putz sein, unter Umständen schon, aber nicht der Putz vom Haus, wo man den Körper fand, es könnten auch Hautschuppen sein, mutierte, ja, sieh mich bitte nicht so an, wir sind nicht in einer Fernsehserie, ich meine Schuppen von menschlicher Haut, die schlicht und ergreifend nicht die seine war, wir reden hier über Dinge, die mit bloßem Auge nicht sichtbar sind; ich würde dir ja gerne helfen, aber in diesem Irrgarten geht auch mir irgendwann der jahrhundertelange Atem aus.«

Der Ermittler verschafft sich ein Rettungsseil. Er spricht mit Falkenrücken, von dem er große Stücke hält. Den bringt nichts aus der Fassung. Er stimmt zu. Bricht gemeinsam mit dem Ermittler zu einem Ausflug auf, zum *angeblichen* Tatort. Sie wollen im gläsernen Haus den Dachboden besichtigen, den man hier Loft nennt. Und das Schlafzimmer, denn der Tote hatte ja einen Schlafanzug an. Der Falke öffnet die Dachluke und pafft. Ein Schwalbenkörper fliegt durch den Rauchkringel wie durch einen Reifen. Lässt eine Kirschblüte aus dem Schnabel fallen. Der menschliche Körper zuckt und klappt das Fenster zu.

Lange betrachtet er den warmen Körper der Witwe. Ihre Augen mit schwelenden Fragezeichen heften sich an den Ermittler. Der zieht nur die Schultern hoch. Die Fragezeichen lodern noch einmal in den Witwenaugen auf, als sie artig von den Männern Abschied nimmt. Falkenrücken deutet einen galanten Handkuss an.

Schweigend kehren sie ins Präsidium zurück. Der Arzt liest die bisherigen Berichte. Schustert für den Ermittler ein paar Sätze zusammen. Spitzt dessen Version zu, bringt die unbegründete Hypothese auf den Punkt. Sollte es tatsächlich, sagt er dann, einen Täter gegeben haben, müssen sich beide sehr gut gekannt haben, der Tote habe überhaupt keine Angst gehabt. Er sei erdrosselt worden, aber wie und womit, das wisse er, Falkenrücken, nicht. Aber der Mann sei sofort ins Nirwana gekommen, er könne kaum gelitten haben. Als hätte sich seine Blutzirkulation von alleine verlangsamt, als hätte sein Körper im Alleingang beschlossen, keinen Sauerstoff mehr haben zu wollen. Er sei bereits bewusstlos gewesen, als man ihn auf den Dachboden geschleppt und barmherzig erhängt hatte. Was übrigens eine ziemliche physische Kraft und Courage erfordere. Also wenn wir von der Existenz eines Täters ausgehen, fasst der breite Rücken zusammen, sei es auf jeden Fall eine Person männlichen Geschlechts gewesen, ein Muskelprotz, ein vor Testosteron strotzender Körper, eine Art Arnold. Das wäre seine private und ziemlich verwegene Hypothese, sagt er abschließend. Denn hundertprozentig sicher sei er sich nicht. Dabei wäre der Kehricht unter den Fingernägeln aus seiner ärztlichen Sicht unwichtig. Vielleicht habe sich der Mann an etwas oder an jemandem festgehalten, vielleicht habe er mit etwas oder mit jemandem geschmust. Heutzutage stechen sich die Menschen alles Mögliche in die Haut, nähen, tätowieren oder malen jeden denkbaren Kram drauf.

Die Audienz ist zu Ende. Der Rücken beachtet den Ermittler nicht weiter. Der Ermittler geht Falkenauge mit seinem gläsernen Haus auf die Nerven. Er hat verstanden und seufzt. Er seufzt nicht gerne.

Der Ermittler übernachtet im Büro. Beim Anblick der Mappe, die vor Aussagen und erstaunten Zeugenberichten überquillt, sich bläht und brüstet, wird ihm schlecht. Beim Anblick der perfekten Aufnahmen wird ihm hundsmiserabel. Beim Anblick von Buchstaben egal welcher Art fühlt er sich zum Kotzen.

Er glaubt an Intuition. Das darf er aber nirgendwo erwähnen; man würde ihn auslachen. Am liebsten möchte er das Fazit seines

Vorgesetzten aus dem Hefter reißen, dem zufolge die *junge* Witwe nicht den Anschein erweckt, als würde sie ihrem fürsorglichen *alten* Gatten besonders nachtrauern. Ihre Aussagen seien brüchig, verworren. Sie sei am Meer gewesen. Gab an, am Samstagnachmittag zurückgekommen zu sein. Aber Mitreisende, Fluggesellschaft und Bordpersonal bestätigen, sie sei bereits am Freitag zurückgeflogen, das Flugzeug sei am Freitag gelandet, am Freitagabend habe sie den Flughafen verlassen. Die Witwe habe daraufhin behauptet, die Tage durcheinandergebracht zu haben. Sie hat zu Protokoll gegeben, bei einem angeblich homosexuellen Freund übernachtet zu haben, daher ... und ... weil ... Als Punkt unter der Zusammenfassung das blutrote Siegel des Vorgesetzten; das hübsche Näschen der Witwe ist in heißes Wachs getaucht worden.

Die Witwe hatte ein Luxusleben und ist die Hauptverdächtige. In ihrer Aussage stimmt einzig und allein, dass sie bei ihrem Freund übernachtet hat und dass dieser Freund schwul ist, aber was heißt das, der kann doch auch bisexuell sein, heutzutage sieht man das nicht so eng. Ein Motiv hätte sie auch. Die Alleinerbin. Hurtig, hurtig. Ob vom Himmel Regen fällt oder die Witwe erneut vor den Altar tritt, das lässt sich nicht verhindern.

Der Ermittler schlittert in eine Falle. Die sich der gute Junge selbst gestellt hat. Er braucht Dozentin Stadtherrová, muss dringend wissen, warum ein Mann solchen Kalibers, ein Mann, der alles hat, Haus, Geld, Karriere, Ferienhaus, eine schöne Ehefrau, Kinder, Geliebte, Felder, Bäume, Sportwagen, Fotos mit Präsidenten und Fernsehdirektoren, warum ein solcher Mann das dringende Bedürfnis hat, verlogenen Unsinn über sein Leben zusammenzuschreiben, warum er so dringend eine welterfahrene Frau benötigt, die sich nur mit Buchstaben beschäftigt. Der Ermittler liest nicht. Der Ermittler ist naiv. Er braucht jemanden, der sich mit Menschen auskennt. Er denkt, Schriftsteller hätten eine Ahnung von der Stille, in welche die Seele eingebettet ist. Er weiß nicht, dass sie gerade deswegen schreiben, weil sie von nichts eine Ahnung haben.

Ein paar Tage lang versucht er vergeblich, die Stadtherrová aufzutreiben, will in der Wohnung unterm Petřín anrufen. Die Alte hat kein Telefon. Die Alte hat keine E-Mail-Adresse. Ein Kollege ruft die ausländischen Verlage an, für die die Schriftstellerin arbeitet, und findet heraus, in welcher englischen Stadt sie weilt. Der Kollege kann als einziger gut Englisch. Sie setzen einen Brief auf. Der Ermittler auf Tschechisch. Der Kollege auf Englisch. Die Nerven des Ermittlers sind zum Zerreißen gespannt. Keine Antwort.

Seine Nerven reißen. Er stellt bei seinem Vorgesetzten einen Antrag auf gewaltsames Öffnen der Wohnung, er beantragt eine Wohnungsdurchsuchung im orangefarbenen Haus unter dem Petřín. Seinem Ersuchen wird nicht entsprochen. Antrag unbegründet, lieber Grünschnabel.

*

Erika fährt im Einkaufszentrum die Rolltreppe hinauf. Vor der Theke des Fast-Food-Restaurants plaudert Honey großspurig mit zwei Pubertierenden.

Erika beobachtet, wie Honey Mädchen fängt. Wie die sich an sie heranschmeißen. Wie sie vor Lachen quietschen. Es ist eine Auszeichnung, zusammen mit dieser scharfen Braut gesehen zu werden. Sie kauft ihnen, worauf sie ihre Kinderfinger richten. Lädt sie zum frühen Abendessen ein und in die Bar. Sie spielen Erwachsene. Lassen sich von ihr die langen Zigaretten und Joints anzünden. Ahmen ihre geschmeidigen Katzenbewegungen nach. Am späten Nachmittag verschwinden einige von ihnen im Haus direkt gegenüber des uxor-hiomischen Restaurants, in dem Haus, wo man unten im Imbiss Cevapcici vom Balkan und pakistanisches und griechisches Gyros kaufen kann. Vor Mitternacht kommen die Mädchen nicht wieder heraus.

Erika wartet bis Mitternacht, Bewusstsein der Lotuserde und der atmenden Seerosen.

Als sie, müde geworden von der strahlenden Pulsader, im Schein der Leuchtwerbung den Männern ins Auge fällt, motzt einer von ihnen sie besoffen an.

Alte, was willst du hier?

Meine Nichte suchen, du Arsch.

*

Bis in die Nacht hinein hockt der Ermittler vor dem Rechner. Er surft und suhlt sich in Fotos sehr junger und sehr aufreizender und sehr nackter Frauen. Dann reitet ihn der Teufel. Er tippt den Namen der Glaswitwe. Fotos der schwarzen Krähe tauchen auf, schön, wunderschön, bei der Beerdigung. Nahaufnahmen ihres Kopfes speichert er in der richtigen Reihenfolge, das Haupt neigt sich ruhig, die Krähe nickt weise, nimmt die endlosen Beileidsbekundungen entgegen. Gerne würde er den schwarzen Schleier von ihrem Gesicht heben. Er sehnt sich nach einer Begegnung im Hier und Jetzt, möchte schnäbeln mit ihr, die feinen Zuckungen in ihrem Gesicht beobachten, die Sprache ihres Körpers lesen, er ist wild nach ihrem Duft. Mit seinen Schläfen würde er sie betatschen, ach, wie gut du riechst. Der Ermittler masturbiert.

Er duscht. Öffnet das Badezimmerschränkchen. Wiegt den Verlobungsring seines Großvaters in der Hand. Erinnert sich an seine Eltern und ihre Haltlosigkeit, denkt an Großmutter Josefa und Großvater in Jindice, bei denen er aufgewachsen ist. An seine innere Zerrissenheit. Die er von seinen jüngeren Geschwistern nicht kannte. Jeden Morgen fragte er sich ängstlich, ob er seinen Schulranzen, sein Fahrrad oder das gestärkte Taschentuch mit dem gestickten Monogramm am angestammten Platz finden würde. Jeden Morgen fragte er sich das. Und es kam öfters vor, dass er den Ranzen nicht an seinem Platz fand. In den Feldern nach dem Fahrrad suchen musste, im Wald, am Teich oder auf dem Dorfplatz. Das saubere weiße Taschentuch hing mittags, wenn die Dorfhühner am lautesten gackerten, in den Schlehen im Garten oder in den Hagebutten am Dorfrand. Er hatte Angst, sich damit die Nase zu putzen. Er schnäuzte sich in ein

Blatt Butzenklette oder mit zugedrücktem Nasenloch in den Staub am Feldweg. Ihm fehlten häufig die Hausaufgaben, obwohl er sicher war, sie gemacht zu haben. Bei einer Tasse Klee- oder Ulmentee, bei einem Sud aus orangefarbenen Ringelblumen, die im Garten und im Hinterhof blühten. War er ins Spiel vertieft, lösten sich die Außenwelt und die unmittelbare Realität auf. Er war gezwungen, auf sich aufzupassen. Sich nicht nur mit eigenen Augen zu betrachten. Zu spielen und gleichzeitig dem Kind zuzusehen, das allein unter dem Nussbaum spielte. Er war den anderen voraus. Er war nicht unbedingt schneller, aber er hatte einen Vorsprung. Er lernte, alles mit Abstand zu betrachten. Wie die Schwalben.

Er weiß, worauf sein scheinheiliger Vorgesetzter hinauswill. Die Wohnung im Haus unterm Petřín interessiert den Vorgesetzten nicht, er glaubt, die Täterin bereits ermittelt zu haben. Der Vorgesetzte sucht nicht nach Wahrheit, der Vorgesetzte will den Ermittler bestrafen. Doch der Ermittler wird die Aufmerksamkeit von sich ablenken, wird eigene Methoden nutzen. Er wird sich auf seine Art Informationen über das Verhalten aller Beteiligten beschaffen. Wenn es sein muss, wird er Material über das Verhalten von allen, die der tote Mann jemals getroffen hat, zusammenharken. Den Heuhaufen aufschütteln. Und dann die trockenen Halme mit dem Wissen um ihr jetziges Verhalten verbinden.

Er nimmt sich frei. Am Wochenende ist er nicht im Dienst. Er wird allein ermitteln. Und sich selbst beim Ermitteln zusehen.

MEISENGLOCKE

Am Samstagmorgen in der Dämmerung steht der Ermittler am Fuße des Petřín. Er befindet sich an einem toten Punkt. Das orangefarbene Haus mit dem roten Ziegeldach und weißen Fensterläden mustert ihn. Das Haus ist ratlos, was es mit dem Mann anfangen soll. Sie blinzeln sich an.

Der Ermittler schlüpft vorsichtig in seine Hirschlederhandschuhe. Schließt die Haustür auf. Übertritt das Gesetz. Bricht in die Eingeweide des Hauses ein. Weil er verliebt ist; das weiß er noch nicht. Verliebtheit lenkt seine Schritte. Verliebtheit navigiert seinen Körper. Er schließt die Haustür auf. Sie fliegt auf, als hätte sie sich gelangweilt; sie hat auf ihn gewartet, und nun bibbert sie vor Erregung, herein herein. Das Blut im Körper zirkuliert. Die Tür fürchtet sich nicht vor ihm. An den Wohnungstüren keine Klingeln, Namensschilder fehlen. Vertrauensseliger Raum unter einem gemeinsamen ziegelroten Dach. Der Ermittler nimmt ein paar hölzerne Stufen. Sie seufzen.

Im Erdgeschoss breiten sich weitläufige Räume aus. Dort hat die Filmgesellschaft ihren Sitz. Daneben der Übungsraum der Hausbesitzerin. Flure und Wohnungen weiß und nüchtern gehalten, ein Minimum an Möbeln, Bilder an den Wänden, in den Ecken Skulpturen.

In der größten Wohnung im ersten Stock wohnt Frau Stadtherrová. Wie dem Ermittler zugetragen wurde, besitzt sie eine große Bibliothek. Die Bücher, die sie selbst geschrieben hat, will sie offensichtlich nicht vor Augen haben, denn sie nehmen in der Wohnung für couragierte Gäste eine lange Reihe ein; Biographien von Herrschern, Politikern und Päpsten, Frau Stadtherrová hat eine Landkarte der Taten mächtiger Männer vergangener Zeiten kreiert. Das Appartement ist spartanisch eingerichtet wie ein billiges Hotelzimmer. Auch eine Dunkelkammer befindet sich darin; die Hausbesitzerin entwickelt dort manchmal zum Spaß Bilder auf die altmodische Art.

Die Gästewohnung fürchtet sich vor der Ausbuchtung des aggressiven Bücherregals über dem Bett; in Reih und Glied aufgestellt halten dort Frau Stadtherrovás Offiziere und Generäle Wache, Philosophie der männlichen Dominanz und Gewalt, die häufig in Verbrechen mündet. Über den Büchern steht die Autorin mit gegrätschten Beinen und einer Peitsche in der Hand, auf dem Kopf ergrauten Löwenzahnflaum. Der japanische Kaiser Hirohito. Der deutsche Kaiser Wilhelm II. Biographien von Josef Stalin und vom Präsidenten der neugegründeten italienischen Republik Alcide De Gasperi. Biographien von Winston Churchill und von Konrad Adenauer. Die Geschichte der Familie der Medici und des indischen Kaisers Vulvajama, der sechzehntausend Konkubinen gehabt haben soll. Hunderte, Tausende von Männern. Der Ermittler hat sich nur durch Stadtherrovás Biographie von John F. Kennedy gequält, zum Lesen fehlt ihm wirklich die Zeit. Mit diesem Buch hat sie lustvoll einen internationalen Skandal provoziert, sich ihn gegönnt und genossen. Sie hatte die Theorie in Buchstaben gemeißelt, dass hinter dem Attentat auf Kennedy weder politische Interessen noch die Waffenindustrie standen, sondern schlicht und ergreifend die menschlich nachvollziehbaren Bemühungen von CIA und FBI, konkret ihres mächtigen, prüden und impotenten Chefs John Edgar Hoover, die steigende Besessenheit des Präsidenten von Frauen zu unterbinden. Denn Hoover sah darin nicht nur sexuelle Entspannung, sondern eine Bedrohung von internationaler Tragweite; zum feschen Präsidenten strömten nicht mehr nur leicht durchschaubare Schauspielerinnen in halbdurchsichtiger Kleidung, die aufreizend ihren Körper wanden, öffentlich *Happy Birthday* sangen und durch Geheimgänge ins Weiße Haus hineinschlichen. Inzwischen schlug er über die Stränge und flüchtete sich in die Nacht, ihm war nicht mehr zu helfen, er machte sich auf zu unüberprüften Körpern, es war schier unmöglich, die Angelegenheit unter dem brodelnden Deckel zu halten. Die Geilheit des Präsidenten bedrohte das Land und insbesondere den amerikanischen Traum von der anständigen Familie, zusammengefügt von Gott, bis der Tod sie scheidet … Die Geilheit des Präsidenten bedrohte die Sicherheit des Landes, bedrohte den ganzen würdevollen Clan der Kennedys mit Mama Rose an der Spitze, auch Rose war bedroht, das zwitschernde Vögelchen aus Granit, das erst mit hundertvier Jahren in die ewigen Jagdgründe einging, nachdem sie ihren Mann und einen Haufen Söhne, Töchter, Enkel und Urenkel überlebt hatte. Nicht einmal mit der Wimper zuckte sie, als die einst wilde Tochter Rosemary kaltgestellt wurde, um zu verhindern, dass sie der Familie Schande machte, sie ließ zu, dass ihre eigene Tochter einer Lobotomie unterzogen wurde, so sieht unerbittliche Elternliebe aus. Einer Tochter bekommt es nicht, wenn sie nicht gehorcht und nur ihrem eigenen Kopf folgt, die Tochter hat dem Vater zu folgen, die Gattin dem Gatten. Was die Ordnung stört, wird entfernt. Rose zuckte nicht einmal mit einer Flaumfeder und muckte schon überhaupt nicht auf, als die sechziger Jahre mit all ihren Drogen und freier Liebe über ihre Brut hinwegrollten, Rose tat, als sähe sie nichts. Was sich doch alles hinter Routine und Ritual verbirgt. Stadtherrová schrieb ihr Buch geduldig und entspannt, als rupfte sie ein Huhn. Sie stöberte die mühsam von den Nachrichtendiensten zurückgehaltenen Details auf, wobei es ihr Geheimnis blieb, wie sie an sie herangekommen war. Es folgten reihenweise gerichtliche Auseinandersetzungen, die sie mit Bravour gewann, wie auf dem Umschlag und im Nachwort der letzten Auflage zu lesen ist. Die Autorin schüttelte den Staub ab und provozierte weiter. In ihrer Gegendarstellung schrieb sie, alles sei nur eine Frage des Blickwinkels und des Kontextbewusstseins, schon 1947 seien Atomwaffen nicht die schlimmste Bedrohung gewesen, Senator McCarthy habe das *sexuelle Tauwetter* für die beste Kommunismus-Keule gehalten. Dieser fanatische, paranoide Antikommunist war ein eingefleischter Republikaner und Dwight David Eisenhower ein Kerl nach seinem Gusto. Wir drehen uns im Kreis, wo auch immer man hinguckt, steht schon ein Machokobold da, bei einer Geheimsitzung stellte McCarthy dem FBI John Edgar Hoover und dem Drosselchefredakteur des *New Republic*, einem FBI-Agenten, wie sich später zeigte, seinen Gegenangriff vor. Wenn amerikanische Agenten haufenweise sowjetische Frauen infiltrierten und sie der Reihe nach befruchteten, könnten sie so die genetische Grundlage des Kommunismus schwächen. Gene der amerikanischen Demokratie gewönnen die Oberhand und setzten der sowjetischen Expansionskraft ein Ende. *Das war aber schon längst Realität. Auf beiden Seiten*, beendete Stadtherrová ihr Nachwort. *Die Figur von James Bond hat uns in der Hinsicht nicht viel gebracht*, die ironische Prise Salz konnte sie sich dabei nicht verkneifen.

Der Ermittler schiebt das gelesene und somit seiner Meinung nach auch verstandene Buch in die Reihe der Infanteristen zurück. Zwei andere, ähnlich unerbittliche und ewige Instrumente psychologischer Tortur, Gehirnwäsche und Machtgeilheit führen vom Nachttisch aus ihren privaten Krieg mit der militärischen Buchrückenformation des Buchenregals: Bibel und Koran. Abdrücke der Träume der Gerechtigkeitskämpfer, explosive Kampfmittelrückstände und Schutzmäntel, wo der Pilger auch hinguckt.

Auf Zehenspitzen und im Rückwärtsgang flüchtet der Ermittler aus dem Appartement, weg vom Bücherregal. Die gegenüberliegende Wohnung ist die von Frau Stadtherrová, sie strotzt vor dekadenten Farben und gewebten Überwürfen mit komplizierten Knoten und Fransen. Lexika stehen darin, Wörterbücher, Atlanten, Mappen, umfangreiche Kunst- und Fotopublikationen. Von den Wänden hängen riesige Schlosstapisserien. An keiner fehlen bunte Holzperlen, von scharfen Zähnen angenagt. Rote, auf Wäscheleinen aufgezogene Perlen, riesige Halsketten, von einer überdimensionierten Hand über und durch Häuser hindurch gezogen. Die Hand mit ihren langen, gebogenen und rosa lackierten Krallen wie eine Klaue. Rote Beeren kleben an den dunkelgrünen Blättern verbrecherischer Bäume. Rote Murmeln, gesichtslosen Kindern in die Augenhöhlen geschnippt. Rote Körner, von Schwalben, einsamen Eisvögeln, mit der Luft verschmolzenen Finken oder schwungvollen Adlern während des Flugs im Schnabel getragen. Auch die cremeweißen Kacheln im Badezimmer sind mit roten Tränen besprengt; da hat sich einer verschluckt und nach einem Klaps auf den Rücken würgend gespuckt.

Finger im Hirschleder befühlen die weißen Kacheln. Streicheln das ausgebeulte Rot des gläsernen Vorsprungs.

Der Ermittler zuckt zusammen. Es juckt ihn im Schritt. Als richtete sich eine unter dem schwarzen Rollkragenpulli erahnte Brustwarze unter seiner Hand auf.

Der Ermittler steigt in den zweiten Stock. Die Stufen seufzen leise. Die Wohnung im zweiten Stock ist minimalistisch, rein, beinahe durchsichtig. Die Schritte des Ermittlers aufgebauscht, weich; wie beim Ballett. Bis auf den Messingleuchter alles herzzerreißend weiß, das Badezimmer ein blaues Paradies. Der Ermittler bewegt sich durch ein desinfiziertes Museum der Schönheit.

Vor dem Fenster huscht ein Schatten vorbei.

Der Ermittler reißt es auf, lehnt sich hinaus. Unter dem Fenster nisten weiße Bäuche von Schwalben, die schon längst weggezogen sein sollten. Sie haben sich aus ihren Nestern eine parallele Außenbrüstung gebaut; Theaterlogen im Nationaltheater, auf engstem Raum eine an die andere geschmiegt, aus Stroh und Zweigen und Stöckchen und Kirschblüten und Speichel. Mit Blick auf die Bühne, auf die Prager Burg. Die hirschlederbehandschuhte Hand jagt die Schwalben weg, dumm wie Bohnenstroh seid ihr, Mistviecher. Die kleinen Perlen in den Vogelköpfchen flammen rot auf. Der Ermittler knallt das Fenster zu und schiebt den Riegel vor.

Gegen den Messingleuchter auf dem weißen Tisch ist ein eingerahmtes Foto von vier jungen Frauen gelehnt. Sie sehen wie eine Familie aus; drei Heranwachsende mit ihrer älteren Schwester oder

Mutter. Was für eine intensive Abwesenheit, mit der die drei Gesichter den Blick in die Kamera meiden, vertieft nur in sich selbst. Sie lachen. Sie sind auf einem Ausflug, irgendwo im Norden, am Meer, ein starker, jugendlich verspielter Wind bläst ihnen ins Gesicht, wehe, lieber Wind, wehe, das Meer gekräuselt und trunken vor Hoffnung, der Wind zaust das Haar, reißt mit seinen starken Zähnen die breiten Röcke vom Leib. Sie blinzeln, gefangen in Klauen zerstörerischer Sonnenstrahlen. Der Ermittler kneift die Augen zusammen, unterdrückt die Lust, eine Sonnenbrille aufzusetzen. Fährt sich mit der Hand über die Wange; an seiner Handfläche bleiben Sandkörner hängen. Rasch wischt er sich die Hand am Schenkel ab.

Das zweite Bild ist das Porträt eines spindeldürren Kindes. Ergeben steht es da, blickt kühl in die Kamera, die Hände erhoben, als hätten sie gerade Vögel hochfliegen lassen. Oder entsicherte Granaten fallen lassen. Der Ermittler beugt sich über das Bild; er kann nicht erkennen, ob das Kind ein Mädchen ist oder ein Junge.

Auf dem letzten, schmalen Foto ist ein Geiger im Frack zu sehen. Auf seinem Schoß ein ausgemergeltes, barfüßiges und schmuddeliges Mädchen, das sich verzweifelt an ihm festhält. Ihr angewinkeltes Bein ist verbunden. Der Geiger blickt ruhig in die Kamera. Eine Hand hält zärtlich die Geige und den Bogen, die andere ruht etwas verlegen auf dem Kopf des Mädchens, als würden seine langen Finger einen fein behaarten Ball halten oder einen klemmenden Flaschenverschluss abschrauben wollen. Das Gesicht der kahlrasierten Kleinen ist im Profil, sie starrt den Mann mit der Geige an wie in Trance, als wäre er eine Heiligenerscheinung. Der Ermittler fotografiert alle Bilder ab; speichert die Fotos der Fotos.

Zu seiner Erleichterung stehen kaum Bücher im Regal. Alle hat Diana Adler verfasst. Der Ermittler seufzt; durch all die Bücher im Haus am Petřín zu waten, ist hart. Er hat immer noch diesen Nachgeschmack auf der Zunge; als er das Manuskript des Toten überflog, meinte er, vor lauter Dummheit und Selbstverliebtheit zu ersticken.

Letzten Endes geht alles immer gleich aus. Sie behalten nur die Bücher im Regal, die sie selbst geschrieben haben, Opfer und Mörder.

Zwei Buchrücken sehen aus wie dicke, eineiige Zwillinge mit einem ordentlichen Speckgürtel um die Hüften; die zweiteilige, erweiterte tschechische Ausgabe des Buches *Gedächtnis des Körpers*. Autorin des Textes und Fotografin der Abbildungen von Kindern in fröhlicher Bewegung ist Diana Adler, *Fotografin, Anthropologin und Ethnologin, die zahlreiche Forschungsreisen nach West- und Osteuropa wie auch nach Indien unternahm*, so steht es auf dem Umschlag. *Charakteristisch für sie ist die symbiotische Verbindung anthropologischer Erforschung von Mythologie und Ritualen mit Philosophie und Anatomie.* Der Ermittler blättert durch das Buch, dessen Titel er nicht richtig versteht. *Gedächtnis des Körpers.* Der Text wurde von Schwalbenschnäbeln verfasst, die auf ihren Flügen mehrmals die Welt umrundet haben. Die Schwalbenschnäbel begreifen nicht, was unter ihnen passiert, sie sehen nur menschliche Körper, sie wissen nichts von Staatsgrenzen, Nationalitäten, Religionen.

Wir haben kein Gedächtnis. Wir sind das Gedächtnis. Negative Erfahrungen in der frühen Kindheit gehen nicht verloren. Sie verhärten sich. Bleiben wie ein Abdruck im Beton bestehen, häufig das ganze Leben lang. Die Zeit heilt keine Wunden der ersten Tage, Monate und Jahre. Die Zeit konserviert die Wunden; sie verschwinden nicht, sie verdampfen nicht; sie werden Teil unseres Körpers. Das implizite Gedächtnis weiß viel mehr als unser Bewusstsein. Es weiß alles, das nicht mit bloßen Worten beschrieben werden kann. Von meinen langjährigen Experimenten und Studien und Beobachtungen und aus dem Erfahrungsschatz der Schwalben, die weit oben über menschlichen Körpern fliegen, weiß ich, dass ein zweijähriges Kind, das ein Jahr zuvor gefoltert wurde, seinen Peiniger auf einem Foto zwar nicht wiedererkennt, sein Körper auf ihn jedoch sofort reagiert. Durch starken inneren Stress. Besonders tief brennen und bohren sich schlechte Erfahrungen in das emotionale Gedächtnis ein. Leider. Aber warum eigentlich? Um uns vor zukünftiger Schädigung zu warnen. Kleine Kinder drücken ihre Gefühle mit Händen und Füßen aus, durch jede Pore ihres Körpers. Bis in einer bestimmten Phase ein neues Medium in ihr Leben tritt: die Sprache.

Ich wage zu behaupten, dass die Sprache dem Körper erneut Böses antut. Der Körper hätte nach einer gewissen Zeit die schlechte Erfahrung angenommen, sich selbst gereinigt. Solange er eins mit seinen Gefühlen ist. Aber in dem Moment, wenn sich das Bewusstsein auf die Sprache konzentriert, distanzieren wir uns von unserem Körper. Die Sprache verrät den Körper. Statt wir sind das Gefühl *sagen wir plötzlich* wir haben das Gefühl. *Traumatische Erfahrungen stecken in den Knochen; sie kriechen in das Knochenmark. Beherrschen und lenken das Bewusstsein. Umso mehr sind traumatisierte Menschen davon abhängig, was wer über sie sagt. Heilung eingefleischter Traumata mit Hilfe von Sprache, wie wir es seit Sigmund Freud kennen und bevorzugen, wo die Menschen auf den berühmt-berüchtigten Couchen und Sofas liegen oder mit geschlossenen Augen im Sessel hocken, ist schlicht unmöglich. Es hilft* einzig die Arbeit mit dem Körper; Gesamtentspannung; die ausufernde und bedingungslose Freude am eigenen Körper. Körper von traumatisierten Menschen wiederholen jede Erfahrung, an die sie sich unbewusst erinnern. Häufig bleiben sie in dieser Erinnerungsschleife lebenslang gefangen. Und so geschieht es, dass sie das Geschenk, als was das Leben zweifelsohne aufzufassen ist, im Grunde verlieren. Sie reproduzieren Gewalt, die sie selbst erlebt haben; sie richten sich selbst in der Opferrolle ein. Und reichen ihre Traumata an nächste Generationen weiter.*

Wenn Berührungen und Kommunikation zwischen Kind und Mutter nicht funktionieren, kann sich der Säugling nicht wehren. Er kann nicht wegrennen. Auf der ganzen Welt kennt er keinen anderen Menschen. Fehlende Berührungen hinterlassen eine Lücke in seinem Körpergedächtnis. Berührungen schenken dem Körper Sicherheit, festigen Wachstumshormone, reduzieren Stresshormone, stabilisieren Herzschlag, Atem und Blutdruck. Berührungen, die dem kindlichen Körper gutgetan haben, leben auf, sobald der erwachsene Körper von jemandem berührt wird. Und Körper, die in ihrer Kindheit nicht mit Liebe und Respekt angefasst wurden, weil die Mütter selbst keine Berührung aushalten konnten, oder ihr Kind manchmal ganz fest drückten und es ein anderes Mal achtlos liegen ließen, diese Körper wiederholen das Wechselbad der Gefühle in den Armen ihrer Partner. *Ekel kann gesteigert werden. Bis hin zur Ablehnung der Nahrungsaufnahme.*

Der Ermittler legt Dianas Sätze zur Seite, der nächste Raubvogel schlau wie das Radio. Da haben ihm die bunten abenteuerlichen Geschichten in Frau Dozentin Stadtherrovás Monographien mehr Spaß gemacht. Er stellt den ersten Band zurück. Um die Zwillinge gerecht zu behandeln, schält er auch Band zwei heraus. Er öffnet das Buch, die Seiten flattern und schieben Wörter hin und her, nötigen sie ihm auf; *ihre* Wörter eigentlich.

Die Epidemie wurde von den Schwalben bemerkt: Die Menschen leiden heutzutage unter einer Störung, die ich Alexithymie nenne. Die Betroffenen wissen nicht, was ihnen der eigene Körper sagen will. Sie sind nicht imstande, die Botschaften ihres Körpers zu dechiffrieren. Sie zaudern. Rege ich mich auf oder habe ich Bauchschmerzen? Kommt es mir nur so vor, oder bin ich wirklich krank? Der Bereich des Gehirns, in dem körperliche Veränderungen als Gefühle interpretiert werden, ist beschädigt. Manchmal dauerhaft. Der Körper reagiert nicht auf Emotionen. Er spürt keine Trauer, keine Freude, keine Wut. Diese Menschen sind innerlich tot. Was klingt wie eine furchtbare Krankheit, ist tatsächlich eine furchtbare Krankheit. Eine Krankheit, die bereits in der Kindheit ausbricht. Als Schutz vor unerträglicher Angst, Wut oder verzweifelter Sehnsucht.

Der Ermittler stellt das Buch angewidert zurück; manche Leute beschäftigen sich echt mit Pseudoproblemen, eine typische Krankheit von Reichen, was für ein Krampf, solche Sätze rufen bei ihm Wadenkrämpfe hervor. Er rückt das Buch auf gleiche Höhe zu seinem Zwilling. Gott sei Dank gibt es hier nichts mehr zu lesen, nur zu hören: Aufnahmen des amerikanischen Komponisten Edward MacDowell, kurze Klavierstücke, der majestätische *Adler* und die bravouröse Phantasie *An einen Kolibri*. Und eine von Alberto Williams komponierte Impression mit dem Titel *Unruhe der Kolibris.*

Die Wangen des Ermittlers brennen.

Der Ermittler verlässt die weiß durchleuchtete Wohnung.

Er knackt das Schloss an der letzten Tür im zweiten Stock, auch dort hat er nichts verloren und nichts zu suchen. Hinter den breiten Fenstern sieht er alte Bäume, die sich in Pastelltöne verfärben, darunter Gras, das mit den Füßen wippt wie ein gelangweiltes Mädchen an einem Sommernachmittag. Die Ferien sind lange vorbei.

Es ist die einzige Wohnung mit einer Küche. Die wie ein Chemielabor aussieht. Weiß und ausgerüstet mit Einbauherden und Kühlschränken, mit Tiefkühlfach und Mikrowelle und Dampfkochtopf, es stehen Mixer dort, seltsame Kaffeemaschinen, eine Waage, Phiolen, verflochtene Glasrohre und eine Handvoll kleine weiße Mörser. Der Ermittler reißt Türen auf, zieht Schubladen hervor, tastet in Schränkchen herum. Keine Teller, kein Besteck. Im Überfluss gibt es wiederum Glaskelche, übertrieben groß, glatt würden die auch eine ganze Champagnerflasche schaffen.

Über dem Bett hängt ein einfaches Holzkreuz mit eingesteckten Lockvogelfedern. Das Bett ist umlagert; die Hände hinterm Kopf streckt es sich in dem wenigen freien Raum zwischen den aufeinandergestapelten und sortierten Türmen von Filmdokumentationen über einzelne Musiker oder Dirigenten. Sie wechseln sich ab mit vinylrunden Wolkenkratzern von Musik. In der Menge kriegen die Aufnahmen kaum noch Luft und Ton. Sie tragen sorgfältig ausgeführte Überschriften. *Dirigenten. Geiger. Klavierspieler.* Frei recken und strecken können sich nur die CDs in einem halbleeren Regal. Darüber prangt die längste Überschrift. *Wer sind sie eigentlich? (Dirigenten? Komponisten? Geiger? Klavierspieler?)* Der Ermittler legt den Kopf zur Seite. Er liest bekannte Namen, die ihm aber nicht viel sagen: Daniel Barenboim, Leonard Bernstein, Pierre Boulez, André Prévin. Dieselben Namen entziffert er über den Porträts an der Wand. Herrschaften im Anzug, perfekt sitzende Fliegen um den Hals, bessere Gesellschaft.

Einer hält eine Geige in der Hand, das scharfgeschnittene, unruhige Gesicht in jüngerer Ausführung hat der Ermittler auf dem Foto mit dem humpelnden Mädchen in der Wohnung von Frau Adler gesehen, dieser Herr heißt Yehudi Menuhin. Neben den Herren hängt ein einsamer Frauenakt. Zwei Violinschlüssel auf nacktem Rücken. Der Ermittler drückt den seinen durch. Fotografiert die Fotos ab. Speichert die Fotos der Fotos und Fotos der kopierten Fotos. Klösterliche Strenge und Ordnung. Taktstock in der Luft eingeschmolzen.

Den meisten Platz usurpieren die Aufnahmen von Yehudi Menuhin. Erika Eis kommt zu Besuch nach Prag und bringt ihre gehamsterte Sammlung lieferbarer Vinylschallplatten und sonstigen Aufnahmen mit. Den zweiten Platz ihrer Sammelleidenschaft halten Klavierinterpretationen von Glenn Gould besetzt. Und auf der dritten Stufe ducken sich Aufnahmen von Arvo Pärt. So viel zum Siegertreppchen.

Auf dem Deckel des schwarzen Plattenspielers liegt eine Plattenhülle. Hirschlederhandschuhe schieben vorsichtig die glänzende Scheibe heraus, legen sie auf das Karussell. Der schwarze Magnet in der Mitte hält die glänzende Scheibe fest und setzt sie in Bewegung.

Der Ermittler promeniert durch die offenen Wohnungen im ersten und zweiten Stock. Er fotografiert alles. Jetzt fällt ihm auf, dass die Wohnungen kaum etwas gemeinsam haben. Außer dass sie alle unpersönlich abweisend wirken und von intensiver Abwesenheit zeugen. Wie ein treuer Hund schleicht die Musik hinter ihm her. Der Ermittler rennt durch die Eingeweide des Hauses; die Musik schnüffelt und folgt ihm in jedes Stockwerk. Sie leckt an seinen Fersen, bettelt, schmiegt sich an. Läuft an seiner Seite durch jeden Raum. Die Musik sickert durch die Wände, zerschneidet sie. Es gibt Töne, die sind mächtiger als jedes Schwert. Der Ermittler fotografiert nachdenklich leere Kleiderschränke. Tastet Schubladen leergeräumter Tische ab. Persönliche Sachen fehlen. Was ziehen die denn an?

Der Ermittler kehrt in den Musiksalon zurück. Notiert sich den Namen der Komposition. *Für Alina*. Bleibt stehen und horcht. In dieser Aufnahme wird dieses zwei Minuten lange Stück unendlich oft wiederholt, es kommt immer wieder vor, kehrt in kaum merkbaren Variationen zurück, in anderen Tempi, anderen Tonlagen. Ähnlich dem changierenden Gesicht einer Frau, die man lieben kann. Klavier, außerdem Geige und Cello, danach wieder Geige. Drei Instrumente ineinander verschlungen. Bei jeder neuen Wiederholung braucht nur eine feine Nuance durchzusickern, und alles ist neu. Oder die Instrumente reagieren anders aufeinander, ignorieren sich nicht mehr. Das eine wird lauter, das zweite leiser, und das dritte schweigt taktvoll. Die Komposition ist zu Ende. Das Leben ist zu Ende. Der Ermittler ruft die Musik ins Leben zurück.

Gefunden hat er nichts. Friedlich tänzelt er die Treppe hoch auf den leeren Dachboden. Und dann zurück ins Erdgeschoß. Es ist Wochenende, er hat Zeit und fühlt sich hier wohl. Heute ist er nicht in Eile und lässt nichts an sich heran, nur Arbeit.

Im Erdgeschoss ist der Übungsraum. Wohin normalerweise an Yoga und am Gedächtnis des Körpers interessiertes Volk strömt und im Halbdunkeln meditiert. Ein Übungsraum in Kammerausführung mit dünnen Matten, in gelb, orange und vor allem in leuchtend grün. In der Ecke lauern blaue Gurte, weiße Seile und ein Trampolin. Zusammengerollte weiße Schlangennester schlafen in geflochtenen Weidenkörben.

Neben dem Übungsraum befindet sich eine Tür, die nichts mit dem Fall zu tun hat. Die Neugierde des Ermittlers läuft auf Hochtouren; solange er nicht das ganze Haus untersucht hat, kann er nicht beruhigt heimgehen. Schon aus Höflichkeit müsse er jede Ecke durchstöbern, denkt er, sonst wäre das Haus, das er aus einem unbekannten Grund für weiblich hält, beleidigt. Filmgesellschaft QUAIL, verkündet die Tafel draußen am Briefkasten und auch hier drinnen an der Tür. Die einzige Visitenkarte, die das Haus der Öffentlichkeit hinhält. Nur auf einen Sprung und nur zur Sicherheit schaut er rein. Und dann … Danach wird er die junge Witwe zu einem Spaziergang auf dem samstäglichen Petřín einladen. Sein Herz füllt sich.

Vorsichtig betritt er die Dämmerung. Er kneift die Augen zu kleinen Schlitzen zusammen, blinzelt. Macht das Licht an. Unter der Decke flackern violette Leuchtröhren. Sein Kopf dreht sich ob der Filmatmosphäre.

Es ist ein Labyrinth. Ein Labyrinth von fensterlosen Räumen mit hohen Decken. Von der violetten Decke bis zum Korkboden mit metallisch glänzenden Konstruktionen verkleidet. Ein ausgetüfteltes Regalsystem, nach Maß angefertigt und mit passenden Metallschachteln, roten Ordnern und Karteikästen gefüttert, das Gesamtbild mit Tischen, weißen abwaschbaren Plastikklappstühlen und Liegestühlen mit karierten Decken durchsetzt, mit moderner Technik inklusive Mikroskopen und den Riesenblüten wackeliger Lampen ausgestattet. Enge Gänge führen zwischen den Regalen entlang. Nur ein einziger menschlicher Körper schlüpft durch die Passage hindurch.

Die breiten Schultern des Ermittlers bleiben immer wieder am Metall hängen. Der Ermittler betritt eine Höhle. Folgt endlosen Pfaden, ist lange Minuten oder Stunden unterwegs. Verwundert versucht er die Länge und Breite des Raums mit Hilfe seiner Schrittlänge abzumessen. Die Zahlen verwirren ihn, sie setzen sich zu Wehr, lass uns in Ruhe, du Geizkragen, lasst ihr mich auch in Ruhe, ihr Flittchen.

Er vergleicht die Zahlen mit der Größe der Wohnungen im Obergeschoss, so wie er sie penibel notiert hat. Die Berechnungen stimmen nicht überein. Die Größe der unterirdischen Räumlichkeiten entspricht nicht einmal dem Hausgrundriss. Als wäre das Erdgeschoss gewuchert und hätte sich in der Erde und im Gestein ausgebreitet, als hätte es sich in den Hügel hinter seinem Rücken gebohrt.

Der Ermittler hat das Gefühl, sich in einem nicht archivierten Archiv zu befinden oder in einer geisterhaften Versicherungsanstalt, wenn nicht gleich in den Gedanken von Franz Kafka, zu dem so viele Touristen nach Prag reisen. Das Büro der Filmgesellschaft, sofern es überhaupt eine ist, platzt vor Registerkarten, altmodischen Karteikästen und vergilbten Zetteln. Die Wände vom Fußboden zur Decke mit Regalbrettern bestückt. An jedem der roten Ordner prangt ein Aufkleber mit Angaben; Ziffern, F wie Fleisch, Chiffren der Drudenfüße, Vogelspuren im Schnee. Es sieht wie ein Krematorium aus, wenn die zur Einäscherung vorbereiteten Särge bereitstehen und die Toten keine Hinterbliebenen haben. Wie ein Konzentrationslager, nur der Stacheldraht fehlt. Was ist das hier bloß, verdammte Scheiße?

Dem Ermittler dreht sich der Kopf. Die Hände in Hirschlederhandschuhen zittern. Seine Haut juckt. Er liebt das Gefühl, auf die Spur von etwas geraten zu sein, das sich im Dämmerlicht ins Schweigen hüllt. Er kann nicht widerstehen. Klappt den nächstbesten Deckel auf.

Er untersucht den Inhalt von Metallschachteln und roten Ordnern, er möchte Filmmotive sehen, Drehbücher.

Er muss sich ja nicht alles ansehen; vielleicht haben sie auch Drehmaterial, Mitschnitte, Trailer archiviert. Er setzt sich an einen Rechner unter einer riesigen Bogenlampe. Als säße er unter einer Frisierhaube. Aus dem Flimmern auf dem Bildschirm tauchen die bekannten Gesichter vier junger Frauen auf. Sie sehen wie eine Familie aus, drei heranwachsende Körper mit ihrer älteren Schwester oder Mutter. Sie lachen, sie sind auf einem Ausflug, irgendwo im Norden, am Meer, ein starker, jugendlich verspielter Wind bläst ihnen ins Gesicht, wehe, lieber Wind, wehe, das Meer gekräuselt und trunken vor Hoffnung, der Wind zaust das Haar, reißt mit seinen starken Zähnen die breiten Röcke vom Leib. Sie blinzeln, gefangen in den Klauen zerstörerischer Sonnenstrahlen. Der Ermittler kneift die Augen zusammen, unterdrückt die Lust, eine Sonnenbrille aufzusetzen. Fährt sich mit der Hand über die Wange; an seiner Handfläche bleiben Sandkörner hängen. Rasch wischt er sich die Hand am Schenkel ab.

Die Gesichter der Frauen verschwinden. Der Rechner ist nicht mit einem Passwort gesperrt. Er ist randvoll mit Kolonnen gedrosselter Zahlen und hungriger Berechnungen, die sich um die roten Perlen eines Rechenrahmens für Kinder ranken. Wörter kommen keine vor.

Die Luft füllt sich mit einfachen Tönen. Einsame Noten schlagen auf die Glocke. Sie klingen selbst wie eine Glocke. Keine Note ist *missbraucht*. Klare, übersichtliche Noten. Was der Ermittler hier findet, das haut ihn mit seiner Einfachheit und Genialität um. Wie Pärts Musik, zu der nur manche Ohren, manche Augen und manche Muskeln Zugang finden.

*

»Wir dürfen nicht aufgeben«, Ingrid hatte Diana geschüttelt, »solange eine solche Gewalt ausgelacht und nicht als Gewalt empfunden wird, dürfen wir nicht aufgeben.«

»Niemand lacht hier irgendjemanden aus.« Diana hatte Ingrid beruhigen wollen. Sie hatte sich gewünscht, dass Ingrid nur dann die Augen aufmachte, wenn sie sich im Rettungsnetz ihrer inneren Mitte befand. Um so die Ausübung unachtsamer Tätigkeiten zu vermeiden, die störendes Karma in Bewegung setzten. Ingrids *Ich* kehrte sich nach innen, reinigte sich und blühte in Form einer gelben Tulpe auf. Erinnerungen liegen in Bedeutungen eingemottet, die sich den Worten widersetzen. Ereignisse können zum Zeitpunkt ihres Geschehens als wichtig oder unwichtig empfunden werden, erst die Erinnerung lädt sie nachträglich mit Bedeutung auf und füllt die Augen grundlos mit Tränen; Worte zwangen Ingrid zum Rückzug. Aber für sie gab es kein Zurück mehr. Sie beschloss, nicht mehr teilnehmen zu wollen. Sie koppelte sich nicht vom Leben ab. Das Leben koppelte sich von ihr ab. Und sie wollte ihm nicht im Wege stehen.

Das Tempo war mörderisch. Sie war die erste Schwalbe, die nicht im beständigen Flug verharren konnte, die erste Schwalbe, die abgestürzt war, sie konnten sie nicht mehr der Luft zurückgeben, weil ihr die Kraft fehlte, den Kopf zu heben und die Schwingen auszubreiten. Sie hatte sich von ihrem Körper befreit, der ihr nur Vergangenheit aufschwatzte.

Die Augen auf ihre Handflächen geheftet, hackte Ingrid mit ihrem Erwachsenenschnabel herum. Sie müssen die Gerechtigkeit in eigene Hände nehmen, sie müssen die Dämme einreißen, sie müssen die Macht zurückerobern, Geschichte werde nur von den Siegern geschrieben, aber wer sei bitte schön das Opfer, weder der Sieger noch der Besiegte. Diana beruhigte sie, sie solle zuerst zu Ende studieren, keinen Quatsch machen oder Blödsinn reden, sie solle vergessen. Sie stritten sich, Federn flogen. Die Augen auf Ingrids zerhackte Handflächen geheftet, gab Diana zögerlich zu, dass etwas unternommen werden müsse.

Was?

In erster Linie müsse man Schritt für Schritt *die Gesetze* ändern.

Das fand Ingrid lächerlich, sie glaubte nicht an Utopie, sie tobte, schäumte vor Wut. Als Simon Wiesenthal in Wien seine Organisation gegründet und weltweit seine Jagd nach Naziverbrechern begonnen hatte, suchte Ingrid ihn auf. Herr Wiesenthal empfing sie höflich mit Wiener Melange und einem Stück Sachertorte, sie verglichen die Nummern auf ihren Handgelenken, er hörte Ingrid zu und sagte, ja, das sei furchtbar, aber es seien viel schlimmere Verbrechen passiert, was wolle Ingrid denn eigentlich von ihm, eine so hübsche rehäugige junge Dame sollte sich dem Studium widmen, dem Leben und der Zukunft, damit würde sie am besten der gemeinsamen Sache dienen.

»Was ich von Ihnen will?«

»Ja, was Sie von mir wollen. Ich habe Ihnen erklärt, dass ich nach Verbrechern suche.«

»Ich doch auch.«

»Das kann man nicht vergleichen. Wir hatten Krieg. Und in einem Krieg ist extremes Verhalten normal, in jeder Hinsicht. Auch im Bereich der Triebe. Sie sollten sich in Acht nehmen.«

»Wovor?«

»Dass Sie keine Suffragette werden. Die werden von keinem gemocht!«

Der elegante Herr weiß nicht, dass Ingrid ein Raubvogel ist.

»Wo ist da der Zusammenhang?«

»Diese Frauen sind vom richtigen Weg abgekommen.«

»Sind sie nicht. Sie verlangen nur, dass ihre Weiblichkeit respektiert wird.«

»Sie haben sich verirrt.«

»Haben sie nicht. Genauso wenig wie ich. Lassen Sie es mich offen sagen. Ich verlange die gleichen Rechte für alle. Werfe ich Ihnen denn vor, dass es bei Ihnen nur lauter Männer gibt? Dass die ranghöchsten Nazis auch Männer waren, wenn Sie nur Männer jagen, dann bedeutet das … Das Leben unter den Nazis war das Leben in einer maskulinen Gesellschaft, keiner wollte wissen, was wir Frauen zu sagen hatten. Jeder Kriegszustand bedeutet ein Leben in einer maskulinen Gesellschaft, im Krieg wollen Männer nicht auf Frauen hören. Nehmen auch Sie sich in Acht.«

»Wovor?«

»Vor mir.«

Ingrid verzieh ihm. Er müsse schließlich nicht in einem weiblichen Körper leben, sagte sie zu Diana. Unter seiner Haut seien jahrhundertealte frauenfeindliche Lügen und Vorurteile eingraviert. Vergewaltigung werde nicht als Verbrechen angesehen. Die Vagina sei ein käufliches Nichts, sie liege immer bereit. Gott mag keine stolzen Frauen. Er habe sie mit einem schwachen Körper ausgestattet. Und ihren Körper zur Schau gestellt. Ihn zum Raubbau angeboten. Dieser Körper ist ein Ding. Ein hingeworfenes Stück Fleisch.

Ingrid traf eine Entscheidung.

Sie gründete trotzig ihre eigene Organisation, von der keiner wissen durfte. Sie würde ihre Verbrecher selber jagen. Und sie fing mit dem Herrn mit der Peitsche an und hörte mit Taras auf. Ingrid war ein Raubvogel und griff nach Fleisch, Diana wiederum nach den Kontakten von Max. Zuverlässige Frauen und Männer aus dem Ghetto schlossen sich Ingrid an. Ingrid war bockig. Sie stampfte auf und schwang die Flügel. Sie beschloss, das vergewaltigte Jahrhundert gerade zu biegen.

Ingrid war beschädigt.

Diana sieht einen Vogelschwarm; er fliegt vor dem Fenster.

Durch Europa strömten damals Scharen von schweigsamen, beschädigten Frauen. Sie hefteten sich Ingrid, die von Diana gesucht wurde, an die Fersen. Es war ausgerechnet Simon Wiesenthal, der Max Adler auf Ingrid aufmerksam machte; Wiesenthals Arbeit wurde immer professioneller, er arbeitete mit den Nachrichtendiensten zusammen. Sein Netz zerriss aber in den unpassendsten Augenblicken, und jedes Mal steckte Ingrid dahinter. Sie tauchte im Umfeld von Menschen auf, die sich als ehemalige Nazi-Chargen entpuppten. Einer von ihnen wurde panisch.

Zu einer allgemeinen Panik kam es aber erst, als herauskam, dass Ingrid über ihre eigenen Leute verfügte, schöne Frauen. Die als Übersetzerinnen und Dolmetscherinnen für die sowjetische Nomenklatura arbeiteten, für amerikanische, englische, japanische, brasilianische Staatsoberhäupter und, und, und.

Wiesenthal witterte eine Verschwörung. Ingrid war für ihn ein ungelenktes Geschoss und die Vagina eine Zeitbombe.

Wiesenthal wollte mit Ingrid nichts mehr zu tun haben.

Er blickte auf die Straße und nahm diesmal auch Frauen wahr. Dann hob er an zu einer Erklärung, in der er sich energisch von den Aktivitäten wahnsinniger und hysterischer Frauen distanzierte, die seine Kriegsverbrecher jagende Bewegung diskreditierten. Die Gruppe dieser Frauen ziehe seine Bemühungen ins Lächerliche, weil sie durch ihre Konzentration auf marginale Probleme das wirkliche Leid relativiere.

Daraufhin floss Wiesenthal großzügige Unterstützung von höchsten Stellen zu, die über die Aktivitäten der Frauen beunruhigt waren, weil sie die Ordnung störten und die Schubladen durcheinanderbrachten, denen man Sieger und Schuldige zuordnete. Die Solidarität wuchs, als hätten die Herrschaften Angst, dass auch sie selbst in Mitleidenschaft gezogen werden könnten. Auf eine solche Schlampenwirtschaft wollten sie sich nicht einlassen. Eine solche Realität, eine solche Kategorisierung würde dem Krieg und den begangenen Verbrechen ein anderes Ausmaß verleihen. Schon wieder drohte Chaos. Nachrichtendienste vieler Länder, inklusive der lateinamerikanischen, schlossen sich an. Männer schützten sich. Lenkten die Aufmerksamkeit von sich ab.

»Kriegsverbrechen sind ganz klar definiert«, sagte Wiesenthal dem österreichischen Kanzler. »Nationalsozialistische Verbrecher müssen bestraft werden. Das ist ein wichtiges Signal.«

»Ja, das ist doch lächerlich, die Tatsache, dass ... eine Frau die Beine breitmacht ... wirklich lächerlich.«

In die Angelegenheit mischten sich die USA ein. Weil die Männer von CIA und FBI über ihre eigenen geheimen Pläne verfügten, über ihre eigenen Gedankenblöcke, Staatsgrenzen, politischen Phrasen. Frauen kennen keine Solidarität; sie haben genug mit ihren Körpern zu tun. Männer jagen im Rudel. Man wisse doch, dass amerikanische Agenten die genetische Grundlage des Kommunismus schwächen, wenn sie Zugang zu sowjetischen Frauen finden und sie befruchten. Das Gen der amerikanischen Demokratie werde schließlich überwiegen und die sowjetische Expansion eindämmen. Ingrid bedrohe das Projekt, ohne es zu kennen. Und ihre Frauen machen zwischen Nationalität und Staatsangehörigkeit keinen Unterschied, wie naiv.

Man setzte Dianas Mann zu. Max setzte Diana zu.

»Du findest heraus, worum es ihr überhaupt geht. Ich habe die ganze Sache so was von satt.«

»Wo finde ich sie?«

»Sie wollen sie verhaften. Was ich absolut richtig finde. Sie hat einen Knall.«

»Ich bin dabei, sie zu heilen, und ich werde sie auch heilen.«

Damals sprach sie zum ersten Mal mit Max offen über Ingrids Pläne. Der Raubvogel Ingrid griff nach Fleisch, Diana wiederum nach Max' Kontakten. Bis zu seinem Lebensende konnte Diana auf Max' Hilfe zählen.

Ingrid brachte sich um. Diana hörte nicht auf.

*

Die Musik von Pärt verstummt, die Töne atmen aus.

Der Ermittler sitzt in der Stille. Schaltet den Rechner aus; der Rechner gibt ein Piepen von sich. Er schaltet das runde Lampenlicht aus, setzt dem matten Dahinsiechen der violetten Röhren ein Ende. Schließt die Tür ab. Sein Wissensdurst ist gestillt.

Er kehrt in die freundliche Wohnung mit den Männergesichtern an der Wand zurück. Statt Nelke oder Margerite tragen sie Erfolg im Knopfloch. Aufeinandergestapelte Musikaufnahmen setzen der Phantasie des Ermittlers zu; eine liederliche Verkleinerung der glänzenden Metallkisten und roten Ordner und Papiermappen aus dem Erdgeschoss.

Er denkt nach. Hält unschlüssig das Telefon in der Hand.

Die verhallten Töne von Pärt schiebt er in die Hülle. Geht auf die Tür zu.

Dort dreht er um. Kehrt zurück zu den Fotos an der Wand. Das Ende des Tages kringelt sich wie angesengte Zündschnur auf dem Boden.

Er sucht die Aufnahmen nach etwas Modernem durch, nach vertrauten Melodien und Motiven. Er gräbt darin, als suchte er eine davongerollte Beruhigungspille, eine Kopfschmerztablette. Er muss etwas nehmen. Seine Stirn lodert, die Schläfen brennen, die Hände in den Hirschlederhandschuhen schwitzen, sein Körper glüht, als trüge der Ermittler ein schweres Konstrukt mit Kerzen auf dem Kopf, als schritte er an der Spitze einer aufgewühlten Prozession. Kein schwedisches Luciafest, kein friedlicher Umzug, angeführt von Mädchen im weißen Kleid mit roter Schärpe und einer Krone aus brennenden Kerzen, der Lieder singend Licht in die lange nordische Nacht bringt. Keine Prozession aus den Zeiten heidnischer Fruchtbarkeitsrituale, kein Fest zu Ehren junger Frauen, die sich gegen ihre Väter auflehnen und sich weigern, die für sie ausgesuchten Männer zu heiraten.

Der Körper des Ermittlers glüht, er sucht hastig auf seinem Telefon nach *The Crazy World of Arthur Brown*, die behandschuhten Finger rutschen; *Fire*.

Aber wir schreiben nicht das Jahr 1968, und die Musik passt nicht zum Petřín, und das Haus zuckt und wölbt angriffslustig den Rücken. Das Haus unterm Petřín ist auf eine andere Art unabhängig, durch sein Wesen, es braucht keine Aufkleber von außen, niemand muss von seiner Unabhängigkeit wissen, es muss keine Menschen in Schubladen stecken, braucht keine Barrikaden, muss keine Losungen skandieren, Regierungserklärungen schreiben, Resolutionen, Charten und Petitionen, es möchte keine Kokarden tragen, lange Haare, Dreadlocks oder Uniformen, das Haus verlangt es nicht nach politischen Parteien, akademischen Titeln, Kaffeehaustischen, Karrieren, Gender, wirkungsstarken Gesten, Religionen, Geschrei, Alkohol, Drogen, Sonntagsbarbecue, es muss sich keiner Gruppe von ähnlich Einsamen, ähnlich Starken und ähnlich Elitären anschließen; dieses Haus verfügt über weises Wissen und wartet und dauert an.

Der Ermittler stoppt beleidigt die Musik. Vorm Fenster fliegt eine Schwalbe vorbei, ihr Körper drosselt die Geschwindigkeit nicht. Die hirschlederbehandschuhte Hand scheucht den Vogel weg.

Der Zeigefinger deutet auf die Fensterscheibe und drückt auf einen imaginären Abzug.

Der Ermittler beruhigt das Haus, beschwichtigt die Wände, streichelt sie, das Haar wie auch die Federn. Greift aufs Geratewohl in den Stapel, schluckt. Es gibt nichts, womit er die Pille herunterspülen könnte. Er glaubt, seine Hand hätte aufs Geratewohl gegriffen; sie landet beim Buchstaben, mit dem der Nachname der Witwe beginnt. Der Körper erinnert sich, redet dem Herzen zu. Der Hirschlederhandschuh bleibt stehen, wandert nicht weiter. Gidon Kremer, und zwar nicht allein, hangelt sich an den Tönen von Johann Sebastian Bach entlang: *Ciaccona, from Partita for violin solo in D minor, BWV 1004.*

Der Ermittler lehnt sanft die Wohnungstüren an. Steigt ins Erdgeschoss hinunter. Seine Vernunft sagt nein, seine Füße steuern blind das Labyrinth an. Kremers lebendig gewordene Geige schneidet in die Ohren. Inmitten von Tönen, die ins Licht der Wandleuchten dringen, öffnet der Ermittler einen roten Ordner nach dem anderen. Er kann es nicht lassen.

Der Fall des schmucken gehängten Herrn ist vergessen. Dem Fall war er verfallen; jetzt hat er ihn vergessen. Der Ermittler wirbelt im Reigen feiner Vogelspuren im Schnee, im Reigen von Buchstaben, unverständlichen Namen, flatternden Fotos, erwürgten Ländern, entwurzelten Dörfern und Städten und Daten, er saust durch die Welt, in die Luftstrudel der Hölle; die Schwalbenschnäbel halten ihn am Gürtel gepackt, Schwalben, die das eigene Nest nie beschmutzen würden. Sie rauschen mit ihm durch zottelige Wolken. Bis ganz hinauf ins weite Weiß, die Wolken unter ihnen, von der Sonne bespuckt, sehen aus wie eine vereiste weiße Marmorfläche. Auf dem Marmor fläzen sich Schatten erahnter Riesenpalmen. Der Marmor gespickt mit Hochgebirgsspitzen, wo über ihren Nestern Adler kreisen. Der Schwalbenschwarm beruhigt sich; tritt den Rückzug an.

Der Ermittler ist erregt, er traut den eigenen Augen nicht. Der Mann mit dem Halsband hat ihn hierher geschleift, der Mann mit dem Halsband hat sich mit hündischer Treue bedankt, war schnüffelnd losgerannt und der Spur gefolgt, bis zum orangefarbenen Haus unterm Petřín, in das unauffällige Haus, das einem Haufen Sprengstoff gleicht, einem Minenfeld, ein Haus, vollgestopft mit explosivem Material vom Keller bis zum Dach, alle Zündschnüre der Welt sind hier vereint, unter dem roten Ziegeldach eines Prager Hauses mit Schornstein, und es ist nicht nur das Haus und der Berg dahinter, die in die Luft zu fliegen drohen.

Der Körper des Ermittlers schaudert wonnig.

Den Vorgesetzten ruft er nicht an. Seine Kollegen ruft er nicht an. Er traut dem Mann mit dem Strick nicht. Der Mann mit dem Strick hat ihn hierher gelockt; es könnte eine Falle sein. Er will mit dem Material allein sein. Will alles lesen. Sein ganzes Leben lang hat er nicht so viel gelesen wie an diesem Wahnsinnsweekend. Zunächst notiert er alles gewissenhaft in seinem Notizbuch. Dann fotografiert er die Ordner und speichert die Fotos. Er ist in einen Zauberkäfig geraten. Wurde hineingezaubert und möchte verzaubert bleiben. Massakriert einen Ordner nach dem anderen. Vergisst die Zeit. Die Zeit vergisst ihn nicht; wenn der Habicht nichts mehr sieht, fängt das Gezwitscher der Wachteln im Gebüsch an.

Die engen Pfade des Labyrinths im orangefarbenen Haus unterm Petřín säumen Synopsen, Exposés, Drehbücher und Filme, alle nach unlesbaren Zeichen geordnet; aussortierte Kriminalfälle und Gerichtsangelegenheiten. Die Vogelchiffren bedecken Kontinente eines Planeten, der von den Menschen parzelliert und veräußert wurde – das wissen die Schwalben nicht. Die Schwalben fliegen um die Erde und erstatten aus der Höhe und im Geschnäbel einen über-schaubaren, cleveren Bericht. Von oben gesehen liegt die Geschichte ganz klar da.

Sie haben keine Furcht vor der Rückkehr. Sie haben keine Furcht, ihre Nester zu erneuern. Sie haben keine Furcht vor dem Wort Zuhause. Trotzdem gehören sie keinem und auch ihnen gehört nichts.

Die ältesten Geschichten betreffen Europa. Fälle, die der Ermitt-ler keinesfalls als Rache im Affekt bezeichnen würde. Weil sie akri-bisch, mit Abstand und kühlem Kopf dokumentiert wurden. Der Verlauf ist jedes Mal gleich. Ein von langer Hand vorbereiteter und detailliert durchdachter »Schattenprozess«. Der Angeklagte weiß nichts davon. Bis auf die Schwalben hat keiner auch nur die leiseste Ahnung, was im Gange ist.

Mit violetter Handschrift sind Hinrichtungen dokumentiert, die nicht gelungen sind.

Den Ermittler verwirren die chaotischen Vogelspuren im Schnee.

Bei den erfolgreich abgeschlossenen Fällen klebt am Ende ein lustiger Punkt, eine ironische rote Kirsche auf einer zu süßen Torte: ein Zeitungsbericht über den Selbstmord des Betroffenen.

Selbstmord durch Erhängen.

Der Ermittler ist begeistert. Sein Verstand versucht unter Aufbietung aller Kräfte und mit schweißbedeckter Stirn seiner Intuition einzureden, der Raum sei mit absurden Filmmotiven gespickt, mit Horrorideen, mit denen übersättigte Zuschauer abgefüllt werden. Unendliche Mengen von Entwürfen, die sich erst verpuppen müssen und dann schlüpfen. Daten und Fakten werden sorgfältig ins Körbchen gelegt, Kostüme, Requisiten und Kulissen aufs Papier geworfen, Drehbuchschreiber, Beamten und Polizisten bestochen; der Wein wird in Flaschen abgefüllt und muss getrunken werden.

Es gibt hier Ordner voller Dinge, die der Ermittler nicht versteht, das werden keine Blockbuster, die Geschichte blubbert nur hinter den zu erahnenden Kulissen, der Zuschauerraum liegt im Dämmerlicht und ist leer, die Aufmerksamkeit auf zukünftige Filmhelden gerichtet. Auf den Notenlinien des Rechenrahmens vermehren sich die roten Perlen wie die Schwalben auf Telegraphendrähten. Holzperlen roter Ursachen und violetter Folgen.

Der Ermittler findet sich in den Drehbüchern nicht zurecht, wer ist Opfer, wer Ankläger und wer Täter? Der Bildschirm des modernen Rechners zeigt nur unendliche Zahlenkolonnen, zum Vogelfutter zermahlen. Die handgeschriebenen Geschichten stehen in schmuddeligen, azurblauen Heften.

Wie werden die Drehbücher an den Filmstab weitergeleitet? Die azurblauen Hefte stecken in durchsichtigen Plastikheftern. Zumindest sind sie wasserdicht. Brunnenwasser in den Hals des würgenden Hühnchens; der Ermittler öffnet auf gut Glück die glänzenden Metallschachteln, auf gut Glück reißt er Azurblau aus den roten Ordnern heraus. Dann durchsucht er den Rechner, notiert sich Adressen von Schweizer Banken. Der Verstand gibt auf, nichts davon, worüber die Augen stolpern, ist geheim oder chiffriert, nichts befindet sich im Tresor. Das Filmgeschäft ist ein durchsichtiger und peinlicher Vorwand.

Geldwäsche ist es, worum es hier geht.

Er sollte Frau Professor Adler raten, ihre Mieter in Zukunft gründlich zu überprüfen, die Betrüger könnten sie in die Sache mit hineinziehen, sie sind ja im Besitz ihres Fotos. Der Ermittler kopiert Zahlenspalten in sein Telefon, die Schlangen wechseln den Platz, und der Körper des Ermittlers freut sich auf den der Witwe. Die Freude wächst. Nur das orangefarbene Haus sieht ihm spöttisch zu, weise neigt es sich über ihn und summt, wir und die ganze Welt ändern uns, werden neu, der Samstagmond ist auf dem Weg zum Sonntag, und der ist mit blauem Samt verkleidet, mein Junge.

Der Ermittler klappt den Hefter zu, hört auf zu blättern. Er steht auf.

Der Hirschlederhandschuh verhakt sich an einer Vogelkralle. Der Ärmel des Ermittlers verfängt sich im Labyrinth des körnigen Metalls mit spitzer Feder und Gänsekiel verfasster Worte. Seine Augen werden von Probeaufnahmen exotischer Castings angelockt, von Vorführungen historischer Kriegsfilme. Er verheddert sich in den Jahren, wo ihn Lippen schöner, schmuckbehängter, glamourös zurechtgemachter Frauen in flatternder Stadtkleidung anlächeln, mit eingezwängten Wespentaillen, die schmalen Füße stecken in Tanzschuhen. Sie werden abgelöst von Frauenreihen in Soldatenuniform, zusammengewürfelter Montur und Gefängniskleidung. Barfüßige Augenscharen in zerfetzten Lumpen. Zöpfe, Dutts, Locken, Fransen, Ponys, kahle Zwiebelschädel. Etwas will ihm an den verwackelten, erdrückenden Körpern der maskierten Schauspielerinnen nicht gefallen. Der Körper des Ermittlers sackt in der Kunststoffumarmung zusammen.

Es sind keine erwachsene Frauen.

Der Petřín prahlt mit seinem dem Sonntag aufgezwungenen Licht. Das Licht der violetten Röhren und Lampen im Labyrinth gibt sich unbeteiligt und gleichgültig. Hier legt sich kein Herbstabend schlafen und steht keine Herbstsonne auf, hier gibt es keine Trennung, hier durchdringt kein Tag die Nacht und keine Nacht den Tag. Aus den handgeschriebenen Seiten steigen Filmschicksale von Körpern empor, die angegriffen und von anderen Körpern berührt wurden, von Körpern, die das Etikett der Kriegshelden schützt, die Zugehörigkeit zur Siegermacht, welche durch den Kriegszustand geschützt nie vor ein Gericht geladen wurden, über die nie gerichtet wurde, die ein für alle Mal von den Historikern entweder unter das Minus- oder Pluszeichen einbetoniert wurden. In einem einzigen Krieg sind es Soldaten der Wehrmacht gewesen, der Roten Armee und der japanischen Armee, auch polnische Namen kommen vor, französische, tschechische, slowakische, ungarische, österreichische, italienische, englische, amerikanische, spanische, australische und und und und. Den Frauen wurde keine Gerechtigkeit zuteil. Oder Entschädigung. Entschuldigung. Oder Verständnis. Wer sollte auch Körper entschädigen, die massenhaft vergewaltigt wurden von Männern aller Länder, vereinigt euch, vorwärts immer, rückwärts nimmer. Diese Körper wurden von Panzerketten einer einzigen Armee zermalmt, der Weltmännerarmee, einer jubelnden, einheitlichen und bis über das Grab hinaus solidarischen Armee. Die Namen der Helden.

Der Ermittler fährt sich mit dem Hirschlederdaumen über den Mund. Der Daumen spürt die samtigen Lippen der jungen Witwe.

Es ist nicht auszuhalten. Inoffizielle Konzentrationslager. Seit 1932 nahm Japan in besetzten Gebieten Asiens junge Frauen fest und sperrte sie hinter Schloss und Riegel, stellte ihre Körper der Armee zur Verfügung, ein- bis zweihunderttausend dieser »Trostfrauen«, gezählt hat sie keiner, nur die Schwalben. Die meisten waren Koreanerinnen, ihre Körper wurden zehn- bis dreißigmal pro Tag vergewaltigt, bei Fluchtversuch drohte Folter, der einzige Ausweg: Selbstmord, ihre Namen wurden in japanische umgewandelt, Ji Ok Seon war vierzehn, als sie auf offener Straße gekidnappt und eingesperrt wurde, die längsten Schlangen gab es am Wochenende, sie musste rasch das Kondom auswaschen, nie wieder im Leben hat sie nur einen Schluck Milch getrunken, die Assoziation mit dem Wasser war zu stark, sie nannten es Vogelmilch. Ji Ok Seon ist vierundachtzig Jahre alt, als sie in Seoul vor der japanischen Botschaft sitzt, sie sitzt dort lange und bewegungslos, ein lebendiges Exponat, ausdauernd, gekennzeichnet, der Körper wartet auf die Rückgabe des verlorenen Lebens, er möchte Entschädigung, Entschuldigung, er möchte, dass man den Japaner, der das Haus hinterm Stacheldraht betrieb, findet und bestraft, nie ist jemand bestraft worden, wird es auch nicht, japanische Politiker behaupten, dass es sich um Prostituierte handelte, die freiwillig gekommen waren, die Armee hatte damit rein gar nichts zu tun, das Wort »Prostituierte« ist ein klebriges Baiser, ein Küsschen aus Eiweiß und Zucker geschlagen, es schmiegt sich an den Zahnschmelz, zersetzt ihn und lacht einen aus. In den neunziger Jahren, während des Krieges in Jugoslawien, wurden Mädchen und Frauen anderer Nationalität und anderen Glaubens eingesperrt und en masse befruchtet.

Die Drehbuchautoren müssen durchgedreht sein. Der Ermittler folgt dem Drang, sein Gesicht mit kaltem Wasser zu waschen. Der Karpfen japst nach Luft.

Der Ermittler löscht das violette Polarlicht. Schließt ab, blickt nicht zurück. Steigt die Treppe hinauf ins Badezimmer von Frau Stadtherrová.

Seine warmen Lippen sind offen. Er trinkt kaltes Wasser aus dem Hahn. Streckt die Zunge aus; bietet sie dem eisigen Wasserfall dar. Das Wasser spritzt, stößt sich ab vom ausgebeulten Sprungbrett. Der Ermittler mag nichts essen, nichts trinken, nichts anfassen, aber seine Kehle ist trocken. Er verschluckt sich. Sein Körper beugt sich über das Waschbecken im weißen Badezimmer mit weißen Kacheln, aus denen rote Nippel ragen. Er schnappt nach Wasser. Er schnappt nach Luft. Kleckert auf das schwarze Hemd, auf die braune Lederweste. Silbriges Wasser rinnt ihm aus den Mundwinkeln. Es dämmert, das Haus erweckt ihn neu zum Leben und weiß darum. Der Ermittler wird ein neuer Mensch und weiß es nicht.

Der Ermittler verbringt schon den zweiten Tag im Labyrinth, im Rausch. Immer wieder rennt er die knarzende Treppe hoch, um seinen Körper zu spüren, die Musik zu wechseln, einen Schluck zu trinken. Er schlabbert Wasser wie ein Hund, löscht das Feuer in seinem Kopf. Das Feuer lässt sich nicht löschen. Er trinkt Benzin.

Der Ermittler fotografiert die letzte Nische. Ein Regal mit alten Film-rollen. Darin entflammbare Zelluloidstreifen, das Logo der Produk-tionsfirma QUAIL auf der Schachtel. Dieser Bereich steht ganz für sich. Dahinter läuft die Hausmauer weg und verschwindet im Schoß, in der Vagina der Mutter Erde. Die Ordner sind weniger geworden. Es fehlt das Vogelgekritzel, die Zahlen. Die Seiten sind vergilbt; Schularbeiten, in kindlicher Handschrift verfasst. *INGRID.*

Auf einem hineingelegten Foto stehen ein paar junge Männer in langen Mänteln, mit Runen auf den Schultern, violette Tintenkreuze schweben über ihren Köpfen, das größte über dem Kopf eines Herrn mit Reitpeitsche in der Hand, unter manchen Kreuzen winden sich höchst sonderbare Namen, der Name Taras mit einem vorsichtigen Fragezeichen verziert. Durch das Fragezeichen führt ein Strich, da-hinter ein energisch gemaltes Kreuz. Unter dem Foto, in einem pral-len Umschlag, schreibmaschinengetippte Lebensläufe der Protago-nisten. Der Ermittler vertieft sich in das violette Drehbuch. Springt über Gräben. TARAS.

Zuerst starb der Großvater vor Hunger, dann der Vater. Beide wa-ren krank. Taras, der ältere Sohn, prügelte sich mit seinem Vater um eine Kartoffel. Unter dem Fenster türmten sich Vogelnester auf dem festgetretenen Lehmfußboden. Die Jungen kletterten auf die Bäume, nahmen die Eier heraus und die Nester gleich mit, die flochten sie aus-einander und kochten die vertrockneten Zweiglein und Stöckchen aus. Taras sammelte die Nester, sie türmten sich unter dem Fenster. Manch-mal brachte er einen vertrockneten Ast und setzte ein Nest hinein und den Ast mit dem Nest stellte er ans Fenster, es sah schön aus, keiner merkte, wie schön das war. Die Mutter aß nichts, nachts rüttelte sie ihren älteren Sohn wach.

»Du musst es versuchen.«

Bisher war keinem die Flucht gelungen. Eine unsichtbare hohe Mauer zog sich um das ganze Land. Sie steckte auch in den Köpfen der Bewohner, als feste Überzeugung, keiner käme heraus, manche glaubten, überall sähe es so aus wie hier, manche glaubten wirklich, dass die ganze Welt nichts zu essen hatte. Und dass die unsichtbare Mauer sie vor Feinden schützte, damit diese nicht ins Land stürzten, sie töteten und aufaßen. Dass die große unsichtbare Mauer ihr Leben schützte.

Aber etwas stimmte nicht. Wenn die Russen mit den roten Sternchen kamen, waren ihre Backen rund. Wenn die ausgemergelten Gesichter Fragen stellten, wiesen die roten Wangen sie zurecht, verlasen eine weitere Erklärung und schlugen diese an das hölzerne Tor. In einer dieser Erklärungen wurde der Schuldige dingfest gemacht.

»Feinde der Sowjetunion, Feinde der Freiheit und des Sozialismus versuchen mit allen Mitteln, unseren Kampfgeist zu schmälern und zu zerstören. Wir haben uns von der bourgeoisen Rückständigkeit befreit, das Land gehört allen, die Fabriken gehören allen.«

»Und Hunger gehört auch allen«, dachte der ältere Sohn.

Man sagte, der Krieg sei überall, der Hunger sei überall, im nächsten Jahr werde es besser. Die Ukraine sei ein Land mit fruchtbarem Boden, die Millionen ausgehungerter Leiber machten sie als Dünger noch nahrhafter.

»Du musst es versuchen.«

Sie sagte ihm nicht, warum. Sie sagte nicht, dass es bei ihr auch schon angefangen hatte. Dass sie der Katze eine tote Maus weggenommen hatte. Sie war auf die Knie gefallen und hatte mit einer Katze um die Maus gekämpft. Sie wollte der Katze an den Hals, ihn zudrücken, am Ende ließ sie sie laufen, sie gehörte ja dem älteren Sohn, der passte auf sie auf, aber wenn Taras nicht da wäre, dann hätten sie, die Mutter und ihr jüngerer Sohn, eine Fleischmahlzeit, sie würden die Katze kochen. Der ältere Sohn passte auf die Katze auf, sie war sein einziger Besitz und sein einziges Spielzeug, die Katze war alt, er hatte sie, seit er denken konnte.

Hunger tut weh. Manchen vernebelt er das Gehirn. Die Mutter sitzt in der Mitte des Zimmers und ihr zehnjähriger, jüngerer Sohn ist weg. Er starb. Sie gab ihn ihrem Körper zurück. Er traf dort mit der Katze zusammen. Stunden sitzt die Mutter am Tisch und wartet auf *das Summen einer Fliege. Sie sieht die Fliege, die über den restlichen Körperteilen summt, die sich auf den Tisch setzt und sich die Beinchen reibt, als würde sie beten. Dann legt die Mutter los, sie haut auf den Tisch, klatscht die Fliege auf den grob behauenen Tisch und leckt sie auf, schluckt sie herunter. Die Mutter ist vor Hunger wahnsinnig geworden.*

Der ältere Sohn hat sich gerettet, sie hatte ihn ja weggeschickt, Taras gelang es, in die Freiheit hinauszukriechen. Als er nach Jahren zurückkommt, findet er das Dorf nicht mehr, in der Gegend wird von seiner Mutter und seinem Bruder erzählt, beide hätten in einem Grab Platz gefunden, als ein einziger Körper, der der Mutter.

Zuerst waren sie gekommen, um die Kühe zu beschlagnahmen. Dann hatten sie die Ziegen und die Pferde geholt. Im Wald und auf dem Feld gab es nichts zu fangen. Auch die Tiere spürten, dass sich das menschliche Verhalten änderte. Zuerst ähnelten die Menschen den Tieren. Sie aßen Gras und Rinde und Laub. Und dann wendeten sie sich gegen die Tiere, gegen alle. Sie fingen Käfer, Fliegen, Mäuse, Hasen, Fasanen, Wachteln, Frösche. Sie fingen sie alle ein, und im nächsten Jahr gab es keine mehr. Sie fingen alle Hunde und Katzen ein. Sie schrieben Briefe, die bei den Adressaten nie ankamen. Von jeder Seite schrie das Wort Brot.

Ein Schrei mit der Vision eines duftenden, krossen Brotlaibs schlüpfte durch.

Am Tag der Ankunft des Internationalen Roten Kreuzes stand alles bereit. Eine Woche vorher waren Lastwagen mit Menschen aus einer anderen Welt gekommen, sie waren rund und lächelten, trugen die örtliche Kleidung. Große Auge verließen ihre Häuser und nahmen auf der Ladefläche Platz.

Die Hungeraugen wurden ins Unbekannte verfrachtet, und man erfuhr nie, was mit ihnen passierte. Der Fahrer und die Uniformierten sprachen russisch und waren mit roten Sternen übersät. Die Gruben hinter den Dörfern füllten sich.

Taras, der ältere Sohn, sah den Dokumentarfilm im Kino. Er sah entschlossene fremde Ukrainer auf der Schwelle seines Hauses erzählen, dass sie sich nicht erniedrigen ließen, dass sie den hiesigen fruchtbaren Boden bestellten, dass sie diesen Kampf gewinnen würden. Die falschen Ukrainer lächeln in die Kamera und winken mit roten Büchlein.

Dann müssen aber auch sie auf Lastwagen klettern. Sie werden an den Waldrand gebracht und am Rand einer Grube erschossen, die sie selbst ausgehoben haben. Das im Film festgehaltene Dorf vereinsamt, es wohnt keiner mehr da, das Symbol des glücklichen Kommunismus zerfällt, das Holz modert, und der Wind weht die Spuren weg. Eine Gedenktafel braucht hier keiner.

Der ältere Sohn versteht, dass es für ihn keine Rückkehr gibt. Aber jetzt weiß er schon, dass der Hunger nicht die ganze Welt beherrscht, er weiß, dass der Hunger im Kopf seiner Leute steckte und dass ein Kopf den Hunger nie loswird.

»Du musst es versuchen«, hatte die Mutter damals gesagt. Wie die kleinen Tiere, die er unterwegs fing und aß, schlich er sich heraus. Er begriff, dass er es ihnen nachmachen musste, dass er die Wühlmäuse nachahmen musste. Vögel nachahmen konnte er nicht, Schwalben nachahmen auch nicht. An der Grenze war nur Russisch zu hören, er hörte Männerstimmen, eine davon sagte: »An allem sind sowieso die Juden schuld.«

Der ältere Sohn gräbt die ganze Nacht die Erde weg, den fruchtbaren schwarzen Boden, lockert ihn mit seinen schmutzigen Händen, gräbt sich ein Loch und deckt es mit Grasnarben zu, darin versteckt er sich. Gespannt hört er zu, die Schritte draußen stampfen in regelmäßigen Intervallen, wie eine Wühlmaus liegt er in der Erde vergraben, ganz braun, nur das Weiße im Auge leuchtet, und sein Gehirn verdunkelt sich, nachts hält er den Atem an und schafft es nur deswegen durchzuschlüpfen, weil die Wächter gerade in die entgegengesetzte Richtung losrennen, auf der rechten Seite der unsichtbaren Hungermauer gibt es auch Monster zu jagen, ausgemergelte Augen mit Blähbauch, die Aufmerksamkeit der Bewacher schwenkt in eine andere Richtung, und der ältere Sohn macht sich aus dem Staub, er ist gewitzt, er rennt nicht, weil ihn sein Atem verraten würde, er läuft kurz auf allen vieren und lässt sich fallen, faltet den Atem zusammen, biegt den Puls gerade und beruhigt das Herz, dann läuft er weiter. Ukrainerlauf.

Das Einzige, was er anzubieten hat, sind seine Hände. Er arbeitet, seine Hände sind flink und werden von Kilometer zu Kilometer stärker, er erzählt keinem, wo er herkommt, und wenn er Gefahr wittert, rennt er weiter. Er ist zu einem Tierchen geworden; da er aber nicht zum Tier geboren ist, wird er zum Monster.

Er ist glücklich, als die Sowjetunion überfallen wird, er ist glücklich, dass ein richtiger Krieg ausbricht und er dem Monster in ihm Futter geben kann, damit es endlich verstummt. Er ist glücklich, dass er kämpfen wird. Er ist glücklich. Stellt sich Hitler an die Seite. Das Tierchen weiß bereits, dass die Mutter von Stalin getötet wurde. Er macht, was man ihm sagt. Er macht alles, weil er schon alles erlebt hat. Er ist inmitten von diesem Alles aufgewachsen. Man sortiert ihn in eine Gruppe von Letten und Litauern ein. Sie fahren in den Westen, um dort den Hauptfeind zu liquidieren.

»Judenbolschewiki«, sagt ihnen der Offizier, ein Österreicher in Uniform mit zwei SS-Blitzen.

Sie üben ein, was man von ihnen verlangt. Es reicht die Vision von duftendem Brot, von Wodka und Zigaretten. Sie hassen Stalin, jedem von ihnen hat er den Verstand verdunkelt, jeder von ihnen hat jemanden aus der Familie verloren, auf eine Weise, die sich dem Erzählen verweigert. Manche Geschichten lassen sich nicht in Silben pressen, sie entziehen sich den Wörtern. Dem Geschrei entziehen sie sich nicht. Der ältere Sohn und seine Kumpel lieben Deutsch, nur weil sie Russisch hassen. Sie haben Bestialisches erlebt, sind abgerichtet worden, selbst zu Monstern geworden, junge Männer in der Pubertät, in einem Leben ohne Regeln. Wie Esel lassen sie sich von Hitler durch die Vision eines Heuhaufens in der Ferne verzaubern. Er verspricht, dass die Ukraine unter seiner Führung unabhängig wird. Genau wie Lettland und Litauen.

Die Ukraine wurde von Stalin gesäubert. Es gab dort Menschen im

Überfluss. Die fruchtbare Erde hatte die falschen ernährt, den Boden brauchte er für Russland.

Hitler würde Deutschland von Juden säubern, die Besitz in falschen Händen angehäuft haben, Hitler benötigte diesen Besitz für sein Deutschland.

Jede der Gruppen wird von einem Österreicher angeführt, vor allem Österreicher melden sich freiwillig als Kommandanten von Konzentrationslagern, lieber als an die Front. In den Lagern ist das Leben einfacher und die Freude an der Macht größer. »*Hitler ist Österreicher*«*, sagt der leitende Offizier.* »*Wir Österreicher sind Künstler. Wir haben eine geschulte Phantasie.*«

Die Lastwagenkolonne erreicht eine Stadt namens Warschau. Taras, der ältere Sohn, ist glücklich, er kann sich täglich den Bauch vollschlagen. Er sieht die Welt, er reist, hurrah.

Die Stadt ist schön. Die Ordnung einer Stadt in einer Stadt. Was sich doch alles hinter Routine und Ritual verbirgt.

Die Aufgabe ist nicht schwer. Man muss Vieh in Lastwagen stopfen.

Taras ist dreiunddreißig Jahre alt. Er zerfällt. Trinkt. Verliert die Zähne. Wo er geht, achtet er auf Vogelnester. Vögel achten nicht auf ihn. Was immer auch passiert, sie bauen weiterhin ihre Nester und legen dort Eier.

Taras, der Sammler von Vogelnestern. Er tötet Vögel, um sich die Nester anzusehen.

Der Ermittler wird nicht schlau aus der Geschichte von Taras. Er greift nach der Kinderhandschrift. Wie eine betrunkene Seiltänzerin, der die Knie wegsacken, balanciert die Schrift über den Zeilen. Die Buchstaben schaukeln auf den mit gewöhnlichem Bleistift skizzierten Telegraphendrähten, die Zunge ausgestreckt, an einem Holzlineal entlang. Der Ermittler vertieft sich in die Zeilen mit der Überschrift INGRID. Polnisch versteht er ein bisschen. Auf den vergilbten Seiten ist die auf Englisch, Deutsch und Tschechisch getippte Abschrift festgetackert.

Ingrid ist fünfzehn Jahre alt. Mit schwarzer Kohle gezeichnet. Sie hat schwarze Haare. Schokoladenaugen. Sie wohnt in Warschau, und sie wohnt nicht in Warschau. Sie wohnt mit ihrem Vater in einem Sonderviertel, einer Stadt in einer Stadt, bewacht. Ingrid stört sich nicht daran. Die winzige Wohnung wird immer wieder von einem Jungen besucht. Der Noten abzuschreiben hilft. Sein Vater und Ingrids Vater spielen gemeinsam Geige. Musizieren darf man noch. Es darf bloß kein Felix Mendelssohn Bartholdy sein, kein Fryderyk Chopin. Vater und der Junge sitzen am Tisch. Ingrid ist unter den Tisch gerutscht. In der Wohnung gibt es nur einen Stuhl und einen Hocker. Sie setzt sich auf den Lehmfußboden. Gekreuzte Beine im Schneidersitz. Glättet den Rock im Schoß. Sie blickt direkt auf die Knie von zwei Körpern in abgewetzten Hosen. Vier bass erstaunte Äuglein glotzen sie an. Der Junge trägt die Schuhe ohne Socken und ohne Schnürsenkel. Vater hat gestopfte Socken. Aus den Socken drängeln die großen Zehen. Die Zehen wollen raus aus den Schuhen, die er nicht hat. Zwischen dem Saum der Hose und dem Sockenrand strahlt weiß die Haut. Vater und der Junge schreiben Noten ab, die fertigen Blätter werfen sie unter den Tisch. Ingrid ordnet die Blätter. Manchmal schreibt sie mit ihnen die Noten ab. Zieht kleine Kleckse auf Schnürchen auf.

»Wir ziehen Perlen auf.«

Keiner antwortet ihr. Ingrid hat nur den Vater. Als sie elf war und sie noch in Galizien wohnten, entdeckte sie auf ihrer Unterhose einen dunklen Fleck, braun wie die Pest. Sie dachte, es sei die Pest, von der sie in der Schule gelernt hatte. Sie zog sich um. Wusch die Unterhose sauber. Der braune Fleck tauchte wieder auf. Sie fing an zu weinen. Sagte Vater, dass sie sterben werde. Vater sagte nichts, wandte die Augen ab. An dem Tag schickte er sie nicht zur Schule. Er klopfte an die Nachbarstür. Die Nachbarin wischte sich die Hände an der Schürze ab, lud Ingrid zu sich ein. Setzte sie an den Tisch. Lief um den Herd herum, in Dampf gehüllt kochte sie das Mittagessen.

»Das ist Menstruation. Die Erdbeerwoche, rote Indianer. Hat dir deine Mama nicht mehr erzählen können.«

Ingrid sah sich zu, den Körper entkoppelt. Mit einer solchen Ent-

fremdung arbeitet nicht mal das Theater. Der Körper tut, was er will.
Brüste wuchern, in der Schamgegend und unter den Achseln sprießt
Gras. Die Stelle, wo die Schenkel verwachsen sind, blutet. Der Körper
lebt sein eigenes Leben. Und sie darf sich nach diesem Körper nur bei
Frauen erkundigen. Heimlich und leise.

Vater und der Junge sitzen am Tisch und schreiben Noten ab. Die
Stifte kratzen auf dem Papier. Vaters Hand zittert. Heute ist Ingrid
nicht rechtzeitig nach Hause gekommen.

»Lauf los und bring sie heim.«

Der Junge rennt fröhlich auf die Straße. Wie immer sieht er Massen
von Menschen. Er ist genauso alt wie Ingrid. Er sieht tote Körper an
der Wand liegen, mit Zeitungen zugedeckt. Zeitungen in leeren Ecken.
Eine Stadt in einer Stadt. Noch kann man durch die Stadt in der Stadt
in die Stadt hinter der Stadt spazieren gehen, es gibt noch fünfzehn
Durchgänge. Raus und rein kommt man aber nur mit einem Passier-
schein. Die, die Geld besitzen, haben eine Chance. Einen Teil geben sie
aus eigener Tasche den Deutschen. Einen Teil den Polen. Die polni-
sche und die deutsche Hand strecken sich aus, mit offener Handfläche.
Deutsche und Polen sind sich in der jüdischen Frage einig. Auch der
Papst in roten Schühchen ist sich mit ihnen einig. Der Junge klappert
alle Bekannten ab. Rennt zurück in die Wohnung, die aus einem Raum
und einer Küchenecke besteht. Vater hebt die Augen vom Notenpapier.
Am Hals der Geige die gespreizten langen Finger wie eine eingefrorene
Fontäne. Der Junge ist außer Atem.

»Ist sie gekommen?«

»Nein.«

»Wir müssen uns verpasst haben.«

Vaters Atem verflacht. Die Angst fängt an, Geige zu spielen. Der
Junge weicht zurück. Rennt hinaus, die Augen an den Boden geheftet,
Augen, die gewohnt sind, nach Formen mit Geschmack zu suchen. Die
Augen suchen alles, was man essen kann. Er nähert sich dem Spei-
sesaal, wo manchmal Kammerkonzerte aufgeführt werden dürfen.
Das Geschrei hält ihn nicht zurück. Vor der Tür zum Speisesaal halten

zwei Polen und zwei Ukrainer Wache. Standhaft, wie ein Fels, vor allem Taras. In seinem Kopf das Bild einer unsichtbaren Hungermauer, die von keinem seiner Nächsten überwunden wurde. In der Straße wimmelt es von Deutschen. Den Jungen beachtet keiner.

Sie rennen in Häuser, schleifen junge Frauen heraus. Nur die wirklich hübschen. Wie heißt es denn gleich: Schöne Frauen haben es leichter im Leben?

Die Frauen werden in den Speisesaal gezerrt, dort sind schon einige Mädchen. Sie sind sich ihrer Angst nicht bewusst, seit Jahren sind sie von Angst durchdrungen. Wie immer befiehlt man ihnen aufzuräumen. Die Unterhosen auszuziehen. Mit den Unterhosen den Boden auszuwischen. Einige Frauen zögern. Eine fasst sich ein Herz und flüstert in perfektem Deutsch, sie hätte ihre Menstruation. Der Deutsche nickt, die Frau darf gehen. Da meldet sich gleich die nächste, das regt den Deutschen auf, er schüttelt diesmal den Kopf. Auf die Angst folgt die Schmach. Die Frauen streifen ihre Unterhosen ab, manchen fließt das Blut die Schenkel herunter bis auf die Waden. Sie müssen den Boden wischen. Das Gewischte sauber wischen, in Endlosschleife.

Zum Nebenraum, wo die Tagesrationen für den Dienst in der Stadt in der Stadt ausgegeben werden und wo auch die Kammerkonzerte stattfinden, haben nur die hübschesten Zugang. Zwei Filmkameras stehen dort, Kräne und Reflektoren und ein paar Männer. Einer von ihnen massiert sich mit der Reitpeitsche den Oberschenkel. Sie befehlen den Frauen, sich auszuziehen. Auch ihre Körper werden von Schmach ergriffen, sie ist schlimmer als Angst, denn Demütigung kann nicht übertüncht werden. Sie befehlen den Frauen, sich zu streicheln. Ihre Nippel zu reiben. Die Nippel der anderen zu kosten. Der Mann dirigiert die nackten Körper mit der Peitsche. Befiehlt einigen, sich auf den Tisch zu legen. Anderen wiederum, die schönen Beine zu schultern. Manche sollen auf den Bauch oder auf die Knie. Andere auf den erschreckten Gesichtern Platz nehmen.

»Die Zunge raus, wo bleibt die Zunge«, sagt der Mann mit der Peitsche ruhig. Und klatscht auf einen nackten Hintern.

Die Kamera brummt, der Atem der Männer rasselt. Eine Szene ohne Anfang und Ende, die Körper wechseln sich ab, eine Szene, die aus vielen Einzelheiten besteht, das ist die Hölle, die Körper wechseln sich ab, ineinander verkeilt und gedemütigt, die Körper wechseln sich ab und verkeilen sich ineinander, weil sie unsicher sind, ob das hier das Schlimmste ist, obwohl sie spüren, ja, das ist das Schlimmste, denn am liebsten möchten sie nicht da sein, am liebsten möchten sie sterben. Der Film wird fertig gestellt. Man wird nie über ihn sprechen. Auch nicht über den, der sich ihn in Berlin hat zeigen lassen und dabei masturbierte, der sich befriedigte beim Anblick von Körpern, die nur ein paar Monate später bei ihrer letzten Entblößung angekommen sein werden. Die Originalidee stammte nicht von den Filmemachern. Ähnliche Szenen hatten ihre Uraufführung längst hinter sich, ähnliche Szenen wurden von Österreichern in Wien inszeniert, in den Kellern ihrer bürgerlichen Häuser, um den Anschluss zu feiern. Es handelte sich nicht um deutsche Nazis. Sondern um Männer und Frauen aus gutbürgerlichen Familien. Schon damals hätten sie am liebsten die hübschesten Jüdinnen mitgenommen und zu Hause im Keller eingesperrt.

Ingrid ist dabei. Ingrid ist eine von diesen Frauen und sieht mit Grauen, wie manch ein Körper zu schwitzen anfängt und einen Orgasmus bekommt, ohne dass es die Besitzerin gewollt hätte, der Körper verrät sie, das Letzte, was sie noch besitzt, der nackte Körper verrät sie, manche schreien, aber nicht vor Lust, sondern vor Grauen und Abscheu, mit dem Schweiß fließt die Würde ab. Das ist die Endstation. Die Frauen blicken einander nicht an. Weichen dem Blick aus. Wenn man ihnen erlaubt, sich zu lösen und die Kette zu verlassen, ziehen sie sich eilig an. Verschwinden still und leise. Die Filmleute behalten ein paar von ihnen. Treiben noch junge Männerkörper dazu.

Ingrid verkriecht sich im erstbesten Hauseingang. Ihr Körper ohrfeigt sich. Sie schlägt sich auf die Wangen. Auf den Bauch. Auf die Schenkel. Sie kratzt sich. Am liebsten würde sie sich die Haut vom Körper abkratzen. Weiter geht sie nicht. Keinen Schritt weiter.

Manche gehen einen Schritt weiter, dieser Gang gleicht einer Wä-

scheleine, einem hohen Fenster mit darunter liegendem Kopfsteinpflaster, leerem Magen. Manche wollen einen solch beschmutzten Körper nicht mehr ernähren, sie sind ohnehin schon geschwächt, also dauert es gar nicht so lange, und der Körper haucht die Seele aus, morgens schleppt man ihn auf die Straße, legt ihn an der Mauer ab, legt ihm eine Zeitung aufs Gesicht. Manche vertrauen sich ihren Nächsten an, es folgt aber keine Reaktion, nur Schweigen. Manche vertrauen sich an und bekommen hochgezogene Augenbrauen und eine Grimasse zur Antwort. Manche vertrauen sich an und haben damit ihren Körper frei gemacht für die anderen. Der Körper fängt an zu huren.

Vater übt Geige. Er will nicht wissen, wo Ingrid gewesen ist. Ingrid sucht keine Hilfe. Ingrid ohrfeigt nur heimlich ihren Körper, der sie gefangen hält, der sie nicht frei lässt. Die einzige Hoffnung für ihren Körper verkörpern die frei hin und her fliegenden Schwalben. Ingrid verhakt sich mit dem Blick in ihren Flug. Und richtet sich auf. Beschließt, sich nicht unterkriegen zu lassen. Sie würde andere Körper vor den ihren schieben. Und die Aufmerksamkeit der Geier ablenken, psst.

Der Ermittler schleudert das Manuskript, wo auf den kindlichen Seiten jedes »nur« fett nachgemalt wurde, mit spitzen Fingern in seinen Kerker zurück.

Das hier will er nicht lesen.

Und dabei hat er schon die Wörter, die er im ersten und zweiten Stock des orangefarbenen Hauses am Petřín zu lesen gezwungen war, für abartig gehalten. Nein, *das hier* liest er nicht.

Der Körper des Ermittlers schüttelt sich, er steht auf, streift ungeschickt den Hals der Metalllampe. Die Lampe wippt, nickt nachdenklich.

Der Ermittler ignoriert den Inhalt der Rechner im Laubengang der Filmproduktion. Die Zahlenspalten machen ihm keinen Spaß mehr. Was soll das schon. Filme auf Motive realisierter Realität. Einseitige Motive. Auch Phantasie ist Realität.

Die Welt der Künstler ist eine Welt der Psychopathen.

Er entfleucht Europa. Bringt Regale mit Filmkomödien im Sektor Asien und Afrika zum Tanzen. Aufs Geratewohl greift er hinein. Mali. Wohl auch keine schlichte Komödie. Vielleicht was für ein Dokumentarfilmfestival über Menschen in Not. Das Dorf zwingt junge Mädchen, Wasser zu holen, obwohl alle Dorfbewohner wissen, dass sie unterwegs von Kämpfern *aller* feindlichen Seiten vergewaltigt werden. Auch hier als stellvertretender Fall ein elfjähriger Körper gewählt. Fallanalyse, juristische Untersuchung und Vertretung vor Gericht wird von hier aus finanziert, aus den Eingeweiden des Hauses unterm Petřín.

Der Ermittler erhebt sich. Blickt auf die Uhr. Er ist seit fünfundzwanzig Stunden hier. Der Körper ist hungrig, möchte schlafen. Das Haus gehört der schwerreichen Adler, soll die sich doch den Kopf zerbrechen über das Ganze. Wenn schon auf dem Monitor ihr Bild leuchtet.

Der Ermittler schert sich nicht um den Inhalt, ihn kotzt die Kinderhandschrift an. Was soll das, verdammt noch mal. Was soll der Scheiß. Die Musik im zweiten Stock kotzt ihn an, der schneidende Ton der Geige. Er setzt ihr ein Ende.

In der Wohnung im ersten Stock prüft er die Tropfen auf dem glänzenden Waschbecken; eingetrocknet. Er poliert sie mit seinem monogrammierten Stofftaschentuch weg. Auch die Tropfen auf den weißen Bodenkacheln scheuert das Taschentuch weg. Der Ermittler schließt alle Türen ab. Er ist nie da gewesen.

Nie in diesem abartigen Heim verrückter Filmseniorinnen gewesen.

Er flüchtet vor den Kriegsjahren, er mag Geschichte nicht. Er flüchtet vor der Flutwelle uralter Verwicklungen. Vor der Irrationalität des menschlichen Lebens.

Er flüchtet sich in die Gegenwart. Die ist doch *komplett* anders.

Kurz hält er inne. Sollte er das Haus bewachen lassen? Er zögert.

Sollte er die Kontobewegungen der Adler überprüfen lassen? Ratlos betrachtet er die Telefonnummer des alten Arztes; so gerne würde er den scharfsinnigen Falken sehen, die Eisenkugel am eigenen Fuß absägen, sie irgendwo ablegen.

Bloß dann könnte er nicht mehr so tun, als hätte es sie nicht gegeben.

Über dem Haus unterm Petřín steigt ein dichter, hochschäumender Vogelschwarm in die Luft, zerstiebt am Himmel und fliegt weg. Als hätte einer eine Handvoll Mohn in die Luft geworfen.

Zu Hause schrubbt der Ermittler seinen Körper lange mit gelber Seife ab. Er putzt die Zähne. Entfernt den Belag. Streckt unter dem Wasserstrahl seine heiße Zunge raus, kratzt mit der Zahnbürste die Oberfläche ab. Vom rosa Trampolin stieben rosa Spritzer. Er kämmt die Wassertropfen aus dem schwarzen Kurzhaar. Rasiert sich. Der elektrische Apparat summt vor sich hin. Mäht das Stoppelfeld ab.

Der Ermittler macht sich Eier mit Speck. Streut ordentlich Pfeffer und Salz darüber. Er verschlingt sie gierig, bekommt die großen Bissen aber nur schwer herunter. Auch den Rest kalter Pizza mit Käse und Zwiebeln putzt er weg, sie drückt in der Brust.

Er legt Rockmusik auf. Raucht und singt. Kommt sich wie ein Plebejer vor, der den Adelssitz degenerierter Mutanten verlassen hat. Seine Stimme krächzt. Er kippt einen Whiskey herunter. Noch einen. Dreht die Musik auf. Volle Pulle, denkt er. Volle Pulle, wie sonst soll man leben. Hätte er den Fall nicht in die Länge gezogen, hätte er das orangefarbene Haus nie betreten und wäre nicht in diese Sache hineingeraten. Er schickt einen dritten Whiskey hinterher.

Schreibt eine Nachricht an die Witwe mit der Adresse des Restaurants, wo sie sich am Abend treffen. Falls die Witwe Zeit hat.

Unter beschwichtigendem Getöse *seiner* Lieblingsrhythmen tippt er die Buchstaben der Filmgesellschaft QUAIL ein. Das Netz spuckt einen Film der Regisseurin Erika Eis nach dem anderen aus; Dokumentarfilme über klassische Musik gleiten über seinen Bildschirm,

Filme über feine Musiker in Jackett und Frack. Der Ermittler lacht laut auf.

Nachdem sie jahrzehntelang Filme gedreht hat, legt die Weltenbummlerin nun eine freiwillige Schaffenspause ein. Nirgendwo ist sie heimisch geworden, nie nennt sie das Land, für das sie ihren Dokumentarfilm gedreht und einen ihrer Preise eingeheimst hat. Die Liste der Auszeichnungen ist lang. Finanziert wird die Filmemacherin von Diana Adler.

Soll mich die lächelnde Dame mit ihren ganzen Ehrungen am Arsch lecken, was soll das, was soll der verdammte Scheiß, hab keinen Bock, QUAIL auseinanderzunehmen.

Der Ermittler ist ganz heiß auf die Interviews, macht sich über sie her, erfährt nichts. Er guckt sich Auszüge aus den Dokumentarfilmen an; pathetisch gequirlter Stumpfsinn und Friedfertigkeit, langsamer Rhythmus und trunkene Lebensfreude. Die Antworten der Dame klingen fröhlich, seltsam positiv. Es gibt nur ein offizielles Foto, für die Presse.

Der Ermittler reitet die Wellen, hüpft hin und her, gibt abwechselnd Namen ein, Millionen von Websites und schalen Informationen, sie bedeuten nichts, überfluten ihn nur, eine Lawine, in der einzelne Namen zusammenschmelzen und aneinanderstoßen, Flut und Ebbe, Gezeiten von Vogelschwärmen, die über den Bildschirm flattern und seine Aufmerksamkeit ablenken.

Der Ermittler steht breitbeinig auf dem Surfbrett. Die Wellen werden immer mächtiger, er wartet auf die seine, balanciert, gibt den Namen Max Adler ein, ein süßer Puppenjunge aus einer Milliardärsfamilie, ein Sprössling der Familie Warrens aus Chicago, wo Geld nie eine Rolle gespielt hat; entschuldigender, vor falscher Bescheidenheit triefender Ton, Auszeichnung für Kriegsverdienste, das ganze Leben lang für Nachrichtendienste gearbeitet, Schluss und fertig, aus die Maus; schon wieder einer, der nicht hätte arbeiten müssen, aber gearbeitet hat.

Der Körper des Ermittlers wehrt sich matt gegen das Labyrinth und die Dunkelheit des Hauses unterm Petřín, er weist Überschnei-

dungen von sich; jauchzende Lebensläufe der drei freundlichen alten Damen, dieser gierigen Greisinnen mit einem Bein im Grabe,
wo die wohl gerade sind, die Vetteln, warum gehen sie ihm so auf
den Senkel, sollen sie doch im Ausland bleiben, wir sind hier in
Prag, hier herrscht heilige Ruhe, uns betrifft die Welt draußen nicht,
was schleppen die für Brut und Brand hier ein, Bazillen und Viren,
schon so hat er bei seinem Vorgesetzten eine Menge auf dem Kerb-
holz, er will nur seine Arbeit tun, den anderen helfen, er dreht durch,
das geht ganz schnell.

Der Ermittler stellt Omas Wecker. Zieht rasch die Rollos herunter, draußen huschen kleine Körper, die ihn überwachen. Er geneh-
migt sich noch einen Whiskey. Widersteht der Versuchung, mit der
Dienstwaffe durch die Fensterscheibe auf die frechen Schwalben zu
schießen.

Im Bett schließt er die Flasche mit honigfarbener Flüssigkeit in
die Arme. Küsst den gläsernen Hals. Stürzt den nackten Körper in
die Brandung des Schlafes, lässt ihn dort schaukeln.

Jemand greift ihm zwischen die Beine, und er kann sich nicht
rühren. Jemand fasst ihn an, am empfindlichsten fühlen sich die
Leisten und die Klöten an, man hat ihn in Ketten gelegt. In seinem
Kopf kräht ein Hahn. Der Ermittler schlägt auf den Wecker. Es ist
Sonntagabend. Sein Körper ist verschwitzt und wund, und in sei-
nem Kopf steckt eine Scherbe. Das Ganze war nur ein Traum.

Auf dem Tisch vor dem Monitor liegen sein Telefon und sein Notizbuch. Sie vermasseln dem Ermittler die Laune. Vollgestopft wie
sie sind mit Zahlen und Fotos und hingekritzelten Notizen über das
Haus unterm Petřín. Das orangefarbene Haus existiert.

Der Ermittler reißt die beschriebenen Seiten aus dem Notizbuch
und wirft das gerupfte Gefieder zu der leeren Whiskeyflasche in den
Müll. Er löscht alles, was er im »Filmarchiv« abfotografiert hat. Dann
duscht er wieder, diesmal heiß. Tritt aus dem Dampf heraus. Rub-
belt den Körper mit einem weißen Handtuch trocken. Putzt sich
die Zähne. Kämmt sich. Parfümiert sich. Zieht ein sauberes blaues
Hemd an. Das orangefarbene Haus widert und zieht ihn gleich-

zeitig an, weil er nicht weiß, was er mit der ganzen Chose anfangen soll.

Auf einmal kommt ihm der verglaste Neubau am Stadtrand wie der einzige fröhliche Punkt weit und breit vor. Schon wieder verstößt er gegen die Regeln seiner Profession. Er hat die Witwe zum Abendessen eingeladen, obwohl sie die Hauptverdächtige in einem Mordfall ist. Und sie hat nicht abgesagt. Obwohl sie weiß, dass sie damit gegen ungeschriebene Witwenregeln verstößt: in Trauer versinken, das Haus nicht mit einem anderen Mann verlassen. Sie hätte sich auf einem Scheiterhaufen mit ihrem Mann verbrennen lassen sollen, was sich doch alles hinter Routine und Ritual verbirgt, Liebling.

Sie haben sich über die Regeln hinweggesetzt und fangen an, es zu genießen. Ihre Körper brauchen einander. Der Ermittler hat das unbestimmte Gefühl, das orangefarbene Haus unterm Petřín habe ihn befreit, als hätte das Haus seine Stirn mit dem Zeigefinger berührt und ein elektrischer Funke wäre übergesprungen.

Das Haus *hat* das eigene Leben im Griff.

Sie sitzen sich im Thai-Restaurant gegenüber. Glatte schlanke Finger umklammern ein Glas mit Spuren von orangefarbenem Lippenstift am Rand. Eine lächelnde und in bräunlichen Stoff eingewickelte Thailänderin verneigt sich und stellt eine langstielige gelbe Rose in eine Vase neben den eisgefüllten Weißweinkühler. Der Ermittler ist fahrig, geistesabwesend. Die Frau legt Wert auf eine witwengerechte Aufmachung; sie will den Ermittler heranlocken, seinen Verdacht zerstreuen. Hastig leiert sie herunter, ja, ja, sie sei schon am Freitag zurückgekehrt, habe aber keine Lust gehabt, nach Hause zu gehen, sie habe ihren Mann nicht sehen wollen, wissen Sie, wir hatten schon längere Zeit Probleme, eine Ehekrise nennt man das wohl, das ist doch ganz normal, kein Grund für einen Selbstmord, oder?, sie habe einfach keine Lust gehabt, nach Hause zu gehen, sie habe nur warten wollen, bis er weggefahren sei, solange sei sie bei einem Freund geblieben, einem diskreten Menschen, der keine Fragen stellt … was um Gottes willen auch gar nichts zu bedeuten habe, weil, wissen Sie … Ja, ich weiß, er ist schwul, der Ermittler kommt ihr zuvor, auch das haben wir überprüft, wir sind nämlich Profis. Er sagt es und nimmt einen ordentlichen Schluck Wein, füllt sein Glas aus der beschlagenen Flasche nach. Wir sind Profis, ja, das sind wir. Profis. Vermutlich.

»Es gibt keinen Grund zur Eifersucht«, sagt die Frau leise.

»Ich bin nie eifersüchtig«, sagt der Ermittler.

»Entschuldigung, das habe ich vergessen.«

Der Ermittler wird von einem Strom mitgerissen, er hat sich in einem Netz aus alten Geschichten und Ereignissen verfangen, die neue Ereignisse sprießen lassen. Er ist in einem Schwalbennetz hängen geblieben.

Sie nippen am Wein. Mit jedem Zug schlucken sie ihre Unruhe herunter. Sie essen. Alles ist ganz simpel und lustvoll. Sie werfen sich Wörter zu, die einen fangen sie auf, die anderen rutschen durch. Der Ermittler hat das Gefühl, erst jetzt unter der Dusche das Wochenende abzuspülen. Er spricht mit einer Frau, die ihn versteht, er spricht mit einer Frau, die die Welt so sieht wie er. Jetzt. Ein Wunder, eine andere Welt. Er würde sich ihr gerne anvertrauen, ihr von den vorangegangenen Stunden erzählen, macht es aber nicht. Er mag diese Frau. Er will sie beschützen. Ihm wird nie ein violettes Kreuz über dem Kopf hängen.

Ihm nicht.

Nein.

Sie sitzen bis zur Sperrstunde da, und es fühlt sich an, als sei die Zeit stehengeblieben. Er sitzt am Steuer eines Rennautos, das durch die Kurven rast. Es ist eine wundervolle Fahrt; er bremst nicht ab, er tritt aufs Gas. Er ist dankbar, dass sie mit ihm spricht und dass er sie mögen darf.

*

Sonnengruß. Die Bewegungsreihe festigt den Körper, ein gefestigter Körper stärkt die Seele. Wirbelsäulen knacken, Gelenke knarzen, verrostete Türscharniere, röchelndes Luftholen, Rädchen und Zahnradgetriebe suchen nach einem gemeinsamen Rhythmus, im Unterdeck feuern verschwitzte Maschinisten die Kessel an, leidenschaftliche Segel flattern im Wind, hin und wieder ruckelt es ordentlich. Das Bild der Energie von Liebe und Anmut, das Bild von Dianas schönem Körper, dem unbarmherzigen Vorturner. Der Körper leitet die Energie dahin, wo Energie entschwindet. Die Zeit heilt keine Wunden. Die Zeit konserviert die Wunden nur.

Es donnert. Im Gewitter macht auch eine Schwalbe schlapp. Wittert sie Gefahr, reagiert sie mit Flucht und fliegt davon. Manchmal kommt aber die Veränderung so rasch daher, dass der Abflug unmöglich wird, der Herbst 1957 war nass und kühl, er hat auch die startklaren Schwalben überrascht, desorientiert und ausgehungert fielen sie vom Himmel. An jenem Herbst regnete es Schwalbenkörper. In dem Jahr regnete Ingrids Körper vom Himmel. Eine Schwalbe kann sich ändern und loslösen.

Auch Erika ist keine Schwalbe mehr, sie ist ein Buchfink geworden, eine Vogel-Einzelgängerin, sie lebt in Einsamkeit, *fringilla coelebs*, Erika hat das Zölibat gewählt.

Du hast all unsere Beziehungen gekappt, Diana.

Ihr wolltet unabhängig sein, frei. Von glücklich war nie die Rede. Was nicht heißt, dass ihr unglücklich seid.

Die Schwalbe schwingt die Flügel, von oben beobachtet sie Länder, Häuser, Männer und Frauen. Und vor lauter Schrecken über das Gesehene spaltet sich ihr Schwänzchen. Wie gerne wäre sie im Menschennest geblieben. Aber sie muss weg, um Kraft zu schöpfen. Um mit der Hoffnung zurückzukehren, dass sich im Vaterhaus *etwas* geändert hat.

Hier kann keiner entkommen.

Erika betet. Sie sieht den baumlangen Geiger, sie sieht den Bogen die Saiten schneiden. Sie sieht den ausgestreckten Zeigefinger, sie sieht die Saite in Dianas Händen, die Hand zieht die Saite stramm, die aufgezogene Saite schwillt, die Hand greift nach dem Strick, der Strick wird steif und verwandelt sich unter dem Hals des Geigers in den Körper einer Violine mit f-Löchern auf den rundlichen Flanken.

Birgit verlangsamt die Atmung, Pranayama, Atemübungen, Yoga kennt das Wort schnell nicht, im Kopf hört Birgit Dianas nüchterne Stimme, als hielte sie einen Vortrag: Du bist anders, Birgit. Jede Gehirnhälfte hat ihre Aufgabe, sie sind bei Männern und Frauen unterschiedlich ausgeprägt; damit *dein* Organismus im Gleichgewicht bleibt, müssen *beide* Hemisphären gleich stimuliert werden, eine ausgeglichene, beidseitige Nasenatmung muss gewährleistet sein, eine verstopfte Nase oder ein dichtes Nasenloch wirken sich ungünstig auf die harmonische Entwicklung der Persönlichkeit aus.

Sie setzt sich in den Yogasitz. Richtet ihre Wirbelsäule auf, schließt die Augen, legt die Hände auf die Knie und konzentriert sich auf ihre Atmung. Surya bhedana, der Sonnenatem, von Sonne durchdrungen, ja, der wirkt gegen Depression, Müdigkeit und Antriebslosigkeit. Sie atmet durch das rechte Nasenloch ein, durch das linke wieder aus. Dann wechselt sie zu einfacheren Atemmustern. Schon bald müsste sich das Gefühl einstellen, dass sich der Körper aufheizt und Wärme ausstrahlt.

Gedanken bringt man nicht um. Deswegen muss sie aufpassen, woran sie denkt und wen sie zu sich einlädt. Sich eine Pistole anschaffen und die Gedanken hinter der Stirn wegballern.

Birgit steht auf und greift nach dem Heft mit dem Text *März versinkt in Schwärze*. Sie zündet es über der Kloschüssel an. Die Flamme verschluckt die Wörter, würgt; das Geschriebene schmeckt dem Feuer nicht, es spuckt die Silben aus.

Nur die von einer Mädchenhand beschriebenen Blätter reicht Birgit an Diana weiter.

»Love, die Schülerin aus meinem Schreibkurs.«

»Sie hat das also aufgeschrieben.«

»Hat sie. Und deine Anwältin?«

»Die Rogner? Sie kommt regelmäßig zum Yoga. Zielstrebig, gut organisiert und ausgeglichen.«

»Du kriegst sie rum.«

»Sie ist nicht kompliziert.«

»Wie viel Zeit brauchst du?«

»Eine offene Person ist sie nicht gerade.«

»Sie muss eine wunde Stelle haben.«

»Hat sie. Ihre Familie.«

»Wir sind eins und bröckeln auseinander.«

»Etwas kann uns zusammenbringen.«

»Honey.«

Sie ziehen sich an und gehen in den Park. Die Schwalben fliegen tief, es wird regnen. Sie spazieren in der herbstlichen Luft am Fluss entlang, an Birken vorbei und geduckten Weiden, deren Augen hinter dem offenen Haar lauern. Die Hagedornblätter sind noch sattgrün. Von den Pappeln segelt bereits das Laub herunter. Noch nicht fieberhaft. Sind die Bäume komplett nackt, schwindet der Herbst dahin. Enten schwimmen auf dem Fluss. Zwei von ihnen, mit grüner Halsbinde, lösen sich von den anderen und tauchen das Köpfchen ins Wasser. Ihre Körper kippen nach vorne, die gegrätschten Beine fliegen hoch; sie machen es den Weiden nach, sie tauchen nur das Köpfchen und den Hals unter. Wenn sie ihre Bewegung gleichzeitig ausführen, sehen sie wie Synchronschwimmer aus.

Fortsetzung von Yoga. Synchronisiertes Schwimmen.

Diana trägt eine grüne Reisetasche der Marke Louis Vuitton, die sie noch nicht ausgepackt hat. Birgit schleppt ein Köfferchen mit Plastikhüllen. Sie verlassen die Pension, die einem gereckten Gänsehals gleicht. Sie verlassen den Mülleimer mit nicht abgetragener Kleidung und abgetragenen Zeitungen. Sie steigen ins Taxi. Ziehen in eine möblierte Mietwohnung um. Diana sitzt neben dem Fahrer, radebrecht mit den beiden anderen auf Tschechisch; meidet die Rückbank jedoch mit dem Blick. Sie sagt, sie möchte die Aufgabe vor Ort *beschleunigen.* Das orangefarbene Haus unterm Petřín werden sie ausräumen und es den Kolibris übergeben, sie werden sich im Norden niederlassen, am Meer, entweder auf Usedom oder auf

Amrum. Sie möchte in Meere blicken, die zum Baden zu kalt sind, aber kraftvolle Wesen beherbergen. Sie möchte nur noch mit ihrem Körper und dem Meereswind verkehren; nie wieder an andere Körper denken müssen.

Vor allem: die Aufgabe beschleunigen, pssst.

DIE UNABHÄNGIGKEIT
DER SCHWALBEN

Was die Witwe betrifft, habe er
jedes klitzekleine Indiz und jede daraus hervorsprießende Variante
geprüft. Das Alibi der Witwe sei wie aus Granit, berichtet der Ermittler seinem Vorgesetzten. Und bettelt demütig; die ausgeblichene
Stimme bittet um Entschuldigung, den Fall neu geöffnet und somit
unnötig verzögert zu haben. Er möchte ihn schließen, er möchte
vergessen. Das gehe jetzt aber leider nicht mehr, der Vorgesetzte sitzt
hoch zu Ross und schneidet eine Grimasse.

Der Ermittler füllt seine Tage mit Arbeit an anderen Fällen. Er
zwingt sich dazu, das orangefarbene Haus zu vergessen. In Gedanken hat er den Fall in einen Panzerschrank verschlossen. Er rennt
weg vor ihm. Es war und ist nur ein Selbstmord.

Und es wird für immer ein Selbstmord bleiben, piepst ein dün-
nes Stimmchen in ihm schadenfroh. Die Stimme heißt Gewissen.
Das Gewissen hat Sinn für Humor. Das Gezwitscher schüttelt man
nicht so einfach aus dem Kopf raus. Würde er dem Vorgesetzten das
orangefarbene Haus zeigen, lenkte er seinen Verdacht auf die Stadtherrová; das wäre natürlich prima. Bloß würde der Vorgesetzte den
Ermittler auslachen, würde sich kugeln vor Lachen, und dann wäre
Schluss mit lustig. Der Vorgesetzte braucht einen übersichtlichen
und glatt gebügelten Fall. Die Geschichte der Witwe ist übersichtlich
und gebügelt. Aber was für ein Motiv könnte die alte Vettel Stadtherrová gehabt haben?

Na, dass er ihre Korrekturen nicht angenommen hat, lacht der Kollege, der vor ihm das orangefarbene Haus belagert, vergeblich die Dozentin Stadtherrová zu kontaktieren versucht hatte. Schließlich wandte er sich per Mail an den Direktor des Internationalen Fortbildungszentrums in England, wo die Frau Dozentin ihre Schreibkurse leitet, und dieser druckte seinen Brief aus und übergab ihn ihr.

»Um sicher zu gehen, dass alles seine Richtigkeit hat, habe ich ihn auch ein paar Mal angerufen«, erzählt der zuverlässige Kollege. »Und wie war's?«, tschilpt die dahinsiechende Ermittlerstimme; der Hals ganz eng, der Trichter ringt nach Luft.

»Unendlich lang, der hat ewig herumgequasselt. Dass die Adler den Brief abgeholt hat, angeblich ist sie diejenige, die sich um alles kümmert in dem Fortbildungszentrum, wo sie beide gastieren, ein imposantes Gebäude wohl, siebzehn Stockwerke, alles aus Glas, großes Sprachkursangebot, da kannst du jede Sprache lernen, die du dir vorstellen kannst, am häufigsten werden Kurse wie Englisch für Ausländer und Chinesisch und Improtheater gebucht, aber die Leute lernen auch tanzen, malen oder meditieren, Tai Chi und Kung Fu, sie gehen zum Kampfsport und zum Yoga, man kann dort aber eben auch Schreibkurse belegen, das Ganze geht immer im September los. Der Direktor hat auf die Adler anscheinend schon mit der Startpistole in der Hand gewartet, er war ganz aufgekratzt, sie hätten schon seit März korrespondiert, die war ihm wichtig. Echt ein dufter Typ, der Direktor, wirklich tüchtig, aber ein Schwadroneur vor dem Herrn, meine Güte, der Yoga-Kurs von der Adler war exklusiv, die Namen der Teilnehmer hatte sie ihm aus Prag durchgegeben.

Da musste ich ihn unterbrechen und darauf hinweisen, dass mich nur die Stadtherrová interessiert. Ach ja, ja, der Schreibkurs, natürlich, schwafelte er weiter, sie seien sehr stolz, die Frau Dozentin da zu haben. Stolz darauf, dass sich beide Damen für seine aufgerüschte Stadt und sein Fortbildungszentrum entschieden hatten. Und dort ließe es sich wirklich gut leben, auch wenn es keine Kurortatmosphäre, keinen Korso und keine Bäder gebe und auch keine Furcht. Dann fiel dem Direktor noch ein, dass das Zentrum seine Kursangebote normalerweise nicht an Schulen weiterleite, damit sie sich nicht die städtischen Zuwendungen gegenseitig abgraben, aber diesmal hätten sie ein Angebot verschicken müssen, und zwar nämlich an jene Schulen, die ihnen Frau Dozentin Stadtherrová geradezu diktiert hatte, sie hatte ja über die Adler dem Zentrum eine Liste zukommen lassen. Es war dem Direktor offensichtlich etwas peinlich zuzugeben, dass das Zentrum den Kurs trotzdem auch öffentlich angeboten hatte, eine so eng ausgerichtete Zielgruppe, sagte er, wie es sich die Frau Dozentin vorgestellt hatte, hätte er nicht rechtfertigen können, das Zentrum sei für alle da, das sei ja auch der Kern des demokratischen Prinzips der Aufklärungsarbeit, der sich das Zentrum verschrieben habe. Allerdings haben sie wohl noch nie einen so teuren Kurs gehabt, und die Stadtherrová hat die städtischen Zuschüsse komplett verbraten. Die gesamte Post für die Damen geht an das Zentrum. Der Direktor sagte, er sei froh, uns Informationen über die beiden von ihm verehrten Damen zukommen lassen zu dürfen und die beiden beschützt zu wissen. Er schien wirklich geschmeichelt, dass sich die beiden ausgerechnet ihn beziehungsweise das Zentrum ausgesucht hatten. Dann schilderte er mir noch ihre erste Begegnung, die unvergesslich gewesen sei, Frau Adler habe die Teilnehmerliste überflogen und zustimmend genickt, das Papier in ihren schwarzen Lederrucksack gesteckt und sich bedankt. Er hätte auch für die Frau Dozentin eine solche Liste gemacht, bei jedem Namen Alter, Adresse, Beruf, gegebenenfalls Schule in Klammern reingeschrieben, die Stadtherrová hätte nur einen stahlgrauen Röntgenblick auf die Liste geworfen, enttäuscht den hochtoupierten Kopf geschüttelt und zur Adler gesagt, ›nur eine‹, dann hätte sie das Papier lässig zusammengefaltet und es in die Tasche ihrer lodernden Samthose gesteckt, sonst hätte sie rein gar nichts gesagt. Der Direktor schien von diesem Verhalten geradezu beleidigt, immerhin hatte er die Texte aller Teilnehmer – sie wollte die ja im Voraus sehen – ausdrucken lassen, ein voller Schiffskoffer auf Rollen aus dem Requisitenfundus der Schauspielwerkstatt, schon das Kopieren an sich hat seine beiden Assistentinnen eine ganze Woche auf Trab gehalten. Der Direktor sagte, er habe sich sehr bemüht, die beiden Damen gleich zu behandeln, das sei ihm sehr wichtig gewesen. Aber Respekt würde ihm nur die freundliche Frau Adler einflößen. Ihr Name sei ein Markenzeichen. Die beiden hätten übrigens einen Vertrag für eine ziemlich begrenzte Stundenzahl unterschrieben. Frau Adler habe wie abgemacht gleich am Nachmittag losgelegt, alle würden ihr zu Füßen liegen, Erwachsene und Kinder und Therapeuten und Lehrer, er, der Direktor, und sie, die Frau Adler, seien ständig in engem, ja wirklich engem Kontakt. Die Stadtherrová hat dagegen offenbar erst viel später angefangen als abgemacht und noch dazu – da druckste der Direktor ein wenig herum – ein paar Teilnehmer bis aufs Blut beleidigt, er sagte, er sei dabei, die Beschwerde einer vor Ort bekannten Künstlerin, der einstigen Bürgermeistergattin, zu bearbeiten, einer Dame, die zu allem Unglück auch noch an schwerer Fußzangenkrankheit leidet, was mit Fußwölbung nichts zu tun hat. Bei der ersten Begegnung habe Frau Stadtherrová dem Direktor nur wortlos und auf eine sehr männliche Art die Hand geschüttelt und mit wehendem violetten Kaftan sich gleich wieder den Koffer geschnappt, auch bei der zweiten Begegnung hätte sie wieder nur geschwiegen und ihm dann einen Brief geschrieben, er möge doch der Bürgermeistergattin aus dem Stipendienfonds einen Selbstwahrnehmungskurs bezahlen. Den bietet das Fortbildungszentrum aber erst im nächsten Jahr an. Dann beeilte sich der Bürgermeister zu sagen, mit dieser Geschichte wolle er um Gottes willen nichts andeuten, er sei ja verdammt froh, die beiden im Haus zu haben …«

Mit Freude hätte der Ermittler Werg in den Kollegenmund gestopft, so gerne hielte er sich die von Panik angesengten Ohren zu. Er will nichts hören; es nagt an ihm, dass der Kollege von der *Existenz* des Hauses weiß. Der Kollege plappert weiter die Worte des Direktors nach, der ja außerdem wohl festgestellt habe, dass die beiden anfangs in einer mittelmäßigen, wenn nicht sogar ganz schlimmen Pension untergekommen seien, gewunden wie ein neugieriger Gänsehals habe die ausgesehen, der Besitzer sei übrigens ein Inder, der ebenfalls Adlers Yogakurs besuche. So ist es halt, sagt der Kollege, betuchte Rentnerinnen mit 'ner Menge Asche verdienen bei einem Ausflug weitere Asche dazu, ganze Wochen halten sie nur Maulaffen feil und bummeln durch die Stadt und am Fluss entlang, man fürchtet sich nicht vor der Adler, sondern vor ihrer Macht.

Alle Gruppen und Untergruppen von Lebewesen auf diesem Planeten verwenden Signale, anhand derer sie sich verständigen, sie folgen ihrem Riecher, den anderen fallen die Signale kaum auf. Der Kollege legt dem Ermittler Stadtherrovás Antwortschreiben auf den Tisch. Der Brief ist handgeschrieben.

Der Ermittler kennt die Handschrift.

Der Kollege macht sich lustig: »Mann, verstehst du das, diese Stadtherrová, die schreibt mit der Hand und mit violetter Tinte, die benutzt bestimmt 'nen Gänsekiel, wer macht das denn heutzutage noch, die hat nicht mal 'nen Mailaccount und leitet wochenlang irgendwo am Arsch der Welt Kurse.«

Der Brief drückt tiefes Bedauern und gleichzeitig Verwunderung über das Ableben des Mannes aus dem Glashaus aus, der Tote habe zwar kein literarisches Talent gehabt und künstlerisch sei er gänzlich impotent gewesen, auch Empathie und Respekt vor anderen haben nicht zu seinen Stärken gehört, aber der Eunuch habe Lust zu schreiben gehabt, das auf jeden Fall, an Appetit habe es ihm nicht gemangelt, ja er habe geradezu zu Völlerei geneigt, es sei nicht leicht gewesen, mit ihm zu reden, es sei eben immer Schwerstarbeit, jemandem, der nichts zu sagen habe, beizubringen, *wie* er es sagen solle. Sie sei am inkriminierten Freitag tatsächlich mit ihm verabredet gewesen, er sei aber nicht gekommen, habe sich entschuldigt, dass er übers Wochenende aufs Land wolle, weg aus Prag, mit Freunden, falls sie sich richtig erinnere, nicht mit seiner jungen Frau und dem gemeinsamen Sohn, ja, sie seien wohl in die Berge gefahren, er war gerne hoch oben. In Tälern habe er sich nicht wohlgefühlt. Übrigens komme es nicht selten vor, dass alte Menschen in ängstlicher Depression literarische Testamente verfassen oder Erinnerungen für ihre Enkelkinder, die daran null interessiert sind; das Schreiben sei ein Versuch, Ordnung und Sinn und eine Spur Geschichte in ihre verlorenen Leben hineinzubringen, das sei verdammt noch mal nichts Neues in der Literatur, aber bei ihm sei das definitiv nicht der Fall gewesen. Ansonsten könne sie leider nicht weiter helfen, sie habe den Toten nicht gut gekannt, was sie aber nicht die Bohne bereue, mit freundlichen Grüßen, habe die Ehre, viel Erfolg und habt keine Angst, Jungs. Und kommt mir nie wieder mit solchem Mückenschiss.

Der Kollege schustert eine Antwort zusammen, druckt sie aus. Einen Antrag auf persönliche Gegenüberstellung lehnt der Vorgesetzte ab, das sei doch wirklich nicht nötig. Der Ermittler sagt, einverstanden, ja, Stadtherrovás ungeheuerliches Statement reiche vollkommen aus.

*

Einen Zahn gezogen zu bekommen, hätte sie schlimmer gefunden. Julie im weißen Flur plappert wie ein Wasserfall. Sie ist froh, es hinter sich gebracht zu haben. Damit ist alles erledigt, denkt sie naiv.

»Die Krankenschwester war furchtbar, aus Granit und Quarz vermutlich. Ich musste mit den anderen Weibern auf dem Zimmer bleiben und so tun, als würde ich mich ausruhen. Dann haben sie mich nochmal gecheckt und endlich entlassen. Und das Gelaber! Sie haben ja keine Ahnung, wie übel das war. Richtig zum Kotzen. Das Geblubber von alten Weibern, alle mindestens dreißig. Vom Leben keine Ahnung. Aber über Sex wissen die alles. Ich mag nicht, wie sie über Männer reden, als wären das alles Weicheier. Meine besten Kumpel in der Schule sind Jungs, Mädchen sind Verräterinnen.«

Julie zieht an ihrer Zigarette.

»Und fertig, ich hab's hinter mir. Jetzt hätte ich gerne einen Schnaps.«

Diana reißt ihr die Kippe aus dem Mund. Drückt sie am eigenen Daumennagel aus. Sie schweigt, ihr Atem rast. Sie schleift Julie weg. Eine solche Kraft geht von ihr aus, dass das Täubchen nicht widerspricht. Durch eine Berührung geht das Vertrauen auf wie ein Kelch, wie eine gelbe Tulpe, Diana braucht ihr Vertrauen, sie muss *schleunigst* in Erfahrung bringen, was *noch* hinter der verschlossenen Tür von Yusufs Wohnung läuft.

Diana schleift Julie in eine Maisonette-Wohnung mit Vorgarten. Die Wohnung picobello, hübsch wie ein schmucker Vogelkäfig. Auf dem Tisch ein Päckchen mit steifer grüner Schleife. Die Schleife erinnert an Dianas ineinander verschränkten Beine. Diana verordnet Julie, sich hinzulegen.

»Wenn du dich selbst belügen willst, mach gerne weiter. Aber deinen Körper kannst du nicht belügen, und dein Körper hat einen Schock erlebt. Er wird mit ihm schon klarkommen, aber er muss sich mit dem Erlebten bewusst auseinandersetzen, du musst deinen Körper lieben, über seine Gefühle Bescheid wissen und dich um sie kümmern.«

Sie holt einen Mixer aus dem Kühlschrank. Weist Julie an, den klumpigen Cocktail auszutrinken. Sie bleibt neben ihr stehen, bis der letzte Tropfen in Julies Rachen verschwunden ist. Sie weist Julie an, sich auf die leuchtend grüne Matte zu legen. Julie fügt sich. Diana massiert Julies Körper. Knetet die Anspannungen und Verkrampfungen weg. Julie fängt an zu weinen.

Julies Körper schluchzt, fällt in reinigenden Schlaf. Den ersten reinigenden Schlaf in Julies Leben. Julie weiß noch nicht, wo sie hingehört, ob zu den Kranichvögeln, den Watvögeln oder den Schreitvögeln. Die verlorene Jugend der Welt. Sie weiß nicht, wie weit das Erlebte ihre stolze und unbändige Seele getroffen hat, sie ist geschädigt, weil sie leugnet, Opfer einer grausamen Tat zu sein, die mit Gefängnis bestraft werden sollte, sie ist geschädigt, weil sie den eigenen Körper anlügt; der Körper ist verwirrt, er wird solange auf Rache sinnen, bis derjenige tot ist, den er töten will. Ekelhaft, wie leicht sich Yusuf, die Bachstelze, darüber hinwegsetzt.

Diana beißt sich auf die Zunge.

Sie bewacht die ausgeweidete Julie.

Ihre Augen weiden sich an den Rundungen von Täubchens Körper, sein mentales Alter entspricht nicht dem wahren Alter. Ein verstandesmäßig überdurchschnittliches Kind. Nicht retardiert. Der Sitz des Fadenwurms. Diana fällt ein Urteil, das weder gerecht noch ungerecht ist; man nennt es die Schwalbenvendetta.

Diana verrenkt ihren Körper und blickt dabei auf die grüne Tasche; das ist keine Yogaübung. Frische Luft, die sie beim Einatmen holt, durchdringt alle Körperzellen, reichert sich von ihren Gedanken und aus der Wunde von Dianas unfruchtbarem Schoß an. Ihre Kraft rollt sich in einem Schlangennest zusammen, in ihrem Blut vermischen sich Gifte; von diesem so gesättigten Blut gibt sie beim Jüngsten Gericht eine Kostprobe ab.

Dianas Körper übt Kampfgriffe, die in sich die Energie von allen Körpern vereinen, die sie je angefasst, in die Arme geschlossen hat. Es reicht, wenn die Kuppe des Zeigefingers ruhig und konzentriert die Mitte des gegnerischen Körpers berührt und die Kraft wechselt auf die andere Seite. Entschlossenheit heißt die Kraft, die man nicht überwinden kann; Diana macht sich von *menschlichen* Niederlagen frei. Von Handlungen und Verhaltensmustern, versiegelten Schutzritualen, die für den Körper nur eine Zierde darstellen, einen leeren Manierismus. Diana beendet ihre Übung. Ihren Atem braucht sie nicht. Entschlossenheit ist das Wort, das viele weitere Wörter in sich trägt. Fehlt die Entschlossenheit, wackelt der ganze Mensch. Der Wille wackelt, die innere Festigkeit, der Charakter. Du musst das Schwert in dem Bewusstsein halten, dass du deinen Gegner wirklich tötest, sagen die Shaolin-Mönche.

Sie zieht die grüne Tasche auf. Darin liegt die zusammengeknotete Herrenkrawatte, die Max Adler um den Hals trug, als sie nach dem Krieg nach Europa fuhren. Diana riecht an ihr. Streicht die Krawatte glatt und bindet einen frischen Knoten.

Die zerrissene Saite von Menuhins Geige, die er der berauschten Erika als Andenken geschenkt hat. Die Saite erinnert Dianas Körper an ein Mädchen, dessen Körper in Tönen und dessen Geist in Leere baden. Diana fährt mit der Kuppe ihres linken Zeigefingers über die Saite.

Das grau gewordene Stück eines Viehstricks, den sie nach Ingrids Tod im eigenen Haus auf dem Dachboden abgeschnitten hat. Der Strick hat als Letztes die Wärme von Ingrids lebendem Körper gespürt. Diana streichelt und küsst ihn.

Ein mit grüner Schleife verschnürtes Päckchen Briefe. Aus dem einbetonierten Prag, aus dem verwunschenen Wald aus Menschen ohne Lächeln von Birgit nach dem Krieg geschrieben. In den Sätzen sind manche Wörter rot eingekringelt; für immer verloren. Auf dem schmuddeligen Papier sind die roten Murmeln der Zensur verstreut. Jene Wörter wurden von einem Mädchen geschrieben, dem nie ein geordnetes Leben gegeben wurde und das trotzdem ein einheitliches und bestimmtes und festes Leben führt. Weil sie niemandem gehört. Weil sie nur existiert. Und mit offenen Nasenflügeln atmet.

Die Zeigefingerkuppe der linken Hand folgt den Zeilen einer kolibrigroßen Kleinmädchenschrift.

Als Julie dösig zu sich kommt, hockt die grüne Tasche wieder im dämmrigen Schrank. Dem Täubchen tun die kleinen Knochen seines zerknautschten Körpers weh. Die leergeweinten Augen sind geschwollen, das Gesicht zerknittert. Diana sitzt bebrillt am Fenster, neben sich eine Tasse erkalteter Tee auf der Fensterbank. Julie will etwas sagen; ihre Stimme erschrickt und piepst.

Diana wird wach. Streicht die verschwitzten Haare aus Julies Stirn. Bereitet ihrem Körper ein Lavendelbad. Reicht Julie ein sauberes weißes Handtuch, groß wie eine Tischdecke.

Julie kommt schlaff und durchwärmt aus dem Badezimmer zurück. Im Zimmer klingt Musik, die die Ohren stört und Julie auf die Nerven geht. Der Körper zuckt zusammen. Zum Glück ist das Gedudel bald vorbei.

»Vivaldi.«

»Aha.«

»Largo aus den *Vier Jahreszeiten. Der Frühling.*«

»Ist doch Herbst.«

»Im Frühling kommen die Schwalben zurück.«

»Hm.«

Diana schiebt der Piepsstimme das Geschenk hin. Mit breiter steifer Schleife verschnürt. Julie packt das Geschenk aus. In der metallisch glänzenden Schachtel verbergen sich mehrere Päckchen. Julie jubelt über das Tablet. Das zweibändige Buch mit dem Titel *Gedächtnis des Körpers* wendet sie verlegen in der Hand.

»Haben Sie das geschrieben?«

»Ja.«

»Hmmm. Ehrlich gesagt, lese ich kaum.«

»Ich auch nicht.«

»Echt nicht?«

»So viele Bücher und Autoren haben der Menschheit geschadet.«

Auch ein Dokumentarfilm über einen ausgemergelten Geiger kommt als Geschenk daher. Im Seidenpapier liegt ein Schächtelchen, darin ein Goldkettchen mit einem rubinbesetzten Kreuz. Kinder, die ohne Vater aufwachsen, beten mit großer Wahrscheinlichkeit materialistische Werte an, da diese mit Misstrauen zusammenhängen, sagt Erika gerne, nein nein, im goldschimmernden Täschchen ducken sich vier Miniaturnagellackfläschchen; blau, pfirsichfarben, gelb und rubinrot. Julie greift gierig nach dem billigsten davon. Diana sieht zu, wie sich Julie ihre abgekauten Fingernägel gelb lackiert.

»Blau ist out?«

»Jup.«

Julie schüttelt die gelben Kügelchen. Schiebt das Kreuz zur Seite.

»Ich bin nicht … gläubig.«

»Macht nichts.«

»Nein?«

»Religion ist das Kriegsfeld der Zukunft.«

»Ist das Gold echt?«

»Ja.«

»Darf ich es verticken?«

»Sicher. Nimm es als symbolischen Schutz. Meine Freundin sagt, sie habe kein Problem mit Göttern oder dem Glauben an sich, sondern mit der Kirche, den Institutionen, den Ideologien. Sie kommt aus einem atheistischen Land, und du hast keine Ahnung, was das mit den Menschen macht. Vielleicht geht's dir ähnlich.«

»Ich muss los.«

»Gut.«

»Und zu unserer Abmachung … darüber reden wir ein anderes Mal, ja?«

»Nein.«

»Nein?«

»Nein. Jetzt.«

»War doch klar. Geschäft ist Geschäft.«

»Das hier ist kein Geschäft.«

»Okay, ich erzähl Ihnen vom Vater von diesem … Blag … wo und wann er es in mich reingepumpt hat. Aber Sie geben mir noch ein bisschen von dem Gift da zu trinken. Warum ist das Zeug so grün?«

»Es ist … auch Spinat drin.«

»Wie Spinat schmeckt es nun wirklich nicht.«

Diana schenkt ihr von dem grünen Cocktail nach. Julie atmet endlich tief ein und aus und zieht mit geweiteten Nasenflügeln die Luft ein; ein Zeichen von Vertrauen. Julie ist ein Sack Sägemehl. Sie erlaubt, dass Diana ihn anschneidet. Das Sägemehl fließt raus. Diana hört nicht zu. Sie versucht sich zu beruhigen, aber das Ei ist geschlüpft und der Schuldbetrag mit schwarzer Kreide im Schornstein notiert.

Diana sieht Julie an, glücklich und dankbar für das leidenschaftliche und wilde und reife Leben, das sie lebt, für all die Freude, die sie erlebt, und auch dafür, dass sie es geschafft hat, die goldene Wiege und den goldenen Käfig zu verlassen und graue Spatzen auf staubigen Wegen und Schwalben im Stall und Mauersegler wahrzunehmen und ihnen auf die Bäume zu verhelfen. Ihr ganzes Leben lang ist sie gespalten. Wie das Schwalbenschwänzchen.

Diana hat *ihre* befiederten Bilder vor den Augen. Sie hat ein bedrückendes Sammelsurium von Körpern fotografiert, erstarrt in Positionen, die sich nicht einmal ein Yogi zutrauen würde, vor ihrem Fotoapparat hat ein Reigen von nicht lebendigen Lebenden gestanden, ist herumspaziert und hat sich gewunden, darunter Mädchen, die weder Menstruation noch Brüste oder Zähne hatten, aber mit triefender Selbstverständlichkeit Soldaten für einen einzigen Bissen die letzten Reste Fleisch anboten, die noch an ihren Knochen hingen. Während vor der Kamera die Gesichter defilierten, wurden junge Frauen, die jedermann berühren zu dürfen meinte, ungestraft zusammengeführt. Gesichter, an denen die Augen der Historiker vorbeisahen. Körper mit Gesicht hatten keine Namen.

Julie hat ihre Geschichte zu Ende erzählt. Verwundert starrt sie Diana an, die offensichtlich mit den Gedanken weit weg ist.

»Hallo …«

»Nichts, nichts, Julie, ich habe nur …«

»Was?«

»Ich misstraue Wörtern, ich glaube nicht an die Rücksichtnahme auf Kulturen. Der Weg, den ich gehen muss, liegt in den Mündern verborgen. Ich glaube an die Sprache der Körper, die ist für alle auf der Welt gleich.«

»Sie sind seltsam. Aber was ich Ihnen gerade erzählt habe, erzähle ich nie wieder, keinem Bullen und keinem Gericht. Ich habe mich schon einmal verbrannt. Sie hätten sehen sollen, wie die mich behandelt haben. Wie die mich angeguckt haben. Was ist denn schon passiert? Nichts. Es war doch nur das, es war doch nur dies.«

Diana schüttelt wortlos aus ihrem kleinen schwarzen Lederrucksack Papiertaschentücher, ein grünes, mit Keilschrift bedrucktes Portemonnaie und einen Taschenspiegel. Packt die Geschenke in den leergeräumten Beutel. Sie weiß, dass sie den kleinen schwarzen Lederrucksack nie wiedersehen und dass sich das Täubchen Julie nie zu ihr bekennen wird. Dass Julie im Übungsraum aus dem schwarzen Rucksack Geld geklaut hat, darüber schweigt Diana.

Jahre später wird sich Julies Körper an sie erinnern. Und sich an diese Erinnerung klammern. Diana schließt Julie fest in die Arme.

»Ich begleite dich nach Hause.«

Kein Blatt hebt sich vom Boden. Sie blickt in den Himmel. Ein Vogelschwarm überquert ihn. Womöglich Mauersegler, womöglich ihre Lieblinge, Schwalben, Vögel mit gespaltenem Schwanz, ja und nein, man kann sich nicht entscheiden, alles köchelt in einem Kessel. Der heilige Teekessel blubbert langsam.

Die Schwalben. Eine Sorte mag sie besonders gerne. Sie leben nur während des Flugs. Wie sie drei. Sie leben nur im Flug, schlafen auch im Flug, die Wissenschaftler wussten lange nicht, wie es überhaupt möglich ist. Schließlich fanden sie heraus, dass die Schwalben neben der Schlafenden wach bleiben, mit unsichtbaren Energiefäden miteinander verbunden, wenn nicht sogar mit Intuition. Wenn eine Schwalbe hinunterfällt, wenn sie aus der Formation stürzt, muss sie mühsam wieder von der Erde aus starten, das schafft sie nicht allein, dabei braucht sie Hilfe. Zumindest auf einen Baum, von wo sie versucht, neu hochzufliegen. Schwalben ermatten nie, nie, nie, nie, sie paaren sich sogar im Flug. Sie können nicht anders.

*

Der Ermittler scheucht Fliegen weg; summende Fragezeichen um die drei Damen herum.

Zu Hause setzt er sich vor den Bildschirm. Wie ein Rabe stürzt er sich auf das Leben der Bewohnerinnen des orangefarbenen Hauses. Offensichtlich pflegen sie nur Geschäftsbeziehungen in Prag. Adler mit ihren Yogaschülern. Stadtherrová, die in den letzten zwanzig Jahren nur ein einziges Mal einen Schreibkurs in Prag gegeben hat, dafür regelmäßig im Ausland tätig ist, verkehrt mit ihren Studenten nicht. Eis besucht Konzerte, persönlich kennt sie nur ausländische Dirigenten und Violinisten. Alle drei treiben sich fast das gesamte Jahr in der Weltgeschichte herum. Offensichtlich haben sie die Stadt wegen des orangefarbenen Hauses ins Herz geschlossen, das Max

Adler vor zwanzig Jahren gekauft hat. Prag ist günstig, Prag liegt mitten in Europa, Prag hat kein Herz; Stadtherrová stammt von hier. Nur sie hat Kinder, ihre Söhne führen ein ruhiges Leben, nichts Verdächtiges.

Der Ermittler gibt sich einen Ruck und greift wieder nach Stadtherrovás Büchern. Gelesen hat er eins, die anderen überflogen und die englischen durchgeblättert. Er googelt Filmkritiken zu den Arbeiten von Erika Eis; über überflüssigen Absätzen schläft er ein. Sieht sich eine erfolgreiche Yoga-Serie aus den Achtzigern an, wo Diana Adlers Körper durch die Übungen führt. Er wird nicht schlau aus dem Ganzen. Geistreiche und kultivierte Frauen. Die anstelle von Lippenstift Erfolg in der Handtasche tragen.

Der Ermittler ist von den Leistungen der Damen geblendet. Auch sie könnten reihenweise eingerahmte Fotos in ihre Arbeitszimmer hängen und sie nach Bedarf hoch oder herunter rollen. Der Ermittler fühlt sich geblendet, denn offenbar wirken die Frauen so schön und vulkanisch, nur um vom wahren Sinn ihres Lebens abzulenken. Vom orangefarbenen Haus unterm Petřín.

So viel Energie. So viel Energie.

Der Ermittler fühlt sich schon deswegen den Damen aus dem letzten Jahrhundert unterlegen, weil sie sich selbstverständlich in verschiedenen Sprachen bewegen, sie kennen sich seit 1945 und harren aus. Während er allein ist, nichts und niemanden hat und sich lebensmüde fühlt. Das Leben macht ihn müde. Er wird langsam sentimental. Er ist schwächer, als er dachte.

Ich mache definitiv Schluss damit, der Ermittler fängt plötzlich an, sich zu hassen. Ich lass die alten Vetteln in Ruhe. Und dann sollen die ollen Motten bitteschön auch mich in Ruhe lassen.

Beim Zähneputzen streift er die Haare an seinen Schläfen. Statt Hautschuppen bröckelt da blaue Emaillefarbe ab.

Der Ermittler eilt in den Neubau am Stadtrand. Er will die Witwe sehen und er will sie hören. Sie anzufassen traut er sich nicht.

Sie kochen gemeinsam. Zum Herbst gehören Kartoffelpuffer.

Das kennen sie beide aus ihrer Kindheit. In eine tiefe weiße Schüssel schält jeder seine Menge gelbe Kartoffeln und reibt sie dann. Er grob, sie ganz fein. Jeder mischt seinen Teig, Seite an Seite braten sie in der Pfanne ihre fettigen Fladen und tupfen sie mit Küchenkrepp ab. Unwillkürlich berühren sie sich. Die Frau zieht dem Ermittler hinten das schwarze Hemd hoch, das in der blauen Jeans steckt; küsst ihn direkt über dem Gürtel auf den Rücken. Der Körper des Ermittlers erschrickt und tut so, als hätte er es nicht mitbekommen.

Der Junge ist die stolze Jury. Mamas Kartoffelpuffer mit dem kleinen Häubchen saure Sahne tragen die Siegertrophäe davon; Prägung spielt bei Piepmatzen eine große Rolle, noch bevor sie aus dem Ei geschlüpft sind, haben sie schon die Elternstimme wahrgenommen. Aber als Nachschlag nimmt sich der Junge auch einen Kartoffelpuffer des Ermittlers, mit roten Speckklumpen. Den restlichen Teig gießt der Ermittler in eine kleine Auflaufform und schiebt ihn in den Ofen, so wie es Großmutter Josefa immer gemacht hat. Der fertige Bratpuffer wird geschnitten und scheibchenweise auf dem Teller aufgefächert. Die Frau räumt das fettige Geschirr in die Spülmaschine. Der Junge spielt auf dem Boden, will nicht ins Bad. Der Ermittler legt sich zu ihm auf den Teppich. Sie liegen auf dem Bauch und spielen mit Autos. In einige stopfen sie Plastikfigürchen, Soldaten mit Maschinengewehr. Und Plüschtiere, Mäuse, Eselchen, Teddybären. Plüschvögel gibt es keine. Sie koppeln kleine Waggons hinter die Lok. Der Zug fährt los. Neben dem Jungen steht eine Schüssel mit Gummibärchen. Der Ermittler tut, als wollte er sich bedienen. Stattdessen greift er nach einem Plüschtier, guckt nicht hin und stopft sich das Tier in den Mund. Der Körper des Jungen quietscht auf, kippt um auf den Rücken, wälzt sich lachend hin und her. Beide Körper kullern sich vor Lachen.

Die Witwe beobachtet sie. Bittet den Ermittler, den Jungen ins Bad zu locken. Der Ermittler dreht sich um auf alle viere. Der Junge springt ihm auf den Rücken, packt ihn unterm Hals und treibt das Pferdchen an. Die Witwe hebt den Jungen sanft vom Sattel. Sie zieht ihn aus und taucht ihn ins aufgeschäumte Wasser. Der Ermittler wird plötzlich verlegen und zieht sich in die Küche zurück. Räumt das Spielzeug auf. Die Witwe bringt den Kleinen ins Bett.

Der Ermittler blickt in den herbstlichen Garten. Sie haben ihre Köpfchen unterm Flügel versteckt. Das gespaltene Schwänzchen sorgt für das Gleichgewicht. Der Ermittler dimmt das Licht und wartet in der Küche.

Die Witwe setzt sich zu ihm. »Ich will spüren, dass die Welt auch ein anderes Gesicht hat«, sagt der Ermittler. »Welches Gesicht meinen Sie?«, fragt die Witwe. »Das vor mir«, antwortet der Ermittler. Er sieht ihr in die Augen, sie werden größer. Nur herumsitzen und reden. Was er hier macht, ist nicht professionell, aber der Fall ist bald abgeschlossen. »Ich möchte Sie gerne weiter treffen. Und auf keinen Fall will ich Ihnen was Böses, nie und nimmer.« »Warum sollten Sie mir was Böses wollen?«, wundert sich die junge Frau aufrichtig.

Beide stehen gleichzeitig auf. Die Frau kocht Kaffee. Auf einmal bleibt sie stehen, sie spürt jemanden in ihrem Rücken. Dreht sich um, blickt ihm in die Augen. Die Stimmung des Mannes lichtet sich wie Nebel. Noch nie hat sie jemanden so lange angeguckt, es liegt Mut darin und Hingabe. Sie küsst den Mann.

»Liebst du mich.«

»Wahnsinnig.«

»Liebst du mich.«

»Unendlich.«

Der Mann küsst die Frau. Die jubilierenden Körper werden langsamer, verlieren an Anspannung. Die einfachste und schwierigste Variante des Yoga; die Körper können sich nur dann entspannen, wenn sie sich in Sicherheit wähnen, wenn sie Vertrauen haben, nicht nur von Lust getrieben werden. Wenn die Seele Sicherheit und Vertrauen spürt. Wenn das Herz Sicherheit und Vertrauen spürt. Sie rasten an einsamen Orten und tragen so zur Geschichte der Freude bei. Sie respektieren Andersartigkeit. Der Wind pfeift. Ach, du. Wenn ich dir beim Sterben ins Gesicht blicken dürfte. Diese Variante des Yoga gelingt nur dann, wenn die eine Seele der anderen Achtung entgegenbringt. Wenn sich der Mann und die Frau in die Augen blicken. Die Lippen des Mannes wandern den Hals der Frau hinab. Beide picken sie mit den Schnäbeln an der Haut des anderen herum, um seinen Geschmack herauszufinden. Die Lippen des Mannes gleiten zu den Gipfeln der Brustwarzen hinunter und tiefer. Die Hände helfen und wollen den Moment nicht stören, sie beseitigen Hindernisse, werfen Hemd, Hose, Bluse und BH auf den Boden, den Slip und die Unterhose. Die Lippen der Frau saugen sich an dem Duft fest, nach dem sie sich verzehrt hat, die Körper wechseln sich wie Pendel ab, jetzt ist sie dran, und sie ziehen ins Schlafzimmer um, wo sie sich lieben und sich an Stellen anfassen, für die Wörter keine Rolle spielen, und sie lieben sich lange, eilen auf keinen Höhepunkt zu, sie lieben sich, weil sie voller Staunen sind ob der Kraft der Lust, und sie wünschen sich den Orgasmus nur für den anderen und halten einander fest im Arm; die Nähe rechtfertigt ihre Existenz, und die Frau schließt zum ersten Mal in ihrem Leben nicht die Augen, sondern blickt in die des Mannes, sie ist entspannt, ihre Muskeln sind weich und geben nach, und er dringt in sie ein, dringt in die Vagina und dringt in den Anus ein, und alles passiert natürlich, ganz natürlich, es ist eine Musik ohne Musikinstrumente, Musik, die nur sie beide hören. Er will sie beschützen, und sie will sich unterwerfen. Sie will ihn beschützen, und er will sich unterwerfen. Es *ist* Liebe. Er braucht sie, weil er sie liebt. Es ist das erste Mal. Er ist erwachsen geworden. Bis zu diesem Moment hat er stumm geschrien, ich will nicht allein sein, ich brauche dich, deswegen liebe ich dich. Im mystischen Orgasmus verspritzt er Hoffnung und Hoffnungslosigkeit, schluchzt bis in die Wurzeln seiner Knabenhaftigkeit. Sie liegen ganz still. Sie denkt trotzdem an etwas, was außerhalb seiner Reichweite liegt.

»Du bist wegen dem Sex hier.«

»Ich bin hier, weil ich dich mag. Und weil ich keine andere kenne, die Fallschirm springt. Und was ist mit dir, stört es dich, dass ich kein Geld hab?«

»Vielleicht gewinnen wir im Lotto.«

»Nein.«

»Warum nicht?«

»Weil wir nicht spielen.«

*

Auf dem Konferenztisch liegt ein Stapel Post. Die Sekretärin am Empfang hat sie am frühen Morgen appetitlich für die Rechtsanwälte sortiert.

Frau Rogner öffnet einen mit violetter Tinte geschriebenen Brief. Ohne Poststempel. Direkt in den Hausbriefkasten geworfen. Der Brief verströmt einen seltsamen Duft. Rogners kleiner Finger dringt ins Loch und ratscht. Eine gewisse Ingrid Wiesenthal möchte sie dringend sprechen. Sie treffen. Und schlägt gleich den Tag und die Stunde vor. Heute Nachmittag um eins.

Es ist neun Uhr morgens. Keine Absenderadresse, keine Telefonnummer. Der Name des Briefes heißt Frechheit.

Die pompöse Aufmachung, das handgeschöpfte Briefpapier mit Monogramm IW machen Rogner stutzig. Sie will den Brief wegwerfen. Sie schnuppert an ihm und ihr wird schwarz vor den Augen.

Sie wirft den Brief nicht weg. Als sie abends zu Hause von ihrem Gatten gefragt wird, warum nicht, wird sie antworten, sie wisse es selbst nicht, die seltsame und noble Dringlichkeit der Buchstaben, kolibriklein und gleichzeitig so geschwungen, hätte sich ihr eingebrannt. Direkt mitten in die Stirn, hier, weißt du.

Der Gatte zieht überrascht die Augenbrauen hoch.

Rogner schaltet in den Rückwärtsgang. Na, wer verschickt heutzutage noch handgeschriebene Briefe. Außerdem war es eine willkommene Abwechslung zu der Langeweile in der Kanzlei, keine Ahnung, hör doch auf mit der Fragerei.

Ingrid Wiesenthal taucht nicht zur vorgeschlagenen Zeit auf. Am Empfang sitzt Diana Adler. Die honigfarbenen Haare rötlich gefärbt. Das Tuch unterm Hals harmoniert mit den Schuhen und dem neuen roten Lederrucksack. Die ausgestreckte Hand mit Leberflecken und teurer Creme bedeckt. Auf dem Ringfinger gähnt ein Reif aus weißem Gold.

Sie ist pünktlich um eins aufgetaucht. Sie möchte im Voraus und bar bezahlen; um ein Huhn zu fangen, brauche man mindesten zwei Reiskörner, die Assistentin am Empfang begreift nicht, wofür Diana bezahlen möchte. Diana will kein Wasser. Sie will keinen Kaffee. Sie will nicht sprechen.

Rogner öffnet die Bürotür und taut auf. Erkennt in der Besucherin ihre Yogalehrerin. Entschuldigt sich, sie habe keine Zeit. Alle Termine seien lange im Voraus geplant. Und dann sei ihr noch eine unbekannte Dame dazwischengegrätscht.

Na eben, erwidert Diana, Ingrid könne leider nicht kommen, sie bitte um Entschuldigung und schicke Diana an ihrer Stelle. Die Neugierde kulminiert. Die Rogner begreift nicht, warum sich Diana nicht gleich privat mit ihr verabredet hat. Sie sprechen ganz genau sieben Minuten miteinander. Die verblüffte Rogner bringt höchstens ein paar Sätze zustande. Über diese Frau Wiesenthal erfährt sie nichts. Das bringt sie aus der Fassung, was sie sich aber nicht anmerken lässt. Die Rogner ist ein Profi. Diana auch.

In den Yogastunden schärft Diana ihnen ein, solange sie sich an ihrem Atem festhalten wie an einem Geländer, könne nichts sie aus der Fassung bringen. Der Atem sei Blitzableiter und Waffe in einem.

Diana hat eine Bitte. Ingrid habe auch ihre lange im Voraus getroffenen Terminabsprachen gefährdet. Deswegen möchte sie Rogner bitten, die bereits begonnene Unterredung außerhalb des Büros fortzusetzen. Anstelle des Mittagessens. Anstelle eines ganz kurzen Mittagessens. Sie werde unten auf Rogner warten. Rogner erklärt sich einverstanden, traut sich nicht zu widersprechen. Sie sucht nicht einmal nach Ausflüchten. Diana neigt sich zu Rogners Ohr. Flüstert etwas. Rogner zieht die Schultern hoch; sie wisse wirklich nicht, ob sie die gewünschten Informationen so schnell zusammenstellen könne.

Diana sitzt artig im Eiersessel vor der stummen Empfangsbrüstung, direkt gegenüber vom Haupteingang, die rotierende Mühle der Eingangstür schickt eine leichte Brise in ihr rotes Haar. Rogner forscht im Büro, tastet ihren PC ab, raubt ihn aus. Ihre Assistentin drückt hektisch die weitergeleiteten und gekennzeichneten Unterlagen aus.

Rogner klackert aus dem Büro, ihre Hände stülpen dem Körper einen schwarzen Offiziersmantel über, die Augen huschen über die ausgedruckten Zeilen. Im Gehen schließt sie die Mantelknöpfe und teilt mit, sie sei in einer halben Stunde wieder da. Rennt zum Haupteingang. Aus dem Eiersessel erhebt sich eine strahlende Figur. Sie betreten beide die Mühle, die dreht sich einmal um und spuckt sie zermahlen in den Verkehrslärm hinaus. Rogner fischt in ihrer Handtasche nach dem Autoschlüssel. Mit dem Arm quetscht sie einen Papierstapel zusammen. Doch es kommt kein Ton heraus.

»Es ist nur ein Katzensprung von hier.« Diana tippt dem Dudelsackspieler auf die Schulter.

Rogner setzt sich gestresst ans Steuer, öffnet die Beifahrertür. Diana zögert vor dem ausgestreckten Flügel. Sie steigt ein. Das Auto klappt die Schwingen ein und fährt los.

*

Das Haus unterm Petřín zieht den Körper des Ermittlers wie ein Magnet an. Es hat sich ihm unter die Haut gebohrt. Seine bröckelnde Fassade haftet ihm an der Stirn. Das Haus macht sich in seinen Gedanken breit. Fläzt sich im Kopf des Ermittlers, mopst ihm die Zeit. Der Gedanke ist die Tat. Jeden Samstag- und Sonntagmorgen: Die Beine des Ermittlers marschieren ins Haus wie in eine öffentliche Bücherhalle.

Die Wohnungen betrachtet er mit anderen Augen. Mit den Augen der Frauen, die hier vorübergehend wohnen.

Der Ermittler wühlt einzelne Mappen durch. Er sucht Fotos, schüttelt die Umschläge aus, gräbt wie ein Wüterich und …

Und wird jedes Mal fündig.

Das violette Kreuz. Über einem Kopf. Allmählich hört der Ermittler auf zu atmen. Die Luft verdickt sich, wird zu Magma. Die Bewohnerinnen des mittelalterlichen Hauses unter dem Berg Petřín, Betreiberinnen von schwarzer Magie, die bewusst ihr Leben einer perversen und ungesetzlichen Sache widmen, und zwar im Namen der Gerechtigkeit, diese Menschen sind nicht allein. Überall auf der Welt werden Netze ausgebreitet und Nester für gefallene Piepmatze gebaut, überall auf der Welt wird den kleinen Vögeln beigebracht, unter die Dachstühle der Pferdestallungen und Viehställe zu fliegen, diese Menschen schwärmen aus, erkennen parzellierte Landschaften nicht an, beten andere Werte an; als gründeten sie in jedem Land eine eigene Zentrale, als stünde in jedem Land unauffällig und geduckt ein beharrliches und zusammenfaltbares orangefarbenes Häuschen.

In einem bestimmten Moment, wenn das violette Kreuz aufgehört hat zu schwingen und seine endgültige Position eingenommen hat, reißen die Netze des weltweiten Falthäuschenprogramms auseinander. Verschwinden unter die zwitschernden Oberflächen des Informationsrauschens. Der Ermittler merkt, wie er sich spaltet. Er wird zum unsichtbaren Verbündeten eines orangefarbenen Hauses und sträubt sich nicht dagegen.

Sein Zeigefinger im Hirschlederhandschuh hoppelt über die Kühle der Metallboxen und über die Röte der Mappen, der Finger wandert über die Landkarte der Nestkolonien von Abchasien bis Zypern und zurück, wühlt sich nach Indien durch, und dort schnappt sich ihn ein Foto eines sympathischen Uniformträgers. Und ein Paar prachtvoller siebzehnjähriger Augen, die einen Selbstmord verübt haben, nachdem sie nach einer Gruppenvergewaltigung keine Hilfe bei der Polizei gefunden haben. Der ermittelnde sympathische Polizist vor Ort hat den Fall weder aufgeschrieben noch eine Untersuchung eingeleitet. Er habe sogar der junge Frau hartnäckig ins Gewissen geredet, sie solle doch keine Anzeige gegen die Gewalttäter einreichen, sondern mit ihnen reden und einen von ihnen heiraten, es sei doch jetzt egal, welchen. Im blauen, plastikverhüllten Schulheft steht eine ironische Randbemerkung in Kolibrihandschrift: *Warum musst du auch alles so verkomplizieren, liebe Wachtel?*

Der tschechische Ermittler kennt die Kolibrischrift. Die Buchstaben ballen sich zu Silben und Wörtern und Sätzen zusammen, die Sätze ballen sich zu Informationen zusammen, der Fadenwurm hat keine Ahnung, worüber sich ein Adler freut, aber er freut sich am Leben. Die Sätze häufen überraschenderweise nicht Informationen zu den Gewalttätern an, sondern zu dem sympathischen Polizisten. An *seiner* Uniform hängt der violette Striemen, aus der Brusttasche seiner Uniform steigt wie Rauch ein violettes Kreuz zum Himmel, es schwebt über seinem Kopf; Verdienstorden des Präsidenten, Orden der Ehrenlegion, Erguss des Elitebandes.

Dem tschechischen Kollegen brummt der Schädel, Rauchbomben schwelen im Keller, der Vorwurf schwebt über *seinem* Kopf, die Zukunft ist nicht mehr das, was sie zu sein pflegte. Er wird von einem Strudel erfasst. Der ihn zusammenstaucht. Das Auge des Ermittlers entziffert überstürzte Seiten. Prüft und checkt ein übervölkertes Foto der Menge während einer Feierlichkeit im Punjab, unter der Lupe taucht ein mit roter Stecknadel angeheftetes Köpfchen zwischen anderen hingestreuten stecknadelgroßen Köpfchen auf. Ein Frauenkopf. Über ihm weht ein violettes Kreuz. Der Wind hat der Frau den Tüllschal vom Hals gerissen und über den Köpfen der anderen flattern lassen.

Der Ermittler huscht mit den Augen über die Seiten des azurblauen Heftes. Lässt es offen liegen. Motten zappeln, gruppieren sich um. Er beschwert sie mit der Lampe. Wechselt schnell zum Rechner. Vergleicht Daten und Bewegungen auf dem Konto. Ein Lichtchen geht ihm auf, langsam orientiert er sich im beißenden Qualm, eine Sternschnuppe. Ein Blitz leuchtet auf, zerschneidet die Dunkelheit. Das Prager Haus hat sich hier nicht engagiert, hier hat es nur gelangweilt gegähnt und Geld geschickt.

Die dortigen Beamten bestochen.

Geld fließt in alle Richtungen, weil es nicht ums Geld geht.

Sie seilen sich in Nester auf gesponnenen Netzen ab, auf zusammengeflochtenen Spinnenfäden. Der Ermittler skizziert in seinem verkrüppelten Notizbuch eine Landkarte, entwirft eine Fluggesellschaft und zieht von Prag aus Luftlinien in alle Himmelsrichtungen. Die ersten drei Fäden führen zu den Eisvogelmännchen, in die Zürcher Banken. Das Spinngewebe verdichtet sich. Die Sonne vom Petřín strahlt weit. Lange Finger tasten herum und erreichen alle Kontinente. Wie auf einer Seilbahn wandern die in lange Spalten eingetragenen Summen die Strahlen hoch und runter, Gelder aus den Fonds von Herrn Max Adler und Frau Diana Adler, geborene Bussard. Sie gleiten in offene Schnäbel hinein, stopfen dem Hühnchen den Schnabel zu, den Ermittler verwirrt der Vogeldialekt, mit Sprache lässt sich nichts benennen, ein Mäuschen im Nest kann einem jungen Spatzen keine Antwort piepen, psst.

Der sympathische indische Polizist wurde versetzt. *Jemand* von höherer Stelle hatte den Fall gemeldet. Verhaftet wurden nur zwei Gewalttäter; ausfindig gemacht wurde eine Frau, die ihnen geholfen hatte. Die violetten Kreuze verblassen.

Schwalben und Wachteln sprechen von Frieden und Harmonie.

Wenn sie die Missstände aus der Welt geschaffen haben.

Der Ermittler steht auf. Im ersten Stock zieht er seine Handschuhe aus. Spritzt sich kaltes Wasser ins Gesicht. Ist er überarbeitet? Aber na na, Hauptsache du hältst durch und hast keine Angst, Junge.

*

Im Chinarestaurant warten schon zwei Frauen. Freundliche, gutaussehende, weise, überkandidelte und zurechtgemachte Damen. Die an gealterte Filmstars erinnern. Diana und Rogner setzen sich dazu. Die Damen loben Rogners pflaumenfarbenes Kostüm. Die Rogner hockt sieben Minuten mit ihnen zusammen, dreißig Minuten, vierzig, eine ganze Stunde. Über die Damen erfährt sie nichts. Sie interessieren sich für einen Fall vom letzten Mai, den sie längst vergessen hat. Julie, ein fünfzehnjähriges Mädchen, ein Eichelhäherküken, hatte in offensichtlich betrunkenem Zustand das uxor-hiomische Restaurant gestürmt und dort die Bartheke demoliert. Eine Lappalie.

Sätze sind rätselhafte Luftballons. Sie schweben durch das Chinarestaurant und tippen gegen die Fensterscheiben, wo sie sich den Schädel anknacksen. Diana hebt manchmal die Augen zum Himmel, liebe Schwalben, Winterauszeit, ich passe mich wieder an, versprochen, versprochen.

Madame Stadttherrová spricht. Madame Eis.

Diana hat ihr Wortkontingent offensichtlich verbraucht.

Rogner kann nicht mehr unterscheiden, welche der Damen spricht, die Töne einer einzigen Kehle; eine doppelte Stimme, höheres und tieferes Timbre, zwischen der rosafarbenen und violetten Färbung ein Unterschied von zwanzig Jahren. Rogner kommt sich vor wie vor einem Tribunal von selbsternannten Richterinnen, ihr Schälchen trockenen Reis bekommt sie erst nach der Aussage ausgehändigt, sie tun, als wäre sie schuldig, sie weiß nicht, warum. Sie dreht durch, das geht ganz schnell. Mit den Augen klammert sie sich an Dianas Schweigen. Diana lächelt freundlich, muntert Rogner auf wie eine schweigsame, unberührbare und unparteiische Verteidigerin; gute Menschen werden häufig betrogen, pssst.

Die Chinesin stellt fröhlich Schälchen und Tellerchen auf den Tisch. Hausgemachte Nudeln, Entenscheibchen, süßsauer eingelegte Hühnerstückchen, runde Schälchen mit Reis, ein Tablett mit Brotfladen und Mu-Shu-Schweinefleisch, heiß gebratenen Lilienknospen mit Rührei und Judasohr. Die weiche mollige Hand schenkt Jasmintee nach. Erika reicht ihr die Zuckerdose.

»Liebes, in China nimmt man zum Tee weder Milch noch Zucker, Zitrone oder Honig, ist schon immer so gewesen.«

Rogner bestellt eine Suppe, Diana Reis und Chrysanthemen-Tee. Die Damen fuchteln gekonnt mit Stäbchen, tupfen sich die Mundwinkel mit gelben Stoffservietten ab, sie wirken wie Kinder, die nach Dianas Lob lechzen. Sie kreischen und stellen Fragen, en passant und zwischen den Vogelhäppchen. Rogner antwortet. Rogner richtet ihre Antworten an das lächelnde Sphinxgesicht, sie hat Respekt vor Diana, das geheimnisvolle Lächeln muntert sie auf wie ein Schluck

Jasmintee. Das Gesicht kaut konzentriert auf trockenen Reiskörnern herum.

»Ich verstehe nicht, warum Sie der Fall so brennend interessiert. Ich habe Ihnen alles erzählt, was ich weiß. Mehr steckt nicht dahinter, und außerdem ist das Mädchen davongekommen.«

»Davongekommen?«

»Davongekommen mit einer Ermahnung.«

»Na, uns interessiert *ihre* Aussage bei der Polizei.«

»Wenn Sie in keinem direkten Verwandschafts ...«

»Was genau hat Julie ausgesagt?«

»Sie behauptete, eine Männerbande habe sie in ihrer Gewalt.«

»Was meinte sie mit ›Gewalt‹?«

»Na, dass man sie mehrmals vergewaltigt habe.«

»Haben Sie das nicht überprüft?«

»Sicher. Aber der Fall wurde vertagt. Sie sah ja selbst wie eine Kriminelle aus und handelte auch so. Schon ihr Vokabular ...«

»Vokabular?«

»Sie hat dem Polizeibeamten gesagt, er sei ein ausgekochtes Miststück und ein Arschloch.«

»Vokabular.«

»Sie kann sich glücklich schätzen, mit einer Ermahnung davongekommen zu sein.«

»Sie haben ihr nicht geglaubt.«

»Sie war nicht glaubwürdig. Aus schwierigen Verhältnissen. Sie trinkt, nimmt wahrscheinlich auch Drogen. Schwänzt die Schule.«

»Wenn die vierzehnjährige Tochter Ihres Chefs eine Vergewaltigung melden würde, würde man ihre Aussage genauso gleichgültig behandeln?«

»Wie? Ich ...«

»Möchten Sie eine Scheibe Ente probieren?«

»Nein, danke.«

»Sie schmeckt ausgezeichnet. Gerade lange genug über dem richtigen Holz getrocknet. Gar nicht fett.«

»Nein, danke.«

»Wenn Sie Geld von uns bekommen, und wir zahlen alles, was Sie verlangen, werden Sie den Fall neu aufrollen?«

»Aber hier gibt es nichts zum Aufrollen.«

»Sie haben den Ruf, klug und sehr gut zu sein. Die beste in der Stadt. Ingrid weiß das.«

»Sie meinen die Frau, die Sie zu mir geschickt hat, Ingrid Wiesenthal?«

»Sie hat leider nicht kommen können. Wir handeln nur und nur in ihrem Interesse.«

»Es gibt keine Beweise. Lediglich … Auf ihrer Unterwäsche wurde die DNA eines Mannes gefunden, den sie als den Chef bezeichnet. Es ist der Besitzer des uxor-hiomischen Restaurants. Aber sie hat ihre Aussage zurückgezogen. Er sei ihr Freund, hieß es auf einmal.«

»Der ist doch über vierzig.«

»Aber wenn sie freiwillig mit ihm zusammen war?«

»Und wenn nicht? Wasser wickeln Sie nicht in Packpapier ein. Probieren Sie das hier, ein Judasohr.«

»Danke, wirklich nicht. Das reicht nicht als Beweis.«

»Wir besorgen Beweise.«

»Sind Sie mit ihr verwandt?«

Zum ersten Mal macht Diana sanft den Mund auf. Sie streichelt Rogner übers Gesicht. Mit dem Daumen fährt sie den Striemen der Waldbienen und Indianerinnen auf dem Kriegspfad auf Rogners Wangenknochen nach.

»Meine Liebe, wir alle sind verwandt.«

*

Jedes Nest folgt der Regel, dass die Eier von einem Kuckuck ausgebrütet werden. Die Zweigstellen des QUAIL-Konzerns sind eng mit dem Medienkonzern SWALLOW verflochten; sie werden weder von Frauen noch von Männern geleitet. Die Kuckucksvögel bilden keine Paare und sind für Brutparasitismus und ihre ewig hungrigen

Jungen bekannt. Diese Einzelgänger haben Abstand und Überblick, sie dürfen nicht mit dem Löwenzahnflaum der Vorurteile verkrautet, nicht mit örtlichen Gewohnheiten mariniert oder durch die einheimische Kultur blockiert sein, wovor soll man sich auch im Dunkeln so tief verneigen, nicht wahr? Das nächste violette Kreuz, von Birgits Wörterkescher eingefangen, kommt dem Ermittler bekannt vor. Menschenmengen fluteten damals die öffentlichen Plätze, eine Welle von Protesten und Unruhen ergoss sich über das Land, auch Götter und geniale Menschen verlieren irgendwann ihr Schwert, psst.

Die Schwalben fliegen und sehen, dass auf der Welt täglich solche Freuden passieren. Eine dreiundzwanzigjährige Studentin wurde zum Opfer einer brutalen Gruppenvergewaltigung. Sie hat ihre schweren Verletzungen nicht überlebt.

Die Hand des Ermittlers greift nach dem zweiten azurblauen Heft und seine Augen folgen hastig der Kolibrischrift. Am Abend sah sie sich mit ihrem Freund den britischen Film *Begegnung* an. Keine Rikscha weit und breit, um sie nach Hause zu bringen. Ein Privatbus hielt an, sie stiegen ein. Das Fahrzeug hatte dunkel getönte Fensterscheiben. Im Bus wurden sie belästigt. Der Mann wurde von einer Eisenstange getroffen. Sie versuchte, die Polizei zu rufen. Man nahm ihr das Telefon weg. Die Körper wurden aus dem Bus geworfen. Keiner der Vorbeifahrenden hielt an. Sie bremsten, sahen sich die nackten Körper an, traten aufs Gaspedal. Nach langen, liebreizend langen Minuten kam die Polizei. Stritt sich über den warmen Körpern, in wessen Dienstbefugnis der Fund überhaupt fiel.

Dann begaben sich die Polizisten ins nächstbeste Hotel, wo sie sich zerrissene Bettlaken liehen, um die nackten Körper zu bedecken. Die Studentin blutete stark.

Der Ermittler wechselt eilig zum Rechner, in seinem Kopf schwirrt der Abakus, die roten Kugeln wirbeln herum, er schiebt sie hin und her, die Rechenbeträge verschwimmen; die Summen der Bildschirmspalten stimmen mit den auf den Rand des blauen Heftes geworfenen Zahlen überein. Solch aberwitzig schönes Kinderspiel, viel besser als *Monopoly*. Die Gelder wandern zu Filmemachern, zu Anwaltsraubtieren. Und vor allem an die Medien.

Die Medien werden von der Petříner Sonne besonders hartnäckig bewacht. Die Medien rühren die Ereignistrommel vor Ort bei den Kuckucksnestern; sobald die Eier ausgebrütet sind, bringen sie unter dem Taktstock des Adlerflügels ganze Orchester zum Klingen. Professionell, durchdacht, ruhig; die Dirigenten sind Werbeagenturen oder Consultingfirmen. Zuerst wird der Fall dramatisch breitgetreten und im Internet kommentiert, weltweit, flieg, Schwalbe, flieg. Der Ermittler sieht sich die damaligen Beiträge im Netz an. Sie jagen ihm keinen Schrecken ein.

Das Gegacker und Gezwitscher, all die hiesigen kritischen Stimmen, die er in dem schwarzgelben Labyrinth hören kann, jagen ihm mehr Angst ein. Die Verbindung von vergessenen Farben der k. u. k. Monarchie mit Geschehnissen in einem Wildgänseschwarm – davor fürchtet er sich.

Wörter haben die Glaswand zersplittert, hinter der der Ermittler gelebt hat. Die Glaswand markierte einen zuverlässigen und friedlichen Abstand, bis dorthin durfte ihm die Welt draußen auf die Pelle rücken. Das Durcheinander der Informationsnetze und des Internetrauschens war nicht real, das alles konnte sein, musste aber nicht. Sein Körper *war* real.

Den Ermittler juckt der Körper, die Wahrheit heißt Juckreiz. Er steht am Straßenrand, ein zerrissenes, schmuddeliges Hotelbettlaken mit gelben Flecken in der Hand. Ein rot blinkender Punkt. Er ist mit dem Körper des indischen Polizisten verbunden. Er will nicht mit ihm verbunden sein. Schwalbenspucke hat sie zusammengeklebt. Wie Karamellfaden zieht sie sich nach oben. Schwalben mit Karamell im Schnabel verkleben die Welt.

Der Vater der Toten hielt im Fernsehen eine emotionale Rede. Sein paralysiertes Gesicht, Wörter wie Peitschenschläge, mit denen man ein Pferd antreibt, alle guten Worte dieser Welt stehen in Taten, nicht in Büchern; die Pressekonferenz wird von der örtlichen Film- und

Medienagentur SWALLOW mitorganisiert, die den Auftritt des Vaters mit ihm geübt hat. Seine zitternde Hand zeigt das Foto der jungen Frau, indische Gesetze verbieten, die Identität eines Vergewaltigungsopfers ohne Zustimmung seiner Familie zu veröffentlichen. Der Vater schreit, er trete im Fernsehen auf, damit die Opfer keine Angst mehr haben, eine Vergewaltigung bei der Polizei zu melden, damit die Täter bestraft werden können.

Abschließend sagt er etwas, was ihm evident nicht mehr so schmeckt, die Sätze kriechen ihm mühsam über die Lippen, sie kommen nicht aus seinem Kopf, sein Unterbewusstsein hindert ihn daran, als verriete er seinen Stammesklan, in den Augen ein Staunen, warum sollte es eigentlich jemanden stören, einen anderen, untergeordneten Körper anzufassen, einen Körper der zweiten Kategorie, er habe ja auch solche Körper angefasst, es gehe nur darum, nicht zu töten, das ist alles. War denn der Bus mit getönten Scheiben nicht etwa eine breit tolerierte, ganz normale Frauenfalle gewesen? Eine Selbstbedienung auf Rädern?

Und fahren nicht mehr davon durch die Welt?

Der des Lesens und Schreibens unkundige Vater einer vergewaltigten Inderin bricht in Tränen aus. Er ringt die Hände; die sechs Angreifer müssten gehängt werden. Insbesondere der Jugendliche, der die Studentin vergewaltigte, als sie bereits das Bewusstsein verloren hatte. Übrigens ist es auch seine Idee gewesen, die beiden Körper aus dem fahrenden Bus zu werfen. Und auf einmal tönt so einer beleidigt, es habe sich um organisierten, mutigen, stolzen, furchtlosen politischen Widerstand gehandelt, um eine wahre Dissidententat, denn die Frau habe einen *britischen* Film besucht, und alles Britische müsse boykottiert werden, die Briten hätten Indien so lange unter ihrem Deckel schmoren lassen, Ende des neunzehnten Jahrhunderts Millionen von Indern dem Hungertod ausgeliefert, dieser Faschismus dürfe nicht vergessen bleiben. Die Faustregel kennen alle, die ihre Macht halten wollen, man nehme einen Gruppenfeind, unterstreiche idealerweise seine Fremdartigkeit, setze ihn eine Stufe herab und demütige ihn.

Der Körper der eigenen Tochter ist doch kein Kriegsfeld. Oder doch?

Der Vater fordert die Öffentlichkeit auf, eine Gesetzesänderung zu unterstützen. Er habe lange über die Änderung nachgedacht und möchte die Novelle in einer Lesung vorstellen lassen, nun fordert er seine Mitbürger auf, ohne Furcht unter folgender Internetadresse ihre Unterschrift samt Meinung zu veröffentlichen …

Der Ermittler hat die heterogenen Repliken des Vaters und seine kultivierte Rede inklusive des wörtlichen Entwurfs der Gesetzesnovelle auf dem Tisch liegen. Alles handschriftlich in Kolibribuchstaben verfasst. Er schaut sich alles nochmal an, prüft das Gesagte, ein besessener Dolmetscher, ein besessener Übersetzer. Der erste Anschuss geht auf Tschechisch. Das ausgefeilte Projektil auf Englisch. Noch besser sind die Versionen in Sprachen, die er nicht versteht, die nicht zur Kolibrischrift gehören: Hindi und Urdu, Bengalisch, Nepalesisch, Zigeunerisch. Der violett schlierende Füller kann nicht umhin, ironisch zu piepsen: *Eine Clique indoiranischer Sprachen; die Herrschaften tun, als verstünden sie nichts, und rümpfen die Nase über die Schwalben.*

Ein Hauch von Kühle. Der Herbst vertieft sich. Der Ermittler sucht nach einem Ausweg. Wie die Schwalbe, die auf dem Dachboden eines Familienhauses am Stadtrand von Prag kreiste, bis sie die Dachluke fand. Wie viele Gedanken eine violette Kirschblüte, ein Fadenwurm und seufzende Herbstwinde in einem einzigen Kopf hervorrufen können.

*

Diana trinkt ihren Chrysanthemen-Tee aus. In der Teekanne bleibt ein Knäuel gräulich weißer Blütenstände und gelber Korbböden zurück. Birgit schlürft einen kleinen Becher violetten Pflaumenschnaps. Die Rogner ordert Tsingtao-Bier und ein Mineralwasser. Erika verlangt nach Kaffee mit Milch. Die Chinesin lächelt Erika vielsagend an. Sie bringt den Kaffee. Ohne Zucker, ohne Milch.

»Ich liebe das.« Erika sieht der Chinesin in die Augen und spricht in einer Sprache, die die Chinesin nicht versteht. »Es ist nicht das Essen. Es ist die Philosophie. Die wahre Harmonie wird durch die Vereinigung von Gegensätzen erreicht, von Yin und Yang.«

»Ich muss mich verabschieden. Die Arbeit wartet.« Rogner nippt am Mineralwasser.

»Yin und Yang nicht nur in der geistigen Sphäre. Yin ist weich, kalt, dunkel und weiblich. Yang ist stark, warm, hell und männlich. Ich koche anders. Ich koche in einer Einheit, die ich nicht als Einheit der Gegensätze beschreiben würde, sondern nur als Einheit.«

Birgits Augen zwinkern der trippelnden Chinesin zu. »Sie bringen es fertig, ihre Töchter gleich nach der Geburt umzubringen, weil sie weniger wert sind als ein Sohn.« Birgits Augen lächeln. Die Chinesin erwidert das Lächeln.

Die Rogner versteht Birgits rumpelnde Stimme nicht.

»Entschuldigung, was war das für eine Sprache?«

»Tschechisch.«

»Tschetschenisch?«

»Tschechisch.«

»Ich muss jetzt wirklich los.«

Höflichkeiten fliegen über die Tischplatte, Sätze über das Wetter, über die Kinder, Familie, Politik. Birgit biedert sich an, um die Rogner zu beruhigen, sie habe auch drei Kinder, drei Söhne, einer arbeite als Arzt in Zürich, zwei seien Anwälte in Consultingfirmen, die sie von Max Adler übernommen hätten, außerdem habe sie auch eine Enkeltochter und einen Enkel, der sei Frauenarzt, auch einen Urenkel habe sie, den kenne sie aber noch nicht persönlich, sollte mal etwas Zeit übrig bleiben, dann werde sie ihn gerne zu sich nehmen, einmal im Jahr in den Ferien, für eine Woche, vielleicht, ach so.

Birgit will noch etwas sagen, aber Dianas Tasse mit Chrysanthemen-Tee landet klirrend auf der Untertasse. Birgit zieht sich zurück in ihren Panzer und beugt sich zu Rogners Ohr.

»Wörter wie gefrorene Erdklumpen mit Spitzhacke zerhauen. Ins

Schwarze treffen. Damit Wörter schlüpfen und flügge werden können, eifrig und wahrhaftig. Rasch, bevor die Welt sie domestiziert und ihnen das Lügen beibringt. Sie kommunizieren mit anderen, saugen Geschichten ein, passen sich ihnen an, um zu gefallen. Ihr Ich ist geschwächt. Es ist da, aber es piepst nur vor sich hin.« Birgits Lippen flüstern dem Ohrläppchen zu: »Ich bin eine gesellige Frau. Wegen der Männer, wegen meiner vielen anderen, feigeren Ichs. Früher war ich wegen der Kinder gesellig, damit sie merkten, wie gut es tut, lebhaften, fröhlichen Kontakt mit anderen Menschen zu pflegen. Man nennt es im Kontakt mit der Welt sein.«

Die Rogner fühlt sich unwohl. Die Tasse mit dem Chrysanthemen-Tee klackert zum zweiten Mal auf der Untertasse; sie zerspringt.

Sie verlassen das China-Restaurant. Eine unberührte Flasche von Tsingtao-Bier bleibt auf dem Tisch stehen. Am Tisch die Chinesin. Das Lächeln rutscht ihr von den Lippen.

Es ist bewölkt; der Wind jagt graue, verstörte Wolkenfetzen umher. Die geschminkte Rogner hat nur ein Auge, und Dianas Gedanken machen einen Abstecher auf die nordfriesische Insel Amrum. Der Strand ist breit und der Sand wie feiner Staub und der Himmel frei. Die Dünen sehen aus wie Buckel rastender Dromedare; die Birken sind umgedrehte Besen, sie fegen die Wolken weg, und alle einäugigen Juristinnen verschwinden. Wenn es regnet, speien die Wolken graue Pfeile.

Die Rogner läuft zum geparkten Auto. Diana winkt ihr zu, als hätte sie etwas im Wagen liegen gelassen. Der Motor verstummt. Rogner kurbelt das Fenster herunter. Sie blickt neutral drein; das Gesicht einer Frau am Bahnhofsschalter, die Informationen über Ankunft und Abfahrt von längst eingestellten Zügen erteilt. Die Information liefert Diana.

»Es geht nicht um Vergewaltigung.«

»Worum denn?«

»Um Erniedrigung. Der Körper merkt sich die Erniedrigung, und wenn ihm keine Gerechtigkeit zuteil wird, benimmt er sich für den Rest seines Lebens entsprechend. Fordert weitere Demütigungen ein.«

*

Der Ermittler legt Scherben des Schwalbenmosaiks zusammen, klebt sie aneinander. Er rupft Löwenzahn aus, der als Freidenker außerhalb der Beete wächst. Warum ist der Löwenzahn nicht Papst?

In jeder freien Minute hockt er vor dem Monitor, beim Frühstück, vor dem Schlafengehen. Er ermittelt; es ist sein überspannter, privater Kampf. Er wähnte sich inmitten einer Stadt und eines Landes und einer Nation und eines Kontinents, er wähnte sich dort in Sicherheit und *außen vor*. Außer Reichweite von Geschehnissen und Nachrichten und Bildern, die hinter den schön zurechtgemachten lächelnden Frauen und Männern in aufgetakelten Fernsehstudios vorhersehbar die Wand herunterhuschen.

Er ist nicht in Sicherheit. Warum muss ausgerechnet ich in etwas hineingezogen werden, was für mich zu groß ist, was ich nicht bekämpfen kann, was in der globalen Luft hängt, und was ist überhaupt verdammt noch mal diese globale Luft, warum muss ich in etwas hineingeraten, wozu man dringend Polizei und Nachrichtendienste anderer Länder hinzuziehen müsste, warum muss ich in etwas reingezogen werden, was mich überdestilliert einsaugt und vernichtet? Der Zivilisationszyklus des alten Europas ist zu Ende.

Welche Polizeieinheit steht an der Spitze, welche ist die übernationale, und was ist das überhaupt, verdammt noch mal, wo und was und wer? Kontrollieren die sich gegenseitig, gibt es irgendjemanden, der sie kontrolliert? Vielleicht ist alles ein abgekartetes Spiel. Die alten Damen aus dem Haus unterm Petřín langweilen sich und spielen Domino. Schwalben als unsichtbare Assistentinnen in einem Computerspiel.

Sie spielen mit einer Technik, die außerhalb ihrer Zeit liegt.

Der Mann aus dem Glashaus am Prager Stadtrand hat ihn höhnisch in die Innenstadt navigiert. Eine verirrte Schwalbe hat ihn zu einem gewieften Schwarm geführt. Ein Kriminalfall ist ein Teil eines Ganzen, der Kontext ist wandelbar, was der Hauptfall war, wird zum Nebenfall, zu einem kleinen Punkt auf einem impressionistischen Bild. Was für ein brutales Computerspiel.

Nicht einmal ein Blitzschlag kann ganz simpel sein. Der Ermittler surft auf seinem Telefon im Netz, Vorgesetzte dürfen Brände legen, den anderen ist nicht einmal erlaubt, eine Kerze anzuzünden; er gibt das Wort SWALLOW ein. Es tauchen Körper unterschiedlicher Schwalbenarten der Welt auf. Unerwartet lange Flügel und kurze Schnäbel und Mut und Ausdauer und Engelscourage und drei Zehen nach vorne und eine Zehe nach hinten und Mut und stapelweise Artikel und Kommentare. Ausgezeichnete, auf der ganzen Welt verbreitete Flieger. Ernähren sich von Insekten, die sie im Flug erbeuten, haben außerordentlich gut entwickelte Kommunikations- und Signalisierungsfähigkeiten, sie verständigen sich auch über Flugformationen untereinander, die Hausschwalbe hat einen rostbraunen Punkt an der Kehle, ist schwarz mit einem rahmweißen Bauch und baut sich schalenartige Nester in Innenräumen, auch die Mehlschwalbe ist schwarz mit weißem Bürzel und weißem Bauch und einem sanft gegabelten Schwanz, ihre geschlossenen Nester mit runder Einflugöffnung errichtet sie an Außenmauern, die Uferschwalbe ist graubraun, und zur Brutzeit benötigt sie lehmige oder festsandige Steilufer und Abbruchkanten, wo sie ihre armtiefen Brutröhren anlegt.

Der Ermittler tippt weiter, zu Fleisch und Gefieder fügt er einen Gabelschwanz hinzu: *Filmproduktions- und Distributionsgesellschaft.* Ein internationaler Schnellzug rauscht in sein Telefon; listenweise ausländische Zweigstellen und Schwester- und Tochtergesellschaften. SWALLOW wurde nach dem Krieg von einer gewissen Ingrid Kafková gegründet, die 1957 Selbstmord beging, sich erhängte, ihr letzter Wunsch lautete, auf ihrem Grabstein möge Ingrid Wiesenthal stehen. SWALLOW kauft Filmrechte und Drehbücher, beteiligt sich an der Organisation von Festivals und Filmwettbewerben, gründet und fördert nationale Filmarchive, in den letzten Jahrzehnten bietet sie auch mediale Dienste an, arbeitet mit Ted Turner und Scheich Hamad bin Chalifa Al Thani zusammen, erreicht 360 Millionen Haushalte in zweihundert Ländern und Regionen, die Netze überlappen sich, die Netze reißen nicht, die Netze vermischen und verfestigen sich. Gedanken verwandeln sich allerdings nur mühsam in Reichtum, wenn es an sozialen Bindungen mangelt; damit sie entstehen, reichen dazu nicht einmal im Netzzeitalter nur elektromagnetische Wellen und ein Höchstgeschwindigkeitsanschluss aus, erfährt der Ermittler auf der Website von SWALLOW. Im Notizbuch des Ermittlers vermehren sich die Zieldestinationen der Sonnenstrahlen aus dem orangefarbenen Haus, sie füllen einen schweren Sack; die Adressen schleppen Schwalben in ihren Schnäbeln an.

Ein ganz simpler und direkter Flug.

Der Flug von Schwalben, die auf der Erde niemand wahrnimmt, weil sie immer da sind, und sind sie einmal nicht da, dann kommen sie bald wieder zurück. Sie wissen, wann die Zeit kommt, das Heimatnest zu verlassen, und wann die Zeit kommt, ins Heimatnest zurückzukehren. Sie haben keine Angst zurückzukehren, obwohl sie Bescheid wissen.

Es ist schlicht und simpel und überschaubar, kein komplizierter Spionageroman, bei Windstille rührt sich kein Baum, man muss sich nur in dem Durcheinander auskennen, die Wurzeln und Stützpunkte und Anbindungen an das weltweite Nachrichtensystem und an die Buchstaben CIA und NSA und MI6 und GCHQ durchkämmen, Nester innerhalb von Nestern, Königreiche europäischer und außereuropäischer Städte, man muss nur die Abhörtechnik anstöpseln und sich über Zugangsdaten hermachen und den Ton des Fadenwurms kennen und die Flügellänge nachmessen und die Schnabelschärfe. Drei Sonnendamen unternehmen ab und an eine kleine Reise, als wäre nichts geschehen, nichts passiert.

Aus dem orangefarbenen Haus unterm Petřín wandert Geld auf Schwalbenflügeln hinaus.

Das Häuschen reckt sich erleichtert, bis es ihm in den Knochen knackt, und spuckt aus.

Endlich hat es einer kapiert. Ein perfekt zusammengeklebter Fall eines klapprigen Busses.

Auch in die väterliche Tasche hat sich eine große Summe Eingang verschafft; nur deswegen erklärte sich der Vater der Vergewaltigten mit der Veröffentlichung des Namens seiner Tochter einverstanden. Aus dem Haus unterm Petřín strömten Wörter und Banknoten, damit der Bus mit dunkel getönten Scheiben nicht für immer im anonymen Weltverkehr verschwand, damit er der Öffentlichkeit vorgeführt werden konnte. Die Öffentlichkeit ist ein Golem, und dem Golem muss unbedingt der Schem unter die Zunge gelegt werden, damit er das Gesehene und Gehörte richtig entziffert und interpretiert. Die Außenwelt ist unleserlich.

Der Körper des Ermittlers wird schwer, im Labyrinth bekommt man keine Luft.

Das Haus unterm Petřín verpasst der Polizei einen arroganten Denkzettel. Es war nicht nur Vergewaltigung.

Eine Vergewaltigung ist ein Verbrechen.

Er kann das Wort nicht mehr sehen und nicht mehr hören, er kann es weder spüren noch kosten. Sein Magen rebelliert. Das Wort haftet dem Ermittler an der Stirn und darunter. Fallendes Laub spaltet ihm den Schädel. Das Haus unterm Petřín kann jubeln; es hat den Ermittler unter Kontrolle. Der Ermittler hat das Gefühl, fremde Augen beobachteten ihn. Fremde Ohren hörten ihn ab. Ihm scheint, als nehme man ihn auf und dokumentiere seine Bewegungen mit versteckter Kamera, nein, als hätte man zwei Kameras auf ihn eingesetzt, nein, drei.

Dass über den Köpfen aller Polizisten, die sich auf der Fahrbahn über den nackten Körpern stritten, violette Kreuze schweben, wundert ihn nicht.

Das Telefon des Ermittlers piept.

Der Falkenruf des alten Arztes bleibt unbeantwortet. Das Feuer hat dem Ermittler die Wimpern versengt, er öffnet die Augen. Manche Kinder werden durch das Gesehene so traumatisiert, dass sie jahrelang nicht sprechen.

Die Witwe spielt mit dem Kind, sieht die unrasierte Wange des Ermittlers. Sieht das herbstliche Stoppelfeld und die Altersringe des Gesichts. Sie ist verliebt, sie fürchtet sich vor der Verliebtheit. Und verlangt nicht, dass ihre Verliebtheit erwidert wird.

Sie fürchtet sich, sie ist fest davon überzeugt, dass sie sich in dieser Witwen- und Waisenzeit nicht verlieben darf. Dass sich das nicht ziemt. Dass sie sich in Trauer marinieren und nur von ihr durchziehen lassen darf. Dass sie Ruhe braucht. Um Abstand zu gewinnen. Alle Mütter behaupten, wenn Gott eine Tür zumache, gehe dafür ein Fenster auf, aber sag bloß, wann und welches. Sie kann sich nicht helfen, er hat sie bereits erobert, ein Vogel wundert sich nicht, dass er fliegen kann.

Die Frau bringt das Kind ins Bett, drückt ihre Stirn an die warme Wange.

Der Ermittler ist müde. Er hat ein Nickerchen auf dem Sofa gemacht. Wacht auf und steht mühsam auf. Seine weit aufgerissenen Augen sind gerötet. Er will ihr etwas sagen. Sie hält ihn zurück.

Ich will nicht wissen, was du machst, wenn du nicht bei mir bist. Ich will dir glauben und ich will keine Angst haben und ich will mich nicht verunsichern lassen.

Sie legt den Kopf auf seine Brust, knöpft sein Hemd auf, bohrt die Nase in die schwarze Brustwolle und atmet ein. Der Mann streichelt ihre hellen Haare, zerreibt die Weichheit zwischen den Fingern, in den hellen Haaren glänzt eine rötliche Saite hervor, ein rostbrauner Punkt an der Kehle. Er streichelt ihr den Rücken, malt ein großes, rundes »F« auf jede Flanke.

Die Frau löst sich. Die Frau bringt Gläser und eine gekühlte Weißweinflasche, *Pinot Grigio*, Weinbauer *Cantina Tramin*. Der Ermittler nimmt sie ihr aus der Hand und entkorkt sie. Sie küssen sich, und der Mann treibt die Frau wie ein Bulldozer vor sich. Er steuert das Schlafzimmer an. Die Frau weicht.

Sie machen Liebe. Körperliche Leidenschaft stellt für sie einen Mehrwert dar. Körperliche Leidenschaft stellt für ihn die Rettung dar. Im Rettungsnetz vergisst er die Welt der Schwalben, vergisst sich selbst.

Die Frau legt den Kopf auf seine Schulter. Der Ermittler steht auf. Er muss rauchen. Er schlüpft in den schwarzen Slip. Halbnackt steht er auf der verglasten Terrasse, die ganze Welt sieht ihm aus Flügelhöhe zu, er kommt sich verloren vor. Das Glas ist zerbrechlich. Die Frau zieht einen glänzenden Morgenmantel mit chinesischen Zeichen über. Bringt gefüllte Gläser mit. Der Mann stößt mit ihr an, ist aber nicht da. Ich bin hier, sagt die Frau. Und ich liebe dich.

Der Mann sieht sie überrascht an. Schließt sie in die Arme. Erinnerungen sind von Bedeutungen umsponnen, die man nicht in Worte kleiden kann. Was in der Vergangenheit geschah, kam einem damals vielleicht wichtig oder unwichtig vor. Aber die Erinnerung ist mit Bedeutung aufgeladen, Tränen fließen ohne Grund; der Mann möchte beichten, er ist auf der Kippe, das Glas zerschellt, und es ist kein Zusammenbruch. Überall wimmelt es vor weißen Bäuchlein und rahmweißen Brüsten und rostbraunen Punkten an der Kehle. Der Ermittler legt die Hand an die Glasscheibe; ein weißes Bäuchlein hinterm Glas streift im Flug seine Handfläche.

Die Frau nippt am vierten Glas. Der Ermittler fängt sein achtes an. Der Wein stammt aus den Vorräten, die der Erhängte regelmäßig in Frankreich und Italien besorgte, Coq au Vin war sein Leib- und Magengericht, das schmeckt mir, alles andere ist Kotzbouillon, hat er sich immer echauffiert.

Das will ich alles gar nicht wissen, denkt der Ermittler, nein, wirklich nicht. Versetzt den Wein mit einem Glas Whiskey.

Im Körper des Ermittlers wird eine Stimme laut, die murmelt und schluckt und jammert, nichts von dem, was er tue, habe einen Sinn, seine Arbeit sei sinnlos, sein Leben auch. Der Ermittler richtet seine gläserne Anspannung auf die Frau und setzt dem glänzenden Morgenmantel zu, befeuert ihn mit Scherben in Rautenform. Was für eine großartige Geliebte. Sie solle ihm doch alle Männer nennen, die sie je umarmt und geküsst und liebkost, mit denen sie je gevögelt und gebumst und gefickt hat, seine Stimme wankt und setzt ihr zu, sie solle Namen nennen und Adressen, sie solle erzählen, wer und wo und wann ihrem Körper beigebracht hat, so leidenschaftlich zu lieben, wer ihren Mund die Fellatio gelehrt hat, wo habe sie gelernt, so perfekt den Schwanz zu blasen, sag das Wort doch, komm schon, sag Knüppel, na komm, geh nicht weg, zier dich doch nicht, bleib doch stehen, verdammt.

Des Ermittlers böse Stimme reißt sich von der Kette, hält den Finger am Abzug. Die innere Verzweiflung stachelt hinterlistig die weinerliche Stimme an. Die innere Verzweiflung jagt die Stimme in unterirdische Höhen. Täuscht vielleicht die hochgeschätzte Witwe die Liebe zu ihm einfach nur vor, als erfolgreiche Goldgräberin, Platingräberin? Jetzt habe sie sich also ihn vorgenommen. Und habe ihn schnell um den Finger gewickelt, wohl nur um die Spuren zu verwischen, wo sie die ganze Zeit die Hauptverdächtige sei, ja, so gewieft sei sie also, so durchtrieben, so clever, wie diese Schwalben, die herumfliegen, als wäre nichts passiert, in ihrem weißen Brustkleidchen fliegen sie, wohin sie wollen, wann sie wollen, huschen vorbei und vereinfachen alles, und niemand kriege sie je zum Verhör vorgeladen.

Die geschundene Stimme kulminiert im meisterlich hohen Raubvogelton, im Ton des Bösen, der Ermittler hatte bis dahin keine Ahnung, ihn in sich beherbergt zu haben. Er kreischt den höchsten Ton, das Glas der Terrasse zersplittert, das Gesicht der Frau verwischt, und er sieht darin den verwirrenden Abglanz schmerzlicher Erinnerungen an alle Mädchen und Frauen, die ihn je verraten und belogen und betrogen und verlassen haben. Du kannst nicht lieben, du magst nur dich und dein Kind. Und noch dazu diese durchgeknallten alten Weiber, die das Haus unterm Petřín in Beschlag genommen haben, wegen der Bruchbude kann ich nicht mehr schlafen, all die rolligen Katzen, die in der Gegend herumscharwenzeln, während der ausgemergelte schwarze Hund immer nur auf dem Kopfsteinpflaster hockt.

Entweder wir bringen uns gegenseitig um oder wir bleiben bis zum Tode zusammen. Die Stimme des Ermittlers hat zu Ende gebellt und bricht.

Die zweite Variante gilt also immer noch.

Die Frau schafft unauffällig die honigbringenden Flaschen außer Reichweite. Versucht den Ermittler aufzumuntern. Sieht den Betrunkenen mit nüchternen Augen an; trinken will sie nicht. Sie stöpselt ihre Angst mit schwarzem Humor zu, mit Berührungen, Lächeln. Sie pustet den Spleen weg. Vergeblich. Die Frau zieht sich zurück. Fängt auch an zu trinken. Sie säuft. Die durch Alkohol aufgelockerten Gesten gewinnen an Härte. Die gewürzte Stimme fährt die Stimme des Ermittlers an.

Ja, sie sei unabhängig. Und sie werde sich nie wieder von irgendjemandem was sagen lassen. Und was will diese Ermittlerstimme eigentlich von ihr hören?

»Was? Wie deine Busenfreundin lebt.«

»Busenfreundin?«

»Ja, diese Freundin, von der du mir erzählt hast.«

Was möchte denn die Ermittlerstimme nun hören?

Alles. Die Freundin erinnert ihn an Birgit Stadtherrová.

»Dann erzähl ich dir alles über sie. Ja, sie benimmt sich wie ein Mann und nimmt Männer nicht ernst und nimmt Sex ernst. Aber das ist nicht ohne! Für einen Mann ist Sex eine Kerbe im Gewehrkolben. Für eine Frau ist Sex die Möglichkeit, den Mann in eine vertrautere Beziehung hineinzuziehen, das ist dir bei deiner Lektüre nirgendwo untergekommen, was? Beide bekommen das Gleiche. Die Absichten sind anders, hmmm, und am Ende geht die eine oder andere Seite leer aus, hmmm. Ja, meine Freundin ist genauso promiskuitiv wie heterosexuelle Männer. Vielleicht ist sie promiskuitiver als heterosexuelle Männer.

Ihre Absichten sind genauso eindeutig wie die Absichten der Männer. Sie zählt die Kerben auf dem Kolben. Sex ist Freude. Das ist ihr Beitrag zur Geschichte der Freude. Meine Freundin gänzlich zu beherrschen, zu verstehen und zu ertragen, hat bisher niemand geschafft, und es wird auch nie jemand schaffen. Mich überrascht eher, dass es dich überrascht. Wenn Männer zwischen ihrer sechzigjährigen Gattin und einer um zwanzig, vierzig Jahre jüngeren Geliebten wählen sollen. Die Körper der Greise wissen, was sie belebt. Unfähig zu verzeihen und unfähig zu vergessen. Erregt werden sie eher von den Männern, mit denen sie zusammenarbeiten und mit denen sie die Welt erobern, als von den Frauen, mit denen sie schlafen.

Das Wort Untreue versteht meine Freundin nicht. Verwundert sah sie ihren Gatten an, verstand nicht, warum er so ein Theater machte, wenn sie nur dasselbe tat wie er: Über ihre Orgasmen selbst entscheiden. Sie war und ist nicht untreu. Sie hat nie Treue versprochen. Das Wort Treue versteht sie nicht, es hat den Schwarm ihrer Worte verlassen. Sie wollte und will nichts von den Männern. Sie hatte Kinder. Ihr Herz hielt ein Nickerchen, und sie lief auf Zehenspitzen davon. Ihr Geist und ihr Körper waren geteilt. Sie wollte keine festen Verabredungen und beim Abschied sagte sie nie: ›Auf Wiedersehen‹. Sie war ein Zufluchtsort. Ein schützendes Nest vor der Außenwelt. Und das schwächte die Männer und verwirrte sie, eine Weiblichkeit, die keinen Tribut in Form von Eifersucht einforderte. Das Ganze bildete eine Symphonie, auf einmal war ein Zusammenleben möglich. Ein Mann in mehreren Körpern. Die Oberflächlichkeit, mit der Männer Frauen wahrnehmen, ist in flüssiger Form von Vorteil, Polygamie, ja ja, warum nicht. Sie benimmt sich wie ein durchschnittlich selbstbewusster Mann.«

»Hat die Fotze irgendwas Konkretes erzählt?«

»Konkretes?«

»Ja, Konkretes.«

»*Alte* und eitle Körper, nur auf sich selbst und die eigene Ausdauer und große Herausforderungen konzentriert, ihr Stolz von übertriebener Höflichkeit kaschiert. *Junge* und eitle Körper, nur auf sich selbst und die eigene Ausdauer und große Herausforderungen konzentriert, ihr Stolz von übertriebener Freigeistigkeit kaschiert. Sie betrog sie nicht. Sie naschten vom Pfefferkuchen und entspannten sich. Sie befanden sich im Nest, das sie nicht bedrohte. Sie nahm nur das Beste an ihnen wahr, brachte Funken vergessener Wünsche zum Lodern. Als sie nach ihrem zwanzigsten, dreißigsten, vierzigsten, fünfzigsten oder sechzigsten oder auch vielleicht auch siebzigsten Geburtstag schwach wurden, redete sie ihnen zu, nicht aufzugeben. Sie empfahl ihnen, ihre Frauen und Partnerinnen nicht zu verlassen. Sich den Kindern zu widmen. Anfangs stellte sie immer klar, dass sie keine Beziehung und keine Gefühle wollte, aha, es gehe nur um einen ordentlichen Fick, rückversicherten die Männer sich, ach so, herrlich. Anfangs waren sie erleichtert. Was für eine Prachtfrau! Paradiesische Musik offener Worte. Sie bestätigte ihnen ihr Selbstbild. Sie brauchten eine Frau mit eigener Meinung, klug, lebendig und unabhängig, gleichzeitig aber absolut fügsam, ohne Wenn und Aber. Sobald sie eine vertrautere Beziehung erzwangen, Besitzansprüche anmeldeten, sobald sie ihr *Ich* öffnen, sie beherrschen, ändern und schwächen wollten, verwies sie auf die Existenz von anderen Frauen, verweigerte sich. Sie fühlte sich in dem Männerklub nur dann sicher, wenn er sie als Ganzes umgab, so war sie nicht einem einzigen Waldbaumläufer ausgeliefert, einem Neuntöter, Kolkraben, Seidenschwanz oder Schwarzköpfchen. Sie kamen zu ihr zum Trinken, aus ihrer Quelle. Das war und ist natürlich und schön. Allen gab sie nur den Teil von sich selbst, dem sie gewachsen waren und den sie überhaupt wahrnahmen, nur so brauchten sie sich nicht vor ihrer Intensität zu fürchten. Sie wollte nie was von ihnen. Sie will nie was von ihnen.«

»Mit der bleibst du nicht befreundet!«

»Nur mit der bleibe ich befreundet.«

Die Stimmen schreien und rasseln und plündern den Raum.

»Und noch was erzähle ich dir von ihr.«

»Will nie wieder was von der hören.«

»Du darfst nicht nur über dich reden, hör doch zu! Sie trennte sich ohne eine Spur von Traurigkeit, ruhig und sachlich. Wie einen Weihnachtsbaum behängten die Männer sie mit ihren Wünschen, wie radikal *sie deren* Leben ändern solle. Sie sollte der Motor der Veränderungen sein. Sie sollte für sie da sein, für ihre Leben; an ihr Leben dachte keiner. Sie sollte da sein für ihre Körper, ihre Seelen, ihre Lebensträume und Neuanfänge, zu denen neue Kinder passen würden. Sie fragte keiner. Keiner dachte darüber nach, ob auch sie ihr Leben ändern wollte. Männer, die nur Spaß hatten. Männer sind schlau, sie ziehen sich heraus und lenken die Aufmerksamkeit von ihren amoralischen Taten genauso ab wie Frauen. Sie warfen ihr Beleidigungen ins Gesicht, sie solle sich bloß nichts einbilden, in zwanzig, dreißig Jahren sei die Menopause da. Und dabei wollten sie den Altersgraben zwischen den Körpern auslöschen. Als wäre die Menopause nicht ein Teil ihres Körpers, sondern eine gesellschaftlich geprüfte Minderwertigkeitsplakette, ein Aufkleber für verletzliche und abgestellte Körper. Als müsste sie überglücklich sein, dass sie sie überhaupt eines Blickes gewürdigt hatten. Anstatt ihr für die Zeit zu danken, die sie ihnen gewidmet hatte. Nach ihrer Menopause werde sie mit Noblesse durchs Leben schreiten, das hat sie zu mir gesagt.«

»Sie ist peinlich!«, schreit die Ermittlerstimme.

»Warum? Wo doch die Welt von siebzig- und achtzigjährigen Vätern überwuchert wird?«

»Und wie alt ist sie?«

»In der Hinsicht lügt sie die Herrschaften an. Sie weiß, dass das Gehirn auf Zahlen fixiert ist. Sie gibt ihren Körper nur denen, die nicht jammern. Sie freut sich über eine Welt, die man so leicht am Schlafittchen packt, weil diese verlogene Welt keine Welt ist, sondern ein Traum. Die Verbitterung der *zum ersten Mal* betrogenen Männer, die ihre Frauen ihr ganzes Leben lang betrogen haben, ist tückisch, sie nehmen sie bis mit ins Grab. Sie hat sie mit dem Wasser des Lebens besprüht und erfrischt an ihre Gattinnen zurückgegeben, die sie ohne mit der Wimper zu zucken verlassen wollten. Sie sagte, das Ausmaß der Feigheit beleidige sie. Die Männer leben mit Frauen zusammen, mit denen sie nicht zusammen sein wollen. Von denen sie erniedrigt werden, die ihre Mails und Anrufe und Jacken- und Hosentaschen kontrollieren. Bei denen sie sich stündlich melden müssen. Dabei werden diese Frauen ihr Leben lang betrogen, sie wissen nichts von den unehelichen Kindern ihrer Männer.«

»Woher weißt du das?«

»Sie hat es mir erzählt, nur mir. Sie gehen nicht aufrecht und mit Grazie weg, um allein zu leben, vielleicht in einer Einzimmerwohnung, sie sind so feige, dass sie die regelmäßige Zufuhr an Bequemlichkeiten, bereitgestelltem Mittagessen, warmen Abendmahlzeiten und ermüdendem Sex nie verlassen, sie warten, bis sie jemandem begegnen, *dessentwegen* sie gehen könnten, sie warten auf einen Anstoß, und wenn der Anstoß weg ist, kriechen sie ins Häuschen zurück. Sie brachte sie auf eingefahrene Gleise zurück; sie konnten nicht tun, als hätte es die Gleise nie gegeben. Sie wüteten herum, sie war ihnen aufs Hühnerauge getreten. Sie waren gewohnt, diejenigen zu sein, die sich trennen. Wie waren sie wütend, dass sie ihre Männlichkeit erniedrigt hatte, den erhobenen, durch anregende Pillen durchbluteten Mast. Sie suchte kein jüngeres Fleisch. Sie suchte nach einem Körper, der nicht in einer perfekt gebauten Lüge verkrustet war, die sich hinter maßgeschneiderten Schuhen und teuren Sakkos verbarg. Sie glaubten, als Lover versagt zu haben, das war der wunde Punkt, sie wollten die besten Lover der Welt sein, auch die klügsten von ihnen erzählten, dass sie Mittel gefunden hätten für eine vierstündige Erektion, glücklich, was heutzutage alles möglich sei. Sie wären weniger wütend gewesen, wenn sie nicht so erfolgreich gewesen wäre, nicht so echt, nicht so stark, wenn sie ihre Orgasmen nur vorgetäuscht hätte, oder wenn sie diejenigen gewesen wären, die ihre Worte ausgesprochen hätten: Das hier nennt man nicht Liebe, Schätzchen, das nennt man nur einen perfekten Fick.«

»Und du?«

»Wie, ich?«

»Du!«

»Ich machte sie darauf aufmerksam, dass die Eigenliebe ermöglicht und genährt wird von Ehefrauen, die herrschen und schweigen und Buntfaltenhosen und Jeans bügeln, die um ihre Männer kreisen und ihnen dienen und sich vor jeder jüngeren Frau fürchten, jedes Jahr fürchten sie sich vor einem größer werdenden Schwarm junger Frauen, denn die vermehren sich nämlich, und so verschanzen sie sich hinter ihren Wohnungen und Häusern und Gärten und Urlauben in Thailand und Brasilien und Sporttouren, wo sie mit einer Eliteauswahl von Freunden die Dolomiten auf dem Fahrrad überqueren oder die Alpen auf Skiern, sie verschanzen sich in ihren Wochenendhäusern, wo jedes Ding auf seinem unverrückbaren Platz steht, im Frühling wird das Wochenendhaus geöffnet und im Herbst geschlossen. Jahr für Jahr, jahrzehntelang. Wo haben sie bloß die Freude der Körper eingeparkt? Wo die Wahrheit?«

»Ich will das nicht hören.«

»Ich mag sie.«

»Ich kann sie nicht ab.«

»Sie hat keine Angst vor dem Alleinsein. Sie benimmt sich wie ein Mann, aber ohne Besitzansprüche. Verlangt keine blinde Hingabe. Sie will Freiheit und sie schenkt Freiheit. Besitzansprüche erhebt sie nicht, eine solche Neigung versteht sie nicht. Sie versteht nicht, dass sowohl Männer als auch Frauen sie hassen. Sie versteht nicht, dass sie ein Störenfried ist, ein Kleinbürger will nicht wissen, in welchem Trugbild er lebt. Sie versteht, dass die schlimmsten Menschen dieser Welt Trittbrettfahrer sind. Die sind schlimmer als Nazis, schlimmer als Kommis, schlimmer als Mörder. Nie riskieren sie etwas im Ernst und nie helfen sie jemandem im Ernst.«

»Mit der bleibst du nicht befreundet!«

»Nur mit der bleibe ich befreundet.«

Die Stimmen sind der Spähtrupp und die angreifende Vorhut der Körper. Die Stimmen verletzen sich gegenseitig, sie fechten präventiv mit Wörtern, damit der Körper, der Sitz der Seele, nicht verletzt wird. Damit das Herz nicht blutet, hmmm. Aus den Stimmen tröpfelt Unsicherheit, ob der andere es ernst meint. Die Körper ängstigen sich, zugepflastert mit der uralten und tiefen Erfahrung, dass in einer Beziehung immer der eine gibt und der andere nimmt. Die Körper wissen, dass in diesem einen Moment die beiden Rollen auseinanderdividiert werden.

Die Frau steht auf. Wankt ins Schlafzimmer. Ihr Glas nimmt sie mit. Ihr Körper im glänzenden Morgenmantel lässt sich vielsagend quer übers Bett fallen. Für den anderen ist kein Platz. Sie schläft sofort ein.

Der Mann zieht sein Hemd und seine Hose an, schnallt den Gürtel zu. Angezogen setzt er sich in den Sessel. Schiebt den Sessel ans Bett. Sieht die Frau an. Liest in den chinesischen Zeichen auf dem glänzenden Morgenmantel. Nein, das lass ich lieber. Wir bringen uns gegenseitig um.

Er steht auf. Geht auf die Straße hinaus.

Im vietnamesischen Spätshop, an dem die obdachlosenfreien Nachtstraßenbahnen vorbeirattern, kauft er sich eine Flasche Schnaps in einer Papiertüte. Sein Körper findet das Streunerversteck im orangefarbenen Haus unterm Petřín. Sein Fuß tritt den ausgemergelten schwarzen Hund. Der Hund jault nicht.

Der Ermittler lässt sich auf das weiße Bett im Gästezimmer fallen. Starrt an die Decke. Starrt auf die geraden Rücken von Birgit Stadtherrovás Büchern. Liebemachen ist mit Liebe verbunden, Ficken mit Raserei. Er streckt den Bücherrücken die Zunge raus und trinkt aus der braunen Papiertüte. Das Leben, wie schön, wie herrlich.

Die Witwe ruft nach ein paar Stunden an. Der Ermittler streckt dem schluchzenden Telefon die Zunge raus. Die Hand greift nach dem Telefon.

Seine Stimme hat sich zu fettverschmierten Flügeln durchgetrunken.

»Ist mein beschissener Charakter, bin ein Idiot. Will für die anderen nur das Beste und tue und mache alles für sie und biete nur das Beste, und innerlich kotzt es mich an, dass ich der gutmütige Idiot bin und mir dabei selber schade.«

Die Stimme der Frau wird nüchtern. »Du kannst aber nicht wissen, was das Beste für die anderen ist. Du musst auf deine Grenzen achten. *Ich* helfe dir dabei.«

Die Stimme der Frau fragt vorsichtig. »Bei mir ist das aber hoffentlich nicht so. Du bereust nicht, dass du für mich nur das Beste willst.«

»Auch«, die Stimme beißt.

Die Frau kann vor Angst kaum atmen, sie möchte weinen, sie bedrängt ihn, will eine Antwort haben und fürchtet sich gleichzeitig davor. Sie dreht bald durch, das geht ganz schnell. In die Ohren spricht ihr Trunkenheit.

»Du wirst schon wieder nach oben kommen, musst nur den richtigen Mann finden, du Möchtegern-Mondäne, ein Skandal droht dir nicht mehr, sein Tod ist bald vergessen, kein öffentlicher Skandal unterscheidet dich von anständigen Tussen und von den Nutten trennt dich die Knete. Deine Fotze, die ist 'ne echte Zeitbombe. Ist doch ganz einfach. Wenn in dir endlich das Weib aufgewacht ist, geht's mit Karacho los. Du hast den Fick-mich-Blick. *Eine Fotze treidelt glatt vier Schiffe*, das hat Birgit Stadtherrová geschrieben, warum lachst du nicht? Mich kotzen so viele Dinge bei dir an und dich bei mir bestimmt auch, das liegt am Charakter, das sind Emotionen.«

»Was für Kleinigkeiten?«

»Ah, Miss Marple ermittelt. Das kann ich jetzt nicht sagen, dazu müsste ich etwas ausholen. Ist eigentlich banal. Ich bin wie mein Kollege. Der hat zwei kleine Kinder und will auch, wenn er mal alt ist, allein in seinem Wochenendhaus leben, weil seine Frau, die nimmt nur und gibt nichts.«

»Aber was stört dich an mir?«

Die betrunkene Stimme sagt nichts mehr, bei Windstille rühren sich die Bäume nicht, die betrunkene Stimme kickt den Körper aus dem Bett und schickt ihn auf die Straße für die nächste braune Papiertüte. Der Mann weiß nicht, wie er sie damit quält. Er weiß nicht, dass er sie damit verlieren könnte. Sie hat alles geboten, sie hat sich ihm hingegeben. Die Frau fühlt sich miserabel und zieht sich zurück, es geht ihr schlimmer als dem ausgemergelten Streunerhund, und sie weiß, dass sie dem Mann jetzt nichts erklären kann, dass sie warten muss, bis der Körper nüchtern wird, denn er kämpft nicht mit ihr, er kämpft nur mit sich selbst. Und er weiß es nicht einmal.

In der Morgendämmerung schreibt sie ihm.

Wenn du mich verlieren willst, dann bist du auf dem besten Weg.

Willkommen in der Beziehungskiste, liebes Rebhuhn. Beziehungen tun weh. Signalisiert ihr der Körper.

In der Innenstadt wacht der Mann auf. Antwortet sofort. *Ich liebe dich und bitte um Entschuldigung, Problem liegt bei mir, bin ein Loser, Helfersyndrom, will für meine Leute nur das Beste, dann Stimmungswechsel, Absturz, Destruktion etc., daran ist mein verdammter Charakter schuld, für Beziehungen nicht einfach, wenn wir uns wieder sehen, versuche ich, es dir zu erklären, Kuss.*

Die Frau küsst das Telefon. Dankbar, dass der Mann sie nicht anlügt. Obwohl er so viel riskiert dabei.

Du brauchst dich nicht zu entschuldigen, wir schaffen das, ich bin bei dir, wir müssen vor allem reden, bin so glücklich über deine Zeilen, du ahnst nicht mal wie, habe mich so furchtbar gefühlt, ganz zertreten, einiges verstehe ich noch nicht, aber ich will verstehen, ich liebe dich so sehr und küsse dich am ganzen Körper. Rieche am Kissen, wo dein Kopf gelegen hat.

Die Stimmen werden weicher. Die Stimmen räumen das Schlachtfeld auf. Müde schleifen sie die Rüstung aus Peinlichkeiten hinter sich her und verlassen die gepeinigten Körper.

Der Mann stürmt das Glashaus gemeinsam mit dem hellen Morgen. Er bittet um Entschuldigung, er schämt sich. Für Entschuldigung und Scham reichen Wörter nicht. Wörter können Schlimmes tun, Abbitte leisten können sie nicht. Aus dem Mann und aus der Frau sprechen Unsicherheit und Angst. Vielleicht riskieren sie eine weitere Verletzung. Vielleicht spielt der andere ein unlauteres Spiel in der Geschichte der Freude.

Tut er nicht. Die Körper schicken ein Signal, atmen tief ein und aus. Nähe und Distanz und Isolation. Darum geht es hier, um nichts weniger, nur darum. Geweitete Nasenflügel signalisieren Sicherheit und Vertrauen. Die schlimmste Serpentinenabfahrt haben sie hinter sich. Die Schwalben auf den Telegraphendrähten gruppieren sich nicht um, solch öde Bilder aus dem Leben menschlicher Körper sehen sie seit Jahrhunderten überall auf der Welt; das haut sie nicht vom Draht.

Das Haus will sich auskotzen.

Der Ermittler lässt das Gesehene sich setzen, schält es wie einen Stein aus einer dunkelblauen, violett angehauchten Pflaume. Also alles von vorn. Den Pflaumenschnaps neu destillieren, das bereits Destillierte neu destillieren.

Rasant abgeschlossen wurden nur die verblichenen Kriegsfälle. Besonders gut versorgt ist das Jahr 1945, es ist akribisch und penibel aufgeräumt und durchleuchtet, gewogen, gemessen, fotografiert, rasiert, eingeseift und hübsch verpackt. Auf der Rückseite abgestandener Fotos verwischte offizielle Stempel des Nachrichtendienstes mit Ortsangaben und dem Namen einer jungen Fotografin: Diana Bussard. Rückwirkend sind auch die verwachsenen Jahre 1933 bis 1946 gut durchkämmt worden. Alles ordentlich gejätet. Etwas lichter fallen die fünfziger und sechziger Jahre aus. Die Akten werden von einer strengen Hand geführt. Manche Eintragungen sind in kindlicher Kolibrischrift verfasst, sie wackelt auf den Linien der durchhängenden Telegraphendrähte, die jemand anders gehören; die Schwalben rücken zusammen und wundern sich nicht über Ausgestoßene. Auf die Deckel dieser Metallschachteln sind keine Fleischkeulen des Buchstaben F gestanzt wie auf die Deckel der gegenwärtigen Schachteln, sondern der gegabelte Buchstabe V: nur ein gegabelter Schwalbenschwanz.

V wie gespreizte Beine. V wie ein Biss in einer Brotscheibe. V wie ausgestochene Linzer Plätzchen. V wie ausgelachte, wegretuschierte

Verbrechen der Kriegszeit, mit denen sich keine einflussreiche Person beschäftigt, geschweige denn sie als Kriegsverbrechen anerkennen will. Die Opfer wussten, dass sie vergeblich nach der enteigneten Gerechtigkeit verlangten, sie wussten, sie würden die erträumte Gerechtigkeit nie bekommen. Die Behörden äußerten sich ähnlich vage wie im Fall der dreiundzwanzigjährigen Inderin. Die Opfer wurden nicht ernst genommen, ihr Bericht nicht aufgenommen, keine Untersuchung wurde angeordnet. Das Vergessene ist explosiv, in Flaschen abgefüllt; der Korkenzieher fehlt.

Ausgesuchte Fälle jener dreizehn Jahre sind auf besessene, mehr als akribische Art und Weise dokumentiert. Mit dem klaren Ziel, den geilen Täter zu finden und ihn zu bestrafen, ihn aus der Tür hinauswanken zu lassen, um ihn dann abzustechen. Die Opfer haben keine Ahnung, dass sich jemand ihrer angenommen hat. Besondere Fürsorge lässt man heranwachsenden Mädchen angedeihen; eine weitere bemerkenswerte Schwalbeneigenschaft ist die Orientierung im Raum.

Der Ermittler wird überrumpelt von einem Stapel ausgebaggerter Fälle aus dem Zweiten Weltkrieg und der Zeit unmittelbar danach. Namenslisten mit blassen violetten Kreuzen und einem aufs Handgelenk tätowierten »V«. Verbrecher. Kriegsverbrecher. Das Vergehen der verschreckten Verbrecher ist klar. Vergewaltigung.

Ausschabung und Fruchtaustreibung. Nachdem alles gesäubert war, was von jenem Jahrzehnt gesäubert werden musste, kommt es im Schwalbenschwarm zu einer schwankenden Spaltung.

Den nächsten Jahrzehnten mangelt es an einem einschneidenden, kommunizierenden unterirdischen Fluss. Es wuchert an kräftezehrenden Quellen und Kapillaren, es türmen sich Beobachtungen von Körpern in einzelnen Ländern. Der Schwarm driftet auseinander, die führende Schwälbin bekommt im Adlergefieder keine Luft mehr. Erst Ende der launischen achtziger Jahre findet sie mit Hilfe der Wachtel eine Lösung.

Sie dreht die Perspektive der Kriegsführung um.

Sie lässt sich nicht durch jeden gefallenen Körper schwächen. Es geht nicht mehr um persönliche Abrechnung. Sie spart ihre Kräfte für eine freundliche Schwarmrettung. Für die Änderung des lauwarmen Systems. Sie hebt nur einen einzigen Piepmatz von einem ganzen Schwarm heraus, ein aus dem Vogelnest gefallenes Junges, sucht ein Stellvertreterbeispiel, spießt es auf ihr Banner, hält es hoch und verallgemeinert. Eine Schwalbe ist imstande, die grobe Flugrichtung einzuschätzen, sie verfügt über einen Navigationssinn, nach dem sie Richtungskorrekturen ausführt und sich optisch orientiert, sie folgt der Sonne und den Sternen und lernt von den Möwen, Magnetfelder zur Orientierung zu nutzen. Sie setzt alle Kräfte dafür ein, die *Gesetze* der entsprechenden Länder zu ändern, die Freundlichkeit einer Schwalbe wiegt mehr als Gesetze der Herrscher.

Der Ermittler muss was trinken.

Sofort.

Der Ermittler sitzt im Arbeitszimmer des Gerichtsmediziners. »Sie haben sich lange nicht blicken lassen, mein Freund.«

»Ich habe gerade sehr viel … viel … zu tun«, sagt der Ermittler.

»Vielleicht könnte ich Ihnen irgendwie Abhilfe verschaffen.«

»Leider nicht.«

»Ich habe gehört, dass der Fall von Ihrer Hängepuppe kurz vor dem Abschluss steht.«

»Hmmm.«

»Da haben wir auf dem Prager Friedhof gleich ein imaginäres rotes Lichtchen mehr, oder? Schuld und Unschuld berühren mich nicht, Unschuld pflegt im Kontext unseres irrationalen Lebens Schuld zu werden und umkehrt. Nur schade, dass wir nichts über den zerschredderten Unrat hinter den gepflegten Fingernägeln in Erfahrung bringen konnten.«

Der Arzt schenkt Falkenwhiskey ein, wirft Eiswürfel hinein, rührt um. Dem Ermittler reicht er eine unverdünnte, honigfarbene Flüssigkeit. Der Arzt legt die Pfeife zur Seite, bietet dem Ermittler eine Zigarre an. Dreht sich um, nimmt einen klobigen Glasaschenbecher vom Fensterbrett.

»Wie ist sie eigentlich?«, fragt der Falkenrücken.

»Unglaublich«, antwortet der Ermittler, »unglaublich«.

»Aha.«

»Klug, hat zwei Hochschulen absolviert.«

»Aha.«

»Nach der Heirat ist sie zu Hause geblieben, sie ist 'ne tolle Hausfrau, Wäschefrau, Köchin, alles ganz vorbildlich. Und sie kümmert sich um ihren Sohn. Eine echte Mama.«

»Wir haben den gleichen Sinn für Humor.«

»Und eine bessere Geliebte habe ich noch nie gehabt.«

»Aber, aber, aber, Sie sind ja fast verloren. So was gibt es doch gar nicht«, lacht die Zigarre des Arztes. Der Ermittler nimmt einen Schluck. Schweigt ausgiebig.

»Spielt keine Rolle, was Sie denken, mir ist egal, ob Sie mich verdächtigen, sie zu schützen, sie hat ihn nicht umgebracht, es war Selbstmord.«

Der Arzt schnalzt mit der Zunge. Lehnt die Zigarre an den Rand des gläsernen, siegreichen Brunnens. Der leidenschaftliche Raucher hält in der Rechten die brennende Pfeife, in seiner Linken glüht die Zigarre. Er versucht sich zu entscheiden. Zieht an der Pfeife. Pafft an der Zigarre.

»Ich beneide Sie, ich bin schon hart geworden, habe Kruste angesetzt, resigniert. Meine letzte Freundin hat von Liebe gesprochen und mich dann zu Swingerpartys geschleppt. Ich kam mir wie ein müder Kaiser vor, fühlte mich an den Untergang des Römischen Reiches erinnert, sie war wie die betrunkene Kaiserin Messalina, die in Bordellen mit unbekannten Männern kopulierte. Und ich habe total versagt. Im Gruppenmaßstab meine ich. Die Frauen von heute jagen mir Angst ein. Sie wissen viel zu viel über uns. Das tut keinem gut.«

Der Arzt pafft aus der Pfeife. Die erigierte Zigarre legt er ab. Streckt sich. »Wollen Sie mich nicht mal zum Angeln begleiten? Nach Norwegen. Dorsche angeln. Die Nordsee macht Sie wieder heil. Vor Ort kann man auch gleich die Dorschleber einlegen. Sie wirken sehr müde. Ihr Gesicht hat einen bläulichen Stich. Übrigens, an die Angelrute dürfen dort nur Männer ran. Sie sollten sich mal wieder rasieren.«

*

Honey schwebt selbstbewusst durch den orangeroten Perlenvorhang hindurch. Holt vom Restaurantbesitzer, der ihr einen leichten und freundlichen Kuss auf beide Wangen drückt, die Barschaft ab. Sie meldet die Zahl siegreicher Piepmatze für die abendliche Séance an. Honey ist diszipliniert. Tagsüber hält sie sich an den ursprünglichen und uralten Lebensplan; das zweite Leben existiert nicht, der Tag weiß nicht Bescheid.

Sie klimpert in der Klavierstunde auf den Tasten.

Lernt Fremdsprachen.

Geht ins Ballett.

Honey ist mit ihrer Mom verabredet. Sie gehen shoppen. Das dauert immer lange und macht ihnen Spaß. Honey hat hohe Ansprüche.

Erika beobachtet sie durch die Schaufenster der Markenläden, sie kommen mit fetter Beute heraus. Das Auto verlässt die unterirdische Garage. Erika folgt ihnen nicht mit dem Taxi. Sie weiß, dass das Auto vor einem Einfamilienhaus halten wird. Sie weiß, dass sie gemeinsam kochen, nach Kochbuchrezepten experimentieren werden, der Papa macht auch mit. Sie werden zusammen am Tisch sitzen. Die heilige Nuklearfamilie. Geschwister hat Honey keine. Nach dem Abendessen spielt sie Klavier. Die Eltern arbeiten in getrennten Arbeitszimmern. Honey gibt jedem einen Kuss.

Sie verkriecht sich in ihr Zimmer. Macht die Hausaufgaben und geht schlafen. Vor dem Zubettgehen bringt ihr Papa die Bärenmilch; heiße Milch mit Honig. Sie geht früh zu Bett, weil sie so zart ist, weil sie vor zwei Jahren einen Zusammenbruch hatte, mehrere Monate hat sie nicht geredet und das Haus nicht verlassen, sie stellt zu hohe Ansprüche an sich, ist zu streng zu sich, sie hat sich aber wieder berappelt, also musste sie nicht auf die private Eliteschule wechseln, wie die Eltern es sich gewünscht hatten, sie muss nur die Nachmittagskurse belegen, zu denen sie Lust hat, also stören die Eltern sie am Abend und in der Nacht nicht, sie braucht Ruhe und feste Routine, haben die Ärzte gesagt, ansonsten sei sie in Ordnung, keine psychische Krankheit, nein, obwohl sie eine Zeitlang aus irgendeinem unerfindlichen Grund die Anwesenheit von fremden Männern nicht ertragen konnte. Sogar der Waschmaschinenmonteur durfte das Haus erst betreten, als sie es verlassen hatte.

Nachts schlüpft Honey durch den Hintereingang aus dem Haus, ihr losgelöster Körper wie eine herausgeputzte Glasscheibe mit einem Fick-mich-Blick.

Erika betritt das uxor-hiomische Restaurant. Yusuf platziert sie an einem Fenstertisch. Zwei ältere Männer, die im Takt von rhythmischer Musik paffen, sehen sie gleichgültig an.

Erika bestellt eine honigtriefende, fadenförmige Süßigkeit und ein Glas starken Tee. Macht sich Notizen in winzigen Buchstaben. Lauert bis zur Dämmerung. Das Restaurant füllt und bläht sich auf. Schwarzköpfchen hocken hier, Bachstelzen und Neuntöter und Fliegenschnäpper, sie glotzen auf den Fernseher oder auf ihre Telefone, der Lärmpegel steigt. Drei junge Männer leihen sich Eau de Toilette an der Bar; das Wasser des Lebens wandert von Hand zu Hand, sie klatschen sich auf die Wangen. Uxormusik dröhnt, Rhythmen und Düfte. Zwei ältere Männer rauchen dabei und rauchen und rauchen.

Erika schaut sich auf der Toilette um. An der Ziegelsteinwand ein mit Heftzwecken befestigtes Plakat. Werbung für Wonderbras. Erika dreht den Kopf. Ein Schnappschuss nach dem anderen, ein Ausschnitt nach dem anderen. Mit jedem Blinzeln. Das Fenster sieht durch die kastrierte Nacht Honey das gegenüberliegende Haus betreten, die Familie der Rabenvögel gehört zu den besten Sängern und verfügt über hohe soziale Intelligenz, sie sind Allesfresser und erobern die ganze Welt. Auf jeder Seite hat sich ein Wellensittich bei Honey untergehakt. Der Restaurantbesitzer stoppt die langgezogenen Töne der Beduinenmusik; auf dieses Zeichen haben die jungen Männer gewartet.

Die Fliegenschnäpper, die auf einer Sitzwarte hockend vorbeifliegenden Insekten auflauern und sie im kurzen Abflug erbeuten, setzen sich in Bewegung. Gemeinsames Ausdreschen unreifen Getreides. Die Nacht raschelt.

Erika folgt ihnen. Lehnt den Rücken an die Ziegelmauer neben dem Restaurant. Bewacht die Fenster im oberen Stockwerk.

In die Nacht hinein rennt eines der Mädchen, ein spindeldürrer Wellensittich. Ihr hinterher Honey, fuchsteufelswild, Gestampfe der Hengste und Gestampfe der Stuten, Geschrei; sie kreischen und raufen sich. Aus dem Auto steigt ein Mann. Schluss mit dem Gekreische. Der Wellensittich reißt sich los, rennt weiter. Ein Wellensittich hat im ganzen Vogelreich das am weitesten entwickelte Endhirn. Für Erika ist das Mädchen zu schnell, sie kann es nicht einholen.

»Die musst du finden«, sagt Diana. »Sie ist neu. Sie wird singen.«

»Aber …«

»Ich will nichts mehr wissen.« Diana will keine Details, den Fehler hat sie am Anfang gemacht, als sie die Körper fachmännisch untersuchte und überflüssige Einzelheiten einsaugte. Manchmal tat ihr der Körper leid, manchmal ergötzte sie sich an seinen Missbildungen. Mit derartigem Emotionsmüll will sie sich nicht mehr belasten. Sie interessiert sich für den Wald, nicht für das Holz und die Späne.

Der Wellensittich taucht nie wieder in der Gegend auf.

»Die kam von einer anderen Schule«, sagt Erika. »Der Vogelfänger weitet sein Revier aus.«

*

Wie Flöhe aus dem Sack hüpfen die Fälle aus der Vergessenheit vor die Ermittleraugen, sie spielen nicht Blindekuh, sie kriechen und drängen zum Licht, die Sporen verketten sich. Auch im Büro hockt der Ermittler im Internet und wühlt in Schwalbennachrichten herum. Sein Kopf summt. Er schläft nicht. Inmitten der verflogenen

Zeit blinkt es auf allen Kontinenten rot, die Lichter blenden ihn. Sie flackern in Dörfern und Städten einzelner Länder, eine Flamme schießt hoch; das Funkensprühen nimmt kein Ende, verfärbt sich leicht violett.

Das orangefarbene Prager Haus steckt überall drin, der Geier ist ein Aasfresser. Mit einer Schöpfkelle füllt er Fleischbrühe in tiefe Teller. Fasst das violette Aushängekreuz mit der Pinzette und stößt zu.

Der Mann aus dem Glashaus am Stadtrand tut dem Ermittler leid, sein Esel lief gut, aber der Mann wollte, dass er ohne Heu auskam, der Mann vom Prager Stadtrand hat auch eine Mappe hier, in einer glänzenden Metallschachtel liegt sie in ihrer Plastikhülle, die Verfasserin und auch die Kolibrischrift fanden ihn langweilig, sie haben sich nur aus Hartnäckigkeit mit ihm beschäftigt, und zwar möglichst knapp. Die bewundernswerte Scharfsichtigkeit, die Energie und Leidenschaft, mit der sich die Kolibrischrift der Mädchen der Kriegs- und Nachkriegsjahre annahm, fehlen hier komplett. Für die Handschrift ist der Mann nur ein fader Wiederholungstäter, eine Dumpfbacke, ein alberner Stoffel. Der Ermittler erkennt das Foto des Mannes über dem Schachbrett wieder; er und der Präsident lächeln. Das Foto lässt sich nicht nach oben und unten rollen. Es ist zerknittert.

Der Ermittler versteht sich selbst nicht. Er weiß nicht, warum sein Körper niemandem Bescheid gesagt hat. Er weiß nicht, warum er ein orangefarbenes Haus und alte Weiber schützt, die er nicht mal persönlich kennt. Er weiß nicht, ob er den eigenen Wackelaugen trauen kann.

Er liest ausschließlich die Mappen des Geisterschlosses, steht mitten auf dem Dorfanger bei einem Kirmesvergnügen. Er ist hier der Einzige, der Gewissensbisse hat. Dass er ins Haus eingebrochen ist. Er rafft sich auf, bevor er die letzte Mappe gelesen hat. Er tröstet sich, dass er noch nicht alle Details zu Ende studiert hat; vielleicht sind das wirklich nur Drehbücher.

Er lügt sich etwas vor. Er liest im Nebel, schon wieder erkennt er in seiner Verwirrung nicht, wer das Opfer ist, wer der Angeklagte. Das Opfer ist der angebliche Täter.

Der Ermittler braucht Beweise.

Je mehr er sich der Gegenwart nähert, desto dichter der Nebel, in dem er liest. Die Fälle zerfallen wie trockenes Gebäck, sie zerbröseln unter den Fingern wie eine Scheibe Brot oder eine Kümmelstange, mit denen man Tauben und Schwäne füttert. Ein Teil der Mappe des Mannes vom Stadtrand ist übrigens auch dem Präsidenten gewidmet, der seine Frau und seine beiden Söhne misshandelt hat; ein Foto der Gattin aus den achtziger Jahren, als sie ihre Veilchen unter einer Sonnenbrille versteckte, aber nie ein Wort sagte und zusah, wie der mit Zuwendung geizende Gatte junge Männer nach Hause brachte, vorwiegend Juristen, sie deckte ihn geduldig. *Frau aus Granit*, steht ironisch in violetter Handschrift neben dem Foto. *Vögelchen aus Granit*, so stand es in Birgits Buch, schießt es dem Ermittler durch den Kopf. So hat sie Rose Kennedy genannt.

Warum sammelt jemand das ganze Zeug bloß, bunkert diesen Kram? Was ist das für eine fade Wonne?

Er kann sich nicht lösen. Neugierde ist eine mächtige Herrin, er vertieft sich in die Lektüre. Jetzt geht es nicht mehr nur um Vergewaltigungen.

Aus den roten Ordnern kullert das nächste V heraus; Körper im Zangengriff, V als vorsätzlicher Mord. Stichprobenweise haben die Schwalben zwei Morde an kurdischen Mädchen verfolgt. Das Haus unterm Petřín reibt dem Ermittler die Erkenntnis unter die Nase, dass es für Frauen in bestimmten Gemeinschaften kein Entkommen gibt, und zwar unabhängig davon, wo eine solche Gemeinschaft lebt, dass sich in bestimmten Kulturkreisen die eigenen Väter und Brüder wie Soldaten fremder Armeen verhalten; auch wenn sie in jedem anderen Bereich versagen sollten, gibt es ein Territorium, das sie mit erträumter und unbegrenzter *Macht* beherrschen, auf dem Herrschaftsgebiet können sie nicht enttäuschen und werden daher nie eine Änderung zulassen, nie, weil dieses Gebiet der einzige Bereich ist und bleibt, wo sie die Ausschließlichkeit ihres Geschlechts und ihrer Religion nähren können, ihr Selbstbewusstsein, ihre Stärke und Eitelkeit, und diese Macht schleppen sie überall mit sich, ganz egal, wohin auf der Welt die Familien umziehen und wo sie Asyl finden, denn ihre Töchter finden *nirgendwo* Asyl. Das ist der Bereich, wo sie ihre Macht ausüben, die Könige und Herrscher, wo sie über Leben und Tod entscheiden. Ihre Domäne sind ihre Töchter, ihre Frauen und ihre Schwestern. Sie verstehen nicht, warum man ihnen die Machtausübung vorwirft, denn so sind sie erzogen worden.

In einem Fall wird eine Schwester von ihrem Bruder mit zwei Schüssen an einer Bushaltestelle hingerichtet. Im zweiten Fall erschießt ein Bruder seine achtzehnjährige Schwester, die mit einem Europäer zusammen ist. Das heißt mit jemandem, der minderwertig ist, nicht zu den Auserwählten gehört. Endlösung. Das Gericht verurteilt fünf von acht Geschwistern wegen Beihilfe zum Mord. Nach dem Mord schenkte der Vater dem ältesten Sohn eine goldene Armbanduhr; ohne Verdienst keine fette Belohnung. In der Mappe befindet sich ein Foto des Vaters, der unter einem schwebenden violetten Kreuz im halbleeren Gerichtssaal sitzt. Das Gericht hat ihm nichts nachweisen können, obwohl er das Familienoberhaupt war; in einer kaputten Familie wird der Herr von den Dienern betrogen. Keiner konnte ihm etwas nachweisen, obwohl er die Hinrichtung hätte verhindern können. Keiner hat ihn wegen Mittäterschaft vors Gericht gestellt, obwohl er an den entscheidenden Strippen gezogen hatte.

Den Vater hat man tot aufgefunden.

Er hat sich auf dem Dachboden der Berliner Mietskaserne erhängt, in der die Familie wohnte.

*

Sie lieben sich, und alles ist ganz simpel.

Sie glaubt an ihn wie an das Heilige Evangelium.

Er glaubt an sie wie an das Wort Gottes.

Der Ermittler berauscht sich zu Hause an ihrem Namen. Spricht ihn in die Stille hinein. Ach, du.

Die Witwe berauscht sich zu Hause an seinem Namen. Spricht ihn in die Stille hinein. Ach, du.

Der Ermittler kommt am Samstagnachmittag in das Glashaus am Stadtrand, die Witwe hat zwei Freundinnen mit ihren Kindern zu Besuch. Sie mögen sich gerne. Das Gespräch stockt, die Augen der Frauen gleiten prüfend über den Körper des Mannes. Sie sind neugierig auf ihn. Die Witwe legt ihm stolz die Arme um den Hals. Eine Geste des Vertrauens.

Nach einer Weile zwitschern die Frauen los. Sie laben sich am Strom der Wörter. Mit einem Genuss, der dem Ermittler verdächtig vorkommt. Sie zensieren sich nicht. Eine der Frauen knüpft den Faden an. Die Wörter wirft sie der Witwe zu.

»Stell dir vor, wir sitzen da, ich, mein Mann und seine Kumpel.«

Die orangefarbenen Lippen wenden sich dem Ermittler zu. »Damit Sie es verstehen, unsere Freundin hat ihren Mann verlassen, er war ein Idiot.« Die Lippen fahren fort.

»Also ich sitze da und die verlieren kein Wort darüber, warum sie ihn verlassen hat. Reden stattdessen in hellster Panik darüber, dass sich ein Weib mit vier Kindern einen achtzehnjährigen Lover gesucht hat. Das macht die total fertig. So mitgenommen waren die noch nie von einer Trennung. Nicht einmal vom Selbstmord deines Mannes, oder?«

»Nein.«

»Da bricht auf einmal Panik aus, unter all den Jungs, die jetzt um die vierzig sind und Musikbands gründen, oder was weiß ich. Für die ist sie auf einmal 'ne Nutte.«

»Ich verstehe das nicht«, sagt die zweite Frau zu den orangefarbenen Lippen erschrocken.

»Das ist ein direkter Angriff ... wie soll ich das sagen ... na ... auf ihre ...«

»Aber *eine solche* Panik.«

»Vielleicht haben sie Angst, dass es ansteckend ist, dass sich das verbreitet. Gymnasien, die von kopulationswilligen Ehefrauen belagert werden.«

Sie lachen. Die Witwe dreht sich unsicher um. Sieht, dass auch der Ermittler lacht. Die Witwe ist glücklich, dass der Ermittler versteht. Die Freundinnen verabschieden sich. Sie nehmen den Jungen mit und bringen ihn zu den Eltern der Witwe, es liegt auf dem Weg.

Der Ermittler ist gerädert. Faltbarer Puppenjunge für die Witwenhandtasche. Er will die Witwe nicht belügen. Er lügt nicht, aber die Wahrheit sagt er auch nicht, das stört seinen Körper. Die Witwe streckt ihre Beine aus, legt sie auf seinem Oberschenkel ab. Der Ermittler massiert die nackten Füße, in vorsichtigen Wellen umkreist er die Quelle.

»In einem Haus unterm Petřín gibt es ein … ein spezielles Archiv und eine Bibliothek.«

Die Witwe beugt sich zu ihm. Blickt in seine braunen Augen. Fragt, ob sie morgen in ihr Wochenendhaus fahren wollen, sie würde es ihm gerne zeigen. Der Junge bleibt bei Oma und Opa.

Klare Botschaft. Klare Aufforderung. Die Sprache eines wilden Körpers.

Nein, er könne nicht, er müsse zurück in das Haus unterm Petřín.

»Also verfügt nun das Haus über deine Zeit.« Die Witwe schlägt die Augen nieder.

»Vielleicht auch über mein Leben«, seufzt der Ermittler. Bald sei es aber vorbei mit den ins Wanken geratenen Tagen und wackeligen Stunden, fügt er eilig mit dröhnendem Kopf hinzu. Es sei ein weiter Weg, und auf einem weiten Weg gebe es keine leichte Last, sagt der Ermittler feierlich, küsst zunächst den einen, dann den anderen Fuß und stellt die braungebrannten Beine auf die in den Teppich hineingewebten Schienen. Sagt unbestimmt, er habe bei seiner Arbeit, also in einer anderen Abteilung der Kripo, von einem ziemlich seltsamen Fall gehört.

Dreht euch nicht um, der Plumpsack geht um, der Ermittler

streut noch ein paar weitere Anspielungen über das Haus unterm Petřín. Was halte denn die Witwe davon?

Die Witwe zögert keine Sekunde lang.

Psychopatinnen, klarer Fall, sagt sie.

Sie küsst ihn, die Kulleraugen wie zwei Vollmonde, auf dem gepolsterten Sofa greift ihm ihre Hand in den Schritt.

Der Ermittler schiebt die leidenschaftliche Frau sanft zurück und weicht nicht. Die Wörter strömen hinaus. Feige, blasse, verwöhnte, faule, degenerierte Wörter, die nur gelangweilt blinzeln und lügen und sich hin und her wälzen und die Aufmerksamkeit ablenken. Die Wörter können nicht mehr schultern, was der Ermittler in den ins Wanken geratenen Tagen und wackeligen Stunden erlebt hat. Die Witwe versucht aus tiefstem Herzen Anschluss zu finden, liest ihm den Inhalt von den Augen ab.

Sie versteht das blutrünstige Märchen von den drei mörderischen Nornen nicht, sie begreift die Frauen im Blaubartsgewand nicht.

»Komm mit mir hin«, bettelt der Ermittler.

Die Frau will nicht. Nur seinetwegen nickt sie und schließt seinen Körper wieder in die Arme.

Sie fahren los, als es dunkel wird. Keine Schwalbenkörper beherrschen den Himmel, verkünden keine Virga, warum auch; sie sind abgedampft.

Sie gehen kurz bei der Wohnung des Ermittlers vorbei. Er leiht ihr ein Paar Hirschlederhandschuhe. Es erregt ihn, dass er mit ihrer Meinung konfrontiert wird und nicht weiß, wie er sein Verhalten erklären soll. Er deckt das orangefarbene Haus, dem er sein Inneres herausgerissen hat. Es erregt sie, dass sie an der Seite des geliebten Mannes in ein fremdes Haus einbrechen wird.

»Hast du keine Angst, erwischt zu werden?« Sie dreht sich zum Ermittler um.

»Nein.«

Er nimmt sie mit ins Labyrinth. Eine frische, metallisch gelbe

Schachtel ragt aus der Reihe. Der Ermittler zieht das Gelbe heraus, klappt den Deckel hoch. Auf der Innenseite steht F wie Fleisch, F wie Fick-mich-Honey. Die Schachtel ist leer, noch.

»Ich weiß, wo sie sind. Und ich ahne, was sie da machen. Sie kommen bald zurück. Aber nicht heute, keine Angst.«

Der Ermittler führt die Frau durch die blankpolierten Wohnungen und die Gästeabsteige; mit dem Stolz eines Schlossherrn führt er den hochverehrten Besuch durch die herrschaftlichen Räumlichkeiten. In jeder Wohnung bleibt er stehen und beschreibt die Bewohnerin der dortigen vier Wände. Die Witwe hört nicht zu, im Bad fallen ihr die teuren Markenparfüms und Nagellackfläschchen und verjüngende Cremes und Seren auf.

Die Küche wie ein Chemielabor. Weiß und perfekt ausgestattet, mit eingebauten Öfen und Kühlschränken und Tiefkühlfächern und Mikrowellen, sogar mit einem Dampfgarer. Hier stehen ausrangierte Mixer und seltsame Kaffeemaschinen und eine Küchenwaage und sauber ausgespülte Kolbenflaschen und ineinander verwobene Glasröhren. Vor denen bleibt die Frau lange nachdenklich stehen. In kleinen Mörsern mit der Aufschrift *Hildegard von Bingens Rezepturen* stehen Kräutermischungen bereit. Getrocknete unreife Samenkapseln der mexikanischen Gewürzvanilleorchidee. Honig, Wachs und Gelée royale der Honigbiene. Die Witwe erkennt mit Sicherheit nur das chinesische Fünf-Gewürze-Pulver wieder, das benutzt sie ja auch, Sternanis, Nelken, Cassiazimt, Szechuanpfeffer und Fenchelsamen. Sie küssen sich, und der Ermittler sagt, das beste Gewürz für jedes Gericht sei die Liebe. Er sei dabei zu verdummen, erwidert die Witwe.

Im Gästezimmer tritt der Ermittler vor dem Bücherregal von einem Bein aufs andere und sucht und führt Bücher vor, die Birgit Stadtherrová geschrieben hat. Die Witwe zieht die Handschuhe aus, geht nur die schütter gewordenen Musikaufnahmen in der Schublade des Nachttischchens durch, die Bücher lässt sie links liegen. Die kennt sie aus dem Arbeitszimmer ihres Mannes und würde am liebsten auf jedes von ihnen spucken. Joni Mitchell und Joan Baez und Billie Holiday und Nina Simone und Edith Piaf und Carolina Chocolate Drops. Der Ermittler nimmt ihr die silbrigen Scheiben vorsichtig aus der Hand. Wischt die Abdrücke weg. Küsst ihre Fingerspitzen. Schiebt sie wieder in die Hirschlederhandschuhe.

Der Ermittler läuft kurz weg.

Als er aus der Wohnung von Erika Eis zurückkommt, klingt durchs ganze Haus Musik, die Geige lässt ihre Tiraden vom Stapel, Mendelssohn Bartholdy, Opus 64, *Allegro molto appassionato*, das Violinkonzert eines charismatischen Humanisten, der ans Gute geglaubt hat, die Hirschlederhandschuhe verkeilen sich ineinander, die Körper sind der gleichen Meinung und lieben sich leidenschaftlich unter dem Regal mit den aufgestellten Armeen, bevor sie selbst in die Schlacht ziehen. Die Körper lieben sich, und das Haus samt Petřín erzittert in seinen Grundmauern.

Hand in Hand steigen sie die Treppe ins Labyrinth hinunter. Eine bedrückende, langweilige Bürounterwelt. Wie aus den achtziger Jahren des letzten Jahrhunderts, merkt die Witwe an; sie redet sich Mut zu. Die Hirschlederhandschuhe lösen sich, Gänsemarsch.

Der Ermittler zeigt nach rechts und nach links.

Sie kommen ans Ende.

Der Ermittler misst den Raum nach. Schon wieder ein paar Zentimeter länger. Das Haus frisst sich in den Berg hinein, der Berg trägt den Namen Petřín. Der Ermittler zeigt der Witwe die ältesten Mappen. Das ist wie aus dem Tertiär, sagt die Witwe über den mit Kinderhand beschriebenen Seiten und den in Kolibrischrift verfassten Texten; alle in Metallboxen gefangen.

»Darf ich?«

Der Ermittler nickt und küsst ihren Hals. Er ist nicht mehr allein. Er dreht nicht mehr durch.

Selig lächelnd öffnet die Witwe eine Mappe mit dem Buchstaben »V« und der Überschrift BIRGIT. Darin liegen mehrere Varianten des gleichen Textes mit unterschiedlichen Jahreszahlen und demselben Titel. Der Körper der Witwe liest die Erinnerungn von Birgit Stadtherrová, in violetter Kolibrischrift in mehreren Fassungen aufgeschrieben.

März versinkt in Schwärze.

Bunker, Sicherheit für den Körper. Bunker ist Strafe, Isolation, Popanz für Unartige, Einzelhaft. Versuchslabor. Die meisten drehen hier früher oder später durch. Ein Gefängnis im Gefängnis. Auf dem Appellplatz und in den Baracken gibt es Regeln, das System und die Anonymität der Menge machen sie erforderlich. Hier macht man sich nichts vor. Gesicht gegen Gesicht. Körper gegen Körper. Gedanke gegen Gedanke. Der Herr hat unbegrenzte Macht. Der Gefangene ist Abfall und Spielzeug. Das Labor ist beidseitig. Der Aufseher sieht den Gefangenen nicht. Der Gefangene sieht den Aufseher nicht. Nur Gesicht gegen Gesicht. Ohne Zeugen. Hier läuft keiner vor sich weg. So bin ich. Ich entscheide, wie ich mich verhalte. Ob ich gegen den anderen die Hand ausstrecke. Und wie ich sie ausstrecke.

Sie schreitet drei Meter ab. Hält sich mit der rechten Hand an der Wand fest. Mit der Linken wühlt sie vor sich herum und ertastet ein Hindernis. Eine bröckelige Mauer. Drückt die Stirn dagegen. Dreht sich um. Für sie ist der Bunker eine Rettung. Hier rappelt sie sich wieder auf. Weg von den anderen. Dem Licht entgegen. Das Licht hat die Form von Dunkelheit mit verwischtem Heiligenschein. Ein paar Strahlen drängen durch das Loch in der Eisentür, durchbohren den Flicken aus gelochtem Blech. Sie schreitet drei Meter ab. Hält sich mit der linken Hand an der Wand fest. Mit der Rechten wühlt sie vor sich herum und ertastet ein Hindernis. Eine bröckelige Mauer. Drückt die Stirn dagegen.

Es ist der 14. März. Sie hat nichts an außer den vier Wänden. Ein Viereck drei mal drei Meter. Sie läuft nur auf der einen Seite. Auf der gegenüberliegenden Seite steht ein Nachttopf. Ein Teil ihres Körpers. Der Körper wird den unreinen Abfall los. Der Kopf nicht. Meter für Meter ordnet sie neu an, was im Kopf hängen geblieben ist. Das Er-

kannte stellt sie ins Regal. Erinnerungen ignoriert sie, erlebte Tage kickt sie aus dem Bewusstsein. Nur was sie nicht schwächt, wird ins Regal gestellt. Und was unnötig ist. Namen von Schriftstellern und der Inhalt ihrer Bücher. Das Einmaleins. Mathematische Formeln. Die Namen der olympischen Götter. Klassische Sagen. Theaterfiguren. Filme, Regisseure und Schauspieler. Chemische Formeln. Pflanzennamen. Vogelarten. Tschechische Sätze und englische Sätze, die ihr Diana beigebracht hat, deutsche Sätze von Erika und polnische von Ingrid. Gedichte. Dianas Namen. Dianas Namen. Dianas Namen. Schmuggeln sich Erinnerungen der greifbaren Welt in ihr Bewusstsein, verjagt sie sie rabiat, sie kneift sich, in die Oberschenkel oder in die Wangen, kratzt sich, watscht den Körper ab. Der Körper ist der einzige zuverlässige Anschluss an die Gegenwart. Ihre Füße frieren. Die Zehen gucken raus aus Schuhen, die sie nicht hat.

Aufwärmen kann sie sich nur beim Gehen über den Betonfußboden. Der Bunker ist eine unterirdische Höhle. Sie ruft sich die Namen von Tieren ins Gedächtnis, die auch unter der Erde leben, die sich auch durch die Erde graben. Sie schält Wörter aus der Dunkelheit. Sie wird sich nicht durch den Beton graben. Gegenüber der geflickten Eisentür steht eine Pritsche. Eine Decke bekommt sie nach vier Tagen. Sie schreitet drei Meter ab. Erschafft mit Hilfe ihrer Phantasie andere Welten, fest und neu; die Wirbelsäule, auf die sie sich stützen, sind die Fakten, die sie in ihrem Kopf manierlich in Ordner und Regale sortiert.

Zweimal am Tag bekommt sie Besuch. Morgens wird sie vom Tageslicht geblendet. Instinktiv verdeckt sie ihre Brust und die Scham. Schemenhaft erkennt sie zwei Menschen. Einen ausgemergelten Häftling, der ängstlich den Blechtopf mit Gefängniskaffee auf den Boden stellt, als Deckel legt er ein Stück Brot darauf, tritt rasch zurück. Und den jungen, nervösen Aufseher. Von dem Häftling wird sie nicht angeguckt. Der stellt die Tagesration auf den Boden und wendet den Blick ab. Der Aufseher wartet. Mustert das durchgefrorene, vom Licht geblendete Höhlentier. Sie stehen sich gegenüber. Die Venus und ihr Zuhälter. Der Aufseher pfeift, und das Tier im Käfig muss den Körper in Habachtstellung strecken, die Hände von den Brüsten lösen, von ihrer Scham, sie

an den Körper legen und Namen und Nummer melden. Sie steht un-
bedeckt da. Wartet. Sie blickt nie auf ihren Körper hinab, im Licht hat
sie Angst davor. Der Körper ist das schwächste Glied. Am Leben hält
sie ihr Geist. Der Körper hat sich an den Geist gehängt, und der Geist
schleppt den hysterischen Körper mit sich, auf das Leben zu. Wenn die
Eisentür zufällt, folgt das Licht den beiden wie eine Schleppe. Es wollte
nur einen Blick hineinwerfen, sich ein Bild verschaffen.

Sie schließt die Augen. Und öffnet sie ganz langsam. Sie gewöh-
nen sich an die Dunkelheit. Sie hält sich mit der linken Hand an der
Wand fest. Schreitet keine drei Meter ab. Schiebt die Fußsohlen vor-
sichtig über den Beton nach vorne, Zentimeter für Zentimeter. Bis
der große Zeh gegen den Blechnapf stößt. Vorsichtig kniet sie sich hin.
Feine Steinsplitter drücken in die Knie. Sie greift nach dem Brot. Tastet
es ab und schiebt es in den Mund und kaut und schluckt und stellt
sich Brotlaibe im Regal vor, unendliche Regale mit warmem Brot, das
man auseinanderbrechen kann, worin man das Gesicht verstecken
und die Wangen wärmen kann, reihenweise Brot, Brot wie Mutters
Schoß, hineinkriechen in die sichere Wärme. Sie nimmt den Blechnapf
in beide Hände. Drückt die Finger ins Blech. Die Gefängnisplörre ist
lauwarm, was für ein Geschenk. Sie trinkt gierig. Wärme und Wonne
fließen durch ihren Körper. Sie trinkt, obwohl der Blechnapf längst leer
ist. Und dann fährt sie mit dem Napf, der noch ein bisschen Wärme
behalten hat, über den ganzen Körper, von den gefrorenen Zehen bis
zum Gesicht, sie fährt mit dem Blechnapf über den ganzen Körper hin
und her, als wäre er ein heißes Bügeleisen. Mit der Vorstellung eines
warmen Brotlaibs und eines glühenden Bügeleisens steht sie auf und
schreitet zitternd drei Meter ab. Den Griff des Blechnapfs hält sie in
den Fingern und stößt mit ihm gegen die Wand. Sie morst eine Nach-
richt und beantwortet sie gleich.

Der zweite Besuch kommt abends. Das Licht blendet nicht, es verblüfft
nur durch seine rosige Farbe; draußen dämmert es. Die Dämmerung
deckt barmherzig zu, wonach die Augen gieren. Ein alter Häftling stellt
den Blechnapf mit Gefängniskaffee auf den Boden, neigt den Kopf tie-

fer, als hätte etwas auf dem Lehmfußboden seine Aufmerksamkeit geweckt, als Deckel legt er ein Stück Brot darauf. Das Kinn auf der Brust wie ein Trauergast. Der Beerdigungshampelmann pfeffert einen leeren Eimer vor die Wand. Ein mächtiges Metallgeräusch ertönt; die Orgel bringt den Dom zum Klingen. Dann greift er nach dem leeren Blechnapf und dem halb vollen Fäkalienkübel. Der runde Aufseher, so hübsch, wartet ab. Mit sanfter Stimme spricht er die Brüste an. Der Körper streckt sich in Habachtstellung. Vor der Berührung des Aufsehers schützt sie eine Schicht von Dreck.

Die Eisentür wird von Dunkelheit verschluckt. Sie schiebt die Fußsohlen vorsichtig über dem Beton nach vorne, Zentimeter für Zentimeter. Bis der große Zeh gegen den Blechnapf stößt. Vorsichtig kniet sie sich hin. Feine Steinsplitter drücken in die Knie. Sie greift nach dem Brot. Sie tastet es ab. Die Scheibe ist angebissen. Die Finger fahren erschrocken im Halbkreis hin und her, nur eine Grimasse ist übrig geblieben. Sie stopft sich die weich verbrämte Rinde in den Mund. Salzt sie mit Tränen. Früher hätte sie Du Arsch! schreien können. Jetzt schreit sie nicht. Sie weint. Der Körper wundert sich, das Staunen paralysiert ihn, er bringt sich nicht in Erinnerung. Der Körper schweigt und behält die Oberhand, er hat den Geist von Anfang an gewarnt: das hältst du nicht aus, du Angeberin. Ein von einem anderen Häftling abgebissenes Stück Brot hat sie gebrochen. Es gibt kein Wasser. Sie stützt den Körper an der Wand ab, als würde sie selbst bröckeln und sich abkratzen wollen. Sie dreht den Körper an der Wand hin und her, wimmert.

Das Bewusstsein, an dem ihr Körper aufgehängt ist, lässt sie im Stich. Das Bewusstsein lässt Erinnerungen durchsickern. Sie versucht, die Löcher zu stopfen und sie mit Lochblechstücken zu flicken. Sie nötigt das Bewusstsein, lateinische Vokabeln aufzusagen. Reihenweise englische Städte herunterzubeten. Eingewickelt in die Decke schlottert sie auf der Pritsche. Das Schlimmste passiert. Schlafstörungen. Das Bewusstsein hat Angst einzuschlafen. Der Körper auch. Der Körper ist abhängig von ihm. Das Bewusstsein flüstert ihm etwas ein, aber der Körper widersetzt sich, ihm fehlt der Anreiz, er ist noch voller Neugier.

Um sich zu töten, fehlt ihr die Kraft. Um sich dem Körper zu wider-
setzen, der ihr Bewusstsein schwächt, indem er ihm Hunger und Kälte
vorwirft, fehlt ihr die Kraft.

Mitten in der Nacht wird der Körper in eine normale Zelle gebracht.
Hinter das Gebäude der Kommandantur.

In dem Raum gibt es eine Glühbirne. Sie blinkt neurotisch von der
Decke. Als blendete einer die Glühbirne mit gleißendem Licht.

Der Aufseher klettert aus der Grube, hinter dem Rücken den Bunker
und die ganze Schweinerei darin. Von oben gesehen ist der Bunker
eine mit Gras bewachsene Beule. Der Aufseher kommt oben an, at-
met aus und zupft den Mantel hinunter bis an die Knie; der steife
Stoff stülpt sich über dem Ledergürtel. Der Aufseher ist musterhaft
umschnallt. Er blickt auf die scheckige Fläche zwischen den Stachel-
drähten. Marschiert durch das abendliche Lager zur Kommandantur.
Eine weidende Kuh hat sich auf das Lager gelegt. Weiße Schneesprit-
zer, braune Erdflecken. Die Sonne scheint, und der Frühling täuscht
die Sinne, säuselt Versprechungen und lässt die Seele unter endloser
Melancholie ächzen. Es wird warm. Die Schwalben kommen zurück.

Im Bunker wird es nicht warm. Und dem Aufseher widerstrebt es,
den Fraß in den Bunker zu schleppen. Er kann jeden hier einordnen,
nur in diesem Fall nicht. Er weiß, mit wem er es zu tun hat, ob Mörder
oder Dieb oder steinreicher aufgeblasener Schnösel, ob Deutscher, Jude
oder Zigo, Politischer, starrsinniger Anhänger der falschen Partei oder
Saboteur, Diversant, Kulak oder Deserteur, Fabrikant oder Pfaffe, ein
übertrieben studierter Kopf oder einer, der zu viel nachdenkt und seine
Gedanken nicht für sich behalten kann, oder ein dummer Angeber,
der als Beau zur Welt gekommen ist und damit nicht klarkommt. Am
wichtigsten ist, ob sich einer sympathisch gibt und willig, dem Herrn
Respekt zu zollen, dann spielen solche Aufkleber keine Rolle mehr. Aber
was soll er bloß mit diesem Bunkergespenst anfangen?

Keiner hat was Eindeutiges gesagt. Der Kommandant schweigt sich
vielsagend aus, ein Fall von höchster Priorität, höchster Geheimhal-
tung und höchster Zulagenzahlung, kein Haar krümmen, der Spröss-

ling eines feinen Pinkels, eines Filmemachers, der seine Filme schon unter den Nazis gedreht hat. Gebracht haben sie einen jungen Mann. Aus dem eine Frau geworden ist.

Der Aufseher ist sauer. Anfassen darf er das Ding nicht. Menschen zu verkloppen macht Laune, in Žižkov hat er geboxt, du vermöbelst einen, verdrischst ihn, das macht ruhiger und geil, bringt Vergessen und Lust. Auf der Seite der Starken sein. Das macht die Situation eindeutig. So war es hier bisher auch. Bis dieses dumme Tierchen Einzug im Bunker gehalten hat.

Er findet schon ein Leck, wo er sich behaupten kann. Er wird schon zeigen, wer hier das Sagen hat.

»Nur zwei Aufseher im Schichtdienst. Sonst kommt keiner rein, damit nicht gequatscht wird.« Das hat der Lagerkommandant befohlen.

Ab sofort dürfen sie keine Häftlinge mehr mitnehmen. Er soll selber den Kaffeepott, das Brot und die Scheißeeimer schleppen. Der junge Kollege meckert nicht, er ist aber auch ein glühender Regimeochse, führt Befehle aus und denkt, dass der Krieg weitergeht und der nächste hinter der Ecke lauert, der Kalte. Er weiß nicht, dass er sein Reich mit Pfiff verteidigen muss. Er weiß nicht, dass ein Aufseher, der vollgepisste Kübel schleppt, an Autorität verliert. Und die gewinnt er bei denen, die hier seit Jahren hocken, nie wieder zurück. Entschlossenheit und Faustschlag, mein Lieber, direkt auf den Solarplexus, ohne den Häftling tu ich keinen Schritt. Der Aufseher verstößt gegen den Befehl.

Ihm hinterher stolpert der Häftling. Ein Schlaumeier, der wie das Bunkergespenst über die grüne Grenze wollte, den bringt er leicht zum Schweigen. Er wird sich schon eine gute Antwort überlegen, die er auch dem Roten Kreuz präsentieren kann, das demnächst hier zur Kontrolle anrücken will. Er begeht eine gute Tat. Er bringt das Gespenst zurück unter die Menschen. Die Jungs auf der Zelle werden ihm dankbar sein für diese menschliche Wärme. So schafft man Verbindlichkeiten.

»Hierüber keinen Mucks, Häftling. Oder du landest selber im Bunker. Und schluck's ruhig runter, du diebische Elster.«

Der Häftling schluckt. Das Brot hat sich im Speichel aufgelöst und schmeckt süß. Als hätte er in eine Torte gebissen.

Der Körper der Witwe windet sich. Atmet ganz flach. Die Witwe will nicht weiterlesen. Sie legt die Stirn auf den Tisch. Licht fließt in ihr Haar, sie bekommt keine Luft.

Der Ermittler erfährt nicht, dass sich der Körper der Frau verbunden hat mit anderen Körpern, dass der Körper der Frau für diese Verbindung keinen Namen hat, sie ist neu für sie, unbekannt, sie heißt Zweifel an dieser Welt, Zweifel, der in den Körpern der vier Frauen aufgegangen ist, in den Körpern von Frauen, die sich aufgelöst und verloren haben im Labyrinth in den Eingeweiden des Hauses unterm Petřín, im lebendigen Fleisch aufgegangene Zweifel, denn das Gedächtnis des Körpers ist etwas anderes als Gedächtnis, das auswählen und mit der Phantasie schäkern kann.

Das Gedächtnis eines tausendjährigen Körpers irrt nicht, und der eigene Körper schwingt sofort in einer anderen Sprache, in seiner eigenen Sprache, ein einmal missbrauchter Körper solidarisiert sich mit jedem anderen missbrauchten Körper auf der ganzen Welt, er will ihm Erleichterung verschaffen, seine eigenen Erinnerungen abschütteln, aber solange irgendwo unter der Sonne oder unter dem Mond das Gleiche vor sich geht, gelingt ihm das nicht.

Die Schwalben nicken fröhlich mit den Köpfchen.

Die Frau blättert durch die Fotos, die bei dem Text lagen. Manche hat sie oben am Messingleuchter gesehen. Im Lichtkegel der nüchternen Lampe vermitteln sie einen anderen Eindruck. Sie sehen wie eine Familie aus, drei heranwachsende Mädchen mit älterer Schwester. Sie lachen. Sie sind auf einem Ausflug, irgendwo im Norden, am Meer, ein starker, jugendlich verspielter Wind bläst ihnen ins Gesicht, wehe, lieber Wind, wehe, das Meer gekräuselt und trunken vor Hoffnung, der Wind zaust das Haar, reißt mit seinen starken Zähnen die breiten Röcke vom Leib. Sie blinzeln, gefangen in den Klauen zerstörerischer Sonnenstrahlen.

Die Witwe kneift die Augen zusammen, unterdrückt den Wunsch nach einer Sonnenbrille. Fährt sich mit der Hand über die Wange; an ihrer Handfläche bleiben Sandkörner hängen. Rasch wischt sie sich die Hand am Schenkel ab. Das Foto ist gestellt, es ist kein Schnappschuss. Als steckten die Schultern dreier Kinder in Adlerkrallen; die sichelförmigen Klauen gehören der findigen Diana.

Ein spindeldürres Kind steht mit erhobenen Händen vor der Kamera, aus seinen Händen sind gerade Vögel hochgeflogen. Oder entsicherte Granaten gefallen. Ob das Kind ein Mädchen ist oder ein Junge, ist nicht zu erkennen. An einem Geiger im Frack klebt ein ausgemergeltes, barfüßiges Mädchen, ihr angewinkeltes Bein ist verbunden. Zwei Mädchen, auf ihren schmalen Schultern liegen die Hände einer blutjungen, feschen amerikanischen Soldatin in Uniform, Schiffchen auf dem Kopf. Die Frau ragt über ihnen in die Höhe. Sie sieht aus wie eine Schauspielerin aus den dreißiger Jahren. Die Mädchen halten sich fest an den Händen, ganz fest, sie zerdrücken sie fast. Erschrocken blicken sie zum Soldatenschiffchen und dem starken, gebogenen Schnabel hoch.

Die Witwe blättert in Presseausschnitten aus ihrem Land. Über Republikflucht; auf der Liste der Landesverräter steht unterstrichen der Name von Birgit Stadtherrová.

Die Witwe steht auf. Rutscht zum Ermittler durch. Sein Nacken ist von der Geschichte eines anderen Körpers absorbiert.

Die Frau schlägt die Arme um den Rücken, küsst den Mann auf den Scheitel.

Die Witwe kehrt durch die schmale Schlucht zurück, als wäre sie verpflichtet, den ausgebürgerten Text zu Ende zu lesen und zu prüfen, was aus ihm geworden ist. Sie liest nicht, sie überspringt die Zeilen. Ihr Körper schwitzt. Die Hände kreuzen sich über der Scham. Ihre Vagina zieht sich zusammen. Sätze wirbeln in ihr herum, einzelne Wörter wissen nicht, wo sie sich anschließen sollen. Sie fängt sie auf, schreibt sie ins Gedächtnis ein, ballert in die Luft und trifft nicht. Der Schwarm stiebt auseinander. Die Sätze flattern weg wie Papierschnipsel, vom Wind auseinandergepustet. Die Schwalben haben die Verbindung gelöst.

Der Prozess wird nicht öffentlich.

Warum.

Sie lehnt es ab, auf Tschechisch zu sprechen. Sie will auf Englisch aussagen.

Das ist die Sprache der Feinde.

Sie muss weg.

*

Sie sitzen im uxor-hiomischen Restaurant. Stochern mit der Gabel im Hummus herum. Erika hält einen endlosen Vortrag darüber, wie sie Hummus macht, wie viel Tahini sie benutzt und in welchem Land man welche Kichererbsen bekommt.

Diana macht sich im Taschenspiegel hübsch. Der Spiegel wandert von Hand zu Hand. Die Hand drückt auf den Abzug. Yusuf stellt eine Leckerei auf Kosten des Hauses auf den Tisch.

»Nur für alte und gute Bekannte.«

»Alt sind wir. Und bekannt auch.« Das hat sich Birgit nicht verkneifen können. »Seit wann haben Sie das Restaurant?«

»Seit zehn Jahren. Ich habe es mit meinem Bruder eröffnet.«

»Ihr Bruder lebt auch hier?«

»Er ist vor einem Monat nach Hause. Um eine Frau zu finden.«

»Die hiesigen Frauen gefallen ihm nicht?«

»Er möchte eine Familie gründen, er braucht eine junge, starke und anständige Frau, eine Jungfrau.«

»Die hiesigen Mädchen gefallen ihm nicht.«

»Sie kennen doch die Jugend hier.«

»Nein.«

»Die wissen nicht, was sich gehört.«

»Das wissen sie nicht.«

»Nur Dekadenz. Keine Gehorsamkeit. Sollten Sie noch etwas brauchen …«

»Das ist nett. Danke.«

Der nette Yusuf zwinkert den welken Grazien zu. Kehrt zu seinen Kumpels an die Bar zurück. Wechselt in seine Muttersprache.

Diana beobachtet ihn. Diana flüstert, die gefiederten Köpfchen nicken zustimmend, die Schnäbelchen voll mit Hummus.

Erika und Birgit machen sich auf den Weg zur Schule. Diana zahlt. Unbewusst streift sie dabei Yusufs festen Handrücken.

*

Der Ermittler sitzt und blättert nicht. Er wünscht sich, die Tür möge aufgehen und die drei Damen hereinspazieren.

Er sagt zur Witwe, er verliere allmählich den Boden unter den Füßen. Eines Tages werde er erklären müssen, warum er die Enthüllung des orangefarbenen Hauses und die Verhaftung der alten Damen aufgeschoben hätte.

»Vielleicht ersetzen sie Großmutter Josefa«, sagt die Witwe.

»Vielleicht ja, vielleicht habe ich sie mir als ältere Frau auch so vorgestellt. Wie eine Dame. Ich sollte die drei beschützen.«

»Ein solches Alter zu erreichen, bei Verstand zu bleiben und gleichzeitig nicht den Humor, Witz und Charme verloren zu haben, ist doch das schönste, was man vom Leben erwarten kann«, meint die Frau verträumt.

»Ihre Körper wirken so jung«, merkt der Ermittler an. »Übrigens ist mir Diana die liebste von den Ersatzgroßmüttern. Eine leidenschaftliche Führungspersönlichkeit, auch wenn sie nicht nach Macht strebt.«

Die Frau fasst den Ermittler am Hirschlederhandschuh und führt ihn zu ihrer Lampe. Zeigt ihm Diana in amerikanischer Uniform, mit dem Schiffchen auf dem Kopf. Der Ermittler berichtet, Diana sei die Witwe eines amerikanischen Milliardärs und Geheimdienstlers, der im Krieg als Fotograf gearbeitet habe. Sie selbst sei auch Fotografin, außerdem Anthropologin, eine Reihe von Forschungsreisen haben sie nach West- und Osteuropa und nach Indien geführt, sie praktiziere Yoga, das sie in Indien bei Guru Iyengar gelernt habe, einem Inder, der die Körper von Yehudi Menuhin und der belgischen Königin Elisabeth versorgt habe, im Netz finde sich ein altes

Foto von Diana, wo sie auf dem Kopf steht, mit der Bildunterschrift *Great Lady*.

»Mir kommen sie alle wie Märchenköniginnen vor, die Schneewittchen längst links haben liegen lassen.« Die Frau lächelt. »Diana mag ich auch am liebsten. Und guck mal, hier die kleine Birgit Stadtherrová, damals noch Buchová.«

»Ich finde es so furchtbar, dass ich sie anzeigen muss«, sagt der Ermittler.

»Musst du nicht.«

»Muss ich.«

»Vergiss nicht, was sie für mich getan haben.«

»Was haben sie für dich getan?«

»Sie haben mich befreit«, sagt die Frau ernsthaft. »Dank ihnen habe ich dich kennengelernt. Guck in die Mappe über Indien. Alle zwanzig Minuten wird eine Frau vergewaltigt.«

»Wer ein Verbrechen verschweigt, wird zum Mittäter.«

»Von diesem Haus weiß doch keiner. Nur du und ich. Ach, du.«

In dem Moment steht das Haus unterm Petřín zwischen ihnen. Ihr Blick ist ungetrübt, sie horcht auf die Signale ihres Körpers. Der Ermittler meint immer noch, das Haus sei untertunnelt, nur seinetwegen ist Prag die Hauptstadt der Welt, das Haus ist die Leitungszentrale; unsichtbare Fäden verheddern und ballen sich solange zusammen, bis das Dickicht komplett undurchsichtig wird; aus den Fäden wird ein neues Seil geflochten, das diesmal ihn, den Ermittler, erwischen wird, es liegt bereits ein Strick für ihn bereit, aber er weiß nicht wo. Wie gerne würde er jetzt einen Schluck nehmen, aber er kennt sich, er weiß, der russische Muschik kennt beim Trinken sein Maß nicht, ach ja.

Sätze treten aus dem Nebel hervor, tauchen aus dem Wasser auf, in unsichtbaren Zeichen verfasst. Der Blinde hat die Brailleschrift gelernt und vertieft sich endlich in eine Geschichte, die er bisher nur erahnt hat; ein Krieg wird geführt, und zwar jeden Tag.

Auch die Witwe aus dem Glashaus am Stadtrand hat ihren privaten Krieg geführt. Von dem der Ermittler keine Details erfahren wird.

Der Ermittler und die Witwe sind zurück im Glashaus am Stadtrand von Prag. Die Schiebetür der Glasterrasse steht offen. Sie lehnen sich an die Türrahmen, rauchen. Durch die Fugen zwischen den Bodenplatten drängeln zwei dünne Fäden mit kleinen Blättern hinaus. Die beiden Raucher schnippen ihre glühenden Kippen in die Nacht. Kleine Körper huschen vorbei und fangen die roten Lichter mit den Schnäbeln auf. Sie sind immer noch hier, die Schwalben. Und niemand füttert sie. Unter ihnen stehen die Insekten; hier ergibt der Reigen der Opfer einen Sinn.

Er und sie sitzen auf einem japanischen Teppich auf der Terrasse, sehen sich Fotos von den Eltern, Großeltern und sich selbst als Kinder an. »Irgendwann zeig ich dir das Video mit dem Garten von dem Haus, in dem ich zusammen mit meinem Bruder und meiner Schwester aufgewachsen bin, voll von Kirschbäumen, zu jedem Essen gab es Kirschkompott. Großmutter Josefa hat sich Aufnahmen von allen Jahreszeiten gewünscht, nach Großvaters Tod wurde das Haus verkauft, da konnte sie aber kaum noch sehen. Sie selbst taucht in dem Video nur kurz auf, dreimal insgesamt. Sie sieht wie ein Wiesenblümchen aus, wie ein edler Löwenzahn, wie eine japanische Kirschblüte. Jedes Mal, wenn ich sie sehe, muss ich weinen.«

»Dann zeig mir den Film lieber nicht«, sagt die Witwe.

»Aber ich weine gern«, sagt der Ermittler.

Sie gucken bis tief in die Nacht und teilen sich die nächste Zigarette.

»Fass mich nicht an.«

»Was ist los?«

»Heute nicht.«

In der Liebe braucht man keine Wörter. In der Liebe sprechen die Körper. Und die lügen einander nicht an.

»Hätte ich Angst vor dir gehabt, hätte ich mich dir nicht genähert. Da ich mich dir genähert habe, habe ich keine Angst vor dir.«

»Hätte ich Angst vor dir gehabt, hätte ich dir nicht erlaubt, mir näherzukommen.«

Sie reden über alles. Mit dem Hochzeitsfoto in der Hand erzählt die Witwe, wie ihre Eltern sie zu Hause einsperrten; jedes Mädchen habe Angst, ohne Mann zu bleiben, so wie sich früher die Bauern vor einer schlechten Ernte fürchteten. Sie erzählt von ihrem Liebesleben mit ihrem verstorbenen Mann. Sie hätten sich nicht verstanden, aber seine Erektion sei endlos gewesen. Am Anfang habe er Panik gehabt und irgendwelche Mittel genommen, es sei ihr vorgekommen, als habe er den ganzen Tag einen Ständer. Mein privates Disneyland, habe sie gedacht, jung und dumm, wie sie damals gewesen sei. Sie habe in ihm gesehen, was sie in ihm sehen wollte. Kraft und Sicherheit und eine freundliche Schulter zum Anlehnen. Er habe in ihr gesehen, was er sehen wollte. Sie habe nicht verstanden, dass er zu den Männern gehörte, die ihr Selbstbewusstsein nur vom Sex und von der Qualität des Liebeslebens ableiten. Er sei krankhaft eifersüchtig gewesen. Seine Exfrauen habe er mit vulgären Mails attackiert, sobald er mitbekommen habe, dass sie mit einem Neuen zusammen waren. Nie im Leben hätte er verstehen können, was ihr mit dem Ermittler passiert sei. Er habe nicht verstanden, dass sexuelle Nötigung nichts mit Sex, sondern mit Macht und Erniedrigung zu tun hat. Er habe nicht verstanden, dass er mit seinen Sekretärinnen nicht machen durfte, was er wollte, dass er nicht im Krieg war, wo man sich alles erlauben kann.

Er hätte nie verstanden, dass man sich verlieben kann, ohne miteinander geschlafen zu haben. Dass wahre Liebe und Freude selbstlos sind, ohne Ansprüche.

Oder dass man wie sie beide Liebe machen kann, ohne den Orgasmus als Ziel zu haben, sondern die Verbindung miteinander. Einander in die Augen zu sehen und den anderen zu liebkosen. Er habe sich immer erst verliebt, nachdem er mit der entsprechenden Dame im Bett gewesen sei. Beim Liebemachen habe er sich selbst beobachtet. Wenn ihn die Lust überkommen habe, habe sie ihren Tag umorganisieren müssen. Er habe sie aufs Hotelzimmer bestellt wie ein üppiges Frühstück oder eine Nachmittagsjause. Habe sie überfallen, wenn er Zeit hatte, sie habe ihre Beschäftigung unterbrechen müssen, nur seine Arbeit sei wichtig gewesen. Sofort habe er sich ganz ausgezogen und mit erigiertem Glied vor ihr gestanden, miteinander gesprochen hätten sie nicht. Seine Hose und sein Hemd habe er immer musterhaft zusammengefaltet zur Seite gelegt. Vor ihrer Schwangerschaft seien sie nicht in einer einzigen Ausstellung gewesen, weder im Konzert noch im Theater, weder spazieren gegangen noch hätten sie einen einzigen Ausflug gemacht. Sie habe ihm den Rücken freihalten wollen. Das habe er wohl prima gefunden.

In der letzten Zeit habe er ihr aus den Büchern von Birgit Stadtherrová, geborene Buchová, vorgelesen. Habe ständig Voltaire zitiert: die Frau sei schon aufgrund ihrer Physiologie dem Mann unterlegen. Sie werde von den regelmäßigen Blutungen strapaziert. Durch die lange Schwangerschaft, das Stillen. Das alles beweise, dass sie für eine Arbeit, für die Kraft und Ausdauer vonnöten sind, nicht bestimmt sei. Bis zum Abwinken habe er Jean-Jacques Rousseaus Sätze aus *Emil oder Über die Erziehung* wiederholt. Frauen seien kindisch und des rationalen Denkens unfähig. Und wenn sie ihm widersprochen habe, habe er geschrien, Dozentin Stadtherrová sei d'accord damit und Dozentin Stadtherrová sei eine international anerkannte Autorität. Er habe völlig unter ihrem Einfluss gestanden.

Sie reden miteinander und lügen sich nicht an; der Ermittler hatte ein Haus ohne Herrin, die Frau einen Körper ohne Herrn.

Im Arbeitszimmer des Ex-Mannes, wo keiner den Staub wischt, blättern sie in Birgit Stadtherrovás Büchern, um herauszufinden, in welchem Kontext sie die Zitate verwendet und wie scharf sie sie kommentiert. Sie sei bestimmt sehr klug, sagt der Ermittler, aber kühl wie Edelstahl. Vor ihr habe er Angst. Vor Frau Adler nicht.

Sie öffnen eine Flasche Wein. Sitzen auf der Couch. Der Ermittler zieht Kopien von Kopien aus der Tasche, Birgit Stadtherrová gebe keine Interviews, erzählt er, sie äußere sich nur selten bei Buchvorstellungen und Lesungen. Erika Eis halte sich ebenfalls sehr zurück, das mache die Journalisten sehr unglücklich, sagt er. Diese Frauen beherrschen die Kunst, zu sprechen und trotzdem nichts über sich zu sagen. Der Ermittler gibt eine Kostprobe.

Antwort: *Ab einem bestimmten Moment habe ich angefangen, Situationen zu beobachten. Ich nehme an ihnen nicht teil.*

Frage: *Ist das der Grund, warum Sie Filmregisseurin geworden sind?*

Antwort: *Einen anderen Grund gab es nicht.*

Frage: *Man wirft Ihnen Zynismus und eine grundsätzlich unkommerzielle Herangehensweise vor.*

Antwort: *Absolut richtig.*

Frage: *Hat es Sie überrascht, dass man ausgerechnet Ihren Film für Cannes ausgesucht hat?*

Antwort: *Nein. Sie etwa?*

Frage: *Eine Überraschung war das schon.*

Antwort: *Überraschungen gehören zum Leben. Noch etwas?*

Frage: *Wir haben doch noch nicht einmal angefangen!*

Antwort: *Habe auch keine Lust mehr anzufangen.*

Frage: *Letzte Frage. Worin sehen Sie die größte Gefahr für die heutige Welt?*

Antwort: *Dass die Gesellschaft immer kindischer wird.*

Frage: *Verstehe ich nicht.*

Antwort: *In der modernen vernetzten Konsumgesellschaft sind nicht nur die Amerikaner und Europäer zu Kindern geworden, die ständig auf der Suche nach etwas Neuem sind. Eines Tages werden sie Spiel und Wirklichkeit nicht mehr auseinanderhalten können.*

Frage: *Mich hätte eher interessiert –*

Antwort: *Die menschliche Neigung zur Feindseligkeit ist nicht annähernd so gefährlich wie die zum kindischen Verhalten.*

Frage: *Das werden unsere Leser nicht verstehen. Ich möchte gerne zum Film zurückkehren –*

Antwort: *Kennen Sie Karl May?*

Frage: *Nein. Ich –*

Antwort: *Aber Adolf Hitler kennen Sie?*

Frage: *Sicher.*

Antwort: *Das Kindische ist unberechenbar. Hitler litt unter einer kindischen Leidenschaft für Romane von Karl May.*

Frage: *Wir schweifen von unserem Thema ab.*

Antwort: *Hitler hat Mays Bücher nicht im jugendlichen Alter verschluckt, sondern zwischen zwanzig und dreißig. Sehen Sie, in welche Traumzusammenhänge Winnetou da geriet? Hitler war ein Narziss, für einen Narziss ist die Phantasie häufiger realer als die greifbare Realität.*

Frage: *Ich möchte gerne auf Ihren ersten Film über den Geiger Menuhin zurückkommen.*

Antwort: *Kennen Sie die Kompositionen von Benjamin Godard? Die kennen Sie nicht? Dann hören Sie sich die mal an.*

Der Ermittler schiebt der Witwe einen anderen, vor Jahren von Birgit Stadtherrová publizierten Text unter die Augen. Er legt ihn der Witwe vor, als schriebe er ihr einen Liebesbrief; die ständige Bereitschaft zuzugeben, der andere sei etwas anderes, als was wir in ihm zu lesen meinen, wenn wir zusammen sind oder wenn wir uns in Gedanken mit ihm beschäftigen.

Die Witwe ist müde, sie hört nicht zu, sie nickt nur, freut sich am Eifer des Ermittlers und kann die Augen nicht von ihm abwenden; mit ihrem Blick liebkost sie sein Gesicht und fährt seine Lippen nach, zwischen den Beinen spürt sie ein Kribbeln, ihre Lust lässt sie nicht auf seine Worte achten, sie liebt ihn so stark, dass es in den Knochen juckt.

Vielleicht geht das wirklich, denkt die Frau. Geradeheraus zu sprechen und zu handeln. Mit Männern darf man nur radikal, ohne Abstriche und ohne Mitleid kommunizieren; nur so befreien wir uns und fangen neue, gleichberechtigte Beziehungen an. Das Zeitalter der Dominanz und Unterordnung ist vorbei!, denkt die Frau.

Sie sieht den Ermittler an und sagt: »Mit Männern darf man nur radikal, ohne Abstriche und ohne Mitleid kommunizieren; nur so befreien wir uns und fangen neue, gleichberechtigte Beziehungen an. Das Zeitalter der Dominanz und Unterordnung ist vorbei!«

»Ja«, stimmt ihr der Ermittler zu. »Ja.«

»Ich will nicht wissen, was du machst, wenn du nicht bei mir bist. Liebster, hör endlich damit auf.«

»Kann ich nicht. Ich bin besessen davon.«

»Dann schließe dich ihnen an.«

*

Sie läuft herum, zeigt mit dem Finger auf sie. Sie ist eifrig und geht methodisch vor. Sie kleben an ihr, schnurren vor Wonne. Mit Honey befreundet zu sein, ist eine Auszeichnung; sie strecken die Brust raus. Honey ist die Auserwählte, neben der tollen Braut ist nicht viel Platz, es ist eine Ehre, an der schmächtigen Seite dieser scharfen und wilden und erfolgreichen und bildhübschen Fährfrau zu schreiten.

Die sie über die schmale Brücke von der Kindheit ins Erwachsensein begleitet; über eine Brücke, die nirgendwohin führt und mitten im fleischfressenden Ozean endet.

Die ihre Zeitgenossen ignoriert, hey Mann, krass, nur einmal gucken, warte doch mal, haste die Titten gesehen, Alter, was findste geiler, Möse oder Möpse? Sie drängeln sich um sie. All die Hänsel und Gretel, die artig Händchen halten, sich nach dem Pfefferkuchen des Erwachsenendaseins verzehren und an der Verheißung lutschen wollen, stürzen sich auf sie. Kurz lecken und ficken. Auf der Schaufel landen sie.

Honey bringt einer Schar flaumiger, verwirrter Piepmatze das Fliegen bei. Das Zwitschern bleibt ihnen im Hals stecken. Sie küsst sie auf die Schnäbel. Pickt ihnen die Augen aus und schneidet die Flügel zu. Honey gibt ihnen Drogen *for free*. Honey kennt die Wohnung auf der Hauptstraße. Honey hat Geld. Honey ist eine feurige Pförtnerin, sie wedelt mit dem Schlüssel zum Heiligtum vor ihren Augen, dreht ihn in den Schamlippen der Jungfrauen um, lässt Säfte steigen, und geilt sich daran auf. Während ihre Körper brutal geplündert werden, machen die Piepmatze in Gedanken Liebe mit Honey.

Sie ist ein Geier, denkt Erika.

Nein, von einem Geier wendet man sich wegen seiner Hässlichkeit verächtlich schnaubend ab. Sie ist ein seltenes und anmutiges Kuckucksexemplar: die Mitschöpferin. Und um sie herum lauter Goldammern und Turteltäubchen und Laufhühnchen und Mehlschwalben und Uferschwalben und kleine Gauchmatzen und Beutelmeisen und Kohlmeisen und Blaumeisen und Pieper und Sperlingskinder und Kreuzschnäbel und Feldtauben und schwatzende kleine Dohlen, und sie zwitschern und tschilpen und plappern und schnattern und plustern ihre Federn auf.

Honey mit der göttergleichen Miene. Sie wird aus allen fassungslos aus der Wäsche guckende Blutfinken machen, psst.

Erika spioniert Honey hinterher. Honey ist ein Rätsel. Sie hat Geld. Sie hat eine heile Familie. Sie ist gut in der Schule. Jungen Männern fällt bei ihrem Anblick die Kinnlade runter; alte Männer hecheln der Nymphe hinterher, die den Mondgruß tanzt und im Tutu mit den Zehen wackelt. Vielleicht gibt es so etwas wirklich, denkt Erika. Vielleicht gibt es das. Für Honey existiert kein Unterschied zwischen Gut und Böse. Sie langweilt sich. Sie ist ein ganz normales Mädchen. Wörter wie Empathie oder Mitleid kennt sie nicht. Sie spielt.

Mit vierzehn würde ich mich auch fangen lassen, würde mich auch unter die Honeyflügel kuscheln wollen, alles wonnig heiß und gefährlich, ich würde mich gerne an sie schmiegen, denkt Erika. Ihr auf den süßen Leim gehen, mich mittels Schönheit einweihen lassen.

Das nächste Laufhühnchen schmeißt sich an Honey heran. Mit Versprechungen von besserem Futter und bunten Federn lockt Honey es in den Käfig. Den Käfig bringt sie dem Vogelfänger direkt ins Haus. Du willst Crack, hast aber kein Geld? Hast immer noch genug Fleisch auf den Knochen.

In den Käfig schließt man nur die schönsten Vögel. Sanft nimmt man den weichen Körper heraus, streichelt das Daunenkleid. Die Schwalben streichelt man. Man streichelt die Federn. Und drückt zu.

Honey bringt den Vogelfängern jeden Tag neues Futter ins Kuckucksnest. Jeden Tag liefert sie ihnen weißes Fleisch mit Zahnklammern. Sie ist nicht Honey, sie ist ein Honey-Monster. Tagsüber wird nicht darüber geredet. Nie wird darüber geredet. Die gemarterten Piepmatze warnen die anderen nicht.

Erika reißt ein Blatt Basilikum ab. Legt es feierlich auf die Zunge. Schluckt es herunter, als schluckte sie eine Hostie. Sie braucht eine Ulme.

*

Er macht Liebe mit ihr und will sie nicht loslassen. Die Augen schließen sich nicht. Die Augen haben sich ineinander verhakt. Du bist unfassbar, flüstert er. Fließend, ungreifbar, störrisch, starrköpfig, eigenwillig, unerträglich, dabei in einem Kind verankert, eine Gottheit, zu der ich aufblicke. Sie flüstern. Wie gefällt es dir, Liebste. Wie gefällt es dir, Liebster. Ich liebe es, wenn du zum ersten Mal in mich eindringst und dich über mich beugst, ich liebe es, wenn ich ihn im Mund habe, und ich liebe es, wenn ich auf dir liege, und ich liebe es, wenn du mich leckst und dir auf die Finger spuckst und meine Klitoris massierst, sie ist die Königin der Lust, weißt du. Ich liebe es, wenn ich von dir koste, und ich liebe es, wenn du auf mir liegst, und ich liebe es, wenn ich in deinem Hintern bin, und ich liebe es, wenn du mich leer saugst, ich liebe deine heiße Möse und ich liebe deinen prallen Schwanz. Sie sprechen miteinander und jedes Wort in weicher Umarmung ist sanft und kein Wort dieser Welt ist vulgär, Wörter haben keine Bedeutung.

Nur die Sprache der Körper, ansonsten Vakuum. Eine freie Verbindung. Eine sehr empfehlenswerte Haltung.

Sie erzählen einander von ihrem ersten Mal. Wie es war, als sie ihre Unschuld verlor. Er ist froh, als sie sagt, sie sei neugierig und wahnsinnig verliebt gewesen. Keine klebrigen Klischees, keine ausgelassene Party, weder besoffen noch von pubertierenden Kumpels vergewaltigt, die nur nachmachen, was sie im Internet gesehen haben, und sich gegenseitig Pornovideos zuschicken, je härter, desto besser.

Oder auf der Elterncouch. Oder unter dem Druck eines viel älteren Lovers. Es sei während des Studiums passiert, da sei sie bereits neunzehn gewesen, habe einiges über ihren Körper gewusst, habe gesehen und gehört und gespürt, was alles mit ihm passierte. Der Körper wusste ja genau, was er nicht wollte. Viele Jungs wollten beim Oralsex den Kopf der Frau halten. Denen habe sie sich widersetzt. Am schlimmsten sei es gewesen, dem Druck standzuhalten, als ihre Mitschülerinnen bereits mit zwölf Jahren erzählt hätten: Ich hab schon! Heute wisse sie, dass sie logen.

Und wie war es, als er seine Unschuld verlor? Er erzählt, wie er sich in eine Balletttänzerin verliebt habe, wie er sie belagert und mit ihr gelebt habe, wie er nicht habe begreifen können, dass sie eine Nymphomanin war; sie hätten sich mehrmals am Tag geliebt, und als er einmal drei Tage lang keinen Sex mit ihr gehabt habe, habe sie ihm eine Szene gemacht, dass er sie nicht mehr liebe. Damals sei er einem Abendstudium nachgegangen, und sie habe ihn um vier Uhr morgens geweckt und nach geschmeidigem Sex verlangt, abends, wenn er müde nach Hause gekommen sei, habe sie sich ihm an den Hals geworfen, sobald er die Türschwelle überschritt. Die Witwe merkt an, das müsse eine große Liebe gewesen sein. Nein, widerspricht der Ermittler, er und seine Freundin habe nur der Sex verbunden, er sei jung gewesen und habe ständig eine Latte gehabt. So etwas sei nicht normal, das sei nicht normal gewesen. Er habe sich beim Vögeln zugesehen. Und eines Tages sei sie ohne viel Federlesens fremdgegangen und er aus Trotz ebenfalls, er habe sie mit all ihren Freundinnen betrogen und habe danach richtig rumgewütet, er, der Weiberheld par excellence, sie habe ihn ziemlich verletzt, es habe wehgetan, aber sie seien noch zusammengeblieben, die Arbeit habe ihn damals sehr in Beschlag genommen, aber am Ende habe er Schluss gemacht, er habe sich nicht binden wollen und gedacht, Frauen seien ihm egal. Seine Arbeit habe ihm Spaß gemacht, er habe den Eindruck gehabt, dass sich die Welt ihm gegenüber bessere und auch er die Welt verbessern könne, Hauptsache, er sei ausreichend effizient und fest und anständig, Hauptsache, er nehme die anderen wahr, dann werde es gut ausgehen mit seinem Beitrag zur Geschichte der Freude.

Und jetzt?

Jetzt habe er sich verliebt. Er, der glaubte, keine Eifersucht zu kennen, sei zum ersten Mal im Leben eifersüchtig. In ein paar Jahren werde er vierzig, sei aber immer noch dabei, die Welt zu entdecken.

Sie machen Liebe. Ihr Gesicht glättet sich. Sie wärmt sich auf, heizt wie ein kleiner Ofen, entspannt sich, voller Wonne. Er kostet sie und schnuppert an ihr. Möchte sie austrinken. Sie ihn aussaugen. Sie wollen jede einzelne Hautpore des anderen kennenlernen.

Wenn sie nebeneinander liegen, können sie die Augen nicht voneinander lassen. Ein scharfer Pfeil durchdringt den Kopf des Ermittlers. Mit einem Tropfen Honig an der Spitze. Rückwärtsgewandte Eifersucht. Analsex gefällt ihr. Viele halten das für eine Perversion. Sie hat andere Körper geliebt. Wie viele, wie hießen sie?

Wie viele waren es? Und wie heißen sie?

Die Eifersucht bremst er, indem er sie ignoriert. Indem er den Wörtern Einhalt gebietet, die seine Kehle hinaufdrängeln. Er küsst die Frau stürmisch.

Hinter der Glaswand rauschen Schwalben vorbei und verziehen keine Miene.

Der Ermittler ist allein im Haus. Vor Dianas Fenster plustert sich die Morgendämmerung auf. Schwalben zischen hindurch. Dem Ermittler kommt es vor, als zwinkerten ihm ihre weißen Bäuchlein zu, als höben sie ihre Schwänzchen nur deswegen hoch, damit er das siegreiche V lesen kann.

Die Witwe will das Haus nicht betreten. Sie hat Angst vor den von den Schwalben in der Luft geschmiedeten Wörtern, die sich im Labyrinth verstecken. Sie verfolgen sie. Sie hat die Wörter mit den Augen heruntergeschluckt und sich eine Magenverstimmung eingefangen.

Der Ermittler ist gründlich. Er beschließt, jedes einzelne Wort zu lesen, jede Seite zu erfassen, willst du den Herrn kennenlernen, lerne zuerst seine Diener kennen. Die Notizen betreffen Ägypten, Syrien, Algerien, Tunesien, Nigeria, die USA, Spanien, Mali und, und, und, ein Land macht dem anderen seinen Platz in der Rangliste streitig, vergeblich die Bemühungen, die rechtliche Stellung der von der Islamauslegung abhängigen Frau zu verbessern, Scharia im Jemen, in den Vereinigten Arabischen Emiraten, in Saudi Arabien und in Bahrain, Fotos der abgeschnittenen Nase einer aus der Zwangsehe geflüchteten Afghanin, Fotos von verschwundenen Schülerinnen im nigerianischen Busch, ihre Körper haben sich in einen Schwalbenschwarm verwandelt; konkrete Körper werden von der violetten Kolibrischrift gefilzt. Wie hineingerammte Lanzen ragen über manchen Körpern violette Kreuze ohne den Gekreuzigten empor.

Die schroffe Handschrift schreibt nicht; sie telegraphiert. Von wo aus, wann und wie die Gewalt organisiert wird. Wie und in welchem Maße und an welchen Orten sexuelle Gewalt toleriert wird, sowohl von den Tyrannen als auch von den gepeinigten Körpern.

Birgits Kolibrischrift büßt ihren Glanz ein. Eine ganz frische Metallbox mit taumelnden Buchstaben auf dem Deckel; was ein Reicher mit seinem Geld erreicht, das schafft ein Armer nur durch seine Kraft; all das hat so viele Schwalben das Leben gekostet, sie haben nicht zurück nach Hause gefunden. Sie beschreiben das Geschehene mit anderen Augen, das rechte Auge sieht etwas anderes als das linke, fliegen können sie nur geradeaus, nach vorne. Sie beschreiben diverse Frühlinge …

Der Ermittler macht Musik an. Unter dem gewaltigen Schwung eines furchtlosen Herrn weht Musik durchs Haus, Menuhin. Ein Platz. Eine Demonstration. Eine junge Frau liegt auf dem Asphalt, teilnahmslos gehen Polizisten an ihr vorbei. In der Menge umzingeln Männer eine einzelne Frau. Zerren sie in eine dunkle Ecke oder in ein Zelt. Zum Schluss nehmen sie ein Messer und verletzen ihre Vagina. Der Kolibrischrift macht es keinen Spaß, den Rhythmus der

Flügel zu trommeln. Die schroffe Adlerschrift büßt ihren Glanz nicht ein: In jeder menschlichen Revolution haben Frauen eine wichtige Rolle gespielt. Jedes Mal werden sie eingeschüchtert. Damit sie von den öffentlichen Plätzen verschwinden.

Die Zeit der Revolution der Körper naht. Einen Krieg der Geschlechter hat es nie gegeben. Ein Krieg der Geschlechter ist fällig. Nord gegen Süd. Süd gegen Nord.

Im roten Ordner liegen neben Aufruf und Statuten mehrsprachig ausformuliert Anweisungen für mediale Aktionen und für die Gründung einer Bürgervereinigung, organisiert von der Firma QUAIL, an die sich weibliche Körper wenden können.

Der Ermittler ist nicht müde, sein Kopf zuckt im Rhythmus der Geige hin und her. Das orangefarbene Haus ist ein Nest, in dem er genest. Wo er sich von dem Land loslöst, in dem er lebt und arbeitet und wo seine Arbeit vergeblich ist.

Er versteht die drei Schwalben. Ihre Arbeit soll nicht vergeblich sein, und das Leben soll einen Sinn haben.

Der Ermittler denkt an seine halbblinde Großmutter Josefa. Sie wurde für vierzehn Tage aus dem Krankenhaus entlassen, putzte und verteilte ihren Besitz unter die Verwandtschaft. Ein sicheres, solides und übersichtliches Nest; vergiss nicht die Kokosraspeln unter die Streusel zu mischen, ohne Selbstvertrauen lebt es sich schwer. Sie streichelte ihn. Schenkte ihm ein Bild mit zwei jungen Spinnerinnen; am Spinnrad sitzt der Tod. Der Tod ist Frieden und Freude, sagte sie. Sie schenkte ihm eine Kuckucksuhr, einen Wecker und einen perfekt zusammengefalteten Stapel weißer Taschentücher mit eingesticktem Monogramm. Sie schenkte ihm Großvaters Ring. Großvater hat den Ring nicht getragen. Großmutters Ring, den sie nie abgenommen hat, war ganz schäbig und zerkratzt. Der Ermittler steckte Großvaters Ring an, hielt den Reifen am Mittelfinger fest. Oma konnte *Vogelmilch* zubereiten, das hat sie in der Slowakei gelernt, ein Arme-Leute-Essen, in warmer Milch verquirlt man Mehl.

Ihr zweiter Mann hat sie um sieben Jahre überlebt. Sieben Jahre lang quälte er sich, er wollte sterben, er wünschte, ihr Tod würde auch ihn aus dem Leben raffen, sieben lange Jahre wartete er nur auf den Tod, sein Leben war wie eine seichte Stelle im Fluss. Beschleunigt hatte er dadurch nichts. Das Leben in den sieben Jahren war ein unnötiges Leben, gefüllt nur mit Kummer und Erinnerungen an die geliebte Frau; Kummer und schlechtes Gewissen sind keine guten Ratgeber. Der Ermittler dachte zumindest damals, dass so ein Leben unnötig sei. Er weigerte sich, bei Großvater etwas zu essen, obwohl dieser während seiner seltenen Besuche diverse Tomaten-, Gurken-, Gemüse- und Gulaschsaucen, Braten und Knödelscheiben für den Enkel zauberte.

Der Junge stopfte sich den Mund voll und spuckte alles später ins Klo.

*

Der Mondgruß. Sie schöpfen mit den Handflächen imaginäres Wasser. Sie schöpfen Wasser in den gelben Kelch, um den Schmutz des Tages von ihren Körpern zu spülen.

Schwalben fliegen vorbei und lassen das Wörtchen nur aus dem Schnabel fallen.

Offiziell begleitet Diana Max als seine Assistentin. Inoffiziell als seine Geliebte. Sie bekommt eine Uniform mit eleganter Krawatte. Soldatenschiffchen für die rotblonden Haare. Und einen Helm.

In den Augen der Nachkriegsschwalben steht nur intensive Abwesenheit, sie sind in sich selbst vertieft. Sie nehmen nicht wahr, wenn sie fotografiert werden. Sie sehen aus wie Stillleben in Häusern des neunzehnten Jahrhunderts, wie das Mädchen aus dem Bild des dänischen Malers Vilhelm Hammershøi. Das Porträt der Schwester des Malers hing im Arbeitszimmer von Dianas Vater. Wenn Diana sie unverwandt ansah, verwandelte sich das Mädchen in eine Schwalbe mit ausgestrecktem Flügel, es schien gleichzeitig da und nicht da zu sein. Der Maler hat seine Schwester in einem unbeobachteten Augenblick erwischt; sie denkt über etwas nach, etwas quält sie, etwas in ihrem Inneren, etwas nicht aus dieser Welt; das Bild sieht nicht aus wie gemalt, sondern wie von einer Schwalbe fotografiert.

Erika lehnt sich an die Wand. Wühlt mit einem Stock in feuchter Erde. Fuchtelt mit der Hand in der Luft. Dirigiert Vogelschwärme. Presst Zeigefinger und Daumen aufeinander, sodass sie einen Kreis bilden. Guckt hindurch. Der Blick verrutscht, die Augen bleiben in den Wolken hängen. Die Wolken verlassen den Kreis. Die Wolken zerbröseln. Der Himmel hat Schuppenflechte.

So fotografiert Diana sie zum ersten Mal.

Diana lässt die zurückhaltende Erika nicht aus dem Blick der Kameralinse. Erika steht abseits, beobachtet andere Kinder beim Spielen. Sie spießen einen Kohlweißling auf einen dünnen Stock. Laben sich an seinem Anblick, bis er sich zu Tode geflattert hat und auseinandergefallen ist. Halten einen Regenwurm an beiden Enden, bis er auseinanderreißt. Die Frecheren betteln um Essen. Und lügen, sie hätten ihre Ration nicht bekommen.

Der amerikanische Geiger Yehudi Menuhin besucht das Lager. Erika erlebt ein kurzes Konzert von ihm im Lazarett. Sie bekommt einen Fieberanfall. Diana verewigt ihr Fieber. Erika starrt den schlanken Geiger an. Erika ist zwölf. Zum ersten Mal sieht sie Finger auf Saiten herumtanzen.

Sie war aus dem Fenster des Gutshofs ihrer Familie gesprungen. Hat sich den Fuß verletzt. Sich mit dem kaputten Fuß mehrere Kilometer weiter geschleppt.

Die Soldaten im Flur hatten Russisch gesprochen. Die Soldaten auf dem Feld Deutsch. Erika verriet ihren Namen nicht. Ihre Mutter hatte sie vor sich hergeschoben und den Russen angeboten; in der Hoffnung, so das Haus retten zu können. Die Scheunen. Die letzte Kuh.

Sie springt aus dem Fenster. Die Kuh wird gerettet, die Familie wird erschossen, und die Soldaten stopfen ihre geschwollenen Waden in die Stiefel von Erikas Bruder und von Erikas Vater.

Das Wörtchen »nur« macht Diana wütend. Sie verlangt, dass Erikas Fall untersucht wird.

Augenrollen. Nicht mal Papiere hat das Mädchen dabei. Solche Lappalien interessieren keinen.

Es war ja nur eine Vergewaltigung.

Die intensive Abwesenheit, mit der sie nicht in die Kamera blicken.

Damals hob Diana die Augen zum Himmel. Bemerkte die Schwalben. Sie sah ihre Formationen und das himmlische Ballett und die Verwunderung ob der menschlichen Geschichte. Sie fliegen um die Welt, und nur bei den Menschen finden sie Massenmörder. Der Mensch ist das einzige Wesen, das sich nicht seinem eigenen Rudel anpasst.

Diana liest die in den Himmel gedrechselten Nachrichten.

Als wäre es ihrem eigenen Körper passiert. Fass in dich hinein und bitte um Vergebung. Ist das hier die Welt, die man zu akzeptieren hat? Dann will ich mit ihr nichts zu tun haben. Strafanzeigen führen ins Leere. Max ärgert sich. Ihr ist egal, welcher Nationalität die Täter sind. Ihr ist egal, welcher Nationalität die Opfer sind.

Sie stößt auf ein Kriegsfeld, das keine Friedenszeiten kennt. Es gibt ein stilles Abkommen und ein Gebiet, das nicht frei ist und es nie sein wird, das von jedem erobert werden darf, wo jedem alles erlaubt ist. Gepflügtes Feld. Ein Acker schwarzer, fruchtbarer Boden. Der den Namen trägt: Körper des Schwächeren. Körper als Kriegsfeld. Eine Strafanzeige gegen den Sieger zu stellen, ist lächerlich.

*

Diana sitzt in Rogners Büro am Konferenztisch. Sie legt einen neuen Banknotenfächer auf den Tisch. Die Rogner zählt nach, zweimal verzählt sie sich, fängt von vorne an. Außer reichen Russen hat heutzutage keiner mehr Bares dabei. Die Rogner ziert sich.

»Die Beweislage ist sehr dünn.«

»Auf das Gefühl in meinem Unterleib kann ich mich verlassen.«

Die Rogner lässt sich nicht in die Falle locken. Was hat denn das mit Yoga zu tun? Das ist doch nur eine Liebhaberei, ein Hobby, ein Vergnügen; was findet nicht alles in menschlichen Schicksalen an den Ufern eines wilden Flusses Platz, nur eine seichte Stelle trennt den Tod vom Leben. Sie tauschen neue Dokumente aus. Diana reicht ihr ein mit Mädchenschrift beschriebenes Stück Papier, das Blatt ist zu einer Schwalbe gefaltet.

»Das ist die Aussage von Love.«

»Seit wann reisen Sie drei eigentlich schon zusammen?«

»Wir sind seit Kriegsende befreundet.«

»Wohnen Sie auch zusammen?«

»Wir leben zusammen, seit uns unsere gemeinsame Freundin Ingrid verlassen hat und Birgits Söhne erwachsen sind. Und ich bin bei ihnen, weil Birgits und Erikas Körper lange gebraucht haben, das neunzehnte Jahrhundert abzuschütteln.«

»Wie haben Sie überlebt?«

»Wir haben gemeinsam gelacht. Wir witzeln darüber. Manchmal. Ich habe ihren Körpern die Kraft der Selbstreinigung beigebracht. Die Loslösung von der Vergangenheit: dreht euch nicht um, sage ich zu ihnen. Wir machen zusammen Übungen.«

»Sind Sie sich nie näher gekommen?«

»Wie meinen Sie?«

»Na, ob Sie mal zusammen waren.«

»Sie meinen, ob wir miteinander schlafen?«

»Das würde ich mir nie erlauben.«

»Nein. Wir schließen uns nur in die Arme. Dafür mögen wir Männerkörper viel zu sehr. Wir sind eine *Familie*, aber eine andere Familie. Der Geruch von Walnuss. Unser Zuhause die Welt.«

Die Rogner versteht nicht und fragt nicht weiter. Legt an Geschwindigkeit zu. Sie macht einen Fehler, verpasst ihre Sekunde der Ewigkeit; in dem Moment hätte Diana ihr alles erzählt.

»Wie Sie wissen, habe ich auf Grundlage neuer Tatsachen eine Prozesswiederaufnahme beantragt, vielen Dank für die Unterlagen. Aber sie wollen nicht als Zeugen aussagen.«

Diana antwortet. Die Mädchen wollen nicht aussagen. Sie fühlen sich schuldig. Sie haben das Gefühl, sich mitschuldig gemacht zu haben. Ihr Körper steht ihnen im Wege. Der Körper hat sie verraten. Der Körper hatte einen Orgasmus.

»Es kommt mir so vor, Diana, als übertrieben Sie ein wenig. Meine Welt ist anders als die von Ihnen beschriebene. Ich halte mich an Vorschriften. Ohne Pathos und historische Voreingenommenheit. Ich brauche klare und nachdrückliche Worte, ich brauche Zeugen, ich brauche Beweise. Mit Recht und Gesetz kann man nicht mutwillig spielen. Alles ist unklar, saft- und kraftlos. Ich habe mich bei Ihnen entschuldigt. Lassen Sie es mich so formulieren: Vor ein paar Jahren haben wir die Sache etwas überstürzt.«

»Überstürzt?«

»Wir haben einen Fehler gemacht. Reicht das?«

»Sie haben die Opfer noch mehr eingeschüchtert.«

»Das weiß ich heute.«

»Vielleicht besuchen Sie mich mal.«

»Wo ... ist denn Ihr Zuhause?«

Die Erinnerung an das orangefarbene Haus unterm Petřín schießt Diana durch den Kopf.

»Ich habe kein Nest mehr und will mir auch keins mehr zusammenkleben. Aber im Frühling ist es schön und hoffnungsvoll in Prag. Wir sehen uns vor Gericht.«

»Nur der Ordnung halber, Diana. Julie ist keine zuverlässige Zeugin. Sie lebt allein mit ihrer Mutter. Die Mutter hat wechselnde Partner. Arbeitet als Kassiererin. Hat ihre Tochter mit siebzehn zur Welt gebracht. Gelernte Weberin, wie die meisten Frauen hier. Die Textilfabrik gibt den Leuten hier Sicherheit. Mehrere Abtreibungen. Julie geht nur manchmal zur Schule. Tut, als würde sie das Haus verlassen. Faulenzt herum. Spielt mit ihrem Telefon. Trödelt mit Mitschülerinnen durch die Shoppingmall. Klaut Kleider und Schminke. Sobald die Mutter zur Arbeit ist, geht Julie wieder nach Hause.«

Diana blickt vor sich hin. Fensterscheibe. Schutzfolie. Als säße sie in einer Konservendose. Diana ist unerschütterlich.

»Heute haben sie eine meiner Schwalben erlegt. Sechs Männer.«

»Bitte?«

»Meine Schwalbe. Eine indische Fotoreporterin. Solange so etwas vorkommt, weiche ich nicht zurück. Ich weiche nicht zurück
vor einer Armee aus lauter Männern. Und Frauen. Die es auf die
leichte Schulter nehmen. Vor lauter Angst vor der Jugend, vor der
Konkurrenz stellen sie sich auf die Seite der Männer. Dabei dachte
ich, eine Krähe hacke der anderen kein Auge aus. Was sich Frauen
alles von Frauen gefallen lassen! Ich stehe allein gegen alle, nur weil
ich weiß, was ein Opfer alles erleiden muss.«

»Wovon reden Sie?«

»Eine Armee wie aus einem Guss. Feiglinge. Sie vergewaltigen
in Gruppen, verstehen Sie. Wie im Krieg. Nicht von Angesicht zu
Angesicht. Sie gehen und jagen im Rudel. Sie jagen Fleisch. Sie jagen
Körper, die sie nur für ein Stück Fleisch halten. Sie amüsieren sich
dabei. Vergewaltigung ist eine Massenvernichtungswaffe.«

Diana steht auf. Beugt sich zur Rogner vor.

»In meiner Yoga-Klasse will ich Sie nicht mehr.«

»Bitte?«

»Sie gehören dazu, zu diesem Ring.«

»Wie?«

»Sie und Ihre Ermittlerkollegen. Den Ring hätte man schon vor
Jahren sprengen können.«

»Wir sind nach den Regeln vorgegangen.«

»Man hat sie betrunken gemacht und vergewaltigt und zum
Beischlaf gezwungen. In einem Fall waren es zwanzig Männer.«

»Aber die Beweislage …«

»Beweislage, Beweislage. Die Gewalt ist doch organisiert. Und
wenn Ihrer Tochter so etwas passiert wäre?«

Die Rogner richtet sich jäh auf. Beinahe streift sie Dianas Stirn.

»Meiner Tochter würde so etwas nie passieren. Sie ist gut erzogen.«

»Das haben die Mütter der anderen Mädchen auch behauptet.«

»Erwähnen Sie meine Tochter nicht in diesem Zusammenhang!«

»Sonst noch was?«

Die Rogner stockt. Sie weiß, nur zu gut weiß sie, dass Diana vor nichts zurückschreckt. Sie hat einen empfindlichen, den empfindlichsten Punkt berührt. Das hätte sie nicht machen dürfen. Mutterinstinkte sind nicht zu unterschätzen.

»Ist Diana Ihr richtiger Name?«

»Spielt das eine Rolle?«

Zum Abschied reichen sie sich nicht die Hand.

Vor dem Fenster huscht ein Schatten vorbei, kein Vogel. Ein Blatt, vom Wind ans Fenster geklatscht.

Sie stopfen ihre Sachen in blaue Plastiktüten und werfen sie in die Mülltonne. Zugvögel – und über der Stadt fällt Schnee, weiße Schwalben fliegen am Himmel, die keiner bemerkt, solange sie nicht auf den Boden fallen, solange sich die Buchstaben nicht im Schnee auflösen und ihn violett färben.

Es ist das Gleiche und es ist nicht das Gleiche. Alles ist schon mal dagewesen, aber immer fehlt noch etwas.

Erika flüchtet sich in ihre Sprache. Sie legt *Ein deutsches Requiem* auf, Opus 45 von Johannes Brahms. Als Birgit das hört, verdreht sie die Augen. Erika öffnet den Mund und gibt keinen Ton von sich, sie singt von *Selig sind, die da Leid tragen* bis *Selig sind die Toten, die in dem Herrn sterben*. Sie öffnet und schließt den Mund auch noch, als das Stück längst zu Ende ist. Als wollte sie die Stille benennen. Sie fuchtelt mit den Armen und füttert imaginäre Tauben.

JAGD IM
STURZFLUG

Der Ermittler braucht dringend einen Drink. Ich auch. Draußen heult es. Der Herbstwind bettelt nur noch. In der Stadt ist nichts mehr für ihn übrig geblieben.

Der Ermittler sitzt mit dem alten Arzt in Bar and Books; Notturno. Der Falke raucht eine kubanische Zigarre. Sie betrinken sich. Schon beim Anblick der herumstehenden Bücher dreht sich dem Ermittler der Magen um. Der Falke erzählt von neuen Fällen und verwesenden Körpern. Der Ermittler hört demütig zu, mit jedem neuen Glas spült er die Versuchung hinunter, dem Falken vom orangefarbenen Haus unterm Petřín zu erzählen, große Bäume ziehen den Wind an, die goldene Flüssigkeit, die er in sich reinkippt, treibt ihm das Geheimnis aus dem Kopf. Der Alkoholpegel steigt, nimmt den Körper in Anspruch, spült das Geheimnis wie einen Flaschenkorken an die Oberfläche; der Korken hockt auf der Zunge, er braucht ihn nur noch auszuspucken.

»Vielleicht ist es an der Zeit, dass ich … dass … ich mir einen anderen Job suche.«

»Was ist los, junger Mann? Ausgebrannt? Das ist normal. Kommen Sie mit zum Angeln.«

Sie beobachten Frauen, die das Dämmerlicht betreten, ihre Körper spiegeln die Kerzenflammen wider. Die Augen der Männer bleiben an dem dunklen Teint der sanft gebogenen Rücken hängen, der lange, kühl glänzende blaue Schlitz entblößt die Wirbelsäule, die sich in den verlockenden Spalt hinter dem Rand des rahmweißen Spitzenhöschens schlängelt. Der Ermittler stottert herum, um den Petřín von der Zunge zu verjagen. Sehe eine Halbweltdame so aus? Oder eher eine Feministin?

Der alte Arzt wendet seinen Blick nicht von der Schlange ab, die ihn gebissen hat. »Keine Ahnung. Das habe ich nie verstanden. Bei Frauen schätze ich die Kunst zu flirten, ansonsten gefällt mir, wenn sie die Wohnung oder das Haus gemütlich und sauber halten und kochen können. Bin zweimal verliebt gewesen und zweimal ist mein Organismus kollabiert. Liebesstrategien beherrscht nur, wer nicht verliebt ist. Was wollen *die* bloß?«

Der Ermittler lässt seine entzündeten Augen über die prunkvollen Eichenregale mit Reihen gebundener Bücher streifen, Schlummerleuchten säumen die Wände der Bar, Bühnenrequisiten drängeln sich an den kleinen Tischen. Der Ermittler sitzt auf einer Bühne, und die Bücher, sein launisches Publikum, beobachten ihn spöttisch. Der Falke trinkt einen Schluck.

»Nehmen wir Truman Capotes Erzählung *Mojave*. Haben Sie die gelesen? Nein, aha. Sie wollen nie wieder lesen, aha, nie wieder. Na, also der Herr, den Sie nie gelesen haben und nie lesen werden, sagt, Frauen seien wie Fliegen, entweder werden sie vom Zucker oder vom Misthaufen angezogen.«

»Frau Stadtherrová, die Schriftstellerin, die ich habe studieren *müssen* wegen meinem Fall, also die …«

»Wegen dem glücklich gehängten Selbstmörder.«

»Genau die … die würde behaupten, dass es nicht dieser Capote sagt, sondern eine Figur von ihm.«

»Gut. Nicht Capote, sondern seine Figur hat recht.«

»Capote war eine … Schwuchtel.«

Der Arzt lacht und atmet eine Rauchwolke ein.

»Die Halbweltdamen hat er genauso geliebt wie ich. Aber was wollen *diese* Weiber erreichen? Was hat ihnen das Ganze gebracht?«

»Vielleicht … vielleicht … haben sie, anders als wir Männer, ein ziemlich begrenztes Repertoire an klassischen Lebensrollen.«

»Was wollen sie also erreichen?«

»Zum Beispiel … gleiche Bezahlung für gleiche Arbeit.«

»Hören Sie auf mit dem Unsinn. Wenn im Wald ein großer Vogel nistet, haben kleine Vögel nichts zu zwitschern, das geht einfach nicht, Männer arbeiten mit größerem Einsatz.«

»Meinen Sie das ernst?«

»Ich und Capote und seine Figur.« Der Arzt lächelt. »Ich hab noch nie eine Frau im Team gehabt, die es mit mir hätte aufnehmen können. Und ich will auch keine Ärztinnen mehr im Team haben. Nur meine Sekretärin und die Putzfrau, die regelmäßig die Asche von meinen kubanischen Zigarren und der englischen Pfeife von der Fensterbrüstung runterfegt.«

Der Ermittler bestellt den nächsten Scotch, der Arzt bietet ihm eine fette kubanische Zigarre an.

»Die Stadtherrová lese ich gerne, sie ist keine Feministin. Sie ist ein geradliniger Mensch. Der die Männer versteht. Die braucht keinen elektrischen Hausfreund für die Handtasche. Nur ihr Theoretisieren gefällt mir nicht und dieses Gequatsche über Belletristik, wo sie selbst Sachbücher über starke Männer schreibt.«

»Ich weiß schon wieder nicht … was Sie meinen.«

»Dass nur Belletristik ins Mark schneiden könne. Weil sie auf Hypothesen gründe, mit Prototypen von Figuren arbeite, hypothetische Zustände und Situationen verwende, weil sie vorurteilsfrei zeige, was möglich und nicht möglich ist, weil sie die Quintessenz der Zeit auffange.«

Der Ermittler rutscht auf seinem Barhocker hin und her.

»Und was stört Sie daran? Ich denke das auch. Geschichten sind selten violett-weiß und die Menschen schuldig oder unschuldig, Henker oder Opfer, solche Kriterien sind zu simpel, die taugen nichts, ein Adler frisst nicht aus seinem eigenen Nest.«

Der Ermittler verschluckt sich, trotzig und begierig speit er Sätze aus, über die er pausenlos nachdenkt, er hat Angst, das Ausfahrtschild zu verpassen, das Einfahrverbot zu passieren und nicht rechtzeitig die Notbremse zu ziehen.

»Haben Sie nicht gerade behauptet, überhaupt nicht zu lesen?«

»Tue ich auch nicht, aber ich laufe mit offenen Augen durch die Welt, mit geschlossenen Augen fängt man nicht einmal einen Spatzen.«

»Na gut, also … ich kenne tüchtige Krankenschwestern und vielleicht eine Schriftstellerin. Gibt es noch eine andere Disziplin, wo Frauen die Oberhand haben?«

»Lassen wir das.«

»Lassen wir das?«

»Hmm. Wer ist Ihr Lieblingsschriftsteller?«

»Louis-Ferdinand Céline. Der versteht Frauen, entweder sind sie Xanthippen oder Dienstmägde, im besten Fall Hexen und Feen. Und Achtung, das sagt keine Figur von ihm. Das sagt er. Oder vermutlich beide.«

»Céline war ein … Antisemit.«

Der Arzt lacht, er findet den Einwand des Ermittlers lustig.

»Sein angeblicher Antisemitismus hat damit nichts zu tun. Er kennt keinen schlimmeren Menschen als sich selbst, das wird dabei deutlich. Und das hat er mit der Stadtherrová gemeinsam. Schade, dass das seltsame Weib nicht jünger ist. Ich hätte sie gerne vor vierzig, fünfzig Jahren kennengelernt. Da wäre ich gleich auf sie gehüpft und hätte ihr mein Ding reingeschraubt, die hätte ich gern flachgelegt.«

Der Ermittler nimmt die fette Zigarre aus dem Mundwinkel und trinkt. Er verschluckt sich.

»Ist nicht böse gemeint. Eine schöne, rot geschminkte Frau, die ist die Wurzel des Bösen. Meinetwegen sollen die Weiber tun, was sie wollen. Aber kein Theater drum herum, wenn ich bitten darf. Ich habe Morde erlebt, die Frauen begangen hatten, und die waren ziemlich sadistisch. Von hundert Frauen sind neunundneunzig eifersüchtig. Nein, Frauen muss man im Zaum halten. Ich meine eine bestimmte Art von Frauen. Die eigensinnigen Mütter anhänglicher und manierlicher Söhnchen, denen sie das Selbstbewusstsein aus dem Leib saugen und das Leben unerträglich machen. Wenn sie dann älter und hilfsbedürftig geworden sind, haben die Söhnchen ganz schön viel zu tun; aber ja, die Mütter kümmern sich auch, natürlich, Sie kennen bestimmt die Sorte Frau, die noch bei ihrem vierzig- oder gar sechzigjährigen Sprössling darauf achtet, dass er genug zu essen bekommt und sich im Winter keine Erkältung holt, Sie kennen diese Mütter, die junge Schwiegertöchter nicht ausstehen können. Das Einzige, wovor sich eine eigensinnige Frau fürchtet, ist eine ordentliche Tracht Prügel, die einzige Rettung für die Gesellschaft besteht daher im Patriarchat, ich wiederhole: das Patriarchat stellt nicht eine Möglichkeit dar, sondern die Rettung. Mit ihm ist es genauso wie mit der Demokratie. Bis jetzt hat man nichts Besseres erfunden.«

Beide schweigen eine Weile. Jeder anders.

Ihre Augen betrachten die schönen Körper junger Frauen.

»Eine schöne Frau sollte nicht zu intelligent sein.«

»Nein.«

»Wissen Sie, warum ich nie geheiratet habe?«

»Nein.«

»Weil ich viel zu lange meine Umgebung analysiert habe. Neben meinen Hängepuppen interessiere ich mich für Soziologie.«

»Ich weiß.«

»Eine Gruppe Individuen bildet ihre gesellschaftlichen Normen im Einklang mit ihrer Kultur heraus – die Normen sind dem Menschen nicht von der Natur gegeben, es handelt sich um Kulturmuster, denen sich niemand entziehen kann. Das Kamasutra spricht da eine deutliche Sprache. Am Anfang einer Bekanntschaft darf der Mann die Frau nur auf vier Arten berühren. Die Hohe Schule der indischen Erotik unterscheidet vier Umarmungen wie vier Jahreszeiten. Meine Kumpel haben anständig geheiratet. Es ging rasend schnell. Die Schlinge zog sich zu. Das war furchtbar mitanzusehen. Auf einmal meckerten die Frauen über Kleinigkeiten, die nicht zu ändern waren. Meine Kumpels kriegten Magenprobleme; ich behandelte sie. Manche von ihnen benahmen sich fein und anständig, ihre Frauen schimpften aber trotzdem wie die Spatzen und sahen ständig Maden in der Suppe, bis die Männer eines Tages die Nerven verloren und sie so ordentlich verdroschen, dass einem die Spucke wegblieb. Und am nächsten Tag war alles wieder gut. Verstehen Sie, diese Frauen brauchen so eine sklavische Beziehung: Knechtschaft und Pflug. Liebst du mich, dann halte mich im Zaum. Andererseits gewinnen jetzt, wo meine Kumpels älter und schwächer geworden sind, die Frauen an Stärke. Sie kümmern sich um sie. Sie haben einen Motor in sich, mit dem erneuern sie sich, ein Notfall-Generator. Und ich … ich werde immer misogyner.«

»Vielleicht ist es nur ein Generationsproblem.«

»Vielleicht. Eigentlich hat mir an der Liebe immer nur die erste Phase gefallen. Die uferlose und kristalline Ergebenheit, nie wiederkehrende Dienstfertigkeit.«

Laber nicht, Schweine labern auch nicht; vielleicht geht das wirklich, denkt der Ermittler und sieht in dem honigsamtenen Glas vor ihm das Gesicht der Witwe auftauchen. Es würde reichen, nur einen Schritt zurückzuweichen. Geradeheraus zu sprechen und zu handeln. Mit den Frauen radikal, ohne Abstriche und ohne Mitleid zu kommunizieren; nur so befreien wir uns und können neue, gleichberechtigte Beziehungen eingehen. Das Zeitalter der Dominanz und Unterordnung ist vorbei! Freunde sind meistens zwei, Mann und Frau sind eins. Warum sagt er das nicht laut?

»Hören Sie die Schwalbenpiepmatze?«

»Sie haben ordentlich einen sitzen, lieber Freund. Ich rufe Ihnen ein Taxi.«

Als der Ermittler vor der Bar ins Taxi steigt, dreht er sich um und schließt den Körper des Arztes in die Arme.

»Ich mag Sie.«

»Schon gut, schon gut, das ist ja kein Abschied für immer.«

Der Ermittler steigt in den gelben Wagen. Klar und klangvoll sagt er die Adresse des Glashauses am Prager Stadtrand. Noch nie im Leben hat seine Stimme so entschlossen und so fest geklungen. Ihm sind Flügel gewachsen, sie passen nicht ins Taxi.

*

Erika füttert Taubenschnäbel.

Honey verlässt das Schulgebäude umgeben von einer Mädchentraube. Sie zeigt mit dem Finger, und aus dem Knäuel lösen sich nur zwei; die anderen ziehen sich enttäuscht zurück. Erika wirft den Schnäbelchen die letzten paar Krümel zu.

Erika folgt Honey. Sie versteckt ihren Körper nicht mehr.

Die Körper wissen voneinander, sie haben sich bereits mit den Augen befühlt. Honey bringt die Mädchen ins Einkaufszentrum. Lässt sie Spitzenunterwäsche aussuchen. Sie befummeln BHs, Slips, Korsetts, kichern über Strumpfhalter. Erika schiebt das mit Diamanten besetzte Kreuz in die Handfläche.

»Kann ich dich sprechen? Nur kurz.«

»Warum? Brauchen Sie Hilfe?«

»Ja.«

Honey legt den Tanga zur Seite und dreht sich zu den beiden Stadtschwalben.

»Unter vier Augen.«

Honey lässt die Mädchen stehen, die enttäuscht die noch nicht anprobierten Berge von Unterwäsche zurücklegen. Das prallgefüllte Portemonnaie verlässt sie.

Erika nimmt sich Honey zur Brust, stößt sie gleich in den Whirlpool. Erzählt, sie sei Filmemacherin und arbeite an einem Dokumentarfilm über junge Menschen aus der ganzen Welt, hier in der Stadt sei sie zum ersten Mal, und in ihrem Drehbuch gehe es um Jugendliche aus dem Ort.

Die Wörter Film und Rolle und Drehbuch und Honorar lassen die Honigaugen nicht aufleuchten. Sie sei nur zu einem Gespräch bereit. Erika möchte sie in das uxor-hiomische Restaurant einladen, dort könnten sie sich in Ruhe unterhalten. Honey lehnt ab. Sie bleiben im Einkaufszentrum.

Die Rolltreppe bringt sie nach oben. Sie setzen sich in einen Raum, der tut, als sei er ein Café.

Erika bauscht die Flügel. Nimmt Anlauf und springt über den Graben. Sie braucht keine Fallbrücke, um die Schanzen zu stürmen.

Mit fester Stimme sagt sie, sie sei auf einen mehrere Monate alten Fall gestoßen, den sie sehr spannend fände, sie hätte bereits mit einer gewissen Julie gesprochen, Honey kenne sie sicherlich, eine ausgemergelte Brünette, Brüste wie Schokolinsen unterm Teppich, sie gingen doch in dieselbe Schule? Und diese Julie habe ihr gesagt, unter den hiesigen Jugendlichen sei sie, Honey, eine wichtige Persönlichkeit, nur sie könne ihr bestimmte Fragen beantworten. Erika bereitet sich vor, zögert, beißt zu.

»Du hast doch gewusst, was los war, dich hat man auch vergewaltigt und erpresst.«

Honey zuckt mit keiner Wimper. Wendet ihren Blick nicht ab. Ihr Puls beschleunigt sich nicht.

»Mir hat es gefallen. Missionarstellung, Löffelchen, Schmetterling. Erinnern Sie sich wahrscheinlich nicht mehr dran.«

Erika fällt in den Graben, den sie selbst gegraben hat. Das Wasser erschrickt und verschluckt sie.

Honey lächelt. Sie steht auf und verlässt Erika. Wenn eines Tages die Welt von Ruhe regiert wird, werden wir es bemerken, aber bis sich unsere Sinne beruhigt haben werden, wird es eine Weile dauern. Zwei vor Freude juchzende Stadtschwalben schließen sich Honey an, als wären sie mit ihr durch einen unsichtbaren Faden verbunden, sie fahren gemeinsam hinunter.

Unter der Rolltreppe stößt Honey mit einer rothaarigen Frau zusammen, die sie am Ellbogen packt. Der Druck der knochigen Finger macht Honey lahm, es läuft ihr kalt den Rücken hinunter, ihr Magen rebelliert. Dianas Griff ist fest, und Honey folgt der Rothaarigen artig auf die Toilette. Sie hat ein mulmiges Gefühl. Die Frau tippt ihr mit dem linken Zeigefinger mitten auf die Stirn. Sie drosselt Honeys Schönheit. Die Stadtschwalben hat sie fortgeschickt.

»Hör auf damit. Wenn du mir hilfst, sie aus dem Käfig zu befreien, passiert dir nichts.«

»Sie haben mir nichts zu sagen.«

»Ich weiß, was sie dir vor Jahren angetan haben.«

»Keine Ahnung, was Sie meinen.«

»Was du da treibst, ist strafbar. Du verstößt gegen das Gesetz. Warum? Wegen Geld.«

»Nein.«

»Es liegt Exklusivität darin. Befriedigung. Es ist eine Auszeichnung.«

»Klar.«

»Eine Auszeichnung wofür?«

»Dafür, dass ich die Beste bin.«

»Wer hat das gesagt? Yusuf?«

»Ich *bin* die Beste. Für deine Fotze solltest du dir einen Waffenschein besorgen. Das hat er zu mir gesagt.«

»Wenn du nicht aufhörst damit …«

»Dann?«

»Dann besuche ich deine Eltern.«

»Die Geschichte glaubt Ihnen doch niemand.«

»Eines Tages machen die Mädchen den Mund auf.«

»Machen sie nicht.«

»Weil sie Angst haben vor dir.«

»Vor mir?«

»Ich weiß, womit du sie in der Hand hast. Ich weiß, was Hetze im Netz anrichten kann. Hör auf zu lachen.«

Birgit wartet auf einen Journalisten. Sie hat dem Direktor des Fortbildungszentrums das Interview versprochen; das Lokalblatt hat bereits ein kleines Porträt von Diana abgedruckt, im Gespräch erzählt sie von Yoga und von Vögeln.

Erika ist nicht zu Hause; mit friedlichen Fingern kämmt Birgit ihr eigenes Notenversteck durch. Sie legt die Carolina Chocolate Drops auf: *Ain't no man's mama now.* Mitten in die Töne scheppert die Klingel. Birgit würgt die Musik ab.

Der Journalist ist nicht jung. Er hat feine milchige Haut und eine eckige Brille. Er ist nervös; er liest keine Bücher und soll ein Interview mit einer Schriftstellerin führen. Birgit ist ein Profi. Sie tischt Kaffee auf, stellt eine Pyramide Schokopralinen und eine aufgeschnittene Melone dazu und sagt im gleichen Atemzug, sie habe nur eine halbe Stunde Zeit, sie sollten also rasch anfangen, was möchte der Herr Journalist denn gerne wissen? Sie plaudern, das Diktiergerät schluckt gierig Birgits Sätze und den selbstbewussten Sprachfehler des Journalisten hinunter. Der erste tschechische Präsident nach der samtenen Revolution habe auch einen Sprachfehler gehabt und es trotzdem weit gebracht, erklärt der Journalist, sein Tod habe ihn sehr betrübt, sehr. Birgit begreift, dass er den Politiker nur wegen des gemeinsamen Sprachfehlers vergöttert. Sie sagt, hmm, es gehe um nicht weniger als darum, anständig zu leben, Aufkleber müssten mit der Haut abgerissen und das System ignoriert werden, eine andere Lösung gebe es nicht, Religion und politische Zugehörigkeit seien genauso wie die Sockenfarbe oder Sprachfehler Privatsache.

Der Journalist hat das Gespräch vorbereitet wie ein braver Erstklässler. Schablonen, wo man nur hinschaut.

Birgits Augen verirren sich zur beginnenden Glatze, im schwarzen Flaum leuchtet ein rötlicher Ausschlag. Birgits Augen flüchten nach draußen, zu der Villa auf der anderen Straßenseite. Der Journalist hat voreilig versprochen, sie könnten über alles reden, was Birgit der Leserschaft seines Blattes mitteilen möchte. Birgit sagt erneut, die Welt sei zu komplex geworden und nicht mehr lesbar, das gelte für Frauen wie für Männer, sie unterscheide nicht zwischen weiblichen und männlichen Themen, sie könnten sich über Politik, über ihre Arbeit und über Literatur unterhalten, aber auch gerne über Lokales. Der Journalist nickt. Gong. Die halbe Stunde ist zu Ende.

Birgit dreht die Rollen um. Russisches Roulette.

»Und Sie?«

»Was ist mit mir?«

»Erinnern Sie sich an diesen Vorfall hier, die angebliche Vergewaltigung?«

»Wo soll das gewesen sein?«

»Hier in der Stadt.«

»Hier in der Stadt?«

»Hier in der Stadt.«

»Nein.«

»Hmmm.«

Birgit stellt das Diktiergerät kokett aus. Beiläufig zwitschert sie nach, was sie so aufgeschnappt habe. Was wohl seit Jahren gemunkelt und vertuscht werde. Alles sei vertuscht worden, Frau Rogner solle da ihre Finger im Spiel gehabt haben, man habe die Sache vertuscht und unter den Teppich gekehrt; vielleicht wäre es nicht ganz abwegig, wenn sie den Journalisten bitte, kurz unter diesen Teppich zu schauen? Er sei ja so aufmerksam, so intelligent. Guckt er sich das an? Ja, das wird er, versprochen. Und trinkt er einen kleinen Whisky mit ihr? Ja, er nimmt einen.

Birgit ertränkt den abgestandenen Wassertropfen in ihrem Glas mit einem Strom honigfarbener Flüssigkeit. Sie streift die Hand des Journalisten. Versehentlich, versteht sich. Schlägt ein Bein über das andere. Die Zungenspitze leckt die honiggoldene Träne aus dem bauchigen Glas.

»Sie sollten über die Klitoris schreiben.«

»Wie bitte?«

»Obwohl …«

»Ich muss gehen.«

Der Journalist hockt mit nacktem Hintern im Dornbusch; auf seinen Wangenknochen leuchten rote Flecken. Sie wandern durch die feine Blässe seines Gesichts, sein Ausschlag breitet sich aus. Er habe es ganz eilig mit der Autorisierung, der Redaktionsschluss sei schon heute.

»Da werden Sie zu mir kommen müssen. Ich habe weder Telefon noch eine Mailadresse.«

Diana betritt das Restaurant. Mustert Yusufs Körper. Ist das der Körper des Vaters von Julies ungeborenem Kind? Heilige Dreieinigkeit, Vater, Mutter, Kind. Sie hat Erika das Taubenfüttern nicht abgewöhnen können; Erikas Vertuschungsmanöver, damit sie im Park oder im Sandkasten, im Freibad oder an sommerlichen Planschbecken heilige Nuklearfamilien beobachten kann. Der Anblick mütterlicher Liebe strengt Erika am wenigsten an. Solange die Körper einander zuhören. Für Diana vermischt sich die Welt der Menschen mit der der Vögel, sie sieht nur die meisterhaft erschaffenen Bauten, die mit Schwalbenspeichel zusammengeklebten Nester.

Auf Inseln im Indischen Ozean baut eine Sorte Schwalben ihre Nester aus Speichel, den sie ausschließlich während der Brutzeit produziert. Für manche Menschen sind diese Nester wahre Leckerbissen.

Die Schwalben sind besessen von Treue und von ihren Nestern, die sie allein nie würden errichten können, nur als Paar. Er fliegt durch die Gegend, strampelt sich ab, schleppt Schlamm und kleine Zweige an. Sie baut die Mauern. Bloß keine Zeit verlieren, Frühling für Frühling. Die Störche kehren in ihre alten Nester zurück, sie bauen keine neuen.

Im Neubau legt sie Eier, brütet sie mit ihrer Körperwärme aus, ohne sich zu rühren, rutscht nur ein wenig hin und her. Er füttert sie liebevoll und schützt das Nest. Ich brauche dich, weil ich dich liebe.

Wenn die Jungen geschlüpft sind, suchen er und sie von der Morgendämmerung bis zur Abenddämmerung nach Futter für sie und geben warnende Piepse von sich. Buchfinken mögen Ordnung, und das hier ist Ordnung. Was sich doch alles hinter Routine und Ritual verbirgt. Die Buchfinkenfrau will nichts von Ausnahmen hören, die ihr der Eisvogel klipp und klar aufzählt.

Diana schlüpft durch den orangeroten Perlenvorhang. Die Perlen streicheln sie kühl am Hals.

Yusuf blickt auf den Hals, an dem orangerote Ranken lecken. Er kann nicht anders, denkt Diana. Er ist in einer anderen Tradition aufgewachsen, in der er lebt, er ist programmiert worden, sein Körper ist programmiert worden, und hier funktioniert sein Programm einfach nicht. Er will nicht verstehen, dass er sich ein neues, weniger auffälliges Programm schreiben müsste, einen Kompromiss. Yusuf belastet sich nicht mit Denken. Programme, die am Ende ist, werden von Viren befallen. Yusuf schiebt Panik. Er will nicht als gehörnter Ochse enden. Er will nicht Kinder ernähren und erziehen müssen, die jemand anders gezeugt hat. Wie alle Männer in den vergangenen Jahrhunderten hat er Angst. Er hat Angst, weil er irgendwo tief in seinem Inneren weiß, dass Generation für Generation keine Lösung gefunden wurde. Weder soziale oder religiöse Einschränkungen haben da weiterhelfen können, noch die Jungfrauenvermählung und das Recht der ersten Nacht, auch keine abschließbaren Keuschheitsgürtel oder die Isolierung der indischen Muslimas von allen Männern mit Ausnahme des Ehemannes.

Nichts hat geholfen.

Diana sieht Yusuf an und denkt über *ihr* Recht der letzten Nacht nach.

Welche Spiele werden eigentlich von blauen Männern und gelben Frauen heute gespielt? Warum sind Beziehungen so unheilvoll liberal? Geht es den Männern nur darum, möglichst viele Sexpartnerinnen zu haben? Geht es den Frauen nur darum, einen passenden Partner zu finden, der ihnen und ihren Kindern den Lebensunterhalt sichert? Oder suchen sie einfach einen Spender, der die besten Gene an die Jungvögel weiterreicht? Oder ist das alles bereits obsolet? Wie sieht eine Familie aus? Ist Polygamie zulässig? Inzest erlaubt? Wird die Familie der Zukunft die Form eines Paars, eines Dreiers, einer Vierergruppe annehmen, egal welchen Geschlechts? Werden Freunde zusammenziehen? Wie wichtig ist der biologische Vater noch? Wie wichtig sind die Menschen, die sich um ein Kind kümmern, ohne mit ihm verwandt zu sein? Kann dies dem Kind schaden? Täuschen Männer Bereitschaft zur Treue vor? Wollen Frauen wissen, ob sie angelogen werden? Rechtssysteme, die eine Strafe für weibliche und männliche Untreue verlangten, haben versagt. Rechtssysteme rechnen nicht mit Liebe.

Honey kommt auch heute angelaufen. Honey liebt Yusuf, und Yusuf liebt Honey. Diana merkt solche Dinge. Honey bleibt im Perlenwellengang hängen. Geht am rothaarigen Adler vorbei, als wäre nichts geschehen. Beugt sich zu Yusuf, duftender Atem flüstert eine eilige Wortdepesche in das zugewucherte Ohr; die gutmütigen Augen wandern überrascht zu Dianas Gesicht. Kälte leckt warnend an Dianas Rücken. Diana legt das Geld für ein Glas Wasser auf den Tisch. Essen wird sie woanders. Sie verlässt das Restaurant. Yusuf rennt ihr hinterher auf die Straße. Diana wartet nicht im Dämmerlicht.

Sie streichelt Yusufs Stoppelbart.

Erika verlässt die Kirche, in die sie sich nach dem Erlebnis im Einkaufszentrum geflüchtet hat. Sie denkt an Honey, die ihre Vergewaltigung verdrängt. Und ihren Körper dadurch schützt, dass sie in der Drachenhöhle für Nachschub frischer Körper sorgt. Wie eine unbarmherzige Puffmutter, die einst Prostituierte war und nun die Frauen nicht besser behandelt als ein männlicher Zuhälter. Sie benutzt keine physische, sondern psychische Gewalt. Männer sind häufig Meister der blauen, physischen Gewalt. Frauen beherrschen die gelbe Macht, die psychische. Leiden muss das geächtete Opfer; es wird wahnsinnig oder bringt sich um. Das haben die Meister und die Meisterinnen gemeinsam. Solidarität unter Frauen ist eine Illusion. Je stärker sich eine Gruppe der anderen unterordnet, desto härter fällt der Konkurrenzkampf in der rangniedrigeren Gruppe aus; zuerst hacken sich die Frauen auf der Stange die Augen aus. Erika begreift plötzlich, worum es Diana ihr ganzes Leben lang ging, was ihr wirkliches Ziel war. Etwas radikal Neues. Frauen, die andere Frauen unterstützen. Körper, die andere Körper stützen und beschützen. Eine Schwalbe fürchtet sich nicht vor einer anderen Schwalbe.

Erika hebt den Kopf, die grauen Wolken am Himmel sind schwer. Da oben guckt einer finster. Meine lieben Herren Götter, sagt mir doch endlich, was für eine seltsame Anspannung an mir zerrt. Eine Anspannung, die mich glauben lässt, ich sei nicht gut genug. Die mir Zweifel suggeriert, mich wertlos fühlen lässt. Die Theologie kennt das Wort: sündig. Das ganze Mittelalter hat vor dem weiblichen Körper gezittert. Sie haben den Körper deiner Gattin gegen ihren Willen benutzt, aber der Körper darf die Frucht des Ehebruchs nicht töten. Der weibliche Körper ist das Gefäß des Teufels. Der Teufel kann vertrieben werden durch ständiges Kindergebären, bis zur Erschöpfung. Durch physische Arbeit, bis zur Erschöpfung. Wenn das alles nicht hilft, muss der Körper getötet werden. Es ist ein Wunder, dass die Nonne Hildegard von Bingen nicht verbrannt wurde, sie beschrieb die menschliche Sexualität und die Libido nicht wie eine teuflische Falle, sondern als Funktionen des menschlichen Körpers, sie untersuchte das Geschlecht, das sich bei wilden Phantasien bei Mädchen ab dem zwölften Lebensjahr mit Säften und Seifenblasen bedeckt und bei Jungen zum Samenerguss führt, all die herrlichen Pollutionen, das herrliche Onanieren, das herrliche Masturbieren.

Ich habe einen sündigen Körper, weil ich einen weiblichen Körper habe. Deswegen bin ich unzureichend. Birgit hat recht, die Frage muss anders lauten: Kann ich mich selbst lieben, ohne dafür Leistung und Opfer zu bringen, kann ich mich annehmen, so wie ich bin, kann ich an mich glauben? Ist das überhaupt möglich, wenn mir die unter meiner Haut gestapelten Jahrhunderte unentwegt Worte über meine Zusatzrolle buchstabieren, Worte, die von einer fremden Rippe abgetrennt wurden? All die Jahrhunderte sickern tiefer und tiefer ein. Bis sie die Grundexistenz erreicht haben.

Ein böser Graupelschauer prasselt herab.

Erika macht den Regenschirm nicht auf.

Sie ist mit Birgit und Diana im chinesischen Restaurant verabredet.

Für Erika bleibt es ein Rätsel, wie Birgit die Männer mögen konnte und es auch immer noch tut.

Birgit liest. Der Journalist steht breitbeinig in der Eingangstür, reicht ihr die bedruckten Seiten. Die er mit zwei Fingern am Frackschoß hält. Birgit liest den letzten Satz zu Ende. Ihre Stimme tobt.

»Wenn ich etwas behaupte, dann verhalte ich mich auch entsprechend. Ich kann nicht ein System kritisieren und mich später an seiner Mitgestaltung beteiligen, indem ich zulasse, dass Sie mich zensieren und nur die banalen, so nebenbei in den Wind geworfenen und längst abgestandenen Sätze über Kindererziehung zitieren, über Mode, Männer und Ehe. Ich plaudere nicht über die Höhe von Schuhabsätzen. Und die Ehe ist eine Disziplin, die ich nun gar nicht beherrsche.«

»Unsere Zielgruppe sind … vor allem Leserinnen.«

»Eben. Haben die etwa kein Hirn?«

»Na …«

»Zwingen Sie ihnen nicht die Rolle von Dummerchen auf. Schreiben Sie wenigstens anders über diese Themen, über Körper, schreiben Sie über Grundsätzliches. Wo haben Sie ihr Diktiergerät?«

»Ich muss jetzt wirklich los.«

Rote Flecken leuchten auf der Stirn, auf dem Nacken; die Morgenröte wandert über den vom Wind leergefegten Himmel. Birgit zieht dem Journalisten das Diktiergerät aus der Tasche, schaltet es ein, flüstert mit Honigstimme ins geheime Funkgerät. Der Journalist trippelt ihr hinterher, versucht es ihr zu entreißen. Birgit schleift ihn an der Leine ihrer Wörter hinter sich her.

»Die Klitoris, die Königin der Wonne und Freude. Die Klit ist mein Penis. Obwohl es über Hetero-Sex immer wieder heißt, sein Höhepunkt bestehe im Koitus, der zur Befriedigung des Mannes führt, und als weiblicher Orgasmus, wenn überhaupt und nur am Rande, nur der vaginale erwähnt wird, haben wir Frauen doch die Klitoris! Mein Herr, kommen Sie, wenn Sie Zeit haben, zu mir, trauen Sie sich über meine Schwelle, hmmm, und wir gönnen uns ein saftiges Gespräch darüber, was mir meine Klitoris bieten kann und wo und wie und wann; jahrhundertelang haben die Herrschaften ein verdrossenes Gesicht gemacht und getan, als gäbe es sie nicht, Sie sollten sie bitte auf keinen Fall mit der Vagina oder Vulva verwechseln!«

»Ich verwechsele nichts …«

»Man muss Wörter mit der Peitsche malträtieren. Damit sie präzise und schlagkräftig werden.«

Der Journalist entwindet den pfirsichfarben lackierten Fingernägeln das Diktiergerät. Seine Hände schwitzen, und nicht nur sie. Birgit reckt lächelnd den krummen Zeigefinger und richtet ihn auf die Stirn des Journalisten. Sein Körper weicht zurück. Birgit beugt den Zeigefinger und greift an. Drückt einen Knopf am Diktiergerät, löscht die aufgenommenen Worte.

»Ich autorisiere das Interview nicht.«

Der verschwitzte Journalist bettelt.

»Für Sie ist das doch Werbung.«

»Ich brauche keine Werbung.«

Birgit spricht nie über weibliche Körper oder über Vergewaltigung. Vor allem mit Frauenzeitschriften nicht. Die sind die ergebensten Diener der Sklavenhalter und besonders geschickt darin, ihre Opfer zu erniedrigen.

Sie schickt den Journalisten zum Direktor des Fortbildungszentrums; von ihm bekomme er sicherlich noch bis zum Redaktionsschluss ein Interview. Sie selbst begibt sich zu Erika ins China-Restaurant. Der Himmel ist bleigrau, es gießt. Die unerträgliche Ignoranz dem weiblichen Körper gegenüber, dem weiblichen Orgasmus. Die Missachtung der Klitoris. Erst 2005 hat Birgit eine solide Studie gelesen; die Klitoris hat achttausend Nerven. Birgit zieht fröhlich ihren Regenschirm hervor, den hat ihr Max Adler, ihr heimlicher Lover, geschenkt, der Griff ist mit Perlmutt verziert. »Die Embryologie zeigt dem Mythos von Adam und Eva eigentlich den Stinkefinger, findest du nicht auch, Max? Phallische Körper, der erhobene Zepter des Königs, ach, was, wenn der sich mal als weniger potent herausstellen sollte als das andere Geschlecht? Panik. Der Weg zur weiblichen Wonne geht anders, reine Penetration ist eine Penetration von Blinden. Sie drängen in dunkle Stollen, um Kohle zu bergen, und laufen an Diamanten vorbei. Und weißt du was? Es dauert eine ganze Weile, bis sich der Embryo entfaltet und entschieden hat, welches Geschlecht er annimmt. Am Anfang ist der Mensch nur ein geschlechtsneutrales Wesen. Das könnte nämlich auch bedeuten, dass es sich beim Herrn der Schöpfung um eine Variante des weiblichen Prinzips handelt, warum nicht, was wäre so schlimm daran, ist doch egal, erzähl mir nichts von Adams Rippe, warum guckst du so erschrocken, warum starrst du mich so verzweifelt an, warum schweigst du, rede mit mir, ich bitte dich, rede mit mir, wovor hast du Angst, Max, geh nicht weg, renn nicht weg.«

Mit Erika spricht Birgit ungern über diese Themen, Erika lehnt eine so primitive Weiblichkeit ab, weil sie denkt, nur der geistige Weg könne als Autobahn in eine gerechtere Welt führen. Birgits Unabhängigkeit versteht sie nicht. Birgit hat ihr erzählt, wie ihr Männer vergeblich das Lügen beizubringen versuchten. Weil sie mit der Wahrheit nichts anzufangen wussten. Manche waren von aggressiver Sexualität besessen, wo es für Liebe keinen Platz gab. Nicht ein Einziger war imstande, *meine* Unabhängigkeit zu ertragen, Erika. Und noch schlimmer: sie mir zu erlauben. Birgit hat erzählt, wie Marcel Reich-Ranicki, der berühmte Literaturkritiker, am Ende seines Lebens mit seiner Frau durch die Straßen spazierte und ihr, mit der er jahrzehntelang zusammen gelebt hatte, Häuser, Stockwerke und Fenster zeigte, hinter denen er Liebesabenteuer erlebt hatte. »Kannst du dir vorstellen, ich würde das machen? Mit meinem Exmann durch diverse Straßen spazieren und ihm all die Fenster zeigen? Warum guckst du so erschrocken, warum starrst du mich so verzweifelt an, warum schweigst du, rede mit mir, ich bitte dich, rede mit mir, wovor hast du Angst, Erika, geh nicht weg, renn nicht weg.«

Diana erreicht das China-Restaurant als Letzte. Nimmt schweigend vor Frühlingsrollen und Crevettenknödeln Platz. Mitten auf dem Tisch brodelt ein großer Mongolenkessel. Birgit steckt ihre Lesebrille ins weiße Etui zurück.

Erika taucht dünne Lammfleischscheiben, buntes Gemüse und Glasnudeln ins kochende, blubbernde Wasser, tunkt es in scharfe, bittere und süße Soßen. Eine Speise aus Nordchina, ein Gericht der Nomadenmongolen; dieses Volk blieb nie lange an einem Ort, seine Küche ist daher einfach und kommt ohne komplizierte Gerätschaften aus. Erika schiebt sich ein Knäuel heißer, weicher Nudeln in den Mund. Sie hält inne, weil Diana krampfhaft schweigt, weil Diana ihnen eine Kurzfassung der neuesten Entwicklungen liefern will, weil Diana die Chefin ist; das ist nie anders gewesen und wird es auch nie sein.

»Sie wollen nicht aussagen.«

»Keine Einzige?«, Erika verschluckt sich.

»Keine Einzige.«

»Nicht mal Julie?«

»Nicht mal die.«

»Und was ist mit der Bohnenstange aus deinem Schreibkurs, dieser Love?«

»Die auch nicht.«

»Und Honey?«

»Nein.«

»Sie haben alle Angst vor der Hetze im Netz, davor, in den sozialen Netzwerken gejagt zu werden. Bei einer solchen Hetzjagd haben sie keine Chance, der Wald ist dicht, die Netze verflochten und endlos und die Pfade verräterisch; das Netz erreicht und erlegt jeden. Eine solche ›Dokumentation‹ kann nicht einfach gelöscht und vernichtet werden, wenn sie von allen und überall geteilt wird. Als wäre sie für immer da. Sie wissen noch nicht, dass nur die Erfahrung, *ihre eigene* Erfahrung zählt. Nicht, was die anderen erzählen.«

»Also ist es wieder an uns.«

Diana bestellt einen Ingwertee mit Honig.

»Also ist es wieder an mir.«

Sie lassen sich eine Flasche Sekt bringen. Der Wind beugt sie, drückt sie auf die Erde, Grashalmen gleich, ihre Bewegungen sind abgehackt wie in einem Stummfilm. Sie geben nach und hoffen vergeblich, endlich möchte einer sie zertreten. Der Fehler eines einzigen

Augenblicks heißt lebenslange Reue, und lebenslange Reue ist kein Speichel, mit dem die Schwalben Nester für ihre Jungen bauen.

»Und die Rogner?«

»Hat sich in stille Gewässer geflüchtet und leiert müde Klischees herunter. Sie ist klug, deswegen stellt sie sich dumm. Die Mädchen wären selbst schuld. Sie tut, als wäre sie erwachsen, also musste ich ihr erklären, dass Erwachsene sich wie Erwachsene zu verhalten haben und verwirrte Körper schützen müssen. Ein erwachsener Körper darf nicht einfach einen Körper missbrauchen, der sich noch im Wachstum befindet. Der darauf vorprogrammiert wurde, zu gefallen. Die Mädchen testen ihre Weiblichkeit, und die stellt ihnen ein Bein. Sie lernen erst, Frau zu sein. Wenn kleine Jungs Räuber spielen, haben sie eine Pistole in der Hand. Aber deshalb besorge ich mir doch keinen Waffenschein und feuere mit scharfer Munition zurück!«

»Wie oft habe ich für die Schwalben gebetet. Auf dass sie innere Ruhe finden mögen.«

Birgit verschluckt sich, aus ihrer Kehle dringen Wörter in Dianas Intonation. »Wir ziehen einen fetten Strich unter das Ganze.«

Diana schweigt daraufhin, als hätte sie die Sprache verloren. Birgit blickt in die Glaskugel und wiederholt, das Problem sei ein Problem des menschlichen Naturells, das ließe sich von keiner politischen Gruppierung oder Religion lösen, daran könne höchstens eine Mutter etwas ändern, die sich über ihr Neugeborenes beugt; beugt sie sich freundlich zu ihm hinab, verschiebt sich die Abrechnung in die Zukunft.

»Heilige Erika, weißt du überhaupt, warum Diana so vehement dagegen war, dass wir uns mit diesem Fall beschäftigen?« Birgit greift nach Dianas Hand. Diana zieht sie nicht zurück. »Weil sie gar keine Täubchen retten will, auch die verwirrte Honey nicht.« Erika begreift nicht. Sie trinkt in einem Zug Dianas Sektglas leer.

»Weißt du das wirklich nicht, Erika?«

»Nein.«

»Hier steht alles geschrieben.« Birgit dreht Dianas Hand abrupt um und küsst ihre Handfläche. Heißer Tee schwappt über. Erika leert Birgits unberührten Sekt, der sich an Blasen verschluckt.

»Sie soll es dir selbst sagen. Diana, sag Erika, wie sich unsere Ingrid gerettet hat.«

»Nein.«

»Sie hat junge Mädchen im Ghetto vermittelt. Du hast mit uns nie darüber gesprochen.«

»Sie hat sich nur mir anvertraut.«

»Sie hat sich dem Papier anvertraut. Sie ist selbst ein Honey-Monster gewesen.«

»Ich will mich nur noch über Liebe und über Hoffnung unterhalten.«

Erika seufzt. »Warum ist der Papst kein Tausendschönchen, kein Löwenzahn oder keine Schwalbe?«

Diana steht auf, baut sich hinter dem Rücken ihrer Freundinnen auf; sie weiß, dass die Wachtel piepsen wird. Den ganzen Tag versteckt sie sich vor dem Habicht. Sie jagt selbst Insekten. Und Insekten jagen Wesen, die noch kleiner sind als sie.

»So viel von dem, was wir lieben und worauf wir nicht verzichten wollen, liegt außerhalb von uns, so viele gottgefällige Dinge«, spricht Dianas Stimme beruhigend zu ihnen.

»Würden sie sonst nicht existieren?«

»Sie würden sonst nicht existieren.«

Die drei Frauen erheben sich vom Tisch. Vor dem Restaurant steigen sie in die Luft.

Es dauert ein paar Stunden, bis sich ein Schwarm unbestechlicher Schwalben sammelt und sich ihnen anschließt.

Im Schneetreiben kauft Diana Flugtickets und schließt ihren Yoga-Meisterkurs ab. Vom Himmel fallen beachtlich große Schneeflocken. Vor dem Fenster fliegt ein Vogelschwarm; er fliegt hinter einem anderen Schwarm. Geschlossene Formationen.

Erinnerungen huschen durch Dianas Kopf; Diana studiert, klimpert auf dem Piano, träumt vom Fotografieren, eine liebevolle Familie im Rücken. Mit ihrem Vater diskutiert sie über alles, sie lesen gemeinsam Zeitung, und manchmal holt sie ihn von der Universität ab, hakt sich bei ihm unter und sie spazieren durch die Laubengänge, mit ihrer Mutter geht sie auf Reisen, das letzte Mal nach Kopenhagen; ihre Mutter kommt aus Dänemark. Vater lehrt Anthropologie in Oxford und interessiert sich für wilde Stämme und deren Rituale. Mitten in seiner Karriere wird er von einem Kollegen hinausgedrängt, einem deutschen Juden, Vater kann es sich nicht verkneifen und sagt, natürlich, ein deutscher Jude, genau das sagt er. Er erschrickt über sich selbst. Auch bei ihm ist ein jahrhundertealter Hass eingraviert, und zwar so tief, dass ihn auch die nobelsten Überzeugungen nicht ausradiert haben; Vorurteile sind von Emotionen beschwert und werden wie eine heiße Staffel des Unbewussten durch die Körper weitergereicht, das Bild der Welt ist in die Kultur hineingewachsen, und Eltern reichen ein fertiges Bild von der Bestimmung des männlichen und weiblichen Körpers an ihre Kinder weiter, nie handelt es sich nur um konkrete Männer und Frauen, sondern immer um Männlichkeit und Weiblichkeit an sich, Weiblichkeit und Männlichkeit in der Form, wie sie in dem einen oder anderen Land konserviert wurden, in der einen oder anderen Kultur. Wurzeln ausreißen, ja, aber wie tief reichen sie denn? Geraten die Gedanken in Stress, schwemmt der Körper die Vorurteile ganz schnell an die Oberfläche, der Bodensatz schwappt hoch, da kann sich der rationale Geist vergeblich wehren, vergeblich redet er sich ein, tolerant zu sein und, jawohl, keine Vorurteile zu kennen.

Dianas Vater fühlte sich zweifach in seinem Stolz gekränkt. Durch seine Entlassung. Und durch seine Reaktion darauf. Er packte seine Sachen zusammen und fuhr nach Indien, die Tochter trippelte an seiner Seite und glaubte, sich an seiner Hand festzuhalten, stattdessen hielt er sich an ihrer Hand fest, ihm war nicht bewusst, dass er sich nach Indien flüchtete, weil er ein Engländer war, dass ihm irgendwo tief unter seiner weißen Haut schmeichelte, wie respektvoll man ihm hier begegnete; er stärkte sein angeknackstes Selbstbewusstsein und suchte die verlorene Adelsehre, hier war er König, und die anderen waren seine Untertanen, der Körper zehrte von der simplen Tatsache, dass er als reicher und kluger weißer Mann in England geboren worden war. Reichtum wird geschätzt. Er flüchtete nach Indien, wo er Diana zu einem blutjungen Lehrer brachte, seinem ehemaligen Schüler, der sich nicht mehr mit Anthropologie, sondern mit Yoga beschäftigte. Der knetete Dianas Körper durch, löste ihre Anspannung und brachte ihr Hatha Yoga und die Asanas bei. Er versetzte sie in Schlaf, und es war der erste reinigende Schlaf, von dem Diana in einen Traum aufwachte.

Sie betrachtete Vogelschwärme am Himmel, die Körper zeichneten bewegliche Bilder, flatternd wechselten die kleinen Körper ihre Plätze, die Bilder änderten die Form und kopierten die Wolken. Diana sah Vogelschwärme am Himmel und sah die Hand eines Malers ein Riesenporträt von ihrer Mutter malen. Bewegungen der Körper am Himmel. In denen Mozarts Serenaden und Divertimenti erklangen.

Diana rollt die grüne Matte wie ein Hochschuldiplom zusammen und schiebt sie in einen Papierbehälter. Sie wickelt einen langen weißen Strick um ihren knochigen Ellenbogen auf, stopft das Knäuel zu der Matte. Zerreißt die Liste mit Namen der Kursteilnehmer und wirft sie in den Mülleimer. Wischt den Boden. Mit einem Lappen scheuert sie die Türklinken und Fenstergriffe blank. Sie knipst das Licht aus. Schiebt den Ring aus Weißgold in einen Hirschlederhandschuh.

Durchs Schlüsselloch linst sie bei Birgit hinein, ob sie sich schon von ihren Schülern verabschiedet hat.

Der Körper im grünen Jackett und in roter Hose hüpft noch hin und her. Wie immer wird sie sie vermissen, noch Monate später wird sie an sie denken, sie hat sich verschenkt und wird ein Jahr brauchen, um die verschenkte Energie zu ersetzen, das Geschreibsel der Teilnehmer hat ihre eigenen Sätze abgewürgt, und auch wenn sie wie ein Rohrspatz auf sie schimpft, mag sie sie doch eigentlich. Weil Birgit keine Mimikry beherrscht, die hat sie nie beherrscht und wird es auch nie tun; dabei trägt Birgit eine tiefe Verletzung in sich, die Diana nicht geknackt hat und auch nie knacken wird. Birgit transportiert alle Teilnehmer unter ihrer Haut nach Hause, sie verteilt Texte, die sie korrigiert und mit violetten Sprüchen in ihrer ironischen Kolibrischrift umrahmt hat, mit Sprüchen über die größten Stärken der Teilnehmer, sie verteilt Geschenke an sie. Diana forscht nach Loves Stimme im Gelächter, aber die fehlt im Schwarm. Birgit schließt einen Körper nach dem anderen in die Arme; die Teilnehmer stehen mit Strohhalmen da, sie legen lange Strohhalme an Birgits Körper und ihr Herz und saugen. Dabei hat sie sie anfangs angepöbelt, ihre Aufgabe sei nicht, irgendwelchen Vorstellungen zu entsprechen, warum sagten sie denn nicht einfach die Wahrheit, verdammt noch mal, warum sagten sie nicht, dass das Leben, das sie jeden Tag führen, nicht gut sitzt. Dass sie hineingeschlüpft sind wie in einen zu engen oder zu großen Mantel und jetzt am Ersticken sind darin und nicht wissen, wie sie es abstreifen sollen.

Und selbst wenn sie mit ihren Strohhalmen Birgits ganze Energie ausgesaugt haben sollten, selbst dann wird der Eisvogel sie vermissen, sie werden ihm fehlen, die menschlichen Wesen; wenn der Mensch nicht seiner selbst gedenkt, wird er von Himmel und Erde vernichtet; Birgit weiß, was es heißt, ein menschliches Wesen zu sein, und wie viel ein Mensch aushalten muss, bevor er alles verloren hat. Birgit, heute so glücklich und witzig, weil es der letzte Tag ist, *bye-bye* und Schluss, zitiert zum Abschied vertraute Worte, das an der Tür klebende Ohr schnappt ein eigenes Zitat auf, Birgit im Schlüsselloch zitiert Diana: Jedes Wesen schreit stumm danach, anders gelesen zu werden, also lernt zu lesen, fangt gleich an, und zwar nicht mit Wörtern, sondern mit Gesten.

*

Das orangefarbene Haus unterm Petřín hat den Ermittler und die Witwe zusammengebracht und sie befreit. Es interessiert sie nicht mehr, was die anderen denken, ihnen ist egal, was ihre Umgebung und die aus der Bahn gelenkte flüssige Zeit von ihnen erwarten. Sie wissen bereits, dass die Irrationalität des menschlichen Lebens nichts zum Erliegen bringt, dass es nur ihre realen Körper gibt und dass diese momentan einander gehören. Der Ermittler sitzt im gläsernen Haus am Rande von Prag, draußen friert es, und die Fensterscheibe zerspringt nicht. Der Ermittler freut sich auf die Adventszeit. Er beobachtet unbekannte Vogelschwärme. Sie zersplittern über seinem Kopf; Salven kleiner Körper, die es faustdick hinter den Ohren haben. Die Frau hat eine Kürbisquiche gebacken. Sie trinken heißen Kaffee mit Rum. Der Ermittler sieht erschöpfte Schwalben auf den Telegraphendrähten rutschen, er sieht einer tieffliegenden Schwalbe mit einer Kirschblüte im Schnabel zu, sie hat keine Kraft mehr. Der Ermittler versteht die Komposition, die die Schwalben spielen.

Er sagt, er wolle die Witwe heiraten. Der Mund voll mit Kürbisquiche lächelt überrascht.

Jetzt sofort – oder könne sie noch den Kaffee austrinken?

Den Jungen werde er adoptieren, und später bekämen sie dann noch mehr Kinder, sagt der Ermittler. Eins reiche, ein Mädchen, sagt die Frau, und zur Hochzeit werden sie die Damen aus dem orangenfarbenen Haus einladen. Nein, protestiert der Ermittler, die drei würden bloß Vorträge über chinesische Schwalben halten und pausenlos zwitschern, reihenweise Geschichten über die erhabenen Schwalben herunterleiern, die sich in der ganzen Welt abrackern, sie würden erzählen, dass Schwalbenpiepmatze im Nest die Augen nicht vom dunkel werdenden Himmel abwenden und dass irgendwo in der Ferne noch in den zwanziger Jahren des letzten Jahrhunderts unverheiratete Frauen keinen Namen hatten, dass dort der Bräutigam die Eltern der Braut bezahlte, sie wie ein Schaf mitnahm und sie zuerst solange in den Puff arbeiten schickte, bis sie das für sie ausgegebene Geld beisammen hatte, und dass alte Frauen aus dem Dorf verjagt wurden, damit sie wie Tiere in den Feldern verreckten. Die Frau sieht den Ermittler an und sagt, als junge Frau habe sie geheiratet, um ihren Eltern eine Freude zu machen, jetzt, als Witwe, werde sie heiraten, um sich selbst eine Freude zu machen. Und dass in der Schweiz noch in den sechziger Jahren Frauen kein Wahlrecht hatten, aber dann winkt sie plötzlich ab, sie habe keine Lust, darüber zu reden. Er solle ihr lieber sagen, wann sie wieder da sein werden. Der Ermittler steht auf und schließt sie in die Arme.

»Wen meinst du, unsere *old ladies*?«

»Ja.«

»Bald.«

»Ich komme damit nicht klar.«

»Womit?«

»Dass du das Haus unterm Petřín gefunden hast. Dass sie anhand *deiner* Ermittlungen und deiner Beweise überführt und verurteilt werden werden.«

»Er war dein Ehemann.«

»Hätten sie ihn wegen etwas erhängt, was er nicht getan hat, wäre ich die Erste, die sie angezeigt hätte.«

»Das geht nicht, so kann man nicht denken.«

»Ich komme damit nicht klar.«

Sie machen Liebe. Der Ermittler dämmert weg. Er hält sich am Körper der Frau fest, schließt ihren Körper in die Arme. Der Körper ist sein Anker in unruhigen Träumen. Er träumt, dass die drei alten Frauen mit Vogelfedern im Haar zu seiner Hochzeit kommen. Er bringt sie rasch zu einem Floß und schiebt sie mit einer Stange in den Strudel des wild dahinfließenden Flusses, die drei Frauen stehen auf einem Floß, das sich ganz langsam dreht und von der Strömung mitgerissen wird. Und er räumt das orangefarbene Haus aus und steckt das ausgeweidete Haus an, und das Haus brennt lichterloh und mit ihm auch all die Papiere, Register, Ordner, Rechner, Fotos und Zelluloidstreifen, die Rußschwärze frisst die orangene Farbe weg. Er hat das orangefarbene Haus in Brand gesetzt, und Körper von Mädchen und Frauen sausen durch die Luft, sie lachen und jauchzen und fliegen wie Hexen auf unsichtbaren Besen auf die Sonne zu, kluge Körper, die auch deswegen verbrannt wurden, weil sie nicht kochen und Wäsche waschen wollten, ein viereckiger Himmel wölbt sich über ihnen, er öffnet sich wie eine Vagina, und die Körper von Mädchen und Frauen verschwinden darin, der Ermittler bekommt einen Ständer und wundert sich gleichzeitig, warum die Schwalben ein solches Theater veranstalten, so ein Radau schlagen wegen etwas, was nur ein schwarzes Loch ist, schwarze Leere, eine Tiefe, die ihn in sich hineinsaugt, eine dunkle Energie, die sich im Universum ausbreitet. Die Vagina ist ein Nichts. Ein Nichts kann doch niemanden bedrohen, warum ruft ein Nichts einen solchen Hass hervor, warum weckt dieses Nichts ein solches Verlangen danach, es zu vernichten und anzugreifen und zu quälen, woher kommt die mörderische Angst, die das Messer zwischen die Beine rammt? Dem Ermittler rutscht das Messer aus den Fingern. Alles hängt am seidenen Faden.

Er wacht auf, schiebt den warmen Körper der Frau weg, löst seine Arme von ihr. Er holt sich einen eiskalten Wodka aus dem Tiefkühlfach. Schenkt sich das erste frostige Gläschen ein. Das zweite. Dritte. Schaltet den Bildschirm des Verstorbenen an, loggt sich ein, leise, damit er weder die Witwe noch das Kind weckt. Wie jeden Tag gibt er die Namen der drei Frauen ein, ein Alltagsritual, er gibt den Namen der Stadt ein, wo die Baba Jagas weilen, sucht nach Neuigkeiten, *honey bunny*. Er scrollt durch die Lokalzeitungen, es fehlt nicht einmal das nicht autorisierte Interview mit Frau Stadtherrová, die Fragen zittern wie Aspik. Der Ermittler verfolgt akribisch das Geschehen vor Ort, er verfolgt den Fall des Honey-Monsters. Ein stürmischer Prozess voller Gehässigkeiten, persönlicher Angriffe und unübersichtlicher politischer Intrigen, die Leute solidarisieren sich mit Yusuf, der hart arbeitet und Steuern zahlt; wer sich im Ausland durchsetzen will, der hat es nicht leicht, wie ungerecht, jemanden wie ihn auf diese Art anzugreifen und dabei auch noch seine Muttersprache, Religion und Nationalität zu erwähnen. Der Ermittler klickt sich durch die Fotos aus dem Gerichtssaal. Er vergrößert sie und sieht sich die letzte Bankreihe ganz genau an. Neben der schlafenden Adler und der lächelnden Eis neigt sich das unsichtbare Gesicht von Stadtherrová über ein Tintenfass, sie hat einen Montblanc-Füller in der Hand. Der Magen des Ermittlers rebelliert; er dreht dem Bildschirm den Hals um.

HALBNESTER

Schwalben mit tiefen Ringen unter den Augen fliegen die Stadt an, dabei hätten sie längst in den Süden ziehen müssen. Das machen sie aber erst, wenn sie sich Klarheit darüber verschafft haben, ob sie sicher in ihr Nest unter dem Dach zurückkehren können.

Die Gerichtsverhandlung ist öffentlich.

Sie sitzen in der letzten Bankreihe.

Diana betrachtet sich im Taschenspiegel, die Hände in Hirschlederhandschuhen versteckt. Sie nickt der Anklägerin zu. Frau Rogner lächelt nicht; sie dreht sich weg.

Die drei Frauen schweigen. Birgit kratzt manchmal mit einem weißen, scharf angespitzten Bleistift in ein blaues Schulheft. Was die eifrige Schülerin mit der rechten Hand einträgt, wird vom Füller in der linken Hand violett kommentiert. Die Gezwungenheit, mit der Birgit atmet.

Die Verteidiger der Männer behaupten, die Mädchen seien Prostituierte gewesen, die niemand zur Prostitution gezwungen habe. Diese Mitteilung wird von einem selbstbewussten Zitat aus Yusufs Aussage unterstrichen. Der Wipparsch Bachstelze wäre gerne ein Falke, mit Zigarre und Whiskey in der Hand.

»Es war doch ihre Aufgabe, uns zu unterhalten. Wozu sind sie denn sonst gut?«

Die Rogner zuckt zusammen, knöpft die weiße Bluse unter ihrer

Robe zu, schließt die glänzende Reihe bis dicht unterm Hals; der Blick eines der Verteidiger ist in die Rille zwischen ihren in creme-weißer Spitze gebetteten Brüsten gerutscht, als trüge sie unpassenderweise eine Vogelfederboa um den Hals.

»Wir sprechen hier wohl von einer neuen Form von Zwangsprostitution. Die Mädchen bekamen kein Geld. Falls einer zahlte, dann ging das Geld an Herrn Yusuf und seine Freunde, die den Ring organisierten.«

Zeugen werden vorgeladen. Leierkasten am laufenden Band. Gelbbraune Laubsänger und Nachtigallen. Knarzende Sätze beschreiben Sexualpraktiken, die vor dem Krieg unerhört waren, aber heute nicht einmal eine Augenbraue in die Höhe treiben, denn auch so etwas kann zur Annäherung zwischen zwei Menschen führen, die so oder so vom Schicksal gezeichnet sind, also was soll's.

Einer der regelmäßigen Besucher von Yusufs Wohnung sagt aus, er habe nie eine Frau vergewaltigt, er habe ihnen immer NUR die Finger in die Vagina geschoben.

Da pocht es in Dianas Schläfen und ihre hirschledergeschützten Hände sind mit Schweiß überzogen. Sie packt die beiden Körper neben sich an den Händen, pssst. Der weiße Stift schießt in die Luft, fällt zu Boden und kullert unter die Bank. Es ist entschieden. Diana wartet auf ein Zeichen, sie hofft, dass sie keins bekommt, dass es das hinterlistige Wörtchen »nur« nicht zum Bahnhof schafft. Was sich doch alles hinter Routine und Ritual verbirgt. Sie sind nie hier gewesen, haben nie die hiesige Luft geatmet, pssst.

Birgit streckt sich müde nach dem Bleistift. Blut schießt ihr in den Kopf. Im Gefängnis beuge dich nicht nach etwas, was auf den Boden gefallen sind, lieber Eisvogel. Der violette Füller kommentiert das Geschehen im Saal. Der Körper hat Angst, die Karten könnten sich wenden und die Mädchen hinter den Gittern der Besserungsanstalt landen. Der Körper hat Angst, und statt violetter Tinte strömen rote Perlen aus dem Füller; die Kette ist gerissen, die Perlen kullern durch den Gerichtssaal. Sie sind mit Spänen gefüllt, auf denen Buchstaben stehen, Buchstaben, die keiner mehr haben möchte, nicht einmal Birgit hat vor, sich mit ihnen zu beschäftigen, sie hat ohnehin ihr ganzes Leben lang nichts anderes gesehen als Buchstaben, vor ihren Augen rollten sie die Wände hoch und baumelten von der Decke, wie Spinnen oder Quecksilber eilten sie hinauf – und flossen schmählich wie Bluttropfen ihre Schenkel hinunter. Geile, ausgemergelte Hunde sind für jedes frisches Stück Fleisch dankbar.

Erika führt im Geiste Regie. Für den Film würde sie zwei Kameras nehmen. Nein, vier. Das Restaurant und die geräumige Wohnung mit den Perserteppichen. Das zerlaufene Weichgesicht von Julies abgehetzter Mum im Zuhörerraum; in ihren Augen steht Angst, sie begreift nicht, worin sich ihre Tochter verstrickt haben soll. Sie ist schockiert und wütend und erzählt jedem, der es hören will, Julie sei doch noch ein Kind, dann stellt sie die Weichen um und schimpft, was denke sich die pubertierende Göre für Lügen aus, in dieser Stadt könne so etwas doch nie und nimmer passieren, so etwas gebe es nicht, bei ihnen zu Hause liefen solche Dinge nicht, sie seien eine anständige Familie, sie müsse Julie nur ein paar pfeffern, dann kehre wieder Ruhe ein. Julies Mutter steht die Angst in die Augen geschrieben, jemand könnte auf die Idee kommen, sie vorzuladen. Erika sieht den Mund der Mutter und hört das *Violinkonzert in D-dur op. 77* von Johannes Brahms in den Ohren, *allegro giocoso*, die Hand, die den Bogen hält, ist die von Menuhin; der Frack des Violinisten ist Erikas Mantra.

Fäuste recken sich. Der Misthaufen wächst. Hände bewerfen die zarten Federn der Wachteln und Laufhühnchen und Stadtschwalben und Goldammern und Beutelmeisen und Kohlmeisen und Blaumeisen und Pieper und Sperlinge und Kreuzschnäbel und Turteltauben und Feldtäubchen mit Mist. Wenn die Hände könnten, würden sie Steine werfen. Es ist Zeit, Steine zu werfen. Die Mistbrocken und Steine sind aggressive Wörter, ein Berg an aggressiven Wörtern und Sätzen. Wörter und Sätze bellen die Opfer an, das Gebell beteuert, die Gewalttäter hätten es gut gemeint und die Piepmatze hätten es doch gewollt. Und die kahlen Bürger und Bürgerinnen, über ihre Zeitung gebeugt, wundern sich, so etwas könne bei ihnen doch nicht passieren, und ihre Töchter am Tisch blinzeln gehorsam wie Zwinkerpuppen und schlucken artig das Frühstück hinunter. Gegen diese Aufnahmen würde Erika Nahaufnahmen aus dem Gerichtssaal schneiden, sie würde auch den langen Flur und das weiträumige Gelände vor dem Gerichtsgebäude zeigen. Sie würde den Saal aufnehmen, in dem die Gerichtsverhandlung läuft, und sie würde den Platz aufnehmen, wo Parolen geschrien werden. Den fertigen Film würde sie mit fröhlicher Musik unterlegen, mit *Die Schwalben* von Benjamin Godard.

In aller Herrgottsfrühe kommen vor dem Gerichtsgebäude Gruppen junger Körper zusammen. Eine Menge von Demonstranten mit Transparenten – stahlbekappte Schuhe, Dreiecke anstelle von Mündern, die Tuchzipfel hängen vom Kinn. Sie verlangen ein sauberes Land. Sie verlangen Sicherheit für ihre Kinder. Als die Tücher verschwinden, öffnen sich die Münder. Sie sagen, die Männer hätten weiße Frauen benutzt, um sich dafür zu rächen, dass sie in diesem Land wie Bürger zweiter Klasse behandelt werden. Genauso wie sich in den Kolonien weiße Männer straflos an jungen Mädchen bedient haben, wie sie es bis heute mit jungen Frauenkörpern machen, wo es nur geht, so wie sie sich hungrige schwarze Mädchen in Afrika nehmen und junge Frauen in Thailand oder auf Kuba, das nennt man heutzutage, verehrte Damen und Herren, Sextourismus.

Frauenkörper. Sind sie frei, sind sie gefährlich. Einst hatte sich England die Kolonien unterworfen. Und heute haben sich die Kolonien mittels dieser Mädchenkörper England unterworfen.

Die Diktatur des Stärkeren.

Die angeschwemmte Menge auf dem Platz lässt Diana zusammenzucken, sie lenkt nur von der Wahrheit ab und schafft sinnlose Etiketten, schiebt die Dinge in falsche Schubladen. Dagegen hat sie immer gekämpft – keine Etiketten, nur die Körper sehen! Ihr wird ganz heiß. Das politisierte Menschengewimmel ist von Rogner geimpft worden, die so im Netz die Aufmerksamkeit von sich abgelenkt hat; die jungen Menschen kamen, um sie zu unterstützen. Das will Diana nicht, das hat sie nie gewollt. Wörter wie Rechte oder Linke haben heute keine Bedeutung mehr. Der Herbst geht. Der Frühling ist noch nicht zu sehen.

Die Piepmatze werden vorgeladen. Die Mädchen stehen da. Sie sehen frisch aus, aber sie sind müde, und ihre Augen strahlen Abwesenheit aus.

Love ist da und Julie auch. Nur Honey fehlt, ihr Vater hat Krawall geschlagen und in dem Getöse seine Tochter in Sicherheit gebracht, mit Nachtigallgesängen hat er allen das Maul gestopft, Honey wisse von nichts, seine Familie sei ganz anders, nicht wie die Familien dieser kleinen drogensüchtigen Nutten; Armut und Reichtum lassen sich nicht verleugnen.

Erika wundert das nicht; sie ist dem goldenen Schweif gefolgt; das Honey-Monster ist ihr vertraut wie ihre unbequemsten Schuhe. Honey ist eine harte Nuss. Sie ist wachsam, Yusuf hat ihr von einer alten Frau erzählt, die in den Straßen herumstromert und angeblich einen Dokumentarfilm drehen will. Honey geht aufs Gymnasium, nimmt Klavierstunden, eine liebevolle Familie im Rücken. Mit ihrem Vater diskutiert sie, sie lesen gemeinsam Zeitung, und manchmal holt sie ihn von der Bank ab. Mit ihrer Mutter unternimmt sie Reisen, das letzte Mal nach Kopenhagen; ihre Mutter kommt aus Dänemark. Honey ist eine harte Nuss. Die werden sie nicht leicht knacken.

Die Angeklagten sitzen hinter den Piepmatzen auf der Bank. Die Piepmatze spüren ihren Atem im Nacken. Die Piepmatze bekommen Angst. Sie sagen aus, ja, die Männer seien ihre Freunde, ihre Liebhaber. Ja, so viel älter, warum nicht, Liebe ist überraschend, unbesiegbar und hinterlistig, die Liebe schleicht sich ein und erobert das Herz von ungeahnter Seite und im ungeahnten Moment, Liebe und Tod haben vieles gemeinsam.

»Wollen Sie sagen, dass Sie sich Ihren Freund mit dreißig anderen Mädchen geteilt haben und dass Sie das kein bisschen gestört hat?«

»Nein, es hat mich nicht gestört, sie sind doch alle meine Freundinnen, und Honey ist die Beste davon, eine bessere Freundin habe ich nie gehabt.«

»Und das Wort Untreue sagt Ihnen nichts?«

Die Piepmatze tschilpen mit dünnen Stimmchen. Manche stottern vor lauter Bammel, manche strecken dem Bammel die Zunge raus, wirken frech und selbstbewusst, und manche, die naivsten und zartesten, freuen sich, zum ersten Mal im Leben im Mittelpunkt zu stehen; diesmal werden sie auch am helllichten Tag fotografiert, und es tut nicht weh, ach, wie herrlich, in der Zeit zu leben und nicht außerhalb. Erika umklammert das mit Diamanten besetzte Kreuz an ihrem Hals. Manchmal sagt sie ein paar Worte zu ihm, leise, ganz leise, sie schließt einen Vertrag mit Gott und weiß nicht mit welchem, sie weiß, dass Gott sie versteht, sie betet zu ihrem Gott, ihr Gott nimmt die Gestalt von Schwalbe und Löwenzahn und Tausendschönchen an. Endlich.

Birgit macht sich lustig über sie, der Mensch plant und Gott lacht, und Erika widerspricht ihr im Geiste; in den Vorkommnissen um uns herum gibt es keine Worte, nur beredtes Schweigen und donnernde Stille. Was wollen wir uns ständig vorwerfen?

Die Anklägerin erinnert daran, der Ring sei vom Besitzer des uxor-hiomischen Restaurants organisiert worden, einem gewissen Yusuf.

Keiner der Piepmatze sagt gegen ihn aus.

Singvögel im Netz gefangen, in einem Käfig eingequetscht. Sie machen ihre Schnäbelchen nicht auf, singen nicht. Auch Julie gibt keinen Piep von sich. Diana betrachtet Julie, die so oft brutal vergewaltigt worden ist, wie Diana ihren Piepmatzen *Der Flug der Schwalben* von Agathe Backer-Grøndahl aufgelegt hat. Die Komposition spielte sie ihnen anstelle eines Wiegenlieds.

Endlich soll er vorgeladen werden, Yusuf. Täglich muss die Schönheit zertrümmert werden, kaputt gemacht und gleichzeitig durch die Zerstörung genährt werden. Damit sie lebendig bleibt. Birgit meißelt in das Azurblaue ihres Heftes den Satz hinein, der im Gerichtssaal immer wieder wie ein Refrain vorkommt.

Ich wollte raus, es ging aber nicht.

Sie machen ihre Schnäbelchen nicht auf. Und Loves Text, den die Rogner bei sich trägt auf einem zur Schwalbe gefalteten Stück Papier, kann nicht als Beweismaterial benutzt, sondern nur aus dem Fenster geworfen werden.

Chandra namaskar, Mond, sei gegrüßt. Es ist nicht wie bei Honeys Geburtstagsparty. Als die Leute aus der Schule durch ihr Haus stromerten und besoffen herumalberten, kreischend zu wummernder Musik tanzten, die die Wände wackeln ließ.

Hier sickert kein Geräusch durch die Wände, nur Stille. Der Rauch brennender Zigaretten und glühende Asche aus überfüllten Aschenbechern verschluckt auch die leiseste Andeutung eines Geräuschs. Die Fenster sind nicht dunkel getönt. An der Wohnungstür nimmt mir ein Junge mein Telefon ab. Das gefällt mir nicht. Habe lange dafür sparen müssen. So ist das beim Aufnahmeritual. Ist nur zu deinem Besten, damit du es nicht verlierst, sagt der Junge, ich bin hier der Hoteltresor, zwinkert er mir beruhigend zu. Wir sind die Auserwählten.

Meine Füße versinken im flauschigen Perserteppich. Überall liegen Teppiche. Wie dicht gewachsenes Gras schwappen sie über die Türschwellen, strecken unter meinen Schritten die Zungen heraus. Ich freue mich auf die Fotosession mit dem Profi-Fotografen, die mir Honey versprochen hat. Ich freue mich auf meine Mappe.

Der Junge bringt mich in ein verrauchtes Wohnzimmer. Auf der Couch macht ein Typ mit einem Mädchen rum. Wie Statuen tauchen sie vor mir aus dem Nebel auf. Das Mädchen ist höchstens dreizehn. Als sie voneinander lassen, glitzern die Klammern der Zahnspange in ihrem Mund wie Diamanten. Der Typ kommt mir alt vor. Sie werfen mir einen kühlen Blick zu. Er mustert mich von Kopf bis Fuß. Ihr Blick bohrt sich kurz in meine Augen hinein, ihr Ausdruck so leer und nichtssagend, dass ich ihm nichts entnehmen kann, und dann kleben sie schon wieder aneinander. Vor ihnen auf dem Tisch stehen zwei Glasschälchen mit weißem Pulver. Von dem fetten, schweren Zigarettenqualm wird mir übel, aber ich lasse mir nichts anmerken, ich will dazugehören, ich gehöre dazu, ich habe es geschafft. Nachdem ich wochenlang um sie herumscharwenzelt bin, mich abgestrampelt habe. Nachdem ich wochenlang an nichts anderes denken konnte. Endlich habe ich es geschafft. Ich brenne vor Neugier. Ich brenne für Honey. Da ist sie schon. Zur Begrüßung umarmt sie mich. Ich kichere. Um die Angst zu verjagen. Honey hält mich in den Armen und raubt mir den Atem, als sie sagt, dass ich superscharf aussehe, vor lauter Aufregung kann ich nur noch stottern. Sie reicht mir eine Flasche eisigen Wodka. Hier wird direkt aus der Flasche getrunken. Sie lässt ihren Arm auf meiner Schulter liegen und ruft den Jungen, der am Eingang die Telefone einsammelt. Sie behandelt ihn von oben herab, man weiß sofort, wer hier das Sagen hat. Das waren für heute alle, sagt sie. Ich weiß nicht, ob sie Mädchen oder Telefone meint. Der Junge dreht mir eine Tüte. Ich ziehe daran und schüttele den Kopf. Gebe ihm die Tüte zurück. Er reicht sie an Honey weiter, sie schiebt sie dem Mann in die Hand, der an den Kleinmädchenlippen mit Diamanten im Mund saugt.

Der Junge zündet eine Zigarette an und drängt sie mir auf. Er behandelt mich mit Respekt, gut, dass er es kapiert hat. Ich gehöre nämlich zu ihr. Bin stolz, zu ihr zu gehören, zu der schönen Reichen, der taffsten Braut aus der ganzen Schule, zu der geheimnisvollen Honey. Sie hat MICH auserwählt. Der Junge legt Musik auf, ganz dezent. Langgezogene, langsame Töne. Honey tanzt mit den Armen in der Luft. Ihre Lippen sind himbeerfarben, mit einer dicken Schicht Lippenstift oben drauf. Sie löst ihre Haare. Magnetisiert den Raum. Immer mehr Mädchen machen mit. Scharen sich um sie. Alles geht fast lautlos vor

sich, dabei ist es der Hammer, so hart, so schön das Ganze. Honey
steckt ihre Haare wieder hoch. Wie auf ein Zeichen ziehen aus anderen
Räumen dicke Wolken auf. Keine Jungs, wie Honey versprochen hatte.
Keine Modenschau, für die man mich schminken würde. Und kein
Fotoshooting für Modellagenturen.

Ameisen schwärmen aus, wackeln um die betrunkenen und bekiff-
ten Mädchen, sickern ein in ihren Kreis, zappeln im gleichen Rhyth-
mus. Einer streift mich mit der Schulter. Ich mag das nicht. Trete ei-
nen Schritt zurück. Er windet die ungerauchte Zigarette aus meinen
Fingern, die Aschenschlange fällt ab, er fängt sie in der hohlen Hand
auf. Schließt sie zur Faust. Den Zigarettenstummel legt er an den
Mund, saugt. Ich sehe ihn an. Denke an die glühende Asche in seiner
Hand. Tolle Augen. Schwarz. Zwischen seinen Lippen schlängelt sich
der Rauch. Er lässt mich stehen, redet mit Honey. Kommt zurück, sagt
nichts, fasst mich an der Taille, und ich denke, hoffentlich bemerkt
er meine spitzen Hüftknochen nicht. Er wirbelt mich herum, beim
Tanzen schiebt er die Hand in meinen Slip und kneift mich in den
Hintern, es läuft mir ganz kalt den Rücken runter, ich mag so etwas
nicht, aber hier kann ich nicht schreien, man würde mich auslachen,
und es wäre Schluss mit Honey, ich hätte meine Chance auf ein ande-
res Leben ein für alle Mal verspielt. Sein Finger fährt zwischen meine
Pobacken. Das will ich nicht, ich drehe mich weg, möchte gehen. Der
Mann lacht, lässt mich wieder stehen und spricht mit einem Kerl in
einem T-Shirt mit Arnold Schwarzenegger darauf, keine Ahnung, aus
welchem Film das Bild kommt, der Typ in dem T-Shirt ist alt. Alle hier
sind alt, über zwanzig, weit darüber. Der im T-Shirt lacht nicht, jetzt
flüstert er Honey etwas zu und zieht dabei eine weiße Linie auf den
Tisch. Honeys Gesicht verhärtet sich. Das ist nicht die Honey, die ich
kenne. Sie spielen Stille Post.

Honey lächelt nicht mehr, als sie zu mir kommt, sie sagt genervt, ich
solle mich entspannen und kein Theater machen, wenn ich mir die
Chance meines Lebens nicht vermasseln wolle. Sie führt mich zu dem
Tisch, wo der T-Shirt-Kerl eine Line Koks gezogen hat. Greif zu, sagt

Honey, das gehört zu Fotosessions und Filmdrehs dazu, das macht locker, du wirst es mögen, außerdem willst du doch dein Telefon zurück, aber das musst du dir erst verdienen, mach jetzt keinen Quatsch, enjoy, hier kriegst du alles umsonst, wo gibt es schon so was, sie nötigt mir noch einen Schluck Wodka auf. Oder möchtest du lieber was anderes? Noch einen. Ein Flächenbrand ergreift meine Eingeweide, ich glühe, werde zur Fackel. Allmählich gefällt es mir hier, ich spüre die Hitze in meinem Inneren, sie lässt mich taumeln, und alles um mich herum taumelt mit. Honey zieht mir die Schuhe aus, ich laufe barfuß über den weichen Teppich, manchmal hebt mich jemand in die Luft, und der Leuchter unter der Decke taumelt, der Teppich kitzelt meine Füße, das Gras wächst bis zur Decke und meine Haare auch, wie Schlangen tänzeln sie um meinen Kopf, im Badezimmer schnappe ich mir die Schere und schneide sie durch, ich schnippele den Schlangen das Köpfchen ab, so wie meine Oma in ihrem Gemüsegarten die Nacktschnecken zerschnitt, eine nach der anderen schnitt sie die Schnecken durch, um sie nicht anfassen zu müssen, ich drehe den Wasserhahn auf und lasse Wasser durch meine Finger fließen. Honey riecht nach dem teuren Parfüm, das ich mir manchmal leihen darf, wir haben beide den gleichen Nagellack, auch den hat sie mir geliehen, und ich trage ein T-Shirt, das sie mir gekauft hat, sie ist meine beste Freundin, ich umarme sie, und sie umarmt mich, wir tanzen eng aneinander, sollen die anderen Mädchen endlich mitkriegen, wer ich bin, sie schleift mich nach hinten, ich schlingere hinterher, sie kippt immer wieder etwas in mich rein. Mein Kopf glüht und wackelt, ich bin eine Stoffpuppe, mein Körper ist weich und willig, ich bin genauso schön wie sie, meine Honey, wir lachen, um uns herum verhaltene Gesichter und verhaltene Musik, auch das Licht gibt sich verhalten, schön dunkel, Honey führt mich in eins der Zimmer, im Halbdunkel menschliche Silhouetten. Sie knallt die Tür hinter mir zu, ich rüttele an der Klinke und spüre Hände an meinen Hüften und Tentakel an meinen Brüsten und zwischen den Beinen, mit Kitzelfingern schmust die Krake mit mir, ich lache, die Fangarme schlängeln sich fester um mich, ich schreie, fange an zu betteln, ich will das nicht, wer seid ihr, sinnlos und unnötig schreie ich mir die Seele aus dem Leib, ich schreie in meiner ausufernden Angst, die gerade dabei ist, sich für immer in meinem Körper einzunisten, sich dort heimisch zu fühlen, sie hat meinen Körper zu ihrem Zuhause auserkoren, sie wird die feine Maschinerie meiner Seele zerrütten, das Vertrauen zu anderen löschen und ein Ich stärken, das nie meins gewesen ist und das ich hasse, das ich aber brauchen werde, um nicht auseinanderzubrechen. Einer hält mich fest, und die anderen wechseln sich ab. Als würde eine Teufelsmaschine auf meinen Körper einhämmern, von allen Seiten auf ihn eindreschen, in einem Rhythmus, der mich nach Atem schnappen lässt und mir Speichel aus den Mundwinkeln lockt, danach ist mein Mund trocken, und ich liege stumpf und lahm, als hätte man mir Novocain gespritzt, aber dann kehrt der Schmerz zurück und bringt mich endlich zum Schweigen, der Schmerz knebelt mir den Mund, und die Zeit löst sich auf.

Als ich zu mir komme, steht Honey neben mir. Als wäre nichts passiert. Ruf die Polizei. Das will ich sagen, aber die Wörter kommen nicht durch meine Lippen durch, die Lippen tun weh, alles tut weh, ich bin aufgerissen, zugerichtet wie ein Tier. Ein Zeitungsartikel schießt mir durch den Kopf, ein Artikel, der mich nicht interessiert hat und den wir im Unterricht durchgenommen haben, ein Artikel über eine vergewaltigte Studentin irgendwo in Indien, dort lassen sie Frauen in falsche Busse einsteigen, bevor sie ihnen den Körper aufreißen wie mir. Auch ich sitze in einem Bus, der hält aber nicht an, fährt nur immer schneller und hat nicht mal dunkel getönte Fenster, ich bin immer noch in dieser Stadt und diesem Land, ich lebe in einem zivilisierten Land in Europa, was habe ich mit dem dreckigen Indien zu tun, ich habe keine Ahnung von Indien und will es auch nicht haben, ich bin besser, ich bin die Auserwählte, Indien war eine Kolonie, Indien gehörte mal uns, mehr weiß ich nicht.

Die andere Honey steckt sich eine Kippe an. Sie tut nicht mehr, als wäre sie meine Freundin, sie benimmt sich nicht mehr wie die Mama, an die ich mich gekuschelt habe. Das war doch nichts, sagt sie trocken. Erzähl niemandem davon. Mit etwas Grips kannst du dir sogar was verdienen. Du bist eine GELIEBTE geworden, Love, fügt sie hinzu, gut, oder?

Ich sehe Honey an, und meine Ohren wollen ihr nicht trauen. Sie muss irre geworden sein, verrückt, bestimmt träume ich nur. Bestimmt nicht, sagt mein Körper. Ich reiße die Augen auf. Sie drohen herauszuspringen. Zwischen meinen Schenkeln breitet sich ein herrenloser Schmerz aus, der Schmerz hat Zähne und schnappt zu, und Wodka zerfetzt meine Eingeweide, ein kühler Hauch an meinem Nacken, hier zieht es, eine leichte Brise an meinem Hals, saurer Atem, ich versuche den schweren Zementsack loszuwerden, der auf mir liegt, ich will weg, eine Zunge schiebt sich in meinen Hals, ich werfe mich hin und her, das Gewicht, das auf mir liegt, wird dadurch nur schwerer, ich kann meine Beine nicht bewegen, ein plattgedrückter Frosch, meine Oberschenkel sind taub, sterben ab, neue Zähne kommen dazu, sie glänzen und lauern, worauf warten sie bloß, ich bäume mich auf, Finger schließen sich um meinen Hals, von Tentakeln umwickelt kann ich mich nicht rühren, bekomme keine Luft, der Schmerz hat zugebissen und lässt nicht locker. Ich öffne den Mund, will schreien, Honey, die Fee, steht neben mir und legt mir den Zeigefinger auf die Lippen, flößt mir einen neuen Schluck eiskalten Wodka ein, mit weißem Pulver bestäubt, sie neigt ihr süßes Gesicht über mich, flüstert mir in den Mund, das ist doch nur eine Prüfung, mein Täubchen, unser Aufnahmeritual, wenn du durchhältst, gibt es was zur Belohnung. Wodka fließt meinen Hals herunter, kühlt den Körper, ich schreie und brülle, weiße Zähne beißen zu, ich halte die Klappe und zähle, ich klammere mich an die Zahlen, halte mich an ihnen fest, einmal muss doch Schluss sein, keine Ahnung, wie lange ich noch zählen muss, eine dreistellige Zahl bringt die Rettung, die Zange lockert sich, der Zementsack rutscht von mir runter, wie auf Befehl stürzen sich die Körper in den nächsten Raum und tanzen.

Ich habe meinen Körper verloren. Den hier will ich nicht, der gehört ihnen, mir ist speiübel, ich schlage um mich, der Zementsack ist weg, bis auf meinen Körper ist hier niemand, den ich verdreschen könnte, ich ziehe die Hose und das T-Shirt an, der Slip kommt in die Hosentasche, einen BH trage ich nicht, wozu auch, meine Schuhe sind irgendwo im weichen Teppichdickicht abgeblieben, dort nebenan, wo getanzt wird, wo drei Männer Julie hinter sich herzerren, Julie aus unserer Schule, ich tue, als würde ich sie nicht sehen, als würde ich sie nicht kennen, einer verdreht ihr die Hand hinterm Rücken, und hinter mir säuselt Honeys Stimme, merk dir das, das passiert, wenn man petzt, die hat bei den Bullen das Maul aufgerissen, zu ihr werden die Jungs nicht mehr so nett sein wie zu dir, sie waren sogar zärtlich, irgendwann wird es dir gefallen, und wenn dich jeder gestreichelt hat, gehörst du für immer zu uns, und wir beschützen dich, sonst lacht dich jeder aus, sie alle, ich, die ganze Stadt, die ganze Welt, es liegt nur an dir, deine Entscheidung, aber du warst echt gut, herzlich willkommen unter den Auserwählten, und wenn du noch ein anderes Küken mitbringst, bekommst du Geld von mir dafür.

Ich gehöre zur Clique der Auserwählten, über die in der ganzen Schule getuschelt wird, vielleicht erfahre ich eines Tages, warum das hier die Befreiung, das Paradies sein soll, warum die anderen Mädchen so seltsam und unterkühlt gucken, warum sie so unnatürlich laut lachen und so cool reden und verdammt glücklich sind, nur weil sich einer für sie entschieden hat, dass das hier ihr Glück sein soll?, warum hat mich keine gewarnt, ich will nie wieder hierher, nie wieder.

Nein? Honey wird ernst. Du enttäuschst mich. Sie hält mir ein Telefon hin, zeigt mir ein Video, die kenne ich doch, die Aufnahme ist verwackelt, das Mädchen nackt, splitternackt, man sieht kaum etwas, auf dem mageren Kinderkörper wälzt sich ein Kerl. Schön brav bleiben, sonst geht das hier ins Netz, und es wird dir niemand glauben, dass du es nicht gewollt hast, niemand. Dann umarmt sie mich. Endlich kannst du aus dem Vollem schöpfen, endlich passiert was, ich mag dich doch so gern. Mein Körper rückt weg von ihr, tausend feine Nadeln wüten in ihm. Honey reicht mir ihre Jacke, die leih ich dir. Sie stützt mich. Sie ist nett. Wir gehen die Treppe herunter, draußen wartet ein Typ im Auto, um mich nach Hause zu fahren. Honey ist nett. Ich will nicht einsteigen. Der Typ fährt los und ist verschwunden.

Im fremden Körper auf vertrauter Straße.

Honey kichert mit einem anderen Mädchen, und niemand wundert sich über etwas, ich stehe ohne Schuhe vor dem Haus, meinen Slip schmeiße ich in die Mülltonne und übergebe mich, wenn ich bloß wüsste, was ich tun soll, ich denke an Julie, die dort oben geschunden wird, Honey meinte, die Bullen hätten ihr nicht glauben wollen, das habe sie jetzt davon. Ein altes Ehepaar mit Hund geht vorbei, angewidert wenden sie sich von mir ab. Bitte, möchte ich sagen, helfen Sie mir bitte. Ich sage nichts. Hinter ihnen wankt ein Grüppchen Besoffener, was für ein hübsches Fotzilein, ein kleines heißes Fotzilein, brüllen sie lachend, und da fange ich an zu weinen. Bitte, helft mir doch, will ich sagen. Chandra namaskar, Mond, sei gegrüßt.

Zu Hause schleiche ich heimlich durch die Tür, alle schlafen. Ich packe meinen Körper in die Badewanne und schrubbe ihn mit Mutters Seife ab, diesen Körper will ich nicht, ich möchte einen anderen, aber es gibt keinen anderen, ich werde ihn behalten müssen, es bleibt mir nichts anderes übrig, bis ans Lebensende werde ich in diesem Körper stecken, erst jetzt holt mich das Grauen ein. Aber vielleicht gibt es einen Ausweg, vielleicht kann ich mich herausschreiben, ich schreibe mich von meinem Körper frei, bei dieser Frau, deren Schreibkurs man uns fürs nächste Schuljahr angeboten hat. Mein Körper ruht, er liegt auf dem Fußboden, ins Bett darf er nicht, ein Aas gehört da nicht rein, ein streunender Hund hat keine Freunde außer Honey, nur Honey behandelt Körper nett.

Am Morgen lugt Vater in die Tür, warum stehst du nicht auf, ist was?, auch Mutter guckt herein; beide haben wir tiefe Ringe unter den Augen, sie aus anderen Gründen als ich, Vater schläft nicht mit ihr, sondern mit anderen, aber sie lässt sich nicht scheiden, weil sie die Miete allein nicht zahlen kann. Und so hängen sie in ihrer Suchtschleife und sehnen sich nach etwas anderem, seit ich denken kann, zerreiben sie sich in ihren Abhängigkeiten und fackeln sich gegenseitig ab. Sie jammern über ihre Einsamkeit. Dabei haben sie mich und meinen Bruder und meine Schwester. Ich habe tiefe Ringe unter den Augen, weil ich meine Unschuld verloren habe. Es muss doch einer kommen, der mir hilft. Zunächst muss ich den Körper loswerden. Ihn zerschneiden. Ich spüre nichts. Er gehört mir nicht. Er lacht mich aus. Er findet mich erbärmlich. Er hat mich verraten. Man hat mich verraten. Sie hat mich verraten. Die Angst liebt mich. Aber wenn ich alles nochmals erzähle, wenn ich mich zur Wehr setze und der Angst Hausverbot erteile, wenn ich es so weit bringe, dass mir das Ganze gleichgültig wird, dann bekomme ich meinen Körper zurück. Und dann löscht er die Erinnerung. Hilf mir, Schwalbe, bitte.

Der Körper zerfließt in Tränen. Er hat sich verlieben wollen, aber er wusste nicht, wie man sich im Feindesland bewegt.

Die ersten Tage der Gerichtsverhandlung sind zu Ende.

Diana, Birgit und Erika machen Wassergymnastik im Pool. Die Körper schwimmen nicht, sie schreiten durchs Wasser. Die Oberschenkel bewegen sich langsam durch die Wassermassen, waschen den Schmutz des Gerichtssaals ab. Die drei Frauen massieren einander gegenseitig den Rücken. Halten den Atem ein, tauchen unter und fliegen ganz knapp unter der Oberfläche. Sie sausen mit ausgebreiteten Flügeln durchs Wasser. Der erschrockene Bademeister springt ins Becken zu ihnen, die Frau im schreiend goldenen Badeanzug tätschelt seine Wange.

Sie besuchen ein japanisches Teehaus. Der Vorgarten ahmt japanische Gärten nach, mit Steinen und Moos verziert, dazwischen murmelt ein Bach. Kriecheingang. Drinnen kahle Wände, die ganz ohne Schmuck auskommen, nur in einer Ecke Kalligraphien, eine Fotografie von Kirschblüten und eine Vase. Ein ganz simples Blumenarrangement. In der Mitte des Raums eine schmale, unverputzte Säule. Das Licht ist gedimmt. Der heilige Eisenkessel blubbert friedlich. Das Echo der Stimme des Windes in Kiefern. Die Begrüßung auf eine Verneigung beschränkt, die Gäste sitzen still, ohne zu sprechen.

Der Japaner mischt langsam und feierlich Wasser und starken grünen Tee. Reicht die Schalen eine nach der anderen weiter. Teilhabe am gemeinsamen Erlebnis, Erde, Wasser, Feuer und Wind durchdringen das Ich. Die tiefe Harmonie zwischen den Freundinnen ist erneuert, eine Gemeinschaft in Zeiten des Todes; der Stand aller Dinge wird vom menschlichen Herzen gelenkt.

Durch ein Ornithologen-Fernglas beobachten sie Honeys Haus; sie hilft ihrem Vater und dem Gärtner, den herbstlichen Garten für den Winter vorzubereiten. Als wäre nichts passiert. Die Arbeit adelt den Menschen, und Honeys Papa hat ihren Schulwechsel in die Wege geleitet, das Experiment einer demokratischen Erziehung hat nicht geklappt, sie sollte Kinder aller sozialen Schichten kennenlernen, aber es gibt nun mal kulturelle und gesellschaftliche Unterschiede, über die setzt man sich nicht so einfach hinweg, also wird Honey ein teures Internat besuchen, das von einem hohen Schutzzaun umgeben ist; der Direktor empfängt sie freundlich, er versteht, welches Martyrium die Familie gerade durchmacht, welchen Schikanen die arme Honey ausgesetzt war. Diana klappt das Fernglas zusammen, schiebt es in die Lederhülle; nachts zwitschert Honey ohnehin ab, was sich doch alles hinter Routine und Ritual verbirgt; die Frauen sitzen mit übereinandergeschlagenen Beinen und sprechen mit Ingrid, die nicht da ist. Meine alte Freundin ist meine neue Freundin, was ich tue und was ich mache, ist genau dasselbe wie einst.

Die Frauen reden nicht über den Prozess. Sie öffnen eine Mappe und schieben Fotos von Gesichtern hin und her, die sie aus dem Taschenspiegel zutage gefördert haben. Als das Kartenspiel fertig gespielt ist, liegen noch zwei Bilder auf dem Tisch. Die kontaminierte Honey und Yusuf. Sie diskutieren, stimmen schweigend ab. Erikas Finger, mahnende Eulenrufe, sie stellen sich immer wieder vor Honeys Gesicht.

Birgit verhängt über die Köpfe der Sieger violette Kreuze. Erika ist verbittert.

»Nur Männer machen einfach, was sie wollen.«

»Möchtest du im nächsten Leben als Mann geboren werden?«

»Als freier Mensch.«

Erika legt trotzig Mozarts *Ave verum corpus* auf. Gemeinsam räumen sie die Wohnung aus. Stopfen die Kleidung in blaue Plastiksäcke, binden sie mit einer Schnur zusammen, bringen sie zu den Mülltonnen. Diana trägt ihre alte Uniform, das Militärschiffchen auf dem Kopf, mit geschlossenen Augen liegt sie auf dem Boden, die Beine im Schneidersitz in der Luft verrenkt. Kann man für etwas sterben, woran man nicht mehr glaubt? So hatte sie in ihrem Mädchenzimmer gelegen und sich bis tief in die Nacht hinein geschworen, ein anständiger, guter, schöner Mensch zu werden und große Taten zu vollbringen in ihrem Leben. Erika und Birgit verbrennen Papiere über dem Waschbecken und spülen die Asche in der Toilette hinunter. Sie räumen alles aus, stellen den Mülleimer vor die Mülltonnen des Nachbarhauses. Sie wischen die mit feinem Pulver bestäubte Küche aus. Erika mischt einen dickflüssigen, milchigen Cocktail und füllt ihn in die Thermoskanne um. Die Thermoskanne stellen sie neben die grüne Tasche, die sie bis jetzt nicht angefasst haben. Die nur Diana öffnet. Sie lassen Diana allein. Sie gehen spazieren. Freie Verbindung. Eine sehr lobenswerte Haltung.

In Diana verschlingen sich Schlangenkörper, Entschlossenheit ist alles; Diana gibt nicht auf, weil sich abgesehen vom Gefieder nichts geändert hat. Der Krieg der Zukunft ist der Krieg ums Wasser. Sie schreiten durch ein Minenfeld, durch feindliches Gebiet, und wenn die Mädchen das Wasser nach Hause geschleppt haben, werden sie bestraft, weil sie sich haben vergewaltigen lassen, sie werden in Hütten eingesperrt, wo sie vor Durst krepieren, oder werden gleich als Hexen verbrannt; ein solches Vorgehen stärkt das Ego und die Gesellschaft, so agieren die Mächtigen, ach ja, her mit den Einzelheiten bitte. In den letzten Jahren sind auch männliche Gefangene im Krieg vergewaltigt worden, da ergießt sich in den Medien gleich eine Welle von Aufregung, Rachegelüsten und Ekel, einem männlichen Körper darf so etwas nicht passieren, ach, bitte keine Einzelheiten, auf keinen Fall, in Srebrenica wurden Männer mit vorgehaltenem Maschinengewehr gezwungen, anderen Männern einen zu blasen, der Körper ist ein Verräter, der Körper steht auf der Seite der Eroberer, aber was sind das schon für Eroberer, der Körper spritzt ab, bitte keine Einzelheiten, nein, wirklich nicht.

Im Restaurant auf der Hauptstraße brodelt es vor aufgeregten Wörtern, grimmigem Geschrei und erlittenen Beleidigungen. Diana betritt das uxor-hiomische Lokal, in das sich in diesen Tagen keine junge oder alte Frau traut, das Haus wird von der Polizei bewacht und trotzdem nicht geschützt; in der Morgendämmerung entfernen die Polizisten eigenhändig die Sprühparolen. Auf der Straße davor stehen Grüppchen von Unterstützern und Gegnern und bellen sich an. Diana lächelt bei dem orangeroten Perlenvorhang zwei Männern zu. Zwei Polizisten in Zivil. Sie streift sie an der Brust.

Sie streift die Brust des Restaurantinhabers, der arme Yusuf wird die Sünden dieser Welt ausbaden müssen. Davon weiß aber niemand, und sollte es in diesen Tagen jemand in Erfahrung bringen, schert sich Diana nicht darum.

Diana bedankt sich bei ihm. Sie bedankt sich für das leckere Essen und sagt, wie furchtbar, was alles so passiere, er solle sich durch das Gerede nicht die Laune verderben lassen, die verflossene Zeit werde alles lindern, schade, dass sie abreisen müsse, er solle doch heute den Laden in der Obhut seiner Angestellten lassen und ausnahmsweise nicht arbeiten, ohnehin kämen alle nur hierher, um ihn zu bestaunen und zu beschimpfen, ekelhafte Rassisten und Nazis, Yusuf solle sich lieber ausruhen, sie gebe hier in der Stadt Yogakurse und könne ihm gerne ein paar Entspannungsübungen und Meditationshaltungen zeigen, das könne sie gerne auch Honey beibringen, sie müsse nur rasch drei Matten holen.

Yusuf ist so verblödet, dass er sich auf ihren Vorschlag einlässt. Seine Nerven liegen blank, er verstehe gar nicht, woran sich die Leute stören, warum er nicht wegfahren kann, er begreife nicht, warum man ihn wie ein wildes Tier durch die Gegend jagt, er sei ein guter Mann und ein guter Muslim und ein guter Mensch, er schicke regelmäßig Geld an seine Eltern und könne dieses irre gewordene Land nicht mehr verstehen, warum sei er überhaupt hergekommen, die Mädchen könnten sich doch glücklich schätzen, dass sie ausgerechnet ihm aufgefallen seien, so konnten sie wenigstens etwas Spaß haben in dieser langweiligen Stadt, das seien doch alles nur Mädchen, Diana mache sich keine Vorstellung davon, wie verlogen sie seien, die arme Honey, habe Diana schon gehört, was man alles für Lügen über das Mädchen erzähle, dabei sei sie fast noch ein Kind und stamme aus einer guten und reichen Familie, er fühle sich traumatisiert und werde Schadensersatz verlangen, weil diese Geschichte seinen ehrlich verdienten Lebensunterhalt und seinen Betrieb bedrohe; solche Werbung könne er wirklich nicht gebrauchen, andererseits, das sehe Diana ja selbst, laufe der Laden im Moment wunderbar, ohnehin kämen alle Männer der Stadt gerne zu ihm.

»Sie fühlen sich also traumatisiert?«

Diana berührt mit der Fingerkuppe ihres Zeigefingers Yusufs Stirn. Kopf oder Zahl.

»Ich kann Ihnen und Honey helfen.«

Yusufs Körper wird schlaff. Dianas Lippen flüstern das Mantra der heutigen gemeinsamen Nacht in sein müdes Ohr.

*

Beim vierten Glas Wodka setzt sich der Ermittler hin. Warum ausgerechnet ich, denkt er, jeder erträgt nur so viel, wie er ertragen kann; er schenkt sich ein fünftes Glas ein. So tun, als wüsste ich von nichts.

Schon wieder blickt der Pilger in die Nacht, schon wieder spürt er kleine Nadeln in seinen Schenkeln, innere Unruhe und inneren Stress, er kann sich nicht entscheiden, also sieht er dem Mond zu und wünscht sich, ein guter und weiser Mensch zu sein; so hatte er es sich in seiner Kindheit gesagt, aber heute spricht er das nicht mehr laut aus, heute klänge so etwas lächerlich, sogar die halbleere Wodkaflasche macht sich über seine Naivität lustig. Aber irgendwo in seinem Inneren piepst eine Stimme, und der baumlange Ermittler hört sie, er hört sie immer noch. Sie werden nicht in diesem Glaspalast wohnen, entscheidet der Körper des Ermittlers. Sie heiraten, zimmern sich ihre eigene Welt zusammen, und die Schwalben werden sie begleiten. Der Polizeiarzt wird sein Trauzeuge; auch wenn der Falke dem Ermittler auf die Nerven geht, hat er Energie. Sie ziehen in ein anderes Land und in eine andere Stadt. Der Ermittler weiß schon, wohin.

Aber er muss noch etwas klären, er klärt noch etwas.

Er ruft seinen Kollegen an, der bereits einmal die Stadtherrová ausfindig gemacht hat. Er bittet ihn, in den nächsten Tagen am Flughafen die Passagierlisten der Flugzeuge zu checken, die aus einer bestimmten europäischen Stadt in Prag landen.

Birgit, Erika und Diana sitzen mit grüner Tasche und zusammengerollten grünen Matten im China-Restaurant. Sie sitzen über Dim Sum, kleinen Teigtaschen, dampfgegart oder gebraten und mit Crevetten oder Schweinefleisch gefüllt, auch frittierte Frühlingsrollen und winzige Schweinerippchen stehen auf dem Tisch. Erika fastet und betet fröhlich, Ackerwinde und gelber Tulpenkelch, nicht einmal der kann mein Freund werden, der Erpresser. Sie warten, bis es dunkel wird, dann überreichen sie Diana die grüne Tasche und die Matten.

Erika faltet fröhlich die Hände zum Gebet und sieht sich selbst am Tisch sitzend vor sich hin summen, ihre Mutter bereitet Schweinefutter zu. Vater kommt zurück aus dem Pferdestall, die Brüder aus dem Kuhstall, wo unter dem Dach die Schwalben nisten. Sie wärmen sich ihre schwieligen Hände am Herd. Erika presst Daumen und Zeigefinger aneinander und beobachtet die Männer durch den so entstandenen Kreis; warmer, süßlicher Stallgeruch mischt sich mit dem würzigen Gestank der Stiefel, die sie von den geschwollenen Beinen gestreift haben. Vater legt einen Holzscheit nach. Er

füttert das Feuer, bevor sie sich um die Petroleumlampe zum Abendessen versammeln. Sie beten im Licht der Petroleumlampe. Erika
springt von ihrem hohen Stuhl und trägt Essen auf. Sie ist stolz,
dass sie die heiße Suppe, auf der Fettaugen schwimmen, nicht verschüttet.

Die altgewordene Erika faltet fröhlich die Hände zum Gebet, das
Beten schläfert Gedanken ein. Narkose, lachte Birgit sie früher aus.
Liebe zum Leben und Liebe zur Welt seien etwas anderes als religiö-
ser Glaube, der mit Hass operiere, Menschen in Schubladen einsor-
tiere, sie in ständiger Furcht leben lasse. Glaube sei destruktiv, klar?
Es ist Jahrzehnte her, dass Birgit Erika in ihrer Qual beobachtete, die
eigenen Sünden nicht zu bereuen.

»Erika, du bereust, dass du deine Sünden nicht bereust.«

»Hmmm.«

»Das reicht. Dir ist vergeben.«

Birgit und Erika erheben sich, umarmen Diana und gehen ins
Kino. An der Kasse geraten sie in einen mächtigen Streit; der junge
Mann am Schalter kann sie unmöglich nicht bemerkt haben.

Immer, wenn sich der Himmel violett färbt, gehen sie ins Kino.

Diana mit der grünen Tasche in der Hand und den grünen Matten
unterm Arm presst ihr Ohr an die Eingangstür des Hauses gegenüber dem gut besuchten uxor-hiomischen Restaurant. Diana hat
keine Angst, dass jemand ihren Körper bemerken könnte. Körper
von Frauen ihres Alters sind für andere unsichtbar. Sie klingelt, säuselt. Der Buzzer erklingt, die Tür klackt. Diana betritt das Treppenhaus. Sie steigt hinauf. Lässt den Fahrstuhl links liegen.

Sie legt ihr Ohr an die Wohnungstür.

Honey weint und winselt, sie möchte mit Yusuf flüchten, sie
würde sogar eine Burka tragen, sie habe schon gepackt, sie liebe
Yusuf, sie liebe ihn. Die schlaffe Stimme der Bachstelze schiebt sie
müde weg, er könne sie unmöglich heiraten, sie sei schließlich keine
Jungfrau mehr.

»Meine Unschuld habe ich dir geschenkt.«

»Du bist keine Jungfrau mehr«, die Stimme schiebt sie von sich weg und beruhigt sie gleichzeitig, »Frau Diana hilft uns, Frau Diana ist schon unterwegs, Frau Diana ist ganz in der Nähe, reiß dich zusammen.«

Im Fenster der Wohnung im oberen Stockwerk leuchtet eine Meditationskerze aus Bienenwachs auf. Drei Stunden später verlischt die Kerze. Diana verlässt das Haus mit einer grünen Tasche und grünen Yogamatten unterm Arm.

Sie steigt in das Taxi, das Radio läuft, sie setzt sich auf die Rückbank zu Birgit und Erika. Zieht die Hirschlederhandschuhe aus.

»Machen Sie das Radio aus, seien Sie so lieb«, sagt Diana zum Taxifahrer und streichelt seine Hand auf dem Schaltknüppel.

Solo für donnernde Stille.

*

Der Ermittler holt sich eine frische Portion Auslandsnachrichten, Geschrei im Vogeldialekt, die Gerichtsverhandlung geht weiter, die Angst unter den Mädchenkörpern steigt, und allmählich ist sonnenklar, dass keiner verurteilt werden wird; Yusuf wird erneut vorgeladen, Yusuf ist nicht zu finden.

Sein Körper wird erhängt auf dem Dachboden seines Hauses gefunden, zwischen Taubenkot und Schwalbenfedern. Wie die Laufhühnchen und Stadtschwalben und Goldammern und Beutelmeisen und Kohlmeisen und Blaumeisen und Pieper und Sperlinge und Kreuzschnäbel und Turteltauben und Feldtäubchen und Dohlenjungen aus der Zeitung erfahren, hat er Selbstmord begangen.

Als eine der Ersten erfährt Frau Rogner davon. Wie ist denn das möglich, er ist doch von der Polizei bewacht worden!

Es gibt Griffe, die sind stärker als jedes Schwert. Entschlossenheit ist stärker als jedes Schwert, wenn es ginge, würde Diana sie mit ihrem lädierten Zeigefinger streicheln.

Er habe Selbstmord verübt, erfahren Yusufs Kumpel; Selbstmord ist eine Sünde, in ihren Körpern nistet sich Yusuf als Angst und Furcht ein.

Er hat sich gemeinsam mit Honey umgebracht, eine leidenschaftliche Schicksalsliebe sei das gewesen, womit könne man sie am besten und auf die Schnelle vergleichen?, ach ja, Romeo und Julie, oder nein, es schwebe eher der noble Geist von Heinrich von Kleist darüber, der am Ufer des vom Novembernebel verhüllten Wannsees in Berlin gemeinsam mit Henriette Vogel Selbstmord verübt hat, fast am gleichen Tag, allerdings mehr als zweihundert Jahre früher. In diesem Ton schreiben die Journalisten, und die ganze Welt plappert ihre hohlen Worte nach, eine Universalverblödung; die Wachteln lenken professionell die Aufmerksamkeit ab.

Der Ermittler betrachtet das Foto zweier vertrauensseliger Augenpaare, honigfarben und schwarz. Als schnitte ihm Häckselstroh unter die Augenlider.

*

Am Flughafen stöbern sie in den Geschäften herum. Sie legen sich Hermès-Halstücher um den Hals, tragen Yves-Saint-Laurent-Lippenstifte auf den Mund auf und Guerlain-Creme auf die Haut. Schürzen die Lippen vor dem Spiegel und rubbeln die Röte mit Papiertaschentüchern ab. Birgit sucht sich ihre Parfüms nur nach den Namen aus.

Das Gefieder entscheidet.

Sie besprühen sich die Handgelenke, träufeln das Parfüm hinter die Ohren und wedeln mit duftenden Papierschnipseln herum. Sie werden immer jünger.

An Bord des Flugzeugs gönnt sich jede einen Sekt. Sie blättern in glänzenden Zeitschriften, die sie sich im Flughafenkiosk gekauft haben. Sie zeigen sich gegenseitig Männerkörper, die ihnen gefallen.

»In Prag bekommen wir Herrenbesuch, also macht euch hübsch«, sagt Diana. Auf dem Weg vom Flughafen kauft sie Blumen. Grüne junge Blätter, die hier in dieser Jahreszeit nichts zu suchen haben, glänzen in der Sonne. Für Neukiefervögel ist ein spezieller Schädelbau mit langem Pflugscharbein typisch, die Männchen haben gar keinen oder einen einfach gebauten Penis, und die Brutpflege obliegt entweder beiden Geschlechtern gemeinsam oder dem Weibchen. Die meisten Arten sind seit dem Tertiär bekannt.

DER KÖRPER ALS SCHLACHTFELD

Der ersehnte Tag X ist da; heute geht die auserwählte Besatzung an Land. Der Ermittler sitzt im Sessel in Dianas minimalistisch eingerichteter Wohnung. Er erwartet sie am Steuer auf der Kapitänsbrücke. Im Schneetreiben vor dem Fenster sammeln sich frierende Schwalben, sie fliegen kreuz und quer vor der Hausmauer; das Haus wird mit unsichtbaren Fäden umwoben.

Schon bald wird er die *grand old ladies* mit eigenen Augen sehen, schon bald wird er erfahren, ob es sie wirklich gibt oder ob alles doch nur ein Filmtrick ist. Der Ermittler harrt stundenlang aus, er wartet, und das Netz aus Vogelkörpern vor den Fenstern wird immer dichter, und der Berg hinter dem Haus spitzt sich zu.

Der Kollege gibt Details durch. Die Frauen seien in Prag gelandet. Hätten nur Handgepäck dabei. Seien in ein gelbes Taxi gestiegen. Hätten unterwegs beim Friseur angehalten, Einkäufe getätigt. Kleidung, Gewürze, Kräuter, Blumen.

Der Ermittler ist gespannt wie eine Saite. Er weiß nicht, mit welchem Finger er sie zupfen, wie er mit dem Musizieren anfangen soll.

Im Treppenhaus hört man Schritte, extremer Lärm, als würde eine Horde Pferde von den Weiden in den Bergen angerannt kommen. Der Lärm zerstreut sich im Haus.

Die Wohnungstür geht auf, Füße trippeln ins Badezimmer, Hände füllen Vasen mit Wasser.

Diana betritt den Raum mit Sträußen gelber Tulpen, als wäre nicht Spätherbst, sondern ewiger Frühling. Sie zuckt nur leicht zusammen, als sie einen männlichen Körper in ihrem weißen Sessel erblickt. Sie erschrickt nicht. Verliert nicht die Fassung. Sie fragt nicht, wer er sei und wie er die Tür geöffnet habe. Die Glasvasen mit den gelben Tulpen stellt sie auf die Fensterbank. Vor dem Fenster fliegen Schwalben auf die gelben Tulpen zu, als wollten ihre schwarzen Körper an der Blüte picken oder aus dem Kelch trinken. Die Schnäbel morsen, die Fensterscheiben klirren.

Der Körper des Ermittlers steht auf, stellt sich vor. Er müsse sich nicht vorstellen, sagt Diana und tippt mit dem blauen Nagel des angeschwollenen Zeigefingers ans Fenster. Sie hätten ihr Bescheid gesagt.

Der Ermittler blickt auf Dianas Zeigefinger, den blauen Fleck und die unterhöhlte Nagelplatte.

Die Hand öffnet das Fenster.

Der Ermittler hat das Gefühl, als würde die freundliche Frau mit dem gequetschten Zeigefinger ihn gleich untersuchen. Der Ermittler hat seinen Körper in dieses Haus eingetaucht.

Der Körper des Ermittlers erlaubt sich eine Lüge. Er sei nur deswegen hier, sagt er, um eine ergänzende Aussage für seinen Vorgesetzten aufzunehmen, er möchte Birgit Stadtherrová sprechen, wegen des erhängten Mannes. Er sei hereingekommen, weil die Nachbarn nachts seltsame dumpfe Geräusche in den Eingeweiden des Hauses vernommen hätten. Der Ermittler speit bedeutungslose Wörter aus.

Im Haus erklingt Musik.

Er hätte sie anzeigen müssen, denkt er. Er weiß nicht, warum er es nicht getan hat. Sein Körper weiß es; er weiß, dass Sprechen immer den Verrat mit sich bringt.

Diana steht am Fenster des orangefarbenen Hauses unterm Petřín. Sie beobachtet Liebespaare. Sie klettern verschneite Pfade hinauf.

Kraxeln auf den Berg. Nicht mehr Hand in Hand. Auf allen vieren. Sie klettern über vertrocknetes, schneebedecktes Gras. Von glänzenden Schneekristallen geblendet. Der Adventberg ist steil, steiler als je zuvor. Er verjüngt sich, wird spitz. Keine sanfte Kuppe mehr. Bohrt sich in die Wolken hinein; ein Rentner, der mit der Spitze seines langen Regenschirms abgelaufene Fahrkarten und weggeworfene, zerknitterte Zettel aufspießt. Schwärme von Vögeln umkreisen den erigierten Stachel, die kleinen Körper schneiden bravourös die schnittige Kurve.

Erst das bemüht unterdrückte Husten des Ermittlers holt Diana zurück.

Der Aussichtsturm auf dem Petřín wankt. Der Berg wirft einen Schatten auf das Haus, hebt es in die Luft. Der Berg atmet kräftig und seine Brust wölbt sich. Das Haus hat eine gute Wurzel.

Diana steht in der kühlen Dämmerung. Durch das Fenster rieselt Klaviermusik.

»*Inquiétudes des colibris*«, sagt Diana als spräche sie zu einer imaginären Menge auf dem wogenden Hügel. »Der argentinische Komponist und Pianist Alberto Williams widmete diese Komposition 1922 Arthur Rubinstein. Williams fragte die Kolibris nicht, ob er ihren Rhythmus entfremden dürfe. Die Autorenrechte liegen also bei den Kolibris. Es ist ihre Unruhe, und sie steigt. Ihre Zeit ist gekommen.«

Der Petřín erzittert durch das Echo der schwarzweißen Tasten. Die darauffolgende Stille findet sich selbst gespenstisch. Erst als die Stimme des Ermittlers sie durchschneidet, entspannt sich die Stille.

»Wundert es Sie nicht, mich hier zu finden?«

»Sie ernähren sich von Körnern, die nach der Ernte liegen geblieben sind.«

»Wollen Sie nicht wissen, wie ich hereingekommen bin?«

»Haben Sie keine Angst, sich mit mir in einem Raum aufzuhalten?«

Der Ermittler hüstelt.

»Ich habe Fotos von der Gerichtsverhandlung.«

»Das haben Millionen andere auch. Jungen Körpern Hoffnung schenken. Um diese Hoffnung geht es.«

»Ich weiß alles.«

»Ja?«

»Und …«

»Und?«

»Bis jetzt habe ich nirgendwo Meldung erstattet. Hätte ich es gemacht …«

»Dann?«

»Wäre das Ihr Ende.«

»Werden wir dann gelyncht?«

»So habe ich das nicht gemeint.«

»Das Ende hat angefangen, als wir zu unserem Spaziergang aufgebrochen sind.«

»Ich weiß alles.«

»Ich weiß, dass Sie wissen. Und wissen Sie auch, was Sie wissen?«

»Sie haben sie gejagt. Sie haben die Vergewaltiger gejagt.«

»Unsere Gegenüber wahrzunehmen, ist ein Geschenk. Und dieses Geschenk pflegen wir, mein Lieber, mit größter Freude.«

Diana schließt das Fenster.

Frische Schwärme feingliedriger Vögel schreiben mit ihrem wilden Geschrei Nachrichten an den blassen Himmel. Es schneit, und vor den Fenstern scheint die Sonne wie im Frühling, der Dezemberfrühling erobert die Luft. Diana knallt das Fenster zu. Stellt eine Glaswand zwischen sich und die eisige Welt, die kahlen Bäume und die erfrorenen Finger der Liebespaare. Keine Gardinen verhängen die blankpolierten Fenster. Auf dem Kopfsteinpflaster bleibt der nächste ausgemergelte, schwarze, geile Streunerhund stehen. Er sieht das Haus an, er sieht durch die Wände. Die Puppenmädchen und der Puppenjunge sehen sich ähnlich und bewegen sich gleich, sie wurden ja auch abgepaust: Zwei Augen haben sie und zwei Ohren, zwei Beine, zwei Arme, einen Mund, einen Kopf und einen Torso, sie laufen auf den Hinterbeinen. Die Abenddämmerung quietscht am Gartentor. Der Hund setzt sich. Die orangefarbenen Wände treten auseinander, die Straßenlaterne geht an. Der Hund guckt Marionettentheater, ein kleines Haus für vier Puppen und einen Puppenjungen. Der Hund bleibt sitzen, er zittert vor Kälte, lässt die Zunge hängen, schluckt Schneeflocken. Er bellt nicht, er beißt nicht. Er ist die Zeit. Diana wirft ihm keinen angeknabberten Knochen hin.

Diana nimmt die Fotografie der vier Frauen in die Hand. Das Foto lehnte an einem Messingleuchter. Mit blau angelaufenem Zeigefinger berührt sie ihre Gesichter. Berührt den Wind, der auf Usedom sanft weht und auf Amrum keine Grenzen kennt und Orkan heißt. Das Laub, das durch die Luft fliegt, ist kein Laub, sondern Ärmel und Hosenbeine und Mülltonnen und Autos, alles segelt durch die Luft und verschwindet in der See, nur die vier Frauenkörper bleiben fest am Ufer stehen.

»Birgit nennt das Foto ›die vier Luftdirnen‹.«

Diana küsst das Bild und gibt es dem Messingleuchter zurück. Der Ermittler hält den Atem an.

»Sie leugnen also nicht, dass …«

»Wir wurden von Frauen angesprochen.«

»Sie sind wie die Stille Hilfe für die Nazis. Die haben sich auch gegenseitig geholfen und ihre Spuren verwischt. Sind nach Brasilien ausgeschwärmt, nach Chile, Argentinien.«

»Nein. Im Gegenteil. Wir sind Simon Wiesenthal im Rock. Oder zumindest war das der ursprüngliche Plan. Die Sache ist ein wenig aus dem Ruder gelaufen.«

»Das hier ist keine Vernehmung.«

»Man hat ihr nicht geholfen.«

»Wie bitte?«

»Man hat Ingrid nicht geholfen. Man hat sie nicht verstanden. Schließlich ging es *nur* um Frauenkörper. Die zudem überlebt haben, also was soll's? Keiner hat hören wollen, was Ingrid erzählte, keiner hat hören wollen, was irgendwelche Frauen erzählten, geschweige denn junge Frauen oder Mädchen. In dieser maskulinen Gesellschaft. Der Nationalsozialismus war auch rein maskulin. Die Leute hatten keine Ahnung von … Manchmal bleibt einem nichts anderes übrig, als die Gerechtigkeit in die eigenen Hände zu nehmen. Es gibt eine Schwalbenart, die ohne Hilfe nicht wieder in die Luft steigen kann, wenn sie einmal auf die Erde gefallen ist.«

»Niemand hat das Recht, die Gerechtigkeit in eigene Hände zu nehmen.«

»Bei Simon Wiesenthal hat sich niemand daran gestört.«

»Er hat Nazis gejagt und sie dem Gericht übergeben!«

»Wir haben vielen Opfern das Leben gerettet. Die *Tat* hat ihnen das Leben gerettet. Sie haben später anderen geholfen. Und damit sich selbst gerettet. So haben sie ihre Selbstachtung zurückerlangt. Ihr Selbstbewusstsein. Selbstrespekt. Würde. Finden Sie das verwirrend?«

»Ja.«

»Sie sind panisch geworden in den Tiefen dieses Hauses.«

»Nein.«

»Ihr Körper ist in Panik geraten. Weil er für uns kein Etikett findet. Hätte er es mit Nazis oder Kommunisten oder Massenmördern zu tun, wäre er ruhig geblieben.

Sie vermissen ein Etikett, ein Wort, das Ihnen Erleichterung verschaffen würde. Es würde Ihnen reichen, wenn wir Teil einer politischen Organisation wären. Aber wir stehen nur auf der Seite der Opfer, und die Opfer sind vergewaltigte Körper. Wir sammeln Schwalben, die vom Himmel gefallen sind, und zwingen sie weiterzufliegen. Wir geben ihnen den vergessenen Lebenssinn zurück. Das war unsere Abmachung, gleich am Anfang, gleich nach dem Krieg.«

Diana zeigt mit ihrem blauen Zeigefinger auf die Gesichter der drei Mädchen und der jungen Frau auf dem Foto am Messingleuchter. Ingrid, Erika, Birgit. Diana. Wehe, Wind, wehe.

»Nennen Sie es Kampf gegen den globalen Terror. Nennen Sie es humanitäre Hilfe. Nennen Sie es Aufruf zur Menschlichkeit. Nennen Sie es Groteske. Nennen Sie es, wie Sie wollen. Das größte Mitgefühl habe ich für diejenigen, denen die schlimmsten Schmerzen zugefügt wurden. Meistens sind das Kinder.«

»Was Sie tun, ist Mord.«

»Es ist Gerechtigkeit.«

»Nein.«

»Vergeltung.«

»Nein. Verbrechen.«

»Wir sind alle von unseren Erfahrungen geprägt. Auch Sie. Aber unsere Erfahrungen überschneiden sich nicht. Meine und Ihre Erfahrung haben keine Berührungspunkte. Meine Erfahrung ist meine Wahrheit.«

»Befinden wir uns im Krieg?«

»Ist es zu viel verlangt, die Gefühle der anderen nachzuempfinden? Der Zufall ist meine Sicherheit. Ich vergesse, auf der Hut zu sein.«

»Sie hätten nicht wegfliegen sollen.«

»Wären wir nicht geflogen, hätten wir sie im Eisenkäfig gelassen. Die Opfer halten es für normal, dass die Vogelfänger sie mit nach Hause nehmen und dort massakrieren. So werden auch ihre Töchter und ihre Enkelinnen aufwachsen. Es ist wie die Pest. Wären wir nicht hingeflogen, hätte man dort weiter kleine Singvögel vertilgt, aufgespießt, auf dem Rost gebraten; Frischfleischlieferung. Alle sind sich einig, dass Pädophilie ein Verbrechen ist. Ein bloßes Lippenbekenntnis. Und in der Realität? Der Krieg findet jeden Tag statt, und innerhalb des Krieges gibt es einen weiteren Krieg.«

»Sie sehen nur die Rückseite der Münze, Kopf oder Zahl, Sie sind in den Nachkriegsjahren stehengeblieben, die heutige Welt ist eine andere. Sie verbreiten Tod, haben Sie es noch nicht kapiert?«

»Aus Liebe!«

»Aus Liebe wozu? Zur Wahrheit? Zur Gerechtigkeit?«

»Aus Liebe zu Ingrid.«

»Aha.«

»Die Schwalben haben jeden betrügerischen Frühling durch-gemacht, dieses Geschrei nach Freiheit, Gleichheit, Brüderlichkeit. Nicht einmal die liberalste Bewegung wollte Frauen befreien, das kam in keiner Rechnung vor. Man verschafft sich als Allererstes Ordnung in der Küche, im Schlafzimmer und am Spülbecken.«

»Sie sind wahnsinnig.«

»Ja.«

»Ich will damit sagen, dass es ... es ist absurd.«

»Ich lebe in einer absurden Welt. Sie nicht?«

»Ich ...«

»Deswegen wollten wir nicht, dass jemand davon weiß. Sind Mil-lionen in Not, stöhnen alle vor Rührung. Ist ein einzelner Körper in Not, dann nicht.«

»Sagen wir mal, dass ich bis zu einem gewissen Maße, nur zu einem gewissen Maße, bestimmte Fälle begreifen kann ... die vom Kriegsende ... aber alles danach ...«

»Das ist der Krieg des Alltags. Krieg gegen die Alltagsfaschisten. Ich zerstöre das System. Und ich vergeude mein Mitgefühl nicht an Menschen, die sich die Zeit weder mit Selbstreflexion noch mit Zweifeln vertreiben. Die im Vakuum der Macht leben. Abhängigkeit von der Macht ist unheilbar. Und bei solchen Menschen mache ich keine ...«

Diana lehnt am Fensterbrett. Der Ermittler sieht im Fensterrah-men nur Dunkelheit, obwohl draußen helllichter Tag herrscht.

»Sie sind alle meine Töchter.«

»Und Birgit Stadtherrová?«

»Was soll mit ihr sein?«

»Wie passt sie in das Ganze? Sie kommt aus Böhmen.«

»Mich interessiert nicht, woher ein Körper kommt.«

»Frau Birgit wurde nicht ... vergewaltigt.«

»Nein.«

»Sehen Sie.«

»Birgit ist ein Kind der Vergewaltigung. Sie weiß es nicht. Aber ihr Körper.«

Diana dreht dem Ermittler den Rücken zu. Der Ermittler hat einen trockenen Mund, Dianas Silhouette verändert ihre Form, ein Adler plustert sich im Fensterrahmen auf, psst. Die Schwalben aus den Nestern unter der äußeren Fensterbrüstung fliegen mühsam hoch, einige fallen auf den Boden, der schwarze Hund rennt um das orangefarbene Haus und hält einen Schmaus. Hinter dem kleiner gewordenen Schwalbenschwarm ragt der Finger des Petřín, den keiner wiedererkennt. Diana spricht zu den Schwalben vor dem Fenster.

»Ich habe es aus feinster Liebe zu ihnen getan. Es war eine tiefe Liebe. Unsere Liebe geht über den Tod hinaus, sie ist ein Aufbegehren der menschlichen Existenz gegen den Lauf dieser Welt, Sie können uns gerne auslachen, es war und ist keine infantile, einseitige und utopische Illusion, sondern eine Liebe, die stärker ist als der Tod.«

Diana dreht sich um, ihre zitternde Hand rückt das vergilbte Foto von vier Frauenkörpern zurecht, das an dem Messingleuchter lehnt. Der Ermittler ist verlegen. Die alte Dame scheint etwas verwirrt zu sein, gegen seinen Willen mag er sie, eine Frau aus Granit, könnte er unter das erwachsene Gesicht auf dem Foto schreiben. *Vögelchen aus Granit*, hat Birgit in ihrem Buch die harmoniesüchtige Rose Kennedy voller Verachtung genannt.

»Sie haben … Helfer.«

»Namen bringen Sie nicht weiter. Niemand wird Ihnen Glauben schenken.«

»Ich weiß alles.«

»Wollen Sie einen Kaffee?«

»Nein.«

»Ich kann Ihnen auch einen grünen Tee anbieten. Drachenkraft.«

»Nein, ich würde nur gerne mit Birgit Stadtherrová sprechen, wenn Sie erlauben.«

Wie absurd, dass er mit zitternder Stimme diese Frau um Erlaubnis bittet.

»Aber natürlich, junger Mann. Sie sind ein freier Mensch.«

Der Ermittler verlässt den Raum. Diana öffnet wieder das Fenster. Sie sind noch nicht weggeflogen. Sie ordnen sich in einen Schwarm; eine schüttere Formation. Endlich.

Der Ermittler klopft an die Tür im ersten Stock. Tritt ein. Birgit legt den Hörer des Haustelefons auf. Sie geht zum Schreibtisch. Kommt mit einem Tablett zurück: eine Flasche Becherovka, zwei weiße Becher, ein weißer Krug mit Mineralwasser, zwei Gläser. Platziert den Körper des Ermittlers in einen Sessel gegenüber dem die ganze Wand einnehmenden Gemälde. Auf dem eine Hand an einer Schnur roter Perlen zieht. Die Hand schlängelt sich durch eine Stadt mit einer steinernen Brücke und einer über dem Fluss stehenden Burg, die Stadt ist Prag, die Perlenschnur windet sich um die Statuen auf der Karlsbrücke. Aus Perlen, die abgerissen wurden, auf die jemand getreten ist oder die in der Luft zerfallen sind, rieseln Buchstaben.

»Ich würde Ihnen das Bild gerne schenken, das geht aber leider nicht.«

»Warum nicht?«

»Niemand bekommt es ab. Auch Sie nicht.«

Birgit schenkt den gelblichen Kräuterschnaps ein. Der Ermittler steht auf. Geht zum Bild. Kratzt mit dem Nagel. Das Bild ist direkt auf den Putz gemalt. Am Rande ein paar tiefe Kratzer, als habe eine Raubvogelkralle die Farbe entfernen und mitnehmen wollen.

»Zum Wohle.«

Sie stoßen an. Birgit kippt das gelbe Getränk hinunter und schnalzt mit der Zunge. Der Ermittler lässt den Becherovka unberührt. Birgit steht auf und nimmt ein azurblaues Heft vom Tisch.

»Dann schenke ich Ihnen wenigstens das hier. Sie können es selbst zu Ende schreiben.«

Birgit gießt sich das nächste Gläschen ein. Bleibt vor dem Gemälde stehen.

»Und sollte Ihnen die Inspiration fehlen ...«

Sie tippt mit dem Finger auf eine rote Perle. Aus der Perle rieselt Sägemehl. Miniaturbuchstaben und Miniaturzeichen. Aus allen Schreibsystemen der Welt.

»Ich wollte Ihnen nur ... ein paar persönliche Fragen stellen.«

»Ich weiß. Der Becherovka ist nicht richtig gekühlt. Ist eher ein Weibergesöff. Ich habe auch Whiskey oder Wodka da. Den mögen Sie wohl lieber.«

»Vermutlich haben Sie als eine der Letzten den Mann gesprochen, den wir tot auf dem Dachboden gefunden haben. Der Herr hat Ihren Kurs besucht und ...«

»Ja, er ist bei mir gewesen.«

»Sie haben uns geschrieben, dass Sie ihn an dem fraglichen Tag nicht getroffen haben.«

»Das habe ich Ihrem Kollegen geschrieben. Diana möchte, dass ich Ihnen die Wahrheit sage.«

»Wann ist er hier gewesen?«

»Am Nachmittag. Wir haben an seinem Manuskript gearbeitet. Dann bin ich mit Erika ins Kino gegangen.«

»Warum ist er zu Ihnen gekommen?«

»Er wollte in die Berge fahren, aber ich hatte ihm gesagt, er soll sein Geschmiere wegschmeißen. Und stattdessen die Wahrheit schreiben. Und seinen ehemaligen Sekretärinnen, die er so gequält hat, eine Entschädigung zahlen. Auch wenn er der Meinung ist, Gott werde ihm verzeihen, also könne er immer weitermachen. Da ist er ausgeflippt, er war sehr heißblütig, einflussreich und gläubig.«

»Was hat er gesagt?«

»Er wütete herum. Wollte das Geld für den Schreibkurs zurück. Auch die Musik, die Erika so freundlich aufgelegt hatte, wollte er nicht zu Ende hören. Ich mag es nicht, wenn jemand Erika beleidigt. Sie ist so zart, so verletzlich.«

»Wann ist er gegangen?«

»Diana hat ihn weggebracht. Diana beherrscht die Sprache der Körper. Sie hat Entspannungsübungen auf Lager. Sie kann einen Körper hypnotisieren und ihn in Schlaf versetzen.«

Birgit leert das zweite Gläschen. Der Ermittler hält es nicht aus, nippt am Likör und schlabbert gierig das Wasserglas leer.

»Ich habe geahnt, dass es kein … Selbstmord war.«

»Sie sind ein Pfiffikus. Ein schönes Wort.«

»Mhm.«

»Es gibt viele andere schöne Wörter. Liebe machen. Herummachen, pimpern, bumsen, ficken, vögeln, rammeln, die Beine breitmachen. Die Sprachen wehren sich, legen falsche Spuren aus, ach, wie falsch die Spuren sind – die Beine breitmachen, wie grauenvoll, finden Sie nicht?«

»Aber ich …«

»Ein Vergewaltiger bringt sich nicht um. Selbstmord verübt das Opfer. Der Körper ist ein Arschloch, der Körper verrät das Opfer. Dem Körper gefällt so manches, auch wenn er massakriert wird. Der Körper genießt.«

»Aus einem bestimmten Blickwinkel … sind Sie … vermutlich … entschuldigen Sie, ich bin erschöpft.«

»Wir wollten nicht, dass jemand von der Wohltat erfährt. Ich habe das alles aus Liebe zu meinen Freundinnen gemacht. Diana *ist* eine Humanistin.«

»… eine Mörderin …«

»Für sie steht die Würde des Einzelnen an erster Stelle. Der Respekt vor jedem Wesen. Jeder hat eine Seele. Das *ist* radikaler Individualismus. Ein moralischer Wegweiser.«

»In diesem Haus würde ich lieber nicht über Moral diskutieren.«

»Im Märchen muss das Böse aus der Welt geschafft werden, damit das Gute eine Chance bekommt, Hänsel und Gretel müssen die Hexe in den Ofen schieben.«

»Das Böse schafft man nicht durch Böses weg.«

»Das Böse schafft man durch Kompromisslosigkeit weg. Außerdem ist es eine Frage der Menschenrechte. Eine Menschengruppe wird übervorteilt. Wenn Frauen Männer vergewaltigten und versklavten, würden wir die Partei der Männer ergreifen. Ich mag Männer sehr gerne. Ich mag Sex mit Männern. Das ist die größte Freude.

Aber der Weg zur Macht führt nicht automatisch über eine Herausforderung des Establishments. Es braucht zuerst ein paar Freiräume im System, um es hintergehen zu können. Man knüpft Netze, verbindet sich mit Gleichgesinnten. Keine brutalen Bosse, sondern niedliche, unauffällige Spatzen. In der Geschichte der Menschheit hat es noch keine sexuelle Revolution gegeben, nicht einmal in den sechziger Jahren des letzten Jahrhunderts. Noch nicht. Zeit, Steine zu werfen.«

»Das ist lächerlich. Darf ich fragen …«

»Fragen Sie, was Sie wollen, junger Mann.«

»Warum die Dokumentation auf *Papier*?«

»Papier brennt gut.«

Im Zimmer erklingt Musik. *Für Alina*. In dieser Aufnahme wird das zwei Minuten lange Stück unendlich oft wiederholt, es kommt immer wieder vor, kehrt in kaum merkbaren Variationen zurück, in anderen Tempi, anderen Tonlagen. Ähnlich dem changierenden Gesicht einer Frau, die man lieben kann. Klavier, außerdem Geige und Cello, danach wieder Geige. Drei Instrumente ineinander verschlungen.

Bei jeder neuen Wiederholung braucht nur eine feine Nuance durchzusickern, und alles ist neu. Oder die Instrumente reagieren anders aufeinander, ignorieren sich nicht mehr. Das eine wird lauter, das zweite leiser, und das dritte schweigt taktvoll. Die Komposition ist zu Ende. Das Leben ist zu Ende.

»Das ist *Für Alina*.«

»Wir nennen es *Für Ingrid*. Sie sind verliebt.«

»Bitte? Ja, das bin ich. Sehr.«

Birgit streichelt seine Wange.

»Wir wollten da manchmal raus, es ging aber nicht, wissen Sie?«

»Ja.«

»Sich aneinanderzukuscheln, das ist die größte Freude. Glauben Sie, dass Sie die Zeit der kindlichen Unschuld wieder erreichen können, die Zeit, als Sie noch tief in Ihrer Seele davon überzeugt waren, dass die Menschen gut sind?«

»Ja.«

»Die Realität widerlegt es aber.«

»Nur ein Teil der Realität.«

»Die Realität, das reale Leben. Es hat etwas mit dem Zustand der Menschheit zu tun.«

»Gewalt hat immer einen Grund.«

»Es gibt Gewalt. Das ist die Realität.«

»Die Realität macht mir keine Angst. Aber *Ihre* Auffassung der Realität.«

»Alle Bilder in diesem Haus wurden direkt auf die Wände gemalt. Darunter verbergen sich Buchstaben. Das war Dianas Idee. Wir haben die einzelnen Kapitel meines Grundsatzwerks übermalt. Das Buch sollten Sie mal lesen. Wenn wir nicht mehr da sind. Was sich doch alles hinter Routine und Ritual verbirgt, mein Lieber.«

Birgit umarmt den Ermittler und küsst ihn auf den Mund.

Der Ermittler wankt mit dem azurblauen Heft aus der Tür. Dort packt ihn eine Hand. Und reicht ihm ein Glas mit einem dickflüssigen, milchigen Cocktail. Der Ermittler lehnt ab.

»Sie werden ihn brauchen.«

Der Ermittler schüttelt dankend den Kopf.

»Wie Sie meinen.«

»Diana Adler hat Ihnen Bescheid gegeben.«

»Ja.«

»In diesem Haus … fühle ich mich … schuldig.«

»Warum?«

»Weil ich ein Mann bin.«

»Wir haben doch nichts gegen Männer. Nur gegen Verbrecher. Sie müssen wissen, ich liebe von Kindesbeinen an einen Mann.«

»Gould. Pärt. Menuhin.«

»Ja, die auch.«

Der Ermittler weiß nicht, was er sagen soll. Er ist tatsächlich erschöpft. Erika drückt ihm den Cocktail in die Hand.

»Und danke, junger Mann.«

»Wofür?«

»Für das, was Sie nicht tun werden.«

»Woher wissen Sie, was ich nicht tun werde?«

Alle drei setzen sich Vogelfedern auf, dabei erinnern sie an Meeresschildkröten. Sie spazieren über das Festland, kennen Geheimnisse in den Tiefen der Meere und Ozeane, leben lange.

Er muss es beschleunigen. Er blickt auf Dianas Ohrläppchen, sein Abdruck liegt auf einem Foto in seinem Arbeitszimmer.

»Ich werde Sie … anzeigen müssen, Frau Adler. Ich kann nicht so tun, als wüsste ich von nichts. Das halte ich nicht aus.«

»Sicher können Sie das. Das nennt sich Solidarität.«

»Nein. Das nennt sich Mittäterschaft.«

»Gönnen Sie uns einen Ausflug.«

»Wie lang?«

»Drei Wochen.«

»Nein, ich weiß nicht, das …«

»Eine Woche.«

»Gut.«

»Unsere Leben sind in gewissem Sinne unlösbar. Warum haben Sie uns nicht gleich angezeigt oder verhaftet?«

»Ich weiß es nicht. Keine Ahnung, was ich tun werde.«

Der Ermittler taumelt aus dem orangefarbenen Haus unterm Petřín, er weicht zurück, stottert, alles klar, er hat den Fall des erhängten Mannes abgeschlossen, es war Selbstmord.

Birgit sitzt am Schreibtisch und malt kein violettes Kreuz auf das Foto des Ermittlers.

Erika legt die Violinkonzerte von Yehudi Menuhin auf.

Diana steht am Fenster, blickt auf das Bild am Messingleuchter und auf den sich in die Höhe reckenden Petřín. Ganz oben bricht gerade der Aussichtsturm entzwei.

Sie wird sie befreien, endlich wird sie ihre Freundinnen befreien, wird sie von ihren Körpern befreien; sie werden alle neu zur Welt kommen, hineingeboren in eine neue, freundliche und angenehme Welt, sie werden ein schönes, neues und sauberes Leben bekommen, sie werden einen Neuanfang machen, werden in einem neuen Körper, einem frischen und wissenden Körper zur Welt kommen und frei atmen können.

Mit einer ruhigen, versöhnten Seele, die von diesem Körper umschlossen wird.

Wir befreien uns, und Wörter wie der Kobold oder das Patriarchat werden aussterben, nur Liebe bleibt. Unabhängigkeit darf nicht geschenkt werden. Sonst ist es keine Unabhängigkeit.

Sie sitzen in Erikas Wohnung. Nippen an ihren Ulmencocktails, hören Musik, denken an die Kolibris. Erika, die sonst kaum den Schnabel aufmacht, blickt Diana und Birgit an.

»Das ist eine Aufnahme von Wilhelm Furtwängler. Einen Dokumentarfilm über ihn zu drehen war seltsam. Er sagte, Musik sei ein Fluss, und ein Dirigent habe ihm zu folgen und ihn behutsam durch jede Biegung, jede Stromschnelle und jede Unterströmung zu bringen. Er pfiff auf Autoritäten, aufs Metronom, auf Methoden. Viel Unruhe, aber auch Empfänglichkeit und Sinnlichkeit. Und jene Bescheidenheit, die der Unsicherheit entstammt. Von allen Dirigenten war er mir am liebsten, weil er seine kindliche Naivität behalten hat. Seine Empfindsamkeit. Das ist eine große Gabe, wichtiger als Talent. Bei diesem Konzert war ich dabei. Das Orchester und Furtwängler schienen durch Telepathie miteinander verbunden. Als Arturo Toscanini das Wort Telepathie hörte, lachte er mich aus.«

Birgit verkneift sich diesmal den Kommentar, ihrer Meinung nach hätte der Nazi Furtwängler hinter Gitter gehört. Diana sieht Birgit und Erika an. Sie sagt nicht, dass sie sich auf die Kriegsverbrechen hätten beschränken müssen. Dass sie sich nicht hätten einmischen sollen in eine Welt, die nicht die ihre ist.

Sie haben kein Gespür mehr für die ausgerenkten Schultern der Gerechtigkeit. Ihre Welt, die sie verstanden, haben sie aufgeräumt, haben alte, persönliche Rechnungen beglichen, auf Augenhöhe,

Rechnungen mit einer Zeit, mit der ihre Körper verbunden waren. Mit der heutigen Zeit haben sie nichts zu tun.

Sie gehen in ihre Wohnungen zurück. Bereiten sich vor für den Flug gen Süden. Durchs ganze Haus klingt Musik.

Der Ermittler sitzt am Steuer. Sein Name ist Adam. Er hat ein blaues Gesicht. Der Name der Witwe ist Eva. Sie hat ein gelbes Gesicht. Ihre goldenen Haare mit der rötlichen Saite trägt sie offen. Auf dem Rücksitz summt ein Junge vor sich hin, im Rhythmus seines Liedchens wirft er abwechselnd ein rotes Auto und ein Plüschtier in die Luft. Die Frau holt eine Plastikhülle aus der Tasche und geht die Papiere durch. Es sind Arbeitsverträge. Ein Blatt ist mit dem Bild einer Schwalbe verziert, ein Vertrag der Firma SWALLOW. Auf dem anderen Blatt ist eine Wachtel abgebildet, ein Vertrag der Firma QUAIL. Die Frau zerreißt die Arbeitsverträge und wirft sie aus dem Fenster.

Der Mann tritt aufs Gas. Sie lassen die Stadt hinter sich.

In der Mitte der Stadt ragte früher ein Berg auf. Man nannte ihn Petřín. Liebespaare begaben sich dorthin, bekräftigten die Tatsache ihrer Verliebtheit, besorgten sich die notwendigen Stempel und Bestätigungen und kehrten nie wieder zurück, sie atmeten erleichtert aus, in Zukunft würden sie sich in Ruhe irgendwo anders treffen. Auf dem Rückweg gingen die Liebespaare an einem orangefarbenen Haus vorbei. Das unter dem Petřín stand.

Heute kommen dort Paare mit offenem Mund und würgendem Husten zusammen. Aus dem orangefarbenen Haus quillt violetter Rauch, und aus dem Schornstein fliegen im beißenden Qualm Schwärme von Kolibris mit metallenen Konstruktionen auf den gefiederten Köpfchen, Kerzen brennen darin, dünn wie Streichhölzer. Als Letztes fliegt eine Schwalbe heraus, statt einer Kirschblüte trägt sie eine Zündschnur im Schnabel.

Das Haus fliegt in die Luft.

Sie jagen sich gegenseitig. Führen trotzdem ein eigenes, unabhängiges Leben. Die Natur kennt keine Paradoxe. Unser Gehirn kennt Paradoxe.

Endlich fliegen die Schwalben weg: Wir nehmen die Welt nicht alle gleich wahr. Was nicht heißt, dass Ihre Wahrnehmung der Welt die richtige ist.

Birgit hat zu Ende geschrieben. Diese Worte hat sie lange in sich getragen. Sie wollte sie nicht mehr teilen. Sobald sie ihre Wörter mit jemandem geteilt hat, wurden sie untreu. Fingen an zu kokettieren. Erzählten etwas anderes als das, was Birgit gehört und von ihren Wörtern erwartet hatte. Frühling, auf lange Sicht. Es wird wieder ein Frühling kommen, sie wird wieder dabei sein, sie wird ihn wieder irgendwie überleben müssen. Wenn sich in einer englischen Stadt die faulen Pappeln mit Blütenquasten behängen. Wenn der Himmel schwarz wird.

Aber brauchen Schwalben Mut? Sie leben auf ihre Weise, anders können sie es nicht. Dabei sind sie so zart. Geschwafel und tödliche Spiele. Sie *muss* nach dem unhörbaren Rhythmus des eigenen unbezwingbaren Herzens tanzen. Wie die so wenig zarten, davonfliegenden Schwalben. Das Werk ist vollbracht, sie treten ab mit leeren Händen.

EPILOG

Surya namaskar, der Sonnengruß. Vor der Fensterfront des Hotelappartements taucht aus der kühlen Ostsee die Sonne hervor. Wärmt sich die Knochen nach einer kalten Nacht. Befreit sich aus der Umarmung, macht sich frei von dem metallisch glänzenden Deckel. Schwer schält sie sich heraus. Reckt sich frivol. Nackt. Alles um sie herum errötet vor Scham. Sie springt im Osten hinauf. Und flüchtet in den Westen.

Altersgefleckte Handrücken. Rot lackierte Fingernägel. Gesichtsfalten, Lachfächer. Die Brüste ragen nicht nach vorne. Sie hängen wie leere Beutel hinunter. Drei nackte Körper. Sie haben keine Angst, sich der Sonne vor dem Fenster zu zeigen. Ihnen liegen keine Männer im Schoß und wischen sich die Augen mit den Rundungen ihrer Ellbogen oder Brüste, von weicher Zärtlichkeit umgarnt.

Drei Körper, die sich unterschiedlich, aber im selben Rhythmus bewegen. Ewiges Aufbäumen. Die Körper glänzen. Wassertropfen vom Hotelschwimmbecken haften an ihnen. Auf dem breiten Bett liegen drei weiße Frotteemorgenmäntel. Die Hände zum wohlbekannten indischen Gruß gefaltet, dem Symbol der Einheit: aneinandergepresste Handflächen, eine Geste des Friedens und des Respekts. Nicht dem Licht vor dem Fenster erweisen sie die Ehre. Sondern dem Licht in ihrem Inneren. Verneigung vor dem irdischen Leben, sie huldigen ihm. Sie recken sich, strecken sich nach hinten. Legen sich auf den Boden. Stützen sich mit Fingern und nackten Zehen auf die Matte. Lebewesen mit silbriger Schuppenhaut strecken ihre Extremitäten und Wirbelsäulen. Die Knochen knacken. Der glänzende Tau auf der Haut löst sich kaum merklich in der warmen Luft auf, wird von der Sonne weggeküsst, die durch das breit geöffnete Fenster hereindrängelt. Sekunde für Sekunde. Sekunden der Ewigkeit. Tiefes und unhörbares Ein- und Ausatmen durch die Nase. Das Zimmer ist ein Aquarium, und die Körper schwimmen aufgeregt darin umher. Es sind nicht mehr die Körper, die Prag verließen. Einer der Körper, der humpelnde, beendet die Pantomime auf dem rechten Knie. Mit gebeugtem Kopf schließt er die Augen. Faltet die Hände zusammen. Die knochigen Finger verkeilen sich krampfhaft ineinander, die Nägel pflügen die Haut. Der Körper hat Angst. Die Stille wird durch sein Flüstern unterbrochen … im Himmel, geheiligt werde dein Name … Die anderen zwei Körper ignorieren das ängstliche Geflüster. Sie springen auf, richten die Wirbelsäulen auf. Ziehen sich langsam an. Vor den geschlossenen Augenlidern der knienden Frau läuft eine Prozession. Eine bemühte Flucht. Einen Menschen erkennst du nicht am Gefieder. Erikas Leben ist auf die Zen-Art verankert, obdachlos. Dröhnende Stille. Sie liest nur noch japanische Dichter. Sie haben eine Vorliebe für Kirschblüten. Und für den Fadenwurm.

»Komm, lass uns seinen Ton hören, Birgit, komm.«

»Du bist nie komisch.«

»Der Witz ist, dass der Fadenwurm *keinen* Ton von sich gibt. Er hockt in einem Kokon und verwandelt sich in eine Motte.«

Das Frühstück im Hotel Ahlbecker Hof lassen sie sich nicht entgehen. Was sich doch alles hinter Routine und Ritual verbirgt, Liebling. Diana zeigt auf die Flasche Kombucha. Sie steht im Eiskübel neben der Champagnerflasche. Erika nickt. Die Bedienung füllt zwei Gläser.

»Das ist nicht mehr unsere Welt.«

»Wir sind es Ingrid schuldig.«

»Wir sind niemandem was schuldig.«

»Doch.« Diana glättet die weiße Stoffserviette auf ihrem Schoß. Erika hat Angst; sie streut sich Asche aufs Haupt und tut sich schwer mit allem. Sie will nicht den Schlusspunkt in einem Land setzen, wo das Feuer brennt, wo auf dem Scheiterhaufen jeden Abend derselbe Körper in Flammen aufgeht. Sie erinnert an das Material, das hinter den Mauern des Prager Hauses aus den Ordnern quoll, sie könnten noch mehrmals in denselben Fluss steigen. Erikas Stimme wird lauter, es ginge schließlich auch um Kinder, und ein Kind wisse nicht, was mit ihm geschieht, es wisse nicht, dass es sich wehren kann, denn Erwachsene haben ihm erzählt, dass sie es lieb haben und dass ihre Liebe ihm gut tut; damit müsse doch endlich einer aufräumen, jemand müsse alle Länder auf diesem Planet zwingen, die Gesetze zu ändern; die meisten Menschen brauchen Gesetze, sie brauchen eine Peitsche, sonst reagieren sie sich bei jemandem ab, der ihnen vertraut und keinen Widerstand leistet, sie wolle nie wieder Aussagen von irgendwelchen Chorleitern lesen müssen, die sich von kleinen Nymphen mit Nachtigallstimmchen provoziert gefühlt haben ...

Diana und Birgit frühstücken seelenruhig weiter, beachten Erikas Gegacker nicht.

»Also.«

Diana nippt an ihrem Gläschen mit frischgepresstem Ananas-Möhrensaft.

»Wir ziehen endlich einen fetten Strich darunter.«

Beleidigt arrangiert Erika Miniaturbrötchen mit Lachs und Matjes auf ihrem Teller, silberlöffelweise Kaviarkörnchen, grüne und schwarze Oliven. In der Mitte ein Klacks Rührei mit weißer, zerfließender Butter und Petersilie. Das Messer macht Rillen in die Butter. Das Häufchen Ei leuchtet stechend gelb wie die Sonne am Horizont. Die Sonne biedert sich an, kratzt an der Fensterscheibe, kitzelt die Glasvase, in der eine Rose steht; ein ausgehungerter Hund, der nach Aufmerksamkeit lechzt. Erika bedient sich von der Sonnenblume auf ihrem Teller. Die Kellnerin schwirrt heran, bringt Obst und Käse. Kehrt zum Buffet zurück, stellt Champagnergläser auf ein Tablett, dazu Pfannkuchen mit Lachs und Sauerrahm. Ein anderes fleißiges Bienchen legt eine Zeitung neben Birgits Ellbogen.

Birgit wühlt in der Handtasche, zieht blindlings ein weißes Lederetui hervor. Schält aus dem Etui ihre Brille heraus. Die halbierten Augen saugen sich an der Zeitung fest. Die aufgeschlagene Seite hypnotisiert sie, aber sie bleibt stumm. Alle zweihundertsechsundsiebzig Angeklagten sind wegen Mangel an Beweisen freigesprochen worden. Das Gericht hat auf Drängen der Anklägerin alle Mädchen vorladen lassen. Aus der langen Jungfernprozession wurde niemand schlau. Die Mädchen waren schön und schwiegen eisern. Sie seien jung und dumm gewesen, sagte eins nach dem anderen. Manche trugen Trauer für Yusuf, alle für Honey, die sie heiligsprachen. Manche weinten verzweifelt, fühlten sich mitverantwortlich für die beiden Selbstmorde. Manche behaupteten, den Mann geliebt zu haben. Aus der Jungfernprozession wurde niemand schlau, denn die ärztliche Dokumentation enthielt Fotos von blau geschlagenen Gesichtern und Armen. Zweihundertsechsundsiebzig angeklagte Männer wurden aus Mangel an Beweisen freigesprochen, und ihre Rolle änderte sich schlagartig, jetzt waren sie die Opfer, denn heute interessiert sich niemand für die Taten, sondern nur für die Hautfarbe oder Nationalität oder Staatsangehörigkeit oder Religion oder Berufsgruppe oder Familienabstammung, entsprechend haben sich bedeutende Politiker, Lobbyisten und Geistliche aller Länder zum Prozess geäußert, alle diese Männer haben sich um politische und sprachliche Korrektheit bemüht, vor allem korrekt wollten sie sein, wir dürfen doch niemanden aufgrund seiner Hautfarbe verfolgen und schikanieren, die Wahlen rücken näher, wir leben in einer Demokratie, und für alle gelten dieselben Rechte, auf keinen Fall dürfen wir die Rückkehr alter Ideologien der weißen Handschuhe erlauben, als empfohlene Lektüre böten sich bestens die lehrreichen und politisch korrekten Schriften der Birgit Stadtherrová an.

Birgit faltet die Zeitung zusammen und lässt sie auf den Boden fallen. Sie sieht Augen, die außer Reichweite der Kamera die Pupillen verdrehen, und Münder, die sagen, ja, ist doch lächerlich, die haben für ein paar Typen die Beine breitgemacht, lächerlich. Und lassen sich weiterhin ausgesuchte Schülerinnen in geheime Schlafzimmer liefern.

Diana trinkt ihren Saft aus, gibt Honig in ihren Tee. Die Finger quirlen den gerillten Holzklöppel. Das Rinnsal löst sich im heißen Dampf über der Teekanne auf, schlängelt hinein und schwindet dahin, purzelt in die siedend heiße Tiefe. Nimmt an Geschwindigkeit zu, rotiert lüstern und schaukelt dabei hin und her. Birgit hebt den Blick. Den Kopf nicht. Sie betrachtet das honiggelbe Rinnsal.

Dianas Hand hält inne. Die Zeit bleibt stehen. Der Honig flüchtet rasch, dreht sich, ein rötlicher Faden verschwindet in der weißen bauchigen Teekanne.

Diana ruft die Zeit herbei.

Legt energisch den Porzellandeckel mit dem kleinen niedlichen Griff auf die Kanne. Der Honig weint. Die letzte Träne landet auf dem Deckel. Diana legt den Holzklöppel ins Honigreservat. Hebt den Teekannendeckel.

Leckt die Honigträne ab.

Im Herbst 2011 quartieren sich auf der Ostseeinsel Usedom drei Frauen ein. Sie haben im besten Fünf-Sterne-Hotel reserviert, im Ahlbecker Hof, Zimmer Nummer 323, auf der Nummer haben sie naiv bestanden. Sie wollten das Zimmer haben, weil sie schon einmal hier gewesen waren, nach dem Krieg, und hier glücklich waren. Sie standen am Strand, hielten sich an den Händen, und der Wind zauste ihnen das Haar und blähte ihre Röcke hoch. Der Wind, stark und jugendlich verspielt, blies ihnen ins Gesicht, wehe, lieber Wind, wehe, das Meer kräuselte sich trunken vor Hoffnung, der Wind zauste ihr Haar, riss mit seinen starken Zähnen die langen Röcke vom Leib. Ihre Körper, damals so jung, blinzelten, gefangen in den Klauen zerstörerischer Sonnenstrahlen. Der Wind auf Usedom ist nicht wild, nur auf der nordfriesischen Insel Amrum, wohin die drei Frauen in den letzten Jahrzehnten immer wieder gefahren sind, spielt der Orkan mit Mülltonnen, umgestürzten Kiefern und Autos herum.

Dieses Hotel ist kein Mann, sondern eine noble Dame voller Lebenslust; eine Dame, die jugendliche Liebhaber hat und freudig Neues entdeckt, eine Dame, die Sprachen lernt und sich Lippenstifte und Kleider zulegt und zu ihren Mitmenschen freundlich ist.

Auch die drei Frauen sind voller Lebenslust. Geschaffen für die Luft. Schwalben. Geschaffen für den Flug. Das Hotel hatten sie für ihre letzte Begegnung gewählt. Sie umarmen sich und bedanken sich beieinander für das gemeinsame Leben und für die Liebe und Empfindsamkeit. In Momenten, in denen sich die Fettschicht auf ihren Flügeln auflöste, ihre Gedanken zunichte gemacht wurden, haben sie einander geliebt. Nur in solchen Momenten können hinterlistige Gedanken getötet werden.

Vom Personal werden sie geliebt, weil sie freundlich sind und nicht von sich eingenommen, weil sie klug und witzig sind und hohes Trinkgeld geben. Eine von ihnen bittet die junge Frau an der Rezeption, ein wuchtiges Paket an einen Verlag hinter dem großen Teich zu schicken. Auf der Karte dazu steht *Männerspiele*. Es ist Zeit, den Schreibtisch aufzuräumen und sich den schlammverdreckten Schnabel am Ärmel abzuwischen, sagt sie zu der jungen Rezeptionistin.

Die älteste der drei Frauen spricht nur mit dem Meer und erzählt ihm, die Welt sei grenzenlos. Es gebe keine Staaten und keine Nationalitäten und keine Religionen und keine Geschlechter.

Es gebe Menschen, Schwalben und Luft.

Es gebe keine Sprachen.

Es gebe die Sprache der Körper.

An jedem Tag in diesem frühlingshaften Altweibersommer im Dezember, der noch nie so mild gewesen ist, gehen sie tagsüber zum Strand und abends zu Konzerten. Um das Meer zieht sich ein schützender Wolkenwall. Die Wolken spiegeln sich im Wasser wider. Das Meer glänzt wie eine schmale Schleife und schlängelt sich um die

Insel. Der Sand macht es ihm nach und zieht eine Schleife Wasser heran, die sich in feinkörniges Eis verwandelt. Von beiden Bändern umsponnen liegt wie auf einer warmen Handfläche die Insel dar.

Mitten auf der Insel steht eine einsame Parkbank, und auf der sitze ich und wickele mit den Augen die Schleifen auf, sauge die Umrisse von drei Frauen in der Ferne in mich hinein.

Das Leben fängt am Anfang an. Die Gleise, auf denen sie jahrzehntelang unterwegs waren, führen nicht weiter, sie sind zu Ende. Ich glaube zumindest, dass sie zu Ende sind. Wie die Brücken in den Meeren des Nordens, Seebrücken, an denen Schiffe ankern. Wie die alte Seebrücke auf der Insel Usedom, gegenüber vom Hotel Ahlbecker Hof, wo die drei Frauen abgestiegen sind. Eine Brücke hat von irgendwoher irgendwohin zu führen. Diese steht auf Pfählen. Führt von irgendwo ins Nirgendwo. Führt ins Nichts. Endet mitten im Meer, im luftleeren Raum.

Der Hoteldirektor ist selig. Bis eines Tages ein junges Zimmermädchen die Tür öffnet und beim Aufräumen Tränen in den Augen der Fische glitzern sieht. Am Abend findet sie das Zimmer unberührt; sie zieht die Vorhänge zu, deckt die Betten auf und legt Minitäfelchen Schokolade mit dem Wunsch einer guten Nacht auf die Kopfkissen. Am nächsten Morgen meldet sie dem Direktor, die Gute-Nacht-Quadrate seien unangetastet auf den Kissen liegen geblieben. In den Schränken hängen keine Kleidungsstücke, in zwei Handtaschen und einem kleinen roten Lederrucksack finden sich persönliche Dokumente, in einer grünen Reisetasche liegen eine Geigensaite, ein angegrautes Stück Seil, ein verschnürtes Päckchen vergilbter Briefe und eine aufgerollte Herrenkrawatte. Der Direktor gibt keine Vermisstenmeldung auf.

Die letzte Spur führt in den Abend hinein. Ein Mann, der täglich in der Dämmerung am Strand joggt, hat vier Frauengestalten gesehen, die sich an den Händen hielten und durchs Wasser schritten. Obwohl das Wasser auch im Sommer fast zu kalt zum Baden ist, geschweige denn im Dezember, hat er sie an einer Stelle gesehen, wo unter der Wasseroberfläche anmutige Schatten huschten und dunkle Pfeile rauschten. Schwalben, die unterm Wasser flogen.

Das Wasser war seicht, es sah aus, als schritten die Frauen auf dem Wasser und als flechte der Vollmond vor ihren Füßen einen Weg wie einen langen Zopf, sie liefen den Mondsteg entlang. Für das hoffnungsvolle Blinzeln eines Vogelauges flogen sie hoch in die Luft, bevor der Wind sie aufspießte.

»Ich weiß, dass es seltsam klingt«, druckst der Mann herum.

»Vier? Wir vermissen drei«, sagt der Hoteldirektor.

»Nein, es waren vier Frauen, da bin ich mir ganz sicher. Sie waren angezogen, hielten ihre Röcke über die Knie gerafft und blickten ins Wasser, als suchten sie etwas, dann ließen sie die Röcke fallen und fassten sich fest an den Händen. Sie richteten ihren Blick vor sich, schauten nur noch nach vorne.«

Die letzte Spur. Ein Phantom. Flieg, Schwalbe, flieg, bevor man dich fasst, meine Liebe.

Ein durchtrainierter männlicher Körper läuft über den Strand. Was sich doch alles hinter Routine und Ritual verbirgt, Liebling.

Auf Friedhöfen der ganzen Welt flammen Lichter auf, binnen einer Sekunde erstrahlen sämtliche Gottesacker wie eine einzige Feuerwerkrakete, der Herbst vertieft sich, ignoriert die Jahreszeiten; ein Toast auf die Vergangenheit des neuen Lebens.

Usedom, Hotel Ahlbecker Hof, September 2011 – Amrum, Haus Kiwitt, April 2014. Flug einer Schwalbe.

ANMERKUNG

Ein genaues Verzeichnis von Erika Eis'
Platten existiert nicht. Laut Aussage des Ermittlers befanden sich in
der Wohnung von Diana Adler folgende Platten:

Louis-Claude Daquin: *Der Kuckuck (Le Coucou)*
Benjamin Godard: *Die Schwalben (Les Hirondelles)*
Leoš Janáček: *Sie schwatzen wie die Schwalben (Štěbetaly jak
laštovičky)*, aus: *Auf verwachsenen Pfaden (Na zarostlém chodníčku)*
Edward MacDowell: *Der Adler (The Eagle)*
Edward MacDowell: *An einen Kolibri (To a Hummingbird)*
Bedřich Smetana: *Die Henne (Slepička)*
Arthur Willner: *Vogelsang (Bird-Song)*
Walter Niemann: *Chinesische Nachtigall*
Klement Slavický: *Das verlassene Vöglein (Opuštěné ptáče)*
Michail Glinka: *Die Nachtigall (Solowej)*
Joonas Kokkonen: *Vögel (Aves)*
Olivier Messiaen: *Singdrossel (La grive musicienne)*
Olivier Messiaen: *Die Taube (La Colombe)*
Cyril Scott: *Paradiesvögel (Paradise-Birds)*
Mikalojus Konstantinas Čiurlionis: *Nachtigall (Lakštingala)*
Robert Schumann: *Kuckuck im Versteck*
Adolf Henselt: *Wenn ich ein Vöglein wär'*
Jean-Philippe Rameau: *Der Ruf der Vögel (Le rappel des oiseaux)*
Maxime Jacob: *Ein Vogel im Wald (Un oiseau dans les bois)*

Alberto Williams: *Unruhe der Kolibris (Inquiétude des colibris)*
Agathe Backer-Grøndahl: *Flug der Schwalben (Svalernes flugt)*

In Birgit Stadtherrovás Wohnung befanden sich laut Aussage der Witwe Platten von Joni Mitchell, Joan Baez, Billie Holiday, Nina Simone, Edith Piaf und Carolina Chocolate Drops.

Die Rechte an Erika Eis' Filmen liegen bei den Filmproduktions- und Distributionsgesellschaften QUAIL und SWALLOW, deren Archiv 2011 in Prag bei einem Brand vernichtet wurde.

Birgit Stadtherrová las lediglich Diana Adler und Erika Eis Auszüge aus den sich häufenden Notizen vor, die sich alsbald zu einem breiten Strom verbanden. Das Buch *Männerspiele* über den tschechoslowakischen Präsidenten Edvard Beneš ist nicht erschienen, es bot einen zu umfassenden Einblick in das Privatleben eines asexuellen Mannes, und angesichts des unbekannten Verbleibs der Autorin konnte niemand die ängstlichen Fragen des Verlags beantworten.

AUS DEM BUCH
MÄNNERSPIELE VON
BIRGIT STADTHERROVÁ

**Passagen, die Birgit Stadtherrová nur
Diana und Erika vorgelesen hat**

Ihre Begegnung rückt näher.

Tomáš Garrigue Masaryk und Edvard Beneš trafen sich häufig in
Hörsälen, Universitäten oder Kurorten, untermalt von Geigenklän-
gen und Kaffeeduft. Was sich doch alles hinter Routine und Ritual
verbirgt, Liebling.

Josef Stalin und Edvard Beneš treffen sich, die Begegnung zweier
Tiere, die sich auf ihre Triebe verlassen müssen, der Gegner ist nicht
lesbar. Zwei herzensgute Menschen, die nur das Beste für alle wollen,
für die ganze Welt, deren Gesicht nicht für jeden die gleichen Züge
trägt. In einer Sache ähneln sich die beiden. Sie denken nur an sich.
Nehmen den Füller mit der violetten Tinte in die Hand und rati-
fizieren das Abkommen über Freundschaft, gegenseitige Hilfe und
Zusammenarbeit in der Nachkriegszeit.

Stalin ist Herr über die Menschheit, in seinem Kopf gibt es keinen
Platz für diffuse Zweifel. Ein untrüglicher Geruch streift seine Nasenflügel; sein Gegenüber hat Angst. Stalin berauscht sich an der
Angst, sie ist sein Lieblingsparfüm; sein ganzes Land lebt im Zeichen
der Massenproduktion von Angst, er lässt Angst herstellen und ex-

portiert sie umgehend in die Welt. Er ist unberechenbar, und das macht ihn stark.

Er kann schnelle Entscheidungen treffen, weil es ihm nur um Macht geht. Um immer größere Gebiete.

Beneš kann keine schnellen Entscheidungen treffen, weil es ihm um Ruhe geht. Ruhe hat nichts mit Entschlossenheit zu tun. Er ist klug und gebildet. Die Tschechoslowakei ähnelt einem mürbe geklopften Schnitzel. Ein Stück hat er schon abgeschnitten und damit das deutsche Reich gefüttert, bald schneidet er das nächste Stück Fleisch ab und wirft es der sowjetischen Bestie zum Fraß vor.

Dann kehrt wieder Ruhe ein.

Er hat doch Rückendeckung von England und Frankreich.

Hier kommt Beneš mit kluger Ironie nicht weiter. Stalin kennt keine Ironie.

Beneš ist ein vorbildlicher Tischgenosse, die dezente Raffinesse seiner Bewegungen, seines guten Geschmacks und seiner aus europäischen Wurzeln herausziselierten Bildung helfen ihm nicht weiter. Wenn Stalin ein Bissen Fleisch nicht mit der Gabel erwischt, greift er mit den Fingern danach, leckt sie dann ab und wischt sie an der Tischdecke sauber, die Serviette ist ihm auf den Boden gefallen.

Diese Geste erschreckt Beneš am meisten.

Die Geste entscheidet. Beneš hat Angst, weil der Mann kein Blatt, geschweige denn eine Serviette vor den Mund nimmt, weil der Mann ihm gegenüber zu allem fähig ist und sich nicht die Bohne dafür interessiert, was man von ihm hält.

Beneš ist es äußerst wichtig, was die anderen von ihm halten.

Beneš ist nicht dumm, er ist feige, aber nicht dumm. Er versteht, dass Stalin nicht in den Krieg zieht, um die Welt vor Hitler zu retten. Sondern um als Hitlers Gegner die eigenen Interessen besser durchzusetzen und die Aufmerksamkeit von den eigenen Bestialitäten abzulenken. Wer die Welt vor Hitler rettet, dem kann nichts vorgeworfen und nichts abgeschlagen werden. Im Westen spüren die Menschen die Gefahr am eigenen Leib, die Gefahr ist akut; das Hemd ist näher als der Rock. Menschen, die Stalin am eigenen Leib erlebt haben, wechseln zu Hitler, in der Illusion, sich unter den Schutz des Freundlicheren der beiden zu begeben.

Die Schwalben zwitschern und gruppieren ihre Körper auf den Drähten um. Die Welt ist wahnsinnig geworden, aber aus freien Stücken, sie selbst hat den Strick an der Decke angebracht und den Hocker daruntergestellt.

Stalin hat einen großen Vorteil, ihm liegt nichts an den Menschen, Menschen sind bloße Dinge, mit denen man das Feuer und die Front füttert, ein Menschenleben zählt für ihn nicht. In die Haut von anderen kann sich Stalin nicht hineinversetzen, dafür kann er gut Empathie vortäuschen. Er lernt durch Nachahmung, wie es die Tiere tun. Er ist der festen Überzeugung, er könne alles, und er ist der festen Überzeugung, er stehe hoch über allen anderen Menschen. Mitleid empfindet er nur mit sich selbst, Selbstmitleid geht ihm bravourös von der Hand. Er weint, wenn er mit Schnupfen das Bett hüten muss. Er weint über seine Aufopferungsbereitschaft, als er das Bett verlassen und zwei Dokumente unterzeichnen muss, und er weint über seine Herzensgüte, als er einen Welpen seiner Hündin rettet, die die Maulwürfe auf der Datscha hütet.

Hitler und Stalin suchen sich fähige Helfer aus, die eifrig die Ideen ihrer Führer in Taten umsetzen, sie bis zur Perfektion vervollkommnen; sie sind die wahren Bösen; ohne sie wären die beiden nur lächerliche Käuze mit psychopathischen Neigungen.

Stalin hat Hitler eine Zeitlang bewundert, das findet er inzwischen ärgerlich. Als der Nichtangriffspakt unterschrieben wurde, glaubte er noch, sie könnten sich brüderlich verbinden. Aber Hitler hört nur sein eigenes Geschrei. Stalin hat in ihm zwar keinen Verbündeten, aber immerhin einen ebenbürtigen Gegenspieler. Das gefällt ihm. Er opfert alles, weil er nie verliert und das Wort Zweifel nicht kennt. Sie hätten ihre Kräfte bündeln können.

Hitler hat geschummelt.

Stalins Spiel ist monströser, weil sein Hass jeden treffen kann.

Hitler konzentriert sich auf die Juden.

Stalin konzentriert sich auf alle, es kommt nur darauf an, in welcher Laune sein Körper aufwacht und wen sein Hass trifft: Menschewiken, Bolschewiken, Ärzte, Adlige, Intellektuelle, Zarenoffiziere, Juden, die eigenen Mitarbeiter.

Er sitzt auf dem Thron und füttert seine Untertanen wie Löwen im Käfig. Er wirft ihnen Angstklumpen zu.

Hitler sitzt auf dem Thron und füttert seine Untertanen wie Löwen im Käfig, er erzählt ihnen, sie kämen bald frei. Er wirft ihnen Wörter zu, Freiheit, Übermensch, Reich, Kraft, Macht, Deutschtum, Blut, Boden, Zukunft, Freude. Solche Wörter verleihen auch den Zweifelnden Flügel; sie schnallen sie mit Begeisterung um und fliegen los, den Kopf in den Wolken, ihr Beitrag zur Geschichte der Freude.

Hitler fordert seine Mitmenschen auf, die Augen zum Himmel zu heben, er selbst guckt nach oben wie ein verwirrter Heiliger.

Stalin drückt seinen Mitmenschen die Stirn in den Boden, tritt ihnen auf den Schädel, sie pflügen den Boden mit ihrer Fresse, auf den Knien.

Hitler ist der Führer einer großen Sekte, vereint durch den Gedanken an Deutschtum, arisches Blut und Flügel.

Stalin ist Heide. Hitler ist Papst.

Hitler hat aus der Geschichte gelernt, er zeigt den Menschen da unten ein freundliches Gesicht, Väterchen im Adlerhorst, böse sind die um ihn herum, er selbst weiß von nichts, er will für alle nur das Beste. Und die Partei, die nationalsozialistische oder die kommunistische, ist doch wie eine Mutter, sie irrt sich nie, sondern drückt euch alle fest an ihre Brust.

Hat sie euch die Rippen gebrochen?

Das habt ihr verdient.

Beneš ist feige, aber er ist nicht dumm. Er weiß Bescheid. Seine Entscheidungen trifft er allein, das ist ein Fehler, er will sich mit niemandem besprechen, denn dann müsste er Einblick gewähren in private Sorgen und in die ständige Angst, die er als Souvenir aus Russland mitgebracht hat.

Beneš verliert den Boden unter den Füßen. Es fehlt ihm an Entscheidungskraft. Er will Ruhe haben. Entschlossenheit ist das Wort, das viele weitere Wörter in sich trägt. Fehlt die Entschlossenheit, wackelt der ganze Mensch. Der Wille wackelt, die innere Festigkeit, der Charakter. Du musst das Schwert im Bewusstsein halten, dass du deinen Gegner wirklich töten wirst, sagen die Shaolin-Mönche.

Stalins und Hitlers Loslösung von der Realität grenzt an Perfektion, aber auf der Waagschale überwiegt die Willkür, also werden sie keine Götter, sondern Stalin und Hitler. Sie kneten die Realität nach den Spielregeln ihres kranken Geistes durch, deren Umgang mit Menschenleben die anderen verwirrt. Wie Esel haben sich ganze Nationen vor die Vision eines fernen Heuhaufens spannen lassen. Vor die Vision einer gerechten Gesellschaft, eines tausendjährigen Reiches oder eines Kommunismus auf immer und ewig.

Wie kann es so leicht gehen, mein Herr? In so kurzer Zeit, binnen ein paar Monate?

Man braucht nur Angst zu säen. Beidhändig Angst und Grauen zu säen.

Und keine Zweifel zu haben. Schließlich will man doch nur das Beste.

Erlebnisse der Menschheit, eingerissene Splitter im Körper der Massen bringen nur eins: Sehnsucht nach Demokratie und abgebrühtem Individualismus.

Warum nicht nach kritischem Denken?

Die Schwalben fliegen und zwitschern, sie sehen die vom Virus des Nationalismus angesteckte, frustrierte Menschheit mit falschem Gefieder; die Schwalben fliegen und zwitschern, die meisten Arten sind seit dem Tertiär bekannt. Auf das Jahrhundert der Hysteriker folgte das Jahrhundert der Narzissten. Eingeläutet haben es Männer in weißen Anzügen. Das Gedächtnis der Körper täuscht nicht. Ist bloß ein Sandkastenspiel, liebe Jungs.

Was sich doch alles hinter Routine und Ritual verbirgt, Liebling. Ach, der süße Juni.

Juni 1938 ist ein Erntemonat. Edvard Beneš erhält eine Ehrendoktorwürde nach der anderen: 21. Juni Bergakademie Příbram. Die feierliche Verleihung der Doktorwürde der Bergwissenschaften findet auf der Prager Burg statt.

Am 30. Juni verleiht ihm die Tschechische Technische Universität den Titel *Doktor honoris causa* für Handelswissenschaften. Er verspricht, *seine Fähigkeiten und Erfahrungen zum Nutzen des Allgemeinwohls zu verwenden und einen Beitrag für die Verbreitung und Stärkung der friedlichen Zusammenarbeit der Menschheit zu leisten.* Talar und Barett sind seine liebsten Kleidungsstücke.

Der Krieg hat längst begonnen. Geführt wird er von Einzelpersonen. Am Küchentisch, auf dem Feld, in der Schulbank, auf der Post. Ein Fanatiker gegen den anderen. Zum Beispiel in Chřibská, nicht weit von der reichsdeutschen Grenze. Der Lehrer Švehla hat keine Kinder. Sein ganzes Leben lang haben er und seine Frau in Chřibská gelebt, er ist ein gebildeter Mann, der Käfer sammelt. Er ist Sozialdemokrat, und diese Religion ist ihm heilig. In den letzten fünf Jahren hat sich sein Bekanntenkreis allerdings gelichtet, alle entfernen sich. Auch die mit den gleichen Ansichten wechseln leise zur Mehrheit, damit sie ihre Ruhe haben. Sie atmen erleichtert aus, lächeln den Henlein-Leuten zu.

Lehrer Švehla glaubt, auch seine Ruhe zu haben. Aber die lieben Kinderchen, die zwitschern zu Hause. Sie haben zu spionieren gelernt, zwischen den Zeilen zu schnüffeln, verräterische Wörter aufzuschnappen. Sie haben gelernt, sich Vorteile zu verschaffen.

Sie lernen, indem sie die Erwachsenen beobachten, sie kapieren schnell. Sie treiben Geschäfte und betreiben Stammtischpolitik. Hier wird die Generation der doppelten Gesichter gehärtet und gebildet, die über die Nachkriegsordnung der Welt entscheiden wird. Die Kinder plaudern am Abendbrottisch. Blinzeln, schürzen unschuldige Lippen. Lenken die Aufmerksamkeit von zerschlagenen Fensterscheiben, zerrissenen Hosen, schlechten Noten, Raufereien und kleinen Diebstählen ab. Die Eltern hocken mit offenem Mund da, schlucken und würgen Wörter hinunter. Legen den Löffel zur Seite. Manch ein Elternteil haut mit dem Löffel auf den Tisch.

Väter erzählen davon in der Kneipe, Mütter beim Schneider oder beim Einkaufen. Sie verbinden sich miteinander, und die jahrelange Anspannung bahnt sich einen solidarischen Durchbruch. Der Elternrat und das Lehrerkollegium beschließen gemeinsam, dieser Mensch habe ihre Kinder nicht zu unterrichten. Švehla wird suspendiert, man leitet ein Disziplinarverfahren gegen ihn ein. Es wird eingestellt, Švehla wird von höherer Stelle rehabilitiert und soll weiter unterrichten. Das alles geschieht im Juni 1938.

Lehrer Švehla betritt die Klasse, seine Bücher in der Aktentasche. Als er sich hinsetzt, stehen die Kinder auf. Sie verlassen den Klassenraum. Sie haben ihre Instruktionen. Er bleibt allein vor der Tafel sitzen, zieht ab und an die Uhr aus der Westentasche. So sitzt er mehrere Tage vor der Tafel, die Hände auf dem Tisch, die Finger ineinander verflochten. Er betet und weiß es nicht.

Der Direktor beruft eine Sitzung ein, alle Eltern und das gesamte Kollegium erscheinen. Lehrer Švehla hat keine Einladung bekommen. Über den Verlauf der Sitzung hat bis heute niemand etwas erfahren und wird es auch nie. Sicher ist nur, dass am Tag nach der Sitzung kein einziges Kind zur Schule kommt. Dafür gehen die Eltern fleißig zur Schule: um sicherzustellen, dass Švehla nicht in die Schule hereingelassen, dass er entlassen wird. Chřibská ist zweigeteilt. Švehla versus Volk. Švehla schreibt an Jan Masaryk, er weiß weder ein noch aus, handelt rein intuitiv, Jan Masaryk ist der erste Name, der ihm einfällt.

»Warum hast du nicht an den Präsidenten geschrieben?«

Wahrheitsgemäß antwortet er seiner Frau: »Ich weiß es nicht.«

Auch der Kreishauptmann und der Schulinspektor kommen. Sie finden eine Lösung. Sie schicken Švehla zum Arzt. Er lässt sich untersuchen. Wird für gesund und lehrfähig befunden.

Dank der Intrigen der Henlein-Partei wächst sich der Protest zum Streik aus. Der Abgeordnete Rösler aus Varnsdorf informiert sich beim Schuldirektor persönlich. Lehrer Švehla weicht nicht. Seine Unnachgiebigkeit provoziert. Hätte er den Kopf gebeugt, wäre alles anders gekommen.

»Warum gibst du nicht ein bisschen nach?«

Wahrheitsgemäß antwortet er seiner Frau: »Ich weiß es nicht.«

Švehla ist ein deutscher Lehrer, der Hitler ablehnt. Er weist darauf hin, dass jemand die Porträts des ersten und des zweiten Präsidenten der Tschechoslowakei in der Schulturnhalle hinter die Sprungkästen gestellt hat. Dem wird nicht weiter nachgegangen. Švehla schreibt unter Pseudonym einen Leserbrief an die Zeitung. *Die demokratische Öffentlichkeit, sowohl die tschechische als auch die deutsche, fühlt sich durch die Vorgehensweise der Kreisverwaltung irritiert, die einen deutschen demokratischen Lehrer, der sich nichts hat zuschulden kommen lassen, nicht schützt und gleichgültig gegen Provokationen bleibt, die der für die Ordnung in der von ihm zu verwaltenden Anstalt verantwortliche Schuldirektor toleriert.*

An dem Tag, an dem die Zeitungen über die Causa berichten, nimmt Edvard Beneš den Ehrentitel der Bergakademie entgegen, er blättert durch die Zeitung, überfliegt einen Bericht über seine Auszeichnung samt der ostentativen Forderung, *der Lebensstandard der Bergleute müsse angepasst werden. Glück auf!* Beneš' Augen bleiben ein paar Zeilen weiter unten hängen. Er erfährt, dass sein Porträt in einer verschwitzten Provinzturnhalle hinter dem Sprungkasten verschwunden sei. Und keiner habe untersucht, wie es dahin gelangt war. Beneš ist beleidigt. Das wird er nie vergessen. Gemeinsam mit Schulminister Dr. Frank, Prorektor Ing. Dr. Stočes, Rektor Ing. Dr. Parma und Promotor Ing. Dr. Jičínský isst er auf der Prager Burg feierlich zu Mittag: Forelle in Aspik, gebratener Kapaun mit Salat und Reis, Butterspargel, Erdbeercreme, Käsestangen und saftige Kirschen. Ja, der Juni.

Was Probleme macht, wird von Beneš abgeschält. Als wäre die Tschechoslowakei eine Zwiebel. Die Schalen loswerden, den konfliktträchtigen Magmatit. Ruhe haben. Unangenehmes zur Seite schieben, sich in Ruhe einbunkern, in einer übersichtlichen Landschaft. Die Autonomie einfordernde Strana ľudova, die slowaki-sche Volkspartei, loswerden. Alle loswerden, die sein Porträt hinter Sprungkästen und Böcken in ihren Turnhallen verstecken. Der Welt ihre Übersichtlichkeit und Ordnung zurückgeben. Die Porträts auf den angestammten Platz stellen. Das Chaos abwenden.

Was sich doch alles hinter Routine und Ritual verbirgt, Liebling.

Er weiß genau, was der andere am Tisch denkt. Nutzt jedes Schlupfloch aus. Nichts interessiert ihn. Er will nur die Macht be-halten. Zaristische Autokratie. Er mag sich. Er ist Präsident.

Er lässt sich einen Anzug nähen, diesmal ganz in Weiß. Beim Maßnehmen trägt der Schneider einen mit Watte gestopften Stoff-streifen mit Stecknadeln ums Handgelenk. Er sieht wie ein Gladiator aus. Auch aus dem Mundwinkel lugt ihm eine Stecknadel hervor. Der Präsident ist freundlich, aber er blickt in die Ferne. Er kann den Anblick der Stecknadel im Mundwinkel nicht ertragen. Kann die Vorstellung nicht ertragen, dass dieselbe Stecknadel seinen weißen Stoff durchdringen wird. Als ihm der Schneider den fertigen Anzug bringt, lässt der Präsident ihn gründlich reinigen. Beim Gedanken an die mit Speichel benetzte Stecknadel wird ihm speiübel.

Zusammen mit dem weißen Anzug liefert der Schneider auch ein weißes Einstecktuch für die Brusttasche und eine Krawatte im selben Farbton, alles in Seidenpapier gewickelt. Er hat ein frisches Hemd gebügelt und sich mit dem Schuster abgesprochen, dem bes-ten aus den Baťa-Werken. Der Präsident lässt sich den Bart stutzen und sich frisieren. Den Friseur behandelt er freundlich, blickt aber in die Ferne, richtet seine Worte an den Spiegelfriseur, und als er den Kopf nach vorne beugt und der Friseur ihm den Nacken rasiert, spricht er zu seinem eigenen Schoß. Der Friseur bringt sein Gesicht nah an den Hals des Präsidenten, als wolle er den Nacken küssen, und pustet. Ein warmer Atemhauch im Genick, die Härchen fliegen weg, der Hals richtet sich angeekelt auf, der Körper erhebt sich. Er ist der Präsident.

Er ist nicht immer Präsident gewesen.

Aus dem Tagebuch der Dolmetscherin von Edvard Beneš

Wir können uns nicht streiten. Ein Streit mit Edvard ist unmöglich. Über Persönliches will er nicht sprechen, er versteift sich sofort. Man darf ihn nicht kritisieren, er dreht einem die Worte im Mund herum und bläst zur Attacke. Dezent. Hier hilft mir keine meiner Sprachen weiter. Ich weiß nicht einmal, wie viele ich spreche. Menschen wie mich nennt man polyglott. In meiner Heimat, der Schweiz, hat alles angefangen, ich habe Deutsch gelernt und bald darauf Französisch, Italienisch und Rätoromanisch; auf dem Gymnasium kamen Englisch und Latein und Griechisch dazu. Als ich vierzehn war, planten wir, in den Ferien nach Portugal zu fahren, schließlich wurde daraus aber die Türkei, anfangs habe ich nur wiederholt, was ich in Istanbul aufgeschnappt hatte; bis heute ist Türkisch meine Lieblingssprache, mathematisch genau, ohne Ausnahmen. Mit jeder neuen Sprache fällt mir das Lernen leichter, an der Universität Genf lehrte ich türkische Linguistik, aber ich hasse das Wort Neutralität, weder im persönlichen Leben noch in der Politik, also ging ich nach London und bot mein Wissen den Nachrichtendiensten an, ich weiß nicht einmal, wie viele Sprachen ich spreche, bestimmt über dreißig, auch Swahili und Aserbaidschanisch sind darunter, als eine der letzten lernte ich eben auch Tschechisch. Ich nahm eine Stelle als Dolmetscherin der Präsidentengattin an. Sie hat mir ihr Vertrauen geschenkt, ich bin zu ihrer Vertrauten geworden.

Mein Vertrauter ist Edvard. Tschechisch ist im Vergleich zum Türkischen eine Sprache voller Ausnahmen. Wie Edvard. Er hat die fixe Idee, er sei ein verständnisvoller, offener und freundlicher Mann. Er mag keine Konflikte. Da macht er lieber eine Ausnahme.

»Wenn mir etwas wirklich nicht fehlt, dann Empathie«, sagt er.

Wenn ihm etwas garantiert fehlt, dann Empathie.

Schon wieder schweift er vom Thema ab. Dann wirft er mir einen aufmerksamen Blick zu. Ich esse, schlucke meine Erniedrigung hinunter. Er lächelt. Und bevor er das Lamm auf seinem Teller anschneidet, fragt er leise: »Darf ich dir etwas sagen?«

»Ja.«

Die zwei Buchstaben tragen mein gesamtes Verlangen in sich. Er wird sich entschuldigen, jetzt. Wir werden offen sprechen, jetzt. Er wird sagen, wie viel ich ihm bedeute, jetzt.

»Ich will dich nicht mit Ratschlägen beleidigen, aber du hältst die Gabel falsch. So essen nur Menschen ohne gute Kinderstube oder Neureiche. Die Spitze der Gabel muss nach unten zeigen.«

Ich lasse die Gabel fallen. Sie würde ohnehin den Bissen nicht in den Mund bringen. Weder als gut erzogene Harpune noch als ein Schiff mit gehissten Segeln und spitzem Bug. Schon wieder ist er der Klügere. Ich male mir aus, wie ich ihm die Gabel in den Körper ramme. Da ist mir Guth-Jarkovský mit seinem *Gesellschaftskatechismus* auch keine Hilfe. Im Geiste fluche ich in allen mir bekannten Sprachen. In dieser Welt gibt es für Frauen keine Gerechtigkeit.

Nachts laufe ich um das mit Efeu bewachsene Haus. Ich soll Edvard im Auge behalten. Und ich weiß, dass seine Frau mich im Auge behält.

Ein ewig verwunderter Junge. Spitz gebogene Augenbrauen. Er mag Jungs, die ihm nicht gefährlich werden können. Er ist klein und zierlich, ein Zaunkönig aus Granit. Leider kein Napoleon. Aber ein guter Junge.

Jan Masaryk nimmt ihn mit.

Beneš probiert weder das Kokain noch die Tänzerinnen.

Edvard ist besorgt, er sitzt herum, ganze Tage sitzt er nur herum. Edvard weiß nicht, was er tun soll. In seiner Bibliothek stehen an die fünfunddreißigtausend Bücher. Aber nur eins davon enthält das, was er braucht. Einen kleinen Colt. Frau Hana findet Edvard am Tisch in der Bibliothek, an einem Mahagonischreibtisch, wo er mit dem Finger die Jahresringe nachmalt; von der Polsterung des schwarzen Ledersessels, in dem er sitzt, hängen winzige Metallknöpfchen, eingefädelte Perlen hinunter, er spielt mit ihnen. Frau Hana weiß Bescheid. Sie hat eine ähnliche Situation schon einmal erlebt. Edvard hat ein feines Nervenkostüm, fein wie Spinnenfäden sind seine Nerven, kaum sichtbar, und diese Fäden sind manchmal zerzaust. Frau Hana ist freundlich, aber tief drinnen felsenfest davon überzeugt, alles sei nur eine Frage des Willens und der Selbstbeherrschung, insbesondere Politiker sollten sich in der Kunst üben, ihre Schwächen unter Kontrolle zu halten. Frau Hana bringt die Situation unter Kontrolle. Und greift nach dem Colt.

»Ich nehme ihn lieber an mich.«

»Mach dir um mich keine Sorgen.«

»Es geht nicht um dich. Sondern um mich. Keiner würde mir glauben. Wenn du dich erschießt, verhaften sie mich. Du bist manchmal sehr egoistisch, Edvard.«

Frau Hana schiebt den Colt in eins der Bücher, die in Reihen aneinander gedrängt unter einer Staubschicht ausharren.

»Mir sind ohnehin Musik oder Bilder lieber«, sagt Frau Hana. Sie mag Gesellschaft, nicht die Zweisamkeit mit einem erpresserischen Buch. Bei Konzerten und in Ausstellungen ist sie unter Menschen, sie sieht und wird gesehen, auch sie selbst ein liebliches Bild.

Als sie auf die Schnelle das Haus räumen und packen müssen, lässt sich Frau Hana ein paar Studenten zur Hilfe kommen. Sie zeigt ihnen die Liste der Bücher, die der Herr Präsident mitnehmen möchte, verteilt lächelnd Lob und bedankt sich. Die jungen Männer wandern die hohen Bücherwände entlang, wie Käfer klettern sie die Leitern hoch und runter. Als ein junger Mann ein Buch aus der oberen Reihe zieht, purzelt etwas heraus und knallt aufs Parkett.

Frau Hana hebt rasch die Waffe auf.

»Falls Einbrecher kommen«, sagt sie. Und lächelt. Was sich doch alles hinter Routine und Ritual verbirgt, Liebling.

Beneš beruhigt sich in den USA und kehrt nach England zurück; ein neuer Beneš. Die Unruhe des Körpers steigt mit der Menge an Informationen. Er hat einen untersetzten kleinen Mann vor Augen, der seine fettigen Finger ableckt und sie an einer weißen Tischdecke abwischt; er packt die Decke am Zipfel, zieht sie heran, die Gläser kippen, und auf dem gestärkten Weiß breitet sich roter Wein aus.

Als Beneš einmal allein ist, versucht er an seinen Fingern zu le-cken, versucht Stalin nachzumachen, und sein Magen dreht sich um. Er übergibt sich in die Toilettenschüssel aus Keramik mit goldener Spülquaste.

Könnte er in England bleiben, wäre er glücklich. Aber dürfen Präsidenten emigrieren? Tritt er in der Kriegszeit zurück, hält man ihn für einen Verräter. Außerdem wäre er kein Präsident mehr. Prä-sident zu sein hat Vorteile.

Als ihm Frau Hana abends ein Wiegenlied gesungen hat und ihm nun die Decke unters Kinn schiebt, erzählt er ihr von seinen nächt-lichen Albträumen.

»Das ist alles nur leeres Gerede, Liebster. Über Russland wird viel erzählt, aber denk daran, H. G. Wells ist dort gewesen und kam be-geistert zurück. Julius Fučík ist dort gewesen und war begeistert, für ihn ist Russland ein Land, in dem das Morgen schon Geschichte ist.«

»Ich lebe heute, Teuerste. Nachrichten aus Sowjetrussland verhei-ßen nichts Gutes.«

»Ohne Russland können wir den Krieg aber nicht gewinnen, das hast du selbst gesagt.«

»Das habe ich gesagt. Und das macht es ja so furchtbar.«

Beim Krocketspielen wirft Beneš erneut die Frage auf, wie Frau Hana und er ihr Leben nach dem Krieg gestalten wollen.

»Nach dem Krieg pendeln wir zwischen der Prager Burg und dem Sommersitz in Lány, Liebster.«

»Keiner weiß, was nach dem Krieg kommt. Sieh dir Stalin an, Teuerste.«

»Alles kommt wieder ins rechte Gleis zurück.«

»Nichts kommt ins rechte Gleis.«

Frau Hana führt Beneš vor die Weltkarte in seinem Arbeitszim-mer.

»Das hier ist Sowjetrussland. Und das hier der Rest der Welt. Der Kommunismus hat keine Chance. Das lässt Amerika nie zu.«

»Er hat an seinen Fingern geleckt«, sagt Beneš und fängt an zu weinen.

Er sagt nicht, dass er nicht nach Böhmen zurück möchte. Dass er im ruhigen, von klaren Regeln geordneten England bleiben möchte, das seinem Herzen so nah und lieb ist, in diesem Land wird alles von Ritualen verdeckt, sie machen die Tage und die Nächte erträglich, von Ritualen, die aggressiven Problemen die Augen verbinden; die Probleme tappen im Dunkeln, unsichtbar. Was sich doch alles hinter Routine und Ritual verbirgt, Teuerste. Er mag die königliche Familie, er mag die Industriellen und die Adeligen, er mag die Kolonialatmosphäre. Ein Statthalter sein, unerreichbar, von den Menschen da unten getrennt. Weiße Handschuhe.

Er strebt nach Macht. Wer liebt sie nicht? Der nie von ihr gekostet hat, denke ich und dolmetsche fremde Gedanken. Ob eines Tages jemand meine Gedanken aufschreiben wird?

Politiker sind Menschen. Ich schäle die Etiketten von Nationalität, Bildung, Beruf ab. Übrig bleibt der Kern. Ohne Etikett ist er oft komplett leer. Wie ein Tennisball. Ich schäle die Schale ab, Leere. Oder ich reiße die Schale ab, und vor mir pulsiert unerwartet ein buntes Universum. Tiefgründig und sanft. Menschliche Situationen beobachten. Unverpackte Menschen beobachten. Titel, Professionen, Karrieren, Muttersprachen, Staatsangehörigkeiten sind wie Packpapier. Sichtbar machen, was umwickelt wurde. Man packt Leere ein. Man packt Fülle ein. Er ist am 28. Mai 1884 geboren, mein lieber Mai-Mann. Im Kronland Böhmen, in dem kleinen Städtchen Kožlany. Katholisch getauft. Schulischer Werdegang in Österreich-Ungarn. Da gab es noch keine Frauen an den Hochschulen. Das Schulwesen genoss einen guten Ruf.

Tschechoslawische Handelsakademie in Prag. In den Jahren 1909 bis 1913 unterrichtete er dort als Vertretungs-, später als Aushilfslehrer; sein Unterrichtsfach war Französisch.

Außenminister und Abgeordneter der Nationalversammlung. Er besaß eine Abgeordneten-Freifahrkarte, durfte auf der Erde und auf dem Wasser umsonst reisen.

Mir wird schwindelig. Ehrenfunktionen im Völkerbund. 1934

knüpfte er diplomatische Beziehungen zur Sowjetunion, ein Jahr später unterzeichnete er den tschechoslowakisch-sowjetischen Beistandsvertrag. Am 18. Dezember desselben Jahres wurde er zum Präsidenten der Ersten Tschechoslowakischen Republik gewählt. Als Reaktion auf das Münchner Abkommen legte er am 5. Oktober 1938 das Amt nieder. Im März 1939 begann er, den tschechoslowakischen Widerstand im Ausland zu organisieren, ähnlich wie er im Ersten Weltkrieg aus dem Exil die antiösterreichische Widerstandsorganisation Maffie mitbegründet hatte, als Sekretär des Tschechoslowakischen Nationalrates in Paris, woraufhin er 1918 Außenminister wurde. Im Oktober 1939 rief er in Paris den Tschechoslowakischen Nationalausschuss ins Leben und organisierte Armeeeinheiten im Westen. Im Juni 1940 berief er in London die Exilregierung ein, er selbst erneut in der Funktion des Präsidenten; dort begegneten wir uns. 1943 fuhr er nach Moskau, um den Vertrag über Freundschaft, gegenseitige Hilfe und Zusammenarbeit nach dem Kriege abzuschließen. Als er mit der Moskauer Führung der Kommunistischen Partei der Tschechoslowakei über die zukünftige Gestaltung der Republik verhandelte, dolmetschte ich für ihn. Im Frühjahr 1945 waren wir wieder in Moskau, er verhandelte über die Bildung der Regierung der Nationalen Front und ihr Programm, das den Beinamen *Kaschauer* trug. Er glaubte, alle an der Nase herumgeführt zu haben, und freute sich auf seine Präsidentschaft; zum Staatsoberhaupt wurde er am 19. Juni 1946 gewählt, ach, der süße Juni. Nach Kriegsende unterschrieb er eine Reihe revolutionärer Dekrete, bei dem Dekret über die Verstaatlichung riss er die Augen weit auf. Frau Hana hielt ihn fern von mir, ich war gefährlich, also kehrte ich nach London zurück. Und dann nach Genf. Um bei ihm zu sein, als er im Februar 1948 den Rücktritt der Regierung entgegennahm. Am 7. Juni 1948 legte er das Amt des Präsidenten der Republik nieder, oh süßer Juni.

Die Operation *Anthropoid*, das Attentat auf Reinhard Heydrich, ist trotz des darauf folgenden Terrors ein politischer Erfolg. Vaněk ist ein Widerstandskämpfer vor Ort, er kühlt Hitzköpfe ab, die Widerstand spielen wollen, er hat Respekt vor jedem Leben und stapft bis zu den Knien durch die Realität.

Das Ganze will ihm nicht gefallen. Die Fallschirmspringer Kubiš und Gabčík sollen in seiner Gruppe *Sokol* Unterschlupf finden. Das Ganze will ihm nicht gefallen, er kontaktiert ihre Vorgesetzten, arbeitet sich bis zum Ministerpräsidenten der Exilregierung durch, würde gerne mit Jan Masaryk sprechen, aber das gelingt ihm nicht. Zum Herrn Präsidenten Beneš wird er nicht vorgelassen, der wisse von nichts, man sagt ihm lieber nicht Bescheid, er möchte alles immer auf dem diplomatischen Weg lösen; Feigling, sagen sie unter der Hand.

Als sich Vaněks Schatten bis zu Beneš durchgearbeitet hat, ist es schon zu spät, Vaněks Schatten spricht wie immer geradeheraus, Beneš gewinnt während des Gesprächs an Kraft, Wortgefechte stärken ihn, er ist ein Meister der Streitgespräche, nur im Nahkampf huscht er hinter den nächsten Buchenstamm; mit dem Schatten des Herrn Vaněk trägt er einen harten Kampf wegen des Vertrags über Freundschaft, gegenseitige Hilfe und Zusammenarbeit nach dem Krieg aus. Wer ist dieser Ladislav Vaněk, dass er sich erlaubt, in einem solchen Ton mit ihm zu reden? Ein dramatischer Moment entsteht, bei dem der Körper von Edvard Beneš im Mittelpunkt steht, sich aber nicht in unmittelbare Gefahr begibt. Er will als Sieger nach Hause zurückkehren, als der neue Befreier-Präsident. Vaněks Schatten bittet ihn, die Aktion aufzuhalten.

»Ich kann nicht. Wir müssen uns dem Feind stellen, das ist unsere heilige Pflicht.«

»Es gibt andere Formen des Widerstands. Die Rache der Nationalsozialisten wird uns Tausende von Leben kosten.«

Beneš bleibt hart.

»Wir müssen zeigen, dass wir eine kämpfende Nation sind.«

»Aber diese Aktion ist überflüssig, sie wird nur Terror bringen. Auf die Ermordung von Heydrich kann nichts anderes folgen.«

»Sie haben Angst. Das verstehe ich.«

Wegen dieser Aktion scheißt sich Hitler in die Hose, klar, unser Widerstand macht ihm richtig Bammel, explodiert der aufgebrachte Vaněk vor seiner Frau.

Er hat Angst. Was ist so schlimm daran?

Beneš kommt sich wie ein Heerführer vor, wähnt sich wieder an der Spitze der Maffie, der Geheimorganisation während des Ersten Weltkrieges. Er segnet die geplante Aktion ab. Das Attentat auf Heydrich lässt die Exilregierung als »kämpfende« Regierung dastehen, als würdige Vertretung einer »kämpfenden« Nation. Beneš hat Vaněks Schatten nicht erklärt, dass das Attentat, dieser verwegene Schritt, nicht für Hitler bestimmt war, sondern für die Sowjets, die darauf gedrängt hatten, dass die Exilregierung im friedlichen Protektorat etwas Rasantes unternimmt. Der gütige Edvard Beneš sitzt in England im Klubsessel und raucht eine Zigarre.

Lidice verschwindet, zum Beispiel.

Das Schicksal dieses Dorfes hat der Herr Dr. Beneš besiegelt, schreit Ladislav Vaněk seine Frau an.

Was erzählst du für einen Blödsinn, sagt seine Frau ruhig.

Hitler scheißt sich in die Hose deswegen, der tschechische Widerstand macht ihm richtig Bammel.

Heydrich stirbt. Die Vergeltungsmaßnahmen waren vorauszusehen.

Die Herren in London reiben sich die weißbehandschuhten Hände. In diesen Tagen sind alle Blicke nach Prag gerichtet. Und auf die Exilregierung.

»Da sieht man, wie die Nazis ticken«, sagt Beneš beim Mittagessen, als Lidice erwähnt wird. »Die ganze Welt spricht darüber.«

»In der Sowjetunion haben die Deutschen weit mehr Dörfer niedergebrannt«, weist ihn sein sowjetischer Gast zurecht.

»Aber von denen spricht keiner«, putzt Beneš ihn herunter.

Er ist zufrieden. So zufrieden, dass ich sogar bei ihm bleiben darf. Und ein Geschenk bekomme, eine Stola.

»Du bist zufrieden.«

»Vor allem sind die Sowjets zufrieden. Die haben gedrängelt.«

»Das hast du dir ausgedacht.«

»Es ist ein politischer Erfolg.«

»Dein politischer Erfolg.«

»Es war ein mutiger Schritt.«

»Dieser Schritt muss Hitler aber richtig Bammel gemacht haben.«

Er nimmt die Stola und pfeffert sie in die Schachtel mit Seidenpapier. Dreht sich zum Fenster um. Ein Zeichen, dass ich gehen soll. In der Fensterscheibe spiegelt sich der zweite Edvard wider, Wangenknochen treten hervor, Wangenmuskeln beben. Ich gehe zur Tür hinaus, laufe die Treppe hinunter, ziehe meinen Mantel an. Drehe eine Runde ums Haus. Und blicke zum Fenster mit einem Schatten dahinter. Ich müsste mir eine Leiter holen, um hinaufzuklettern und vis-à-vis mit ihm zu stehen. Immer dasselbe. Ich soll zugeben, dass er Gott ist. Erst dann ist eine Unterhaltung möglich.

Immer noch liebt er Talare. Er liebt Titel. Wie alle in Österreich-Ungarn. Was sich doch alles hinter Routine und Ritual verbirgt, Liebling.

Er war Ordnung gewohnt, festgelegte Zeremonien und Protokollangaben, mit wem in welchem Wagen er fahren und wann er von wem angesprochen, von wem seine Gattin und die Gefolgschaft empfangen werden würde. Nachfolger des Befreier-Präsidenten Tomáš G. Masaryk. Fanfaren und die Nationalhymne. Feierliche Reden. Dekane, die im Stehen zu ihm sprechen, während er sitzt. Damen und Herren getrennt, die Damen sind eine Zierde.

Die Dekane sind ausschließlich Männer. Wer will mir hier was einreden? Über Männerspiele. Wenn ich erzähle, dass ich an einem Buch mit dem Arbeitstitel *Männerspiele* schreibe, empfehlen mir alle sofort, es doch politisch korrekt *Männer- und Frauenspiele* zu nennen. Vielleicht sollte ich ganz politisch korrekt erwähnen, dass unter der Oberfläche der Fadenwurm lauert. Leben und Schicksal nehmen selten einen korrekten Lauf.

Was war das für ein Raum, in den er hineingeboren wurde? Was ist das für ein Raum, in den ich hineingeboren wurde? Was hat unsere Mentalitäten geformt? Als Tiere erkennen wir uns wieder, wir folgen unserem Riecher. Beneš entkommt seinem Tschechisch-Sein nicht.

Sickert die Zugehörigkeit zu einer Nationalität in die Gene hinein? Ist sie in jedes Wort eingraviert, das von der Muttersprache erobert wurde? Wird sie durch das Unterbewusstsein weitergereicht, von Generation zu Generation?

Beneš bewundert England. Beneš bewundert Frankreich. Wie lange ist England eine Kolonialmacht gewesen! Wie lange ist Frankreich eine Kolonialmacht gewesen!

Warum denke ich bloß, dass Beneš für das Verständnis von Böhmen wichtiger ist als Masaryk oder Havel?

Als er in Frankreich studierte, galt seine Bewunderung allein und einzig: der Aristokratie, der Sprache und dem Benehmen. Edvard Beneš ist ein Aristokrat. Das ist seine Wahl.

Der Adel.

Im Juni 1621 wurden böhmische Adelige hingerichtet, ach, der Juni. Die Schlacht am Weißen Berg war seltsam. Das also ist sein Land, hier flüchtet man nicht vom Schlachtfeld. Aber am Kampf nimmt man nicht teil, man tut nur so, als kämpfe man. Warum stellt man sich nicht hin und sagt, man möchte neutral bleiben? Wie die Schweiz. Die Tschechen sind ihnen ähnlich, den Schweizern. Die Gärten einzäunen. Und schön beobachten.

Das Tschechische; was für eine junge und pubertäre Sprache. Wie haltlos, wie süchtig nach Firlefanz, wie gerne sie sich behängt mit Sätzen und Ausdrücken aus dem Deutschen, Französischen oder Englischen. Er würde gerne den Tag erleben, wenn sich das Deutsche, Französische und Englische mit tschechischen Ausdrücken schmücken. Wie geschwind hatte man 1918 nach der Gründung der Tschechoslowakischen Republik österreichische Namen ins Tschechische übertragen. Mozarts Salzburg heißt nun Solnohrad.

Er ist getrennt von Böhmen. In London bewegt er sich in einer elitären Gesellschaft. Ich dolmetsche seine weisen Worte. Trotzdem trödelt er manchmal im Garten herum. Verbissen hält er an Ritualen fest. Frühstück. Tee um fünf. Korrespondenz. Er wird von Friseurterminen und Schneiderbesuchen zusammengehalten, von perfekten weißen Anzügen. Aber im Korsett befindet sich Fleisch, das verfällt und seine Form verliert. Manchmal sieht Edvard keinen Sinn in seinem Tun. Die Welt, die er ertastet hatte, in die er eingegliedert war, diese Welt ist auseinandergefallen.

»Du musst nicht Präsident bleiben.«

Er sieht mich mit seinem Hundeblick an.

»Hana wirft mir vor, dass ich mich ihr zu wenig gewidmet habe, in unseren jungen Jahren. Sie wirft mir alles vor.«

»Sie ist nervös und in der Menopause.«

»Die Menopause hat sie hinter sich. Auf einmal wirft sie mir vor, ich hätte zu selten mit ihr geschlafen. Wir waren doch die ganze Zeit zusammen.«

»Verlasse sie. Du kannst in England bleiben und an der Uni unterrichten.«

Er sieht mich an, als sei ich wahnsinnig geworden. Hätte er keine Angst vor einem Skandal, würde er mir kündigen und sich von mir trennen. Er ist nervös, weil keiner weiß, was kommen wird. Er kann nichts anderes als herrschen. Er will auch nichts anderes. Er will ein gütiger König sein. Er will ein gütiger Wissenschaftler sein. Ein gütiger Universitätsprofessor. Das sind erprobte Systeme, innerhalb deren er sich gern und sicher bewegt. Aber sein bisheriges Leben scheint plötzlich nicht mehr zu stimmen, als müsste er sich für dessen bisherigen Verlauf schämen, als wäre nicht klar, wer er ist und wer er sein sollte.

Wie alt ist er? Die persönliche Krise verbindet sich mit der politischen. Er möchte Frau Hana nicht verlassen, der Gedanke jagt ihm Angst ein, Mütter verlässt man nicht. Er hat die höchste Stellung erreicht, und diese Stellung ist bedroht. Daher nimmt er Orden an, lässt sich in seiner Außergewöhnlichkeit bestätigen. Im Komfort der Londoner Windstille nimmt der Präsident Auszeichnungen für seinen Mut entgegen.

Um ihn herum nur Leisetreter, die ihm einflüstern, er sei für andere, wichtigere Aufgaben bestimmt, er habe der Nation zu dienen.

»Du solltest dich in Sicherheit bringen.«

Er ist offene Worte nicht gewohnt. Sie verunsichern ihn und ziehen ihn gleichzeitig an. Er hält sich an jedem Klischee fest. Meine Zecke.

»Wir schreiben das Jahr 1944, und du beschäftigst dich mit Auszeichnungen der Londoner Regierung!«

»Ich habe sie verdient.«

»So viele?«

»Du hast es doch selbst gehört. Das Tschechoslowakische Kriegskreuz 1939, die Tschechoslowakische Tapferkeitsmedaille und die Tschechoslowakische Medaille für Verdienste I. Grades.«

»Das Kriegskreuz?«

»Du hast es doch selbst gehört: Als Oberbefehlshaber der Tschechoslowakischen Armee sicherte er im kritischen Augenblick durch seinen Scharfblick und seine nie erlahmende Energie die Überfahrt der tschechischen Exilarmeeeinheiten aus Frankreich nach Großbritannien, wo er rasch Voraussetzungen für weitere Kampfeinsätze schaffte.«

»Die Tapferkeit?«

»Du hast es doch selbst gehört: Von Anfang an nahm er am 1939 entfesselten Krieg teil, wobei er sich durch persönliche Tapferkeit auszeichnete.«

»Und Verdienste?«

»Du hast es doch selbst gehört: Für die ausgezeichneten steten Bemühungen, die Tschechoslowakische Armee im Exil aufzubauen, für die nie nachlassende tatkräftige Unterstützung ihrer Moral und materiellen Ausrüstung.«

Seine Gedanken sind wirr, und er weiß nicht, was er mit seinem Leben anfangen soll. In Friedenszeiten hätte er es gewusst. Er würde Titel anhäufen und Fanfaren lauschen. Dieser Mann ist in ein politisches und gesellschaftliches Chaos hineingeraten, der Soziologe in ihm schäumt vor Wut und lehnt es ab, die Realität zur Kenntnis zu nehmen. Die Realität ist nicht bis zur Abbey in Aston Abbotts durchgedrungen. Weißer Anzug, Handschuhe und gebügelte Hosenfalten genauso wie Frau Hanas Hut sind wichtiger, auch das Lächeln, das sie beide der Öffentlichkeit präsentieren. Seine Selbstgefälligkeit hat sich nicht aufgelöst, sie wird bloß von Angst genährt. Er schäumt vor Wut, dass seine Entscheidungen kein Echo finden. Als Soziologe könntest du das Thema wechseln, sage ich, schreib doch ein Buch mit dem Untertitel *Der Einzelne mitten im Chaos*. Aber sein Lebensthema wird von einer gesunden, von österreichischen Gesetzen durchwobenen Gesellschaft bestimmt.

Edvard stolpert über sich selbst. Und meint, bis ans Lebensende davon zehren zu können, dass Masaryk einst seine schützende Hand über ihn hielt. Als wäre er sein Sohn, nicht nur sein ehemaliger Außenminister. Auserwählt, denn Masaryk hat ihn in die Familie aufgenommen. Eigentlich ist er immer geschont worden, weil er sich in einer Gesellschaft bewegte, die den Gesetzen und Regeln des bürgerlichen Humanismus folgte. Als diese Regeln sich auflösten, zu verschwinden begannen, war er desorientiert, schwach, feige. Für ihn zählte nur eins: sich vor Situationen hüten, die er nicht überleben würde.

Edvard will seine Ruhe haben. Er flüchtet sich in die Krankheit.

Er ist immer noch ein Sohn. Sein ganzes Leben lang. Frau Hanas Sohn. Ihre Beziehung war nie partnerschaftlich, sondern die von Mutter und Sohn. Wunderschön.

In einer solchen Konstellation ist kein Platz für ein Kind. In einer von Abhängigkeit geprägten Beziehung.

Sein Äußeres und seine perfekte Kleidung verwirren mich. In seinem Innersten ist er ein empfindsamer Mann. Es mangelt ihm an einer grundlegenden Eigenschaft: Männlichkeit. An der mangelt es Frau Hana nicht.

Edvard ist und bleibt elitär. Epikureer und Utilitaristen lassen nie zu, dass ihnen das Leben auf der Nase herumtanzt. Er ist kein Mann der Tat. Sein Körper täuscht etwas anderes vor, seine Kraft kommt von Frau Hana. Die kann nichts aus der Fassung bringen. Ihre gemeinsamen Interessen sind Ideengeschichte, Kunst, Religion, Philosophie. Bürgerliche Interessen. An der Wand nur Bilder, die nicht beleidigen. Biedermeier.

Dabei ist er in ein monströses Jahrhundert hineingeraten – Deutschland mit seinem Nationalsozialismus, die kommunistischen Regime in Russland und China, die Wiedergeburt des Islam. Seine Haltung hat gewisse Vorteile, sie kombiniert Freude an konkreten Sinnesgenüssen mit Achtung vor geistigen Zielen. Fanatismus jeglicher Couleur wird ihn nie ködern können. Das Wort Askese gehört nicht zu seinem Wortschatz.

Was soll nach so vielen Jahren mein Gedächtnis von jenen Momenten übersetzen, wo wir zusammen waren, als mein Körper jung und widerstandsfähig war und gegen ihn aufbegehrte. Ich verliebte mich in Edvard, das war unzulässig. Aber er war kultiviert, sanft, klug. Auf den ersten Blick, bis der Wahnsinn dieses Betrugs herauskam. Seine Bemühungen, das Ganze zusammenzuhalten. Edvard war seiner Zeit voraus. Er lebte in der Gegenwart. So lebt man heutzutage, im einundzwanzigsten Jahrhundert, wo sich niemand mehr für die Vergangenheit interessiert. Und auch nicht für die Zukunft. Nur für die Gegenwart. Er war immer ausschließlich mit der Gegenwart beschäftigt.

Edvard schafft sich alles Minderwertige vom Hals. Er schafft sich die Ukrainer vom Hals, das sind doch Wilde, man braucht ihnen nur ins Gesicht zu sehen. Und er schafft sich die Deutschen vom Hals, sie haben sich historisch unmöglich gemacht und sind daher minderwertig geworden, niemand erlaubt sich in diesem Moment zu protestieren, eine Sympathiebekundung für die Nazis ließe einen unter Verdacht geraten, selbst ein Nazi zu sein.

Als Edvard die Volksschule besuchte, rauschte die erste Warnung durch die Welt. Eine Theorie namens Phrenologie. Die Mutter aller rassistisch gefärbten Pseudowissenschaften und monströser Theorien leitete den Charakter eines Menschen von seiner Kopfform ab und ordnete eine fliehende Stirn und breite Nase eher dem Tierbereich zu. Das war Ende des neunzehnten Jahrhunderts. Als in Paris Vincent van Gogh mit Henri de Toulouse-Lautrec Absinth trank. Mit Wasser gemischt nimmt er eine gelbgrüne Farbe an. Eine beliebte Droge des ausgehenden Jahrhunderts. Die Anstalten waren mit Syphilispatienten überfüllt, die den Verstand verloren hatten. Kaputte Menschen.

Eugenik. Sie tut, als reinige sie die Menschheit, beseitigte zur Geburt defekter Menschen führende Einflüsse und verbesserte die genetische Ausrüstung der menschlichen Population.

Edvard schließt sich denen an, die den Untergang der Menschheit abwenden wollen. Er nimmt die Idee an. Wenn eine solche Idee einmal in der Welt ist, verschwindet sie nicht einfach durch Verbote. Edvard denkt darüber nach, die Menschheit zu kultivieren. Indem man Paare intelligenter, gebildeter Menschen zusammenbringt. Eine reizvolle Vorstellung. Wie Rosen im Park zu züchten. Oder Bullen auf der Wiese. Er ist mit seiner Idee nicht allein, in Europa denken viele Menschen so. Nikola Tesla zum Beispiel. Man führt ernsthafte Diskussionen darüber. Diese elitäre Haltung wird nie ganz verschwinden. Weil sie sich in die Köpfe eingeschlichen und die Bevölkerung auseinanderdividiert hat. Kasten, die in Indien sichtbar das menschliche Leben bestimmen und verkrüppeln, sind hier unsichtbar. In Europa gibt es einen anderen Namen dafür, weil Europa meint, über der Menschheit zu stehen, eine feine Zuchtrose zu sein. Das Kastenwesen greift inzwischen um sich und hat eine sanfte und friedliebende Form angenommen, es werden Kinder ausgesucht, die mit zehn ins Internat und auf Eliteschulen geschickt werden, für die anderen wird der Zugang zu Bildung erschwert.

Edvard und seinesgleichen stehen verdutzt da. Die Nationalsozialisten haben sich ihrer Idee über die Veredelung des geistigen Adels angenommen und sie in Gang gebracht. Gedanken sind zur Realität geworden, und die Realität ist nicht verdutzt stehengeblieben. Geisteskranke und Verzagte sind beseitigt worden, Krüppel und Behinderte. Nur noch schöne Frauen und hochgewachsene Männer sollten miteinander kopulieren. Was vielleicht nicht ganz durchdacht war, weil Intelligenz und Klugheit nicht automatisch perfekten Körpern innewohnen. Man hat aber die Körper bevorzugt.

Man bevorzugt die Körper.

Die Nationalsozialisten haben Edvard und seinesgleichen die Idee geklaut. Nie wieder darf sie laut und ohne unangenehmen Beigeschmack diskutiert werden. Edvard und seinesgleichen wollen immer noch den Untergang der Menschheit abwenden und debattieren in englischen Salons darüber. Begegnen sich diejenigen, die bereits vor dem Krieg über das Thema gesprochen haben, halten sie ganz selbstverständlich zusammen, sie werden einander nicht verraten. Sie wissen um die Pistole auf ihrer Brust. Sie wissen, dass sie eine Festung zu errichten haben. Eine Festung aus eindeutigen Taten. Wollte einer daran erinnern, dass Edvard und seinesgleichen die Eugenik unterstützt haben, klänge das im Lichte seiner großen energischen Taten wie verrückter Unsinn.

Edvard ist elitär. Elitäre Menschen halten zusammen. Sie haben sich die Parole »Teile und herrsche« ganz natürlich zu eigen gemacht. Schwierigkeiten, die immer wieder in der Geschichte vorkommen, halten sie für vorübergehend. Sie leben in der Überzeugung, mehr zu wissen als alle anderen und deswegen über die Welt zu verfügen. Darin bestätigen sie sich gegenseitig. Sie stehen über den Massen. Und die Masse ist Schund, eine Niemandsmischung, ein Haufen menschlicher Abfall. Abfall gehört zur Seite gefegt.

Seit die Menschheit einmal mit dieser Idee überflutet worden ist, bleibt sie für immer mit ihr kontaminiert. Sie wird von Generation zu Generation weitergereicht. Die sozial Schwachen sind minderwertig. Die Zigeuner sind minderwertig, weil die Rassentheorie mit dieser Meinung aufwartete, die Juden sind minderwertig. Und ja, auch die Frauen.

Frauen sind minderwertig. Doch wer ist es eigentlich nicht? Leere Schalen, die es zu verhüllen gilt. Womit? Mit Titeln. Uniformen aus teurem Stoff. Maßgeschneiderten Schuhen. Blauem Blut. Edvard, warum guckst du so erschrocken, warum starrst du mich so verzweifelt an, warum schweigst du, rede mit mir, ich bitte dich, rede mit mir, wovor hast du Angst, geh nicht weg, renn nicht weg, rede mit mir, hörst du?

Ja, Edvard Beneš ist in einer Zeit großgeworden, in der die Hauptstadt seines Landes Wien hieß und Franz Ferdinand Thronfolger war. Ganz Wien diskutierte über ein ganz bestimmtes Buch. Das Wien der Jahrhundertwende, Ziel vieler Tschechen auf Arbeitssuche, war genauso wie Prag eine Welt für sich. Ästhetisch, erotisch und intellektuell. Im Walzerrhythmus wurde Sigmund Freuds Psychoanalyse geboren, und ganz Österreich las ein Buch, eine provokante Studie, in der ein Autor die dunklen Kontexte untersuchte, aus denen jener Moment entstehen würde, als Österreich so begeistert Hitler willkommen hieß, dass reichsdeutsche Nationalsozialisten die Brutalität ihrer österreichischen Kollegen beschwichtigten. Otto Weininger beschrieb die Welt seiner Kindheit und nannte sein kontroverses Buch *Geschlecht und Charakter*. Kurz nach der Veröffentlichung brachte sich der 1880 geborene Philosoph im Alter von dreiundzwanzig Jahren um. In seinem Buch stellte er Frauen und Juden als ausschließlich sexuelle Wesen dar, die jegliche Individualität vermissen lassen. Das Buch wurde zum Bestseller und lieferte den Primitiven ihre Munition.

Edvard kennt das Buch.

»Das Buch eines unreifen Geistes.«

»Du hast das Buch in deiner Bibliothek stehen. Und du hast es gelesen. Warum?«

»Ein nicht zu Ende gelesenes Buch ist wie eine nicht abgeschlossene Reise.«

»Aber geschrieben hast du nichts dagegen. Als Tscheche?«

»Wien ist von tschechischen Maurern erbaut worden, tschechische Köchinnen haben der Stadt ihre Palatschinken und Zwetschgenknödel geschenkt.«

»Eben. Das war Wiens Ende, die Tschechen haben die Stadt verpestet.«

Er schäumt vor Wut, und ich will ihn vor Wut schäumen sehen.

»Das Buch lebt. Dauert an. Ihr habt Hitler den Boden bereitet. Die Luft mit euren Ideen angereichert. Sieh dir doch an, was er sich davon geschnappt hat. Du hast selbst über Phrenologie diskutiert.«

Wien, Weiningers Geburtsstadt, hat Hitler sein Buch geschenkt. Das war *Mein Kampf* Nummer eins, Hitlers *Mein Kampf* ist erst Nummer zwei. Er wird die Juden los.

Die Frauen loszuwerden, schafft er nicht.

Studierte Frauen, geschiedene Frauen, kritisch denkende Frauen. Auch sie laut Edvards Theorien kaputte Menschen, die ein amputiertes Dasein fristen. Manchmal denke ich, dass er die Vernichtungslager zunächst mit ihnen beliefert hätte. Edvard ist empfänglich für weiblichen Charme, unglaublich aufmerksam zu den Damen. Aber mich als gleichberechtigten Partner wahrzunehmen, sei es nur in einem kritischen Gespräch, das schafft er nicht. In seiner Welt steht so etwas einer Frau nicht zu. Sofort verkrampft er und starrt sein Gegenüber wie einen seltsamen Käfer an. In seiner Welt kommt eine Frau als Dienstmädchen, Ehefrau, Mutter oder Schwester vor. Andere Daseinsformen sind nicht vorgesehen.

»Edvard, ich spreche mehr als dreißig Sprachen.«

»Du bist eine Ausnahme.«

»Bin ich nicht.«

Wie lange ich schon lebe. Wie lange Edvard schon tot ist. Und was hat sich geändert? Es kommt mir seltsam vor. Alle wollen das größte Opfer des zwanzigsten Jahrhunderts sein. Und hier wird seit Tausenden von Jahren die halbe Menschheit unauffällig daran gehindert, frei zu leben, frei zu denken, sich frei zu bewegen. Wer hat sich das ausgedacht? Wer hat sich darauf eingelassen? Wer hat es erlaubt? Wer hat den auf den Kopf gestellten Genozid abgesegnet, der, von Religionen bekräftigt, die Welt überschwemmt hat? Bis heute nehmen die Frauen ihn als natürlich an. Maulkorbverteilung findet im Kreißsaal statt. Du kommst zur Welt. Und die Welt sieht dich so, und du kannst nichts dagegen tun.

Birgits Kommentare, geschrieben am Abend, zerrissen und weggeschmissen, Variationen auf das gleiche Thema, verstärkt durch Erikas Musikauswahl

Man heißt ihn im Hotel willkommen. London wird jede Nacht bombardiert, aber man wahrt das Dekorum. Überall hochglanzpolierte Mahagonimöbel, große walnussfarbene Flächen, winzige Motive aus dunklen Strichen und Bögen, Blümchen aus Perlmutt, die wie Tausendschönchen aussehen. Die Fensterbretter aus weißem Marmor. Die Teppiche dämpfen nur die Schritte, gegen den Lärm der Bomben sind sie machtlos, dunkelblaue Teppiche mit gelbem Rosenmuster, das Muster sieht wie ein Netz aus, ein Netz aus miteinander verbundenen Rosen. An den Wänden weiß-blaue Stofftapeten, im Zimmer schwarze Ledersessel und gold-blau bezogene kleine Fauteuils, der Schreibtisch hat Unmengen von Schubladen und Schubkästchen mit goldenen Griffen, golden schimmert auch die von zwei Jagdhunden gestützte Lampe, die Nachttischlämpchen haben bauchige Körper aus Gold und weiße, plissierte Dächer, schwarze Metalltüren mit goldschimmernden Blüten trennen das Schlafzimmer vom Wohnbereich, auch vor den riesigen Bodenfenstern stehen solche Türen. Die Vorhänge haben einen goldangehauchten Hintergrund mit bläulichen Blumen- und Amphorenmotiven. In der Mitte des Zimmers recken sich zwei schwarze Säulen mit schwarzem Kapitell in die Höhe. Im Badezimmer aus grünlichem Marmor zwei nebeneinander angebrachte Waschbecken, eine Badewanne und eine Dusche dazu. Schneeweiße Handtücher. In einer gläsernen Vase auf einem Glastisch mit goldenen Beinen ein wunderschöner Blumenstrauß, gelbe Rosen und Chrysanthemen.

Beneš' Sekretär klopft an die Tür.

»Alles in Ordnung, Herr Präsident?«

»Meine Frau und ich brauchen getrennte Schlafzimmer, ich arbeite bis tief in die Nacht.«

»Ich versuche es einzurichten.«

Der Sekretär bemüht sich, aber vergeblich. Er bringt den Hoteldirektor mit. Der fühlt sich nicht wohl, versteht nicht, was man von ihm verlangt.

»Entschuldigen Sie, Herr Präsident, das ist unsere beste Suite.«

»Ich brauche zwei.«

»Entschuldigen Sie, wir sind voll belegt. Ich erlaube mir, darauf hinzuweisen, dass wir uns im Krieg befinden.«

Der Präsident beherrscht sich, er ist freundlich, aber er blickt am Direktor vorbei in die Ferne. Verschwindet im Schlafzimmer. Seinen Platz nimmt sofort Frau Hana ein. Ohne mit der Wimper zu zucken, hört der Direktor Frau Hanas harte Worte an, das müsse er doch irgendwie einrichten können, schließlich handele es sich nur um einen kurzen Aufenthalt, bevor ihre Unterbringung außerhalb Londons geregelt sei, es gehe nicht nur um ihre persönliche Sicherheit, sondern auch um den Ausgang dieses Krieges, sie und ihr Mann hätten ja versucht, den Krieg zu verhindern, aber durch das unvernünftige Handeln von England, Frankreich und Italien hätten sich die Geschehnisse unvorhersehbar entwickelt. Regungslos hört ihr der Direktor zu, und in der unterirdischen Garage des Hotels rennen Zimmermädchen herum, zerreißen Bettlaken zu Verbänden und Binden. In einem der Waschkeller befindet sich ein provisorischer Krankensaal. Es herrscht Mangel an Seife; wenn es überhaupt welche gibt, wird sie als Wunddesinfektionsmittel gebraucht. Der

Direktor steht, und in seinem Gesicht zuckt kein einziger Muskel. Als er das Zimmer verlässt und in die Rezeption hinunterfährt, wo er die Gästeliste prüft, fährt ein Zimmermädchen in das beste Appartement hinauf, unterwegs setzt sie ihr Häubchen auf. Sie klopft, die Tür öffnet sich, Frau Hana reicht ihr einen weißen Anzug auf einem Kleiderbügel.

»Bitte für heute Abend reinigen lassen.«

Das Zimmermädchen macht einen Knicks, es läuft die Treppe hinunter in die Waschküche, zwei weitere Zimmermädchen suchen nach Seife und Benzin, um den Stoff zu reinigen.

Im Hotel herrscht Kampfstimmung. Im Salon gründen die Damen eine Gruppierung zur Unterstützung der Verwundeten und bekommen einen Schreck, als sich eine Amerikanerin ihnen anschließen möchte, die ohne Gatten, nur mit ihrem Sohn im Hotel residiert. Die Gentlemen sind im Rauchersalon über der Landkarte versammelt.

Beim Nachmittagstee stößt Frau Hana zu den Damen, die bereits auf sie warten. Mit einem Lächeln auf den Lippen geht sie auf die Damen zu; sie lächelt ständig. Man überhäuft sie mit Namen und Titeln und Einladungen, ihr Name taucht auch auf dem soeben verfassten Schriftstück zur Neugründung mit der Bezeichnung *Damenvereinigung zur Hilfe für Kriegsopfer* auf. Die Amerikanerin betritt den Salon. Die Damen verstummen, und Frau Hana weiß sofort, auf welche Seite sie sich zu schlagen hat. Neutral begrüßt sie den zehnjährigen Knaben. Die Amerikanerin ergreift das Wort.

»Ich wollte Sie nur willkommen heißen. Ich habe es von den Engländern und auch von uns Amerikanern für sehr feige gehalten, Ihr Land zu opfern.«

Die Damen sind entsetzt. Die Amerikanerin fährt fort: »Dass Sie bloß nicht alle in Ihren Korsetts ersticken.«

Sie dreht sich um und verschwindet gemeinsam mit ihrem Sohn, der in der Ecke den Globus rotieren ließ.

»Sie ist geschieden. Und schreibt Gedichte«, sagt eine der Damen zu Frau Hana.

An der Rezeption bespricht der Hoteldirektor die heikle Angelegenheit. Die Amerikanerin kommt näher, zieht ihre Handschuhe aus und bittet um ein Telegrammformular. Sie vernimmt das Flüstern des Direktors und des Rezeptionisten.

»Wenn es Ihnen hilft, stelle ich mein Appartement zur Verfügung.«

»Madame, ich habe nur noch ein Zimmer frei, in der obersten Etage, es ist ein Einzelzimmer.«

»Sie haben sicher Feldbetten, nicht wahr? Mich interessieren Menschen außerhalb der Dualität von Opfer oder Täter, die imstande sind, diese vereinfachende anthropologische Konstellation zu verlassen«, teilt ihm die Frau etwas rätselhaft mit.

Ende des neunzehnten Jahrhunderts logierte in diesem Hotel ein englischer Statthalter, unter dessen Herrschaft dreißig Millionen Inder den Hungertod erlitten hatten. Dreißig Millionen Inder, darunter kein einziger Engländer. Er hatte sie nicht anfassen wollen. Hatte sein Jackett ausgezogen und es weit weg von seinem Körper gehalten.

»Es herrscht Hungersnot.«

»Da lässt sich nichts machen.«

»Im Hafen liegen Schiffe mit Vorräten.«

»Die sind für England bestimmt, für Königin Victoria, britische Königin aus dem Haus Hannover, Gott behüte sie.«

»Wir könnten …«

»Die Angelegenheit ist sehr traurig, aber Gott will es so. Und die Natur auch. Haben Sie nicht Herrn Darwin gehört?«

»Jawohl, Sir.«

»Nur die Stärksten überleben.«

Dieser Holocaust wird vergessen werden. Der Weltkrieg wurde in Indien vorbereitet. Und in der Ukraine. Und in Namibia. Der Zweite Weltkrieg wurde auf der ganzen Welt vorbereitet. Auch das totalitäre

System wurde geprüft und zur Vollkommenheit gebracht. Durch die Kirchen. Es gibt auch Religionen *ohne Kirchen*. Ja. Warum braucht der Mensch eigentlich eine Kirche für seinen Glauben? Warum meint er, dass der Papst mehr über Gott weiß als ein Tausendschönchen oder eine Möwe? Die Päpste sollen sich abwechseln. Warum sollte nicht ein Tausendschönchen oder eine Möwe Papst werden?

Er weiß genau, was der andere am Tisch denkt. Er nutzt jedes Schlupfloch aus. Nichts interessiert ihn. Er will nur die Macht behalten. Zaristische Autokratie. Er mag sich. Er ist ein englischer Statthalter.

Er lässt sich einen Anzug nähen, diesmal ganz in Weiß. Beim Maßnehmen trägt der Schneider einen mit Watte gestopften Stoffstreifen mit Stecknadeln ums Handgelenk. Er sieht wie ein Gladiator aus. Auch aus dem Mundwinkel lugt ihm eine Stecknadel hervor. Der Statthalter ist freundlich, aber er blickt in die Ferne. Er kann den Anblick einer Stecknadel im Mundwinkel nicht ertragen. Kann die Vorstellung nicht ertragen, dass dieselbe Stecknadel seinen weißen Stoff durchdringen wird. Als ihm der Schneider den fertigen Anzug bringt, lässt der Statthalter ihn gründlich reinigen. Beim Gedanken an die mit Speichel benetzte Stecknadel wird ihm speiübel.

Zusammen mit dem weißen Anzug liefert der Schneider auch ein weißes Einstecktuch für die Brusttasche und eine Krawatte im gleichen Farbton, alles ins Seidenpapier gewickelt. Er hat ein frisches Hemd gebügelt und sich mit dem Schuster abgesprochen, dem besten aus den Baťa-Werken. Der Statthalter lässt sich den Bart stutzen und sich frisieren. Den Friseur behandelt er freundlich, blickt aber in die Ferne, richtet seine Worte an den Spiegelfriseur, und als er den Kopf nach vorne beugt und der Friseur ihm den Nacken rasiert, spricht er zu seinem eigenen Schoß. Der Friseur bringt sein Gesicht nah an den Hals des Statthalters, als wolle er den Nacken küssen, und pustet. Ein warmer Atemhauch im Genick, die Härchen fliegen weg, der Hals richtet sich angeekelt auf, der Körper erhebt sich. Er ist englischer Statthalter.

Er ist nicht immer der englische Statthalter gewesen.

Es ist wieder Juni, ach, der süße Monat Juni. Was sich doch alles hinter Routine und Ritual verbirgt, Liebling.

Der Fadenwurm.

Komm, lass uns fröhlich seinem Ton lauschen.

DANKSAGUNGEN

Lukas Spinner, Insel Amrum
Rolf Seelige-Steinhoff, Insel Usedom
Slobodanka Radun, Insel

Franz Brunner, Markus Hiesleitner (Galerie Kulturdrogerie Wien)
Stiftung Tschechischer Literaturfonds

Die Übersetzerin bedankt sich beim Deutschen Übersetzerfonds für das großzügige Arbeitsstipendium. Die Übersetzung wurde außerdem gefördert von TOLEDO – einem Programm der Robert Bosch Stiftung und des Deutschen Übersetzerfonds – in Form eines Arbeitsaufenthaltes im Künstlerhaus Lukas in Ahrenshoop (Halbinsel Fischland).